Schriftenreihe der Stiftung Mecklenburg

WISSENSCHAFTLICHE BEITRÄGE

BAND IX

Schriftenreihe der Stiftung Mecklenburg
WISSENSCHAFTLICHE BEITRÄGE

BAND IX

Johann-Günther König (Hrsg.)

Berichte des Mecklenburger Gutsherrn Johann Gildemeister

aus dem frühen 19. Jahrhundert

Inhalt

Anhang

Einleitung

Zur Bedeutung der Gildemeister-Briefe

Fast ein halbes Jahrhundert lang – von 1810 bis 1857 – war das Lehngut Klein Siemen im Besitz der Bremer Familie Gildemeister. Bis 1826 wurde es von Johann Gildemeister bewirtschaftet, anschließend von seinem jüngeren Bruder Eduard, der es zur Pacht erhalten hatte.

Die in dieser Publikation vorgelegten Briefe des 1784 in der Hansestadt Bremen geborenen Gutsherrn Johann Gildemeister an seine 1786 in Bremen geborene Braut und dann Ehefrau Marianne (Maria Anna Catharina), geb. Wienholt, sind für Mecklenburg ein so einmaliges wie herausragendes Zeitdokument des frühen 19. Jahrhunderts. Sie vermitteln für den Zeitraum der zweiten Dekade einen aufschlussreichen Einblick in das Denken und Handeln eines bürgerlichen Gutsbesitzers.

Die Briefe aus den Jahren 1811/12 und 1816/17 beinhalten erhellende Schilderungen der landwirtschaftlichen Vorgehensweisen sowie der Lebensbedingungen, Verhaltensweisen und Tätigkeiten der Tagelöhner, Mägde, Knechte, Hauswirtschafterinnen, Holländer und Schreiber[1]. Sie enthalten zudem Aussagen über die Gutsherren der Umgebung und einschlägige Würdenträger wie etwa den Pastor von Alt Karin. Schon da in Mecklenburg die meisten Gutsarchive verloren gegangen oder unzugänglich sind, haben Johann Gildemeisters Schilderungen und Reflexionen eine große Bedeutung.[2]

1 Schreiber waren vor allem für die landwirtschaftliche Buchführung zuständig.

2 Vgl. Kathleen Jandausch: Adelsarchive im Landeshauptarchiv Schwerin und die Rückkehr der Familien, in: Silke Marburg / Sophia von Kuenheim (Hrsg.): Projektionsflächen von Adel, Berlin / Boston 2016, S. 209 – 228; vgl.: Reno Stutz (Hrsg.): Erinnerungen der Louise Pogge 1799 – 1882, Rostock 2013.

Der zum Tuchhändler ausgebildete Bremer Patriziersohn Johann Gildemeister geriet in der Hansestadt im Laufe der sogenannten Franzosenzeit[3] in kaufmännische Probleme. Eben deshalb eignete er sich ab dem Frühjahr 1808 autodidaktisch landwirtschaftliche Kenntnisse an – vor allem durch die Lektüre von Schriften des Agrarreformers Albrecht Daniel Thaer (1752 – 1828)[4]. Zudem informierte er sich über zum Verkauf stehende Gutshöfe.

Im Mai 1810 konnte Johann Gildemeister in Mecklenburg das Lehngut Klein Siemen ersteigern, auf dem er als – wie es damals hieß – Oeconom zu reüssieren hoffte und das dann auch tat. Er führte eine moderne Agrikultur ein und etablierte die wohl erste Stallwirtschaft in Mecklenburg. 1822 vermerkte der Fachmann Ferdinand Trummer (1794 – 1869) in der Zeitschrift *Landwirthschaftliche Hefte* kaum zufällig: „Klein Siemen, Herrn Gildemeister gehörend, [...] ist bekannt durch Stallfütterung und Wechselwirthschaft".[5]

1826 verließ Johann Gildemeister Klein Siemen. Es zog ihn zurück nach Bremen, wo er mit seiner stetig kränkelnden Ehefrau ein Kohlhökerhaus in der Ellhornstraße bezog. Den Gutshof verpachtete er an seinen jüngeren Bruder Georg Eduard Gildemeister (1793 – 1856), der ihn seit 1811 unterstützt hatte und zum Landwirt ausgebildet worden war. In seiner Geburtsstadt betätigte sich Johann Gildemeister als Redakteur bei der *Bremer Zeitung* und betrieb genealogische Forschung.

Der bedeutende Gutsherr verfasste die erste Chronik der Familie, weshalb er den Beinamen „Chronist" erhielt.[6] Er verstarb am 3. November 1844 in Bremen im Alter von 60 Jahren.

---

3 Epoche der französischen Herrschaft über große Teile Europas zwischen 1792 und 1815.

4 Er las insbesondere Thaers Werk: Einleitung zur Kenntniss der englischen Landwirthschaft und ihrer neueren practischen und theoretischen Fortschritte in Rücksicht auf Vervollkommnung deutscher Landwirthschaft für denkende Landwirthe und Cameralisten, 3 Bde., Hannover 1798 bis 1804.

5 Reise-Notizen aus Mecklenburg-Schwerin, Strelitz und der Mark Brandenburg. Aus Briefen an den Herrn Baron von Voght von Ferdinand Trummer, in: Landwirthschaftliche Hefte. Herausgegeben von der Central-Administration der Schleswig-Holsteinischen patriotischen Gesellschaft. Siebentes Heft, Altona 1823, S. 64 – 133, hier S. 73. Die vollständige Schilderung befindet sich im Anhang.

6 Neu zusammengestellt von Sabina Cournoyer: Gildemeister Chronik, Amherst (Selbstverlag) 1991.

Der einstige Gutshof Klein Siemen liegt mittig zwischen dem Ostseebad Kühlungsborn im Norden, der Kleinstadt Bützow im Süden, der Hansestadt Wismar im Westen und der Hansestadt Rostock im Osten. Er ist eingebettet in eine stark bewegte und kuppige Endmoränenlandschaft mit vielen Kleingewässern, Zwischenmooren, Hecken und Laubwald. Erhalten geblieben sind das von Eduard Gildemeister beauftragte „neue" Herrenhaus von 1856 sowie die Form der hufeisenförmigen Gutsanlage mit der davor liegenden einstigen Katenzeile für die Tagelöhner. Wie die meisten Dörfer in Mecklenburg-Vorpommern blickt Klein Siemen auf eine mehr als 700-jährige Geschichte zurück.[7] Inzwischen ist es ein Ortsteil der alten Schuhmacherstadt Kröpelin.

1751 formulierte Christian Fürchtegott Gellert in einer Abhandlung allgemeine Regeln für gutes Briefeschreiben. Da heißt es: „Wer Briefe schön schreiben will, muß nicht so wohl schreiben, wie ein jeder im gemeinen Leben reden, sondern wie eine Person im Umgange ohne Zwang sprechen würde, welche die Wohlredenheit völlig in ihrer Gewalt hätte, welche schön redete, ohne dass die Ausdrücke sich von den Ausdrücken andrer so weit entfernten, daß der Unterschied dem Ohre gleich merklich würde."[8]

Gellert versteht den Brief im 18. Jahrhundert als eine Nachahmung des mündlichen Gesprächs, das keine festen Vorgaben kennt, sich aus einer gegebenen Situation heraus durch neue Wendungen oder auch ungelenke Formulierungen entwickelt. Für ihn ist der im natürlichen Stil gehaltene Brief „eine freie Nachahmung des guten Gesprächs".[9] Genau diese Nachahmung eignet nun den im vorliegenden Werk edierten Briefen von Johann Gildemeister, in denen Angelegenheiten zur Sprache kommen, die im Bürgertum lange der Schrift nicht als würdig galten.[10]

---

7 Vgl. Johann-Günther König: Klein Siemen. Eine slawische Siedlung macht Geschichte, Bremen 2022.

8 Christian Fürchtegott Gellert: Briefe, nebst einer praktischen Abhandlung von dem guten Geschmacke in Briefen, in: C. F. Gellert: Gesammelte Schriften. Kritische, kommentierte Ausgabe. Hrsg. von Bernd Witte. Band IV: Berlin – New York 1989, S. 105 – 221, hier S. 114.

9 Ebda., S. 111.

10 Vgl. Winfried Woesler: Der Brief als Dokument, in: Wolfgang Frühwald / Hans-Joachim Mähl / Walter Müller-Seidel (Hrsg.): Probleme der Brief-Edition. Bonn-Bad Godesberg / Boppard 1977, S. 41 – 59.

Gildemeisters subjektive Aussagen und Darstellungen des Hof- und Landlebens sowie der politischen und anderen Ereignisse – zunächst aus der Warte eines Junggesellen, dann aus der eines „Strohwitwers“ – sind überwiegend gut nachvollziehbar und verständlich. Soweit es für ein wirkliches Begreifen bestimmter Briefinhalte erforderlich schien, hat der Verfasser gleichsam eine Vernetzung mit den makrohistorischen Hintergründen vorgenommen.[11] Für die Zeiträume 1810 und 1811 sowie 1816 und 1817 stehen eingangs der Briefwiedergaben die knapp gehaltenen Wetteraufzeichnungen eines Landwirts aus dem nur wenige Kilometer Luftlinie von Klein Siemen entfernten Panzow. Sie waren 1837 unter der Überschrift: „Führen genaue Witterungs-Beobachtungen auf gewisse allgemeine Regeln? und steht die Witterung mit dem Steigen und Fallen der Kornpreise im genauen Verhältnisse?“ von „Herrn Peterßen zu Panzow“ in den *Neuen Annalen der Mecklenburgischen Landwirthschafts-Gesellschaft* publiziert worden und vermitteln eine ergänzende Information.[12] Für den Zeitraum 1812 bis 1815 befinden sich die Angaben auf Seite 57.

11 Vgl. Lutz Werner: Die Entwicklung des Thünenschen Mustergutes Teltow (Mecklenburg) in den Jahren 1810 bis 1850. Ein herausragendes Beispiel der kapitalistischen Intensivierung der deutschen Landwirtschaft in der ersten Hälfte des 19. Jahrhunderts, in: Jahrbuch für Wirtschaftsgeschichte 1983, Bd. 24, H. 1, S. 71 – 98.

12 Führen genaue Witterungs-Beobachtungen auf gewisse allgemeine Regeln? und steht die Witterung mit dem Steigen und Fallen der Kornpreise im genauen Verhältnisse? (Vom Herrn Peterßen zu Panzow.), in: Neue Annalen der Mecklenburgischen Landwirthschafts-Gesellschaft. Zuerst herausgegeben von Franz Christian Lorenz Karsten, 21. Jg., erste Hälfte, Rostock 1837, 10/16, S. 59 – 78, hier S. 64 – 67.

Editorisches

Eine große Anzahl der eigenhändigen Briefe von Johann und Marianne Gildemeister, geb. Wienholt, befand sich in den 1980er Jahren im Besitz von Renate Waehneldt (geb. Pfaff, 1927 – 2014), deren Mutter eine der Töchter des bedeutenden Bremer Architekten Eduard Gildemeister war.[13] Angaben über die Größe des damaligen Gesamtkonvoluts und die Überlieferungsgeschichte liegen nicht vor; durch Umzüge, Bombenangriffe, Krankheit und Tod sind diverse Verluste zu beklagen.

Mitte der 1990er Jahre stellte Renate Waehneldt die im Kreis der Familie vererbten Briefe von Johann und Marianne Gildemeister der in Jena lebenden Maria Anna Frunder zur Verfügung, die erstmals eine Transkription vornahm.[14] Die Tochter von Prof. Dr. Martin Gildemeister[15], dem langjährigen Ordinarius für Physiologie an der Medizinischen Fakultät der Universität Leipzig, war am 10. März 1919 in Danzig-Langfuhr zur Welt gekommen. Sie hatte von 1939 bis 1943 Medizin in Leipzig studiert und 1944 promoviert. 1942 heiratete sie den Chemiker, Biochemiker, Arzt und Hochschullehrer Horst Frunder.[16]

1984 ging die Jugendärztin Dr. med. Maria Anna Frunder in den Ruhestand. In der Folgezeit publizierte sie Gedichte, Abhandlungen und drang in die Geschichte(n) ihrer Vorfahren ein.[17] So transkribierte sie ab 1996 die in

13 Marianne Pfaff, geb. Gildemeister (1898 – 1995), war das siebte von neun Kindern der Eheleute Anna und Georg Eduard Gildemeister (1848 – 1946).

14 Laut Briefen von Maria Anna Frunder (Jena) an Renate Waehneldt (Bremen) vom 31.10.1979, 18.11.1979 und 19.1.1998 [Privatbesitz].

15 Vgl. M. A. Frunder: Mein Vater Martin G. (1876 – 1943). Ein Lebensbericht aus Briefen, Urkunden, Photographien und Erinnerungen [MS], Bestand Universitätsarchiv Leipzig, https://www.universitaetsarchivleipzig.de/?s=Gildemeister; siehe auch die Angaben in der Sächsischen Biografie: https://saebi.isgv.de/biografie/Martin_Gildemeister_(1876 – 1943).

16 Horst Frunder (1919 – 2012) war doppelt promoviert und wirkte als langjähriger Direktor des Physiologisch-Chemischen Institutes der Medizinischen Fakultät der Friedrich-Schiller-Universität Jena.

17 Maria Anna Wilhelmine Frunder: Zur Gleichberechtigung. Gedichte, Jena 2007; M. A. Frunder: Mein Vater Martin G. [MS], Bestand Universitätsarchiv Leipzig, https://www.universitaetsarchivleipzig.de/martin-gildemeister/.

Kurrentschrift verfassten Briefe von Johann und Marianne Gildemeister in „lateinische Druckschrift" für Familienangehörige. 2006 vermerkte sie: „Ich habe diese Briefe anvertraut bekommen, um sie in ein für die heutigen Nachfahren lesbares Schriftbild zu übertragen. [...] Viele Briefe nach 1817 sind offensichtlich verloren gegangen."[18]

Maria Anna Frunder verstarb am 21. März 2018 im Alter von 99 Jahren. Ihre in Maschinenschrift überführten Transkriptionen der Briefe von Johann und Marianne Gildemeister wurden dem Herausgeber von Friederike Waehneldt dankenswerterweise zur Verfügung gestellt. Sie hatte sie mit vielen Briefen im Nachlass ihrer Mutter Renate[19] vorgefunden. Inzwischen bilden sie einen Bestandteil des Teilnachlasses von Johann Gildemeister, der in der Bremer Staats- und Universitätsbibliothek verwahrt, bearbeitet und erschlossen wird.[20]

Das Herzstück dieses Buches bilden 85 Briefe von Johann Gildemeister aus dem Zeitraum zwischen 1808 und 1818. Sie sind von Maria Anna Frunder recht textgetreu transkribiert worden, wie der Abgleich mit den Handschriften zeigt.[21] Allerdings sind der Urgroßnichte von Johann Gildemeister aufgrund ihrer fehlenden Kenntnis der Bremer Verhältnisse wie auch mangelnder Ortskenntnis der Region um Klein Siemen zahlreiche Verschreibungen von mecklenburgischen Hof-, Orts- und (zumal in den Quellen selten einheitlichen) Personennamen unterlaufen.

---

18 In: Die Verlobungsbriefe von Marianne Wienholt und Johann Gildemeister aus Bremen in den Jahren 1807 – 1811 aus alter deutscher Schreibschrift in lateinische Druckschrift übertragen und zusammengestellt von Maria Anna Frunder [Privatschrift mit handschriftl. Paginierung], Jena 2006, S. 1. Eine Kopie befindet sich in der Staats- und Universitätsbibliothek Bremen, Nachlass Johann Gildemeister: https://m.suub.uni-bremen.de/kataloge-sammlungen/altbestand/nachlaesse/.

19 Renate Waehneldt, geb. Pfaff (2.9.1927 – 6.3.2014).

20 Staats- und Universitätsbibliothek (Bremen), Nachlass Johann Gildemeister: https://www.suub.uni-bremen.de/kataloge-sammlungen/altbestand/nachlaesse/; siehe auch: https://kalliope-verbund.info/gnd/1255370319.

21 Die Kulturwissenschaftlerin und Kennerin der Handschriften des 18./19. Jahrhunderts, Sabine Lenthe – www.transkription.de – bestätigt die im Kern gute Texterfassung der Transkriptionen von M. A. Frunder.

Generell sind in dieser Edition alle in den Briefen erwähnten Personen – wenn irgend möglich – identifiziert und mit ihren Lebensdaten versehen worden.[22] Die Liste der bei der Volkszählung von 1819 erfassten Personen im Gutsdorf findet sich im Anhang. Anders als für die Jahre 1808 bis 1811 bestehen ab dem Herbst 1816 Brief-Überlieferungslücken. Ab dem Oktober 1817 sind von Johann Gildemeister nur einige wenige Schreiben erhalten. Die ab Ende September 1811 einsetzende Pause im postalischen Schriftverkehr von Johann und Marianne Gildemeister entstand aufgrund des nach der Eheschließung erfolgten Umzugs von Marianne Gildemeister nach Klein Siemen. Sie endete, als die kränkelnde Ehefrau im Herbst 1816 zu Behandlungen nach Bremen reiste und – zur großen Enttäuschung des Gatten – nicht wieder auf den Gutshof zurückkehrte.

Da in diesem Werk Mecklenburg und das Gut Klein Siemen im Fokus stehen und die so reichhaltigen wie seltenen Informationen aus erster Hand eines Gutsherrn nur in den Briefen Johann Gildemeisters enthalten sind, hat der Herausgeber die überwiegend recht umfangreichen Briefe von Marianne Wienholt, später Gildemeister, nicht in diese Edition aufgenommen.[23] Ihre Schreiben unterrichten fast ausschließlich über das familiäre, gesellschaftliche, kulturelle und religiöse Leben in Bremen sowie besonders intensiv über ihre Emotionen, Sorgen und Krankheiten. Auch konfrontierte sie „den lieben Gildemeister“ unentwegt mit ihrer ausgeprägten schwärmerisch-pietistischen Frömmigkeit, die dieser zwar nicht teilte, aber hinnahm. Wichtige von ihr aufgeworfene Fragen und Kommentare zum Gutshofgeschehen behandelt diese Edition in den Fußnoten.

---

22 Dafür wurden herangezogen die genealogischen Dienste und Nachschlagewerke Ancestry, GEDBAS – Verein für Computergenealogie e.V., Verein für mecklenburgische Familien- und Personengeschichte e.V., Die Maus – Gesellschaft für Familienforschung in Bremen e.V., Bremer Adressbuch 1794 – 1820; Deutsche Biographie, Bremische Biographie des 19. Jahrhunderts, das Gothaische Genealogische Taschenbuch, Beichtkinderverzeichnisse und Alt Kariner Kirchenbucheinträge.

23 Handschriften von Gildemeister, Maria Anna Catharina (1786 – 1856) in https://kalliope-verbund.info/gnd/eac?eac.id=1295792249.

Johann Gildemeister verfasste überwiegend mehrseitige und sich häufig tagebuchartig über mehrere Tage erstreckende Briefe. Er schrieb sie mit Tinte auf oktavformatiges Papier. Wie damals üblich, erfolgte der Versand nicht in einem speziellen Kuvert (Briefmarken gab es erst ab 1849). Für jeden editierten Brief ist in diesem Band der jeweilige Absendeort und das Absendedatum angegeben. Die Anordnung der mit einer Kopfzeile hervorgehobenen einzelnen Briefe ist chronologisch. Zeilenumbrüche und Seitenwechsel der Handschriften sind nicht gekennzeichnet, der Text dieser als Studienausgabe angelegten Herausgabe zur besseren Lesbarkeit fortlaufend.

Aus der Sicht des Herausgebers sind die Gildemeister-Briefe ein Material, das wichtige Texte enthält. Jedenfalls soll in diesem Werk der Brieftext nicht „mit seinem Schriftbild verwechselt" werden und Edition nicht „mit Reproduktion".[24] Die Konstituenzien eines Brieftextes sind neben dem Datum, der Anrede und der Mitteilung die Grußformel und die Unterschrift. Deren in den Originalen praktizierte Hervorhebung durch Staffelungen und Zeilenabstände wurden nicht übernommen. Gelegentliche Verdoppelungsstriche über den Buchstaben „m" und „n" wurden stillschweigend in doppelte Buchstaben aufgelöst. Die von Gildemeister auf einen oder drei Buchstaben abgekürzten Namen und Begriffe haben überwiegend in eckige Klammern gesetzte Vervollständigungen, um das Lesen zu erleichtern. Unsichere bzw. nicht mögliche Lesungen sind durch [...?], Auslassungen durch [...] kenntlich gemacht.

Die Fußnoten enthalten biographische, geographische, historische und sachliche Informationen. Ein Orts- und Personenregister beschließt diese Edition.

24 Vgl. Jürgen Gregolin: Briefe als Texte: Die Briefedition, in: Deutsche Vierteljahrsschrift für Literaturwissenschaft und Geistesgeschichte 64 (4), 12/1990, S. 756 – 771.

Maße, Gewichte, Geld

In den deutschen Städten und Ländern herrschte zu Beginn des 19. Jahrhunderts eine unüberschaubare Vielzahl von Währungs-, Maß- und Gewichtseinheiten. Es gilt also immer, die Region und die Basis der Unterteilung zu beachten.[25] Längenmaße waren für Johann Gildemeister:

1 *Mecklenburgische Meile.* Sie entsprach der Preußischen und betrug 7 532,49 Meter.

Das nächstkleinere Längenmaß war die *Rute.* Sie entsprach 16 *Fuß* oder als „Werkmaß" 12 *Fuß* gleich 192 *Zoll.* In Mecklenburg-Schwerin betrug die *Rute* als Feldmessermaß umgerechnet 4,66 Meter, die *Rostocker Rute* 4,62 Meter. Der *Lübecker Fuß* bzw. 127,5 *Pariser Linien* dominierte bei Landesvermessungen, 129 *Pariser Linien* entsprachen 0,291 Meter. 1 *Rostocker Elle* entsprach 0,575 Meter, 1 *Wismarsche Elle* 0,582 Meter.

Als Flächenmaße galten für Johann Gildemeister der *Mecklenburger Morgen* – er entsprach 117,67 *QuadratRuten*; 1 *Hektar* enthielt 461,28 *QuadratRuten* bzw. ca. 4 *Morgen.* Die Hufe war kein wirkliches Flächenmaß, sie bezeichnete die Fläche, auf der ein Ertrag möglich war. 1 *Mecklenburger Hufe* umfasste ca. 4 000 Quadratruten. Beim Getreide galten für Gildemeister die Volumenmaße: 1 *Last* gleich 8 *Drömpt* à 12 *Scheffel*; 1 *Scheffel* hatte damals in Rostock den Rauminhalt von 38,85 Liter und in Wismar von 39,44 Liter. Brennholz wurde nach Faden gemessen, Torf in Soden.

Die früher üblichen Abkürzungen von Maßen und Gewichten werden im Folgenden in eckigen Klammern aufgelöst. Die in den Briefen für die (Silber-)Münzen benutzten Währungssymbole sind durch die damals üblichen Abkürzungen ersetzt: *ßl.* = Schilling lübisch, *Thl* = Thaler, *Rthl* = Reichsthaler. Da damals eine unglaubliche monetäre Vielfalt herrschte – im Umlauf waren Rheinische Gulden, Lübische Kurantmark, nord- und mitteldeutsche Taler,

25 Vgl. Wilhelm Raabe: Meklenburgische Vaterlandskunde, Zweiter Theil: Specielle Landes- und Volkskunde beider Großherzogthümer, Rostock 1863.

prächtige Goldstücke wie Dukaten, Carolin oder Louis d'or und jede Menge kleinerer Münzen namens Groschen, Stüber, Grot, Schilling, Pfennig, Kreuzer und andere mehr – war das Hantieren mit dem Geld wahrlich kein Vergnügen.

1 *Reichstaler (Rthl.)* wurde zu Gildemeisters Tagen in Mecklenburg mit 48 *Schilling (ßl.)* gerechnet, 1 *Gulden* mit 32 *Schilling* (als *Gulden* wurden ⅔-Reichstaler bezeichnet). Der Gutsherr erwähnt auch die teils umlaufenden französischen Goldmünzen *Louis d'or* und spricht einige Male von *Groschen.* Entsprechende Münzen – etwa *XVI Gute Groschen* aus dem späten 18. Jahrhundert waren noch im Umlauf und wurden auch *Gulden* oder *⅔-Thaler* genannt.[26] Wie lautete nicht das Sprichwort: Wer den Groschen nicht ehrt, ist des Talers nicht wert. Da es bei den vielen historischen Währungen der deutschen Kleinstaaten mehr als schwierig ist, einen Gegenwert in heutiger Eurowährung anzugeben, zumal sich die wirtschaftlichen Verhältnisse mitsamt Lohn- und Preisgefüge grundlegend geändert haben, sind Umrechnungen unterblieben.

26 Vgl. Michael Kunzel: Das Münzwesen Mecklenburgs von 1492 bis 1872, Berlin 1994.

Johann Gildemeister – Herkunft und Ausbildung

Die Familie Gildemeister gehörte drei Jahrhunderte lang zur bremischen Elite. Ihr Wirken in der Hansestadt begann mit dem um 1675 aus Rheda zugezogenen Kaufmann Johann Gildemeister (1644 – 1716). Die Familie hat zahlreiche Akteurinnen und Akteure hervorgebracht, die während ihrer Lebenszeit beruflich Hervorragendes geleistet und zudem permanent Briefe und Tagebücher geschrieben und viele Buchveröffentlichungen vorgelegt haben. Otto Gildemeister (1823 – 1902) zum Beispiel ging als Bremer Bürgermeister und zugleich als hervorragender deutscher Essayist und Übersetzer klassischer Werke in die Geschichte ein.[27] Wie intensiv in der Familie im 19. Jahrhundert schriftlich kommuniziert wurde, belegen mehrere Publikationen, darunter: *Sophie Gildemeisters Briefe an Josephe Stolberg*, die *Edition der Braut- und Ehebriefe aus der bremischen Familie Gildemeister 1815 – 1839* und die vier Bände füllenden *Briefe 1831 – 1888* des Orientalisten Johann Gustav Gildemeister.[28] Der am 20. Juli 1812 in Klein Siemen geborene Sohn des Gutsherrn schrieb allein an die Familienmitglieder mehr als 900 Mal.

In der fünften Generation bildeten sich zwei Familienzweige heraus. Unter dem Professor der Rechte Dr. Johann Friedrich Gildemeister (1750 – 1812) und seiner Gattin Caroline Amalie, geb. Kotzebue (1759 – 1844), ein eher akademisch geprägter. Unter Senator Johann Gildemeister (1753 – 1837) und seiner Gattin Gebetha, geb. Wilckens (1763 – 1808), ein überwiegend kaufmännisch ausgerichteter. Johann Gildemeister, der 1776 die väterliche Tuchhandlung übernommen hatte, übte von 1788 bis zu seinem Tod das Amt eines Senators aus und setzte sich nachhaltig für den Wasser- und Deich-

27 Posthum erschienen auch seine Briefe: Lissy Susemihl-Gildemeister (Hrsg.): Briefe von Otto Gildemeister, Leipzig 1922.

28 Friedrich Mess (Bearbeiter): Aus Bremens Biedermeierzeit. Sophie Gildemeisters Briefe an Josephe Stolberg, Bremen 1958; Elisabeth Klatte (Hrsg.): „Du bist in jedem Brief mir neu!“ Braut- und Ehebriefe aus der bremischen Familie Gildemeister 1815 – 1839, Bremen 2003; Michaele Hoffmann-Ruf (Hrsg.): Johann Gustav Gildemeister: Briefe 1831 – 1888, 4 Bde., Berlin 2016.

bau ein. Die von ihm ab 1790 mit dem Bürgermeister Christian A. Heineken durchgeführte trigonometrische Vermessung des Bremer Gebietes trug ihm viel Anerkennung ein.[29] Mit seiner Frau Gebetha zeugte Johann zehn Kinder:
Johann (23.5.1784 - 3.11.1844), der spätere Gutsherr und Chronist der Familie;
Margarete (5.5.1786 - 24.5.1810) - sie verstarb im 24. Lebensjahr;
Martin (9.8.1787 - 16.11.1871), der spätere Aeltermann und Teilhaber der Firma M. & F.A. Gildemeister;
Friederike (19.8.1788 - 10.6.1870), die ledig gebliebene Tochter;
Charlotte Wilhelmine (21.12.1789 - 17.2.1790) - sie lebte nur acht Wochen;
August Wilhelm (26.3.1791 - 27.5.1866), der spätere Mitbegründer und Teilhaber der Firma Gildemeister & Ries;
Georg Eduard (10.3.1793 - 16.1.1856), der Landwirt und spätere Gutsherr;
Charlotte Marianne (14.3.1795 - 14.1.1849), die ledig gebliebene Tochter;
Friedrich August (28.9.1797 - 4.8.1870), der spätere Teilhaber der Firmen Gildemeister & Co. und M. & F. A. Gildemeister;
Carl Hermann (18.11.1801 - 19.12.1875), der spätere Dr. jur. und Notar.

Zwei dieser zehn Abkömmlinge sind in die Geschichte Klein Siemens als Gutsherren eingegangen: Johann von 1810 bis 1826 und Georg Eduard von 1826 bis 1856. Die Geschwister pflegten ein gutes Verhältnis. Ein Familienmitglied merkte dazu an: „Außer den großen Familientagen, die etwa vierteljährlich abgehalten wurden und an welchen auch Freunde und in Bremen weilende Gäste von auswärts teilnahmen, trafen sich die Brüder mit ihren Frauen und Kindern auf den noch zwischendurch stattfindenden ‚kleinen' Familientagen. Ferner bestand ein sogenannter Brüdertag, zu welchem die unverheiratete Schwester Friederike außer ihren fünf Brüdern Zutritt hatte.

29 Vgl. Frank Geisler: Die Vermessung des Bremischen Staats durch Gildemeister und Heineken in den Jahren 1790 - 1798, in: Abhandlungen des Naturwissenschaftlichen Vereins zu Bremen, Bd. 8, 1883, S. 105 - 160; Sabina Cournoyer: Gildemeister Chronik, Amherst (Selbstverlag) 1991, S. 74 - 131.

Bei diesen Zusammenkünften wurde nur plattdeutsch gesprochen, eine Sitte, wie sie bei einzelnen Familien noch bis ins 20. Jahrhundert gebräuchlich war. Im Gegensatz zu manchen andern Bremer Sippen wurde in dem Hause von Senator Johann am Markt ebensowenig wie in denen seiner Kinder besonderer Aufwand getrieben, die zahlreiche Familie zwang vielmehr dazu, so sparsam wie möglich zu wirtschaften, die Erinnerung an die Fremdherrschaft, wo es oft am Notwendigsten gefehlt, ließ es ratsam erscheinen, sich nach Möglichkeit einzurichten, zumal der Wohlstand sich in den Jahrzehnten nach der Napoleonischen Zeit nur ganz allmählich wieder heben konnte."[30]

Johann Gildemeister kam als erstes der zehn Kinder am 23. Mai 1784 in Bremen zur Welt. Nach dem Klippschulbesuch[31] erhielt er vermutlich Unterricht durch Hauslehrer und/oder besuchte das Gymnasium Illustre. Um 1803 begann der klassizistisch gebildete Patriziersohn eine kaufmännische Lehre in einer großen Leinwandhandlung. Sein jüngster Bruder, der Notar Dr. jur. Hermann Gildemeister, berichtete in der von ihm 1865 weitergeführten *Gildemeister-Chronik*:

„Man muß sich wundern, daß mein Bruder Johann Kaufmann geworden ist, da er, wie es scheint, mehr dem Geistigen und dem Theoretischen zugeneigt war. Dies erklärt sich indes wohl zum Teil aus Vaters Vorliebe für den Kaufmannsstand, den er für den freiesten und unabhängigsten hielt, mit dem sich alle übrigen Beschäftigungen und Liebhabereien aufs leichteste verbinden ließen.

Mein Bruder erhielt seine erste Stelle durch Vermittlung von Onkel Pavenstedt.[32] Er arbeitete auf dem Comptoir des Handelshauses Joh. Lange's

30 Alfred M. H. Gildemeister: Die Familie Gildemeister. Auszug aus der Familiengeschichte 1675 – 1875, in: Der Club zu Bremen (Hrsg.): 150 Jahre Bremer Clubleben, Bremen 1933, S. 243 – 299, hier S. 290.

31 Privat organisierte, nicht staatliche Schule.

32 Johann Eberhard III Pavenstedt (1749 – 1823) wirkte als Bierbrauer und Aeltermann in Bremen. Seine Frau Sarah war eine gebürtige Gildemeister.

Sohn Witwe & Co. unter der Leitung von Herrn Oelrichs[33], einem tüchtigen Kaufmann und gescheiten Menschen. Wie es die Gewohnheit war, wohnte Johann im Hause seines Chefs und lernte somit die Familie gut kennen. Frau Oelrichs[34] war eine kluge, entschlossene Frau, der man den Spitznamen ‚Stephans Königin' gegeben hatte, weil sie im Stephani-Kirchspiel wohnte und von etwas herrschsüchtigem Charakter war. [...]

Mein Bruder wurde in diesem Hause in eine ganz andere Lebenssphäre versetzt. Stach doch die prachtvolle Möblierung und die splendide Lebensweise des Hauses Oelrich sehr von dem seiner Eltern ab.[35] So kam es, daß er, wenn er bei uns zu Besuch war, manchmal versuchte, als Reformator aufzutreten. Er hatte damit aber wenig Erfolg, denn bei uns herrschte von jeher ein Hang zur Freiheit und Ungeniertheit. In unserer Vorliebe für Einfachheit sträubten wir uns gegen jeweilige Neuerungen.

Bei unserer Mutter fand Johann rege Teilnahme an seinen geistigen Beschäftigungen, für die er neben dem Beruf Zeit fand. So las er ihr mit seiner wohlklingenden Stimme aus der neuesten deutschen Literatur vor. Auch hatte er Talent zum Zeichnen und nahm Unterricht bei einem Maler namens Hollmann[36]. Mein Bruder war von großer, schlanker Gestalt mit einer edlen Gesichtsbildung. Durch sein etwas zurückhaltendes, aber feines Wesen imponierte er und verschaffte sich Achtung."[37]

Nach der Ausbildung unternahm Johann Gildemeister 1806 eine Reise nach Sachsen und Schlesien, um sich dort über das Leinengeschäft zu informieren. Das von ihm zu jener Zeit geführte Tagebuch verdeutlicht bereits,

33 Die Rede ist von Wilhelm Ludewig Oelrichs (1770 – 1846). Er stammte aus einer seit dem 15. Jahrhundert in Bremen ansässigen Kaufmannsfamilie. Das Kontor von Johann Lange, Sohn, Wittwe et Comp. Kaufleute, Linnenhandlung, lag in der altstädtischen Großenstraße.

34 Margarethe Oelrichs, geb. Treviranus (1781 – 1823); die Familie wohnte in dem eigens erbauten Haus in der altstädtischen Langenstraße 42.

35 Das Giebelhaus von Senator Gildemeister stand in Bremen am Markt Nr. 19.

36 Hollmann: nicht ermittelt.

37 Hermann Gildemeister: Johann Gildemeister, Besitzer von Klein Siemen und Verfasser des ersten Teils der Familienchronik, in: Cournoyer: Gildemeister Chronik, a. a. O., S. 134f.

wie gut er sich auf anschauliche Schilderungen verstand.[38] 1807 machte sich der junge Kaufmann als Linnenklanderer (der für die Appretur der Leinwand sorgte) in der Westerstraße in der Bremer Neustadt selbständig. Allerdings nicht erfolgreich. Sein Bruder Hermann berichtete: „Trotz mehrjährigen Bemühungen kam Johann mit dem Geschäft nicht auf einen grünen Zweig. Das mag daran gelegen haben, daß der Krieg in Spanien sowohl wie die Continentalsperre gegen die Engländer den Absatz dänischen Leinens zum Stocken gebracht hatten.“[39] In der Tat klagte Johann Gildemeister bereits im Juli 1808 über die „unerhörten Maßregeln von Frankreich“ und die Vernichtung „unserer Schiffahrt“ und befand:

„In dem jetzigen Fache kann ich unter diesen Umständen nicht bleiben. Die Nahrungsquellen stocken bei verdoppelten Ausgaben. Meine Pferde und Leute, die mir sonst verdienten, werden mir jetzt zur Last, mein Haus unter diesen Verhältnissen mir zu theuer. Dazu kommt noch die besonders in der Neustadt schwere Einquartierung. Die Frage ist daher ganz entschieden, in diesem Fache kann ich nicht bleiben, besonders da für ferne Zeiten keine Aussicht für eine Besserung da ist.“[40]

Fortan studierte Gildemeister „mit großem Eifer Landwirthschaft“ – und zwar insbesondere die Werke des Begründers der wissenschaftlichen Landwirtschaftslehre Albrecht Daniel Thaer, dem es um die Ertragssteigerung bei der Bodenbearbeitung und ihrer Anwendung ging.[41]

---

38 Vgl. Rolf Engelsing: Schlesien und der bremische Leinenhandel bis zur Kontinentalsperre. Angefügt ist ein aufschlussreicher Auszug aus dem Tagebuch von Johann Gildemeister über eine Reise nach Sachsen und Schlesien, in: Jahrbuch der Schlesischen Friedrich-Wilhelm-Universität zu Breslau, 1958, S. 155 – 181.

39 Gildemeister, Johann Gildemeister, a. a. O., S. 138.

40 Aus einem Brief von Johann Gildemeister an Marianne Wienholt, Bremen, 8.7.1808.

41 Vgl. Albrecht Thaer: Einleitung zur Kenntniss der englischen Landwirthschaft und ihrer neueren practischen und theoretischen Fortschritte in Rücksicht auf Vervollkommnung deutscher Landwirthschaft für denkende Landwirthe und Cameralisten. 3 Bde., Hannover, 1798 – 1804; ders.: Grundsätze der rationellen Landwirthschaft. 4 Bde., Berlin 1809 – 1812.

Verliebt, verlobt, nur Briefverkehr

Bei einem der häufigen geselligen Treffen junger Angehöriger der bremischen Elite, bei denen ausgiebig gespielt, musiziert und getanzt wurde, verliebte sich Johann Gildemeister im Sommer 1807 in die am 26. Januar 1786 in Bremen geborene Marianne.[42] Sie war die älteste Tochter des 1804 verstorbenen Arztes Arnold Wienholt, der mit seinen Schriften über den Magnetismus Aufsehen erregt hatte.[43] Hermann Gildemeister fasste das Geschehen in die Worte:

„In seinem Leben erlitt mein Bruder manche trübe Erfahrungen. Doch fand er reichlichen Ersatz für viele bittere Enttäuschungen, indem er schon früh im Leben seine spätere Frau kennen lernte. Ohne Hyperbel kann man auf sie die Worte von Schillers Glocke anwenden: ‚Wie ein Gebilde aus Himmelshöhen sieht er die Jungfrau vor sich stehen.'[44] Der Maler Menken[45], der einmal versuchte, sie zu zeichnen, meinte, sie habe wahrhaft Raphaelische Augen. Ihre übrigen Gesichtszüge standen in voller Harmonie und spiegelten ihre schöne Seele wider. Ihre Hände waren zierlich und klein und harmonierten mit der Anmut ihrer Gestalt. In ihrem Benehmen, selbst gegen die unangenehmste Person, war sie von größtem Feingefühl."[46]

---

42 Eigentlich Maria Anna Catharina Wienholt.

43 Arnold Wienholt lebte von 1749 bis 1804; vgl. Eduard Gildemeister: Dr. med. A. Wienholt. Ein Lebensbild von seinem Urenkel, in: Der Club zu Bremen (Hrsg.): 150 Jahre Bremer Clubleben, Bremen 1933, S. 173 – 204; Tilman Hannemann: Die Bremer Magnetiseure. Ein Traum der Aufklärung, Bremen 2007.

44 In Schillers „Das Lied von der Glocke" heißt es: „Wie ein Gebild aus Himmelshöhn, / Mit züchtigen, verschämten Wangen / Sieht er die Jungfrau vor sich stehn." Z. n.: Friedrich Schiller: Gedichte. 1789 – 1805. Bearbeitet und eingerichtet von Michael Holzinger, Berliner Ausgabe, North Charleston 2013, S. 113 – 122.

45 Johann Heinrich Menken (1766 – 1838) war ein namhafter Bremer Maler. 1818 wurde er vom Bremer Senat zum Professor der schönen Künste ernannt.

46 Gildemeister: Johann Gildemeister, a. a. O., S. 134f.

Mariannes verwitwete Mutter Johanne Wienholt[47] – eine beherrschend frömmliche Persönlichkeit – reagierte auf die Verlobung des Paares mit einem Schreiben an Johann Gildemeister, in dem sie betonte: „Verspart also ein unverbrüchliches Versprechen bis auf die Zeit, da Erfüllung möglich ist," und das sie mit „Eure mütterliche Freundin" unterzeichnete.[48] Denn da sie die wirtschaftliche Lage von Johann Gildemeister als zu unsicher betrachtete, hatte sie auf einer absoluten Geheimhaltung der Beziehung und der strikten Vermeidung von direkten Kontakten bestanden. Wie es scheint, hielt sich das junge Paar an den „Befehl" der „mütterlichen Freundin". Die beiden begegneten sich zwar einige Male bei gesellschaftlichen Anlässen in der Hansestadt. Allerdings hielten sie dabei Abstand und akzeptierten die „peinliche Verlegenheit", sich nur „unter den Augen anderer zu sehen". Händchenhalten und Küsse ereigneten sich nur auf dem Briefpapier. Sozusagen in Form von „im Geist die Hand drücken" (Marianne) und „mit ganzer Liebe" (Johann) – und das vom 18. September 1807 bis zum 27. September 1811, dem Tag ihrer Trauung in Bremen. In ihrem ersten Brief an den Geliebten beteuert Marianne Wienholt:

„Tief erschüttert und gerührt fühle ich mich, nachdem meine Mutter mir Alles gesagt hat; und ich möchte niederfallen und anbeten, daß Gott so für die feinsten Bedürfniße meines Wesens gesorgt hat, ehe ich noch nichtmal wußte, was ich bedurfte. Ja, theurer Gildemeister, ich liebe Sie – ich liebte Sie schon länger, aber ich mochte und durfte mich selbst ja nicht damit einlassen. Jetzt – oh, wie glücklich fühle ich mich! Aber kann und werde ich dem entsprechen, was Sie vielleicht von mir erwarten? Ich fürchte, Sie kennen mich nicht genau, und schrecklich, schrecklich würde es mir sein, Sie auch nur auf irgendeine Art zu täuschen."[49]

---

47 Johanne Wienholt, geb. Misler, kam am 1.1.1761 in Hamburg zur Welt. Sie starb am 3.5.1818 in Bremen. Sie wohnte in der Hansestadt am Ansgariikirchhof 2; vgl. Edith Laudowicz: „Wienholt, Johanne" unter: http://www.bremerfrauengeschichte.de/2_Biografien/wienholt.html.

48 Brief von Johanne Wienholt an Johann Gildemeister, Bremen 18.9.1807 (Privatbesitz).

49 Aus dem Brief von Marianne Wienholt an Johann Gildemeister, Bremen 18.9.1807.

Und Ende Oktober 1807 bestätigt die junge Frau:

„Gern, gern, lieber Gildemeister, nehme ich Ihren Vorschlag des Schreibens an. Wie aus der Seele ist er mir genommen, denn schon so oft war es mein inniger Wunsch, mich Johann und seiner Familie zu nähern. Umso mehr – es wäre wie ein Zusammenleben miteinander, wie wir es uns dereinst erhoffen und welch ein Glück eröffnet sich mir! Ich kann Ihnen von jeder Empfindung meines Herzens sagen, ich kann immer, wenn ich Bedrängnis fühle, Sie um Manches fragen, was mir am Herzen liegt. Wenn Sie antworten wird es einfacher, so liebe Worte zu finden, da sie geheim bleiben. Ja, nun werden wir uns im eigentlichen Sinne recht nahe werden. Diese Verbindung unserer Herzen wird reifen. Der schöne reine Zusammenschluß durch die Briefe wird die spätere innige Nähe bedingen.“[50]

Da die beiden Liebenden trotz ihrer Anfang September 1807 erfolgten – heimlichen – Verlobung nur in Form einer mehrjährigen verstohlenen Korrespondenz miteinander verkehren konnten und ihre Briefe aufbewahrten, ist heute vor allem in den Texten von Johann Gildemeister die Kenntnisnahme von wahrlich erhellenden Schilderungen möglich. Er hatte sich jedenfalls bedingungslos in die junge Frau verliebt und versicherte ihr im Mai 1808: „Früherhin war ich selbst nicht ganz gewiß über mich, aber jetzt bin ich fest überzeugt, ich werde Dir immer bleiben, was ich bin. Mir wird meine Marianne mehr werden, als sie jetzt schon ist.“[51] Nahe liegt die Vermutung, dass Johann Gildemeister aus subjektiven Gründen in seinen schriftlichen Mitteilungen durchaus bestimmte Themen oder Ereignisse unerwähnt ließ und zuweilen auch gewisse Dinge schönte. Hinsichtlich der Hofentwicklung treffen freilich alle überprüfbaren Angaben des Gutsherrn durchaus zu.

In Mariannes Briefen kommen anfangs vor allem gefühlsselige Herzens- und Familien-Angelegenheiten sowie ihre schwärmerische pietistische Frömmigkeit zur Sprache, auf die Johann recht freundlich eingeht, wobei

50 Aus einem Brief von Marianne Wienholt an Johann Gildemeister, Bremen 30.10.1807.
51 Brief von Johann Gildemeister an Marianne Wienholt, Bremen, 30.5.1808.

er ihren Glaubenseifer bis zum Juli 1809 mehr oder weniger ignoriert. Auf eine dann entstehende Verstimmung zwischen den beiden reagiert er dann unmissverständlich so: „Unsere Ansichten, meine Theure, sind in Religionspunkten verschieden, unsere Denkweise ist anders. Ich habe es für meine Pflicht gehalten, Dir das nicht zu verhehlen."[52]

Jeweils gelesene Bücher wie etwa die von Jean-Jacques Rousseau werden von Marianne und Johann in den Briefen thematisiert, wobei nicht zuletzt die Unterschiede zwischen dem weiblichen und männlichen Geschlecht schriftlich erörtert werden. Obwohl die sich stets ihrer Liebe versichernden jungen Leute die damals üblichen Rollenzuweisungen teilen – der Mann sollte hart und aktiv, die Frau weich und passiv agieren und sich unterordnen – lässt Johann in den Briefen immerhin erkennen, dass er Marianne in allen wichtigen Fragen als gleichberechtigte Partnerin anerkennen möchte. Nachdem die beiden sich Ende Mai 1808 darauf verständigt hatten, die förmliche Anrede „Sie" abzuschaffen, bestätigt Johann Gildemeister seiner Geliebten ein ihr offenbar zu Ohr gekommenes Gerücht wie folgt:

„Ja, beste Marianne, ich studire mit großem Eifer Landwirthschaft und wende alles an, um mich hineinzusetzen, wenn es auch nur nützte, um mich von den traurigen Aussichten der Zukunft abzuziehen oder mir nur Beruhigung gewährt, um weniger zu fürchten, indem ich unabhängiger vom Kampfe der Völker bin, wie es leider der Kaufmann zu sehr ist."[53]

Ab dem Frühsommer 1808 werden in den Briefen Johann Gildemeisters Pläne immer deutlicher, das Leinengeschäft aufzugeben, um als Landwirt eine sichere Grundlage für die Familiengründung zu etablieren. Sein Wunsch, einen Gutshof zu kaufen, stößt bei Marianne allerdings zunächst auf keine Gegenliebe. Sie fürchtet sich vor den Anforderungen des Landlebens, will die gewohnten Bequemlichkeiten einer Städterin und ihren Freundeskreis nicht für ein Dasein als Landpomeranze aufgeben. Ihrem Versuch, durch das

52 Ders. an Marianne Wienholt, Bremen 7.4.1809.
53 Ders. an Marianne Wienholt, Bremen 29.5.1808.

Ins-Spiel-bringen ihr bekannter Bremer Kaufleute und ihrer Mutter Johanne Wienholt für Verunsicherung zu sorgen, begegnet Johann mit der Anmerkung: „Du wünschtest Deine Mutter in das Geheimnis meiner Pläne einzuweihen. Es wird mir immer angenehm sein, ihre Einwürfe zu hören und ihr Urtheil darüber. Ich werde dann suchen, sie zu widerlegen."[54]

Marianne Wienholts zahlreiche Ausflüchte und Argumente gegen Johann Gildemeisters Plan, ein Landwirt und Gutsherr zu werden, laufen im Sommer 1809 allmählich aus. Im August, den Marianne mit ihrer Mutter in einem Sommerhaus in Oberneuland bei Bremen verbringt, lässt sie sich zu der Aussage hinreißen: „Immer mehr, mein theurer Freund, drängt sich mir die Ueberzeugung auf, daß ich nur für das Landleben gemacht bin. Seit unserem Aufenthalt hier bin ich wieder ein ganz anderer Mensch. Ja, manche kleine Kränkelei, die ich in der Stadt nicht loswerden konnte, ist hier wie weggewischt, obgleich es doch zum Theil schlechtes Wetter war und ich mir überhaupt wenig Bewegung machen konnte. Oh, ich kann Dir nicht sagen, wie jede neue Erfahrung in der Art mich entzückt und wie ich dann so froh in die Zukunft sehen, und wie ich erst eigentlich anfangen werde zu leben."[55]

Bemerkenswerterweise berichtet Marianne in ihren Briefen[56] häufig über ihre melancholischen Stimmungstiefen, über Fieber, Husten, Kopf- und Zahnschmerzen und andere körperliche Schwächen mehr. Ein Zahnarzt wird in der Korrespondenz nicht erwähnt. Wie es um den Gesundheitszustand der jungen Frau wirklich bestellt war bzw. inwieweit es sich um psychosomatische Probleme handelte, lässt sich seriös nicht einschätzen. Der Hausarzt empfahl ihr häusliche Bäder und Wassergüsse und Johann versuchte unentwegt, sein „armes, leidendes Mädchen" zu trösten und hoffte – allerdings vergeblich –, durch die Heirat und das Kinderkriegen würde eines Tages alles gut.

54 Ders. an Marianne Wienholt, Bremen 18.6.1808.
55 Marianne Wienholt an Johann Gildemeister, Oberneuland 10.8.1809.
56 Aus dem Jahr 1810 sind Marianne Wienholts Briefe nicht überliefert.

Nach dem Tod seiner Mutter Gebetha, die am 18. Juni 1808 während einer Kur im Heilbad Eilsen gestorben war, erwog Johann Gildemeister „in der Nähe ihres Grabes in Bückeburg ein Gut zu kaufen". Allerdings, so berichtete er Marianne bald darauf: „Aber leider gibt es im Bückeburgischen keine Güter. Diese Hoffnung ist gescheitert."[57] Im Winter 1808 bemühte sich Johann Gildemeister um den Erwerb des im heutigen nordrhein-westfälischen Kreis Lippe gelegenen Ritterguts Steinbeck, das die Familie von Wrede abstoßen wollte.[58] Im Januar 1809 war aber auch dieser Traum ausgeträumt und nach weiteren Enttäuschungen erkundigte sich der Landwirt in spe nach zum Verkauf stehenden Gütern im Herzogtum Mecklenburg, wo Bürgerliche vom Erwerb eines Rittergutes nicht ausgeschlossen und die Lehnsgüter frei veräußerlich, frei verschuldbar und frei verpachtbar waren.

Gildemeister wusste, dass der im Herzogtum 1806 erfolgte Konjunkturabsturz durch schlechte Ernten, Zinserhöhungen und die Beschränkungen des seewärtigen Getreideabsatzes, die sich aus der Napoleonischen Kontinentalsperre ergaben, viele Gutsbesitzer in Not getrieben hatte. Die 1804 noch extrem hohen (spekulativen) Güterpreise waren inzwischen stark gesunken (und die Verschuldung vieler Güter enorm gestiegen) – kurz, die Chance, einen preisgünstigen Gutshof erwerben zu können, war und erschien dem Bremer groß. Sein Bekannter Baron Kolbe von Schreeb[59] – er war aus Oldenburg nahe Bremen gebürtig und agierte seit 1797 als Gutsherr von Boldebuck nahe Güstrow, versicherte ihm im Januar 1810, die Zeit sei für Kaufwillige gut, und lud ihn zu sich ein.[60] Am 12. März ließ Johann vom Gut Boldebuck aus die geliebte Marianne wissen: „Ich habe mich mit Herrn von Schreeb heute schon etwas umgesehen, ob für mich etwas zu haben sein wird und schon mehrere Güter gefunden, die ganz so klein sind, wie ich sie wünsche

57 Johann Gildemeister an Marianne Wienholt, Bremen 9.7.1808.

58 Vgl. Rittergut Steinbeck in Unterwüsten. Die Geschichte des Gutes, online: http://www.woiste.de/W-HUW-000-a.html.

59 Legitationsrat Leopold Heinrich Kolbe von Schreeb (1764 – 1846).

60 Vgl. Johann Gildemeister an Marianne Wienholt, Bremen 18.1.1810.

und die Vorzüge haben, worauf ich ganz vorzüglich sehe. […] Wir erwarten jetzt von einigen Gütern die Anschläge, worauf ich sehr neugierig bin."[61]

Es ist nicht überliefert, wann Gildemeister die vom Herbst 1809 an in vielen Blättern abgedruckte Verkaufsanzeige des „Guths Kleinen Siemen" unter die Augen bekam. Wenn nicht alles täuscht, machte ihn Gutsherr von Schreeb auf dieselbe aufmerksam. Sie lautete:

> *In Herzoglicher Justizkanzley zu Rostock.*
> *Wir FRIEDERICH FRANZ von Gottes Gnaden, souverainer Herzog zu Mecklenburg haben auf unterthanigsten Antrag des Doctors Prehn hieselbst, als Actoris communis wailand Eigenthümers Martienssen auf Kleinen Siemen, zum constitutionsmäßigen Verkauf des im Amte Neubukow belegenen Guths Kleinen Siemen, welches in der Anlage A näher beschrieben ist, drey nach einander folgende Termine, nemlich […] den dritten auf den 20sten Januar 1810 angesetzet, weshalb alle diejenigen, welche gedachtes Guth zu kaufen Neigung haben, hiemit gnädigst citiret werden, […] Morgens um 9 Uhr, vor hiesiger Justiz-Kanzley, nach Abends vorher geschener Meldung bey Unsern verordneten Director, ViceDirector und Räthen, entweder in Person, oder durch legitimirte Anwälde zu erscheinen, Bot und Ueberbot zu Protocoll abzugeben, demnächst aber zu gewärtigen, daß […] dem annehmlich Meistbietenden, unter Vorbehalt Unsers lehnsherrlichen Consenses, und eines vierten Termins, zur Ausübung des creditorischen Gleichgebotsrechts, pure werde addiciret werden […]. Es steht einem Jeden frey, bemeldetes Guth, nach vorheriger Meldung auf dem Hofe zu Kleinen Siemen zu beaugenscheinigen. Datum Rostock den 24 Julius 1809.*

61 Vgl. ders. an Marianne Wienholt, Boldebuck 12.3.1810.

Anlage A.
Das Guth Kleinen Siemen liegt im ritterschaftlichen Amte Neubukow, eine halbe Meile von Cröpelin, zwey und eine halbe Meile von Rostock, und drey und eine halbe Meile von Wismar, mithin sehr vortheilhaft zum Absatz seiner Produkte. Es ist nach dem Landescataster zu 1¾ Hufen 20 4/32 Scheffel catastrirt, hat einen Flächeninhalt von 120,541 Quadratruthen und wird in sieben Schlägen bewirthschaftet, wovon jeder derselben fast drei Last Aussaat enthält. Der Boden ist von der Beschaffenheit, daß im Durchschnitt jährlich eine Last Waizen gesäet werden kann. Die Heuwerbung ist nicht unbeträchtlich, und nach dem Cataster zu 98 Fuder geschätzt. Die Holländerei ist zu 60 Kühen à 13 Thaler verpachtet. An Holz hat es nur einige Brüche und Tannen, jedoch ist zur Feurung hinlänglich Torf vorhanden. Das Wohnhaus ist massiv, mit einem Souterrain und vor einigen Jahren erst neu erbauet. Außerdem ist noch ein neues zur Molkenwirthschaft besonders eingerichtetes Wirthschaftshaus vorhanden.[62] *Die übrigen Hof- und Dorfgebäude sind zum Theil erst vor einigen Jahren erbauet und fast alle in gutem Stande. Der Garten hat eine sehr angenehme Lage, und ist mit den besten Produkten besetzt, die mit der Zeit keinen unbedeutenden Ertrag liefern. Die hohe und niedere Jagdgerechtigkeit ist mit dem Guthe verbunden. Die Fischerei ist in mehreren Teichen und Söllen ergiebig.*[63]

62 Die Holländerei bezeichnete in Norddeutschland eine Milchwirtschaft (Meierei) oder das Gebäude, in welchem sie betrieben wurde. Der Leiter der Wirtschaft wurde als Holländer bezeichnet (seit dem 12. Jahrhundert, als sich mit der Milchwirtschaft vertraute Holländer vermehrt in Deutschland ansiedelten).

63 In: Beylage zum 3ten Stück der hiesigen Zeitungen, in: Auszug der Neuesten Zeitungen auf das Jahr 1809, Rostock (11.1.1810).

Am 23. April 1810 teilte Johann Gildemeister seiner Verlobten Marianne mit: „Ein Gut, Kleinen Siemen, das in mancher Hinsicht das Vortheilhafteste und Angenehmste ist, und auf das ich nicht reflectieren mochte, weil es anfangs im Verkauf das letzte sein sollte, ist jetzt das erste, und ich habe viele Gründe zu der Hoffnung, es vortheilhaft zu kaufen.“[64]

Am 25. März 1810 gab er das geforderte Startgebot in Höhe von 24 130 Reichstalern ab. Bei der Auktion in Rostock traf der Bremer am 2. Mai 1810 auf den Mitbietenden Major von Wachenhusen,[65] der sich zwar so anreden ließ, realiter aber gar nicht nobilitiert war. Von 1798 bis 1805 hatte er im schwedischen Jemtlands Dragoner-Regiment gedient und danach als Privatier in Bützow gelebt.[66] Im Verlauf der 48 von ihnen abgegebenen Gebote steigerten „Major von Wachenhusen und Gildemeister aus Bremen“ den Kaufpreis schließlich auf 25 775 Reichstaler[67]. Der Gewinner hieß Gildemeister; sein Kontrahent erwarb kurz darauf das Gut Klein Nienhagen.

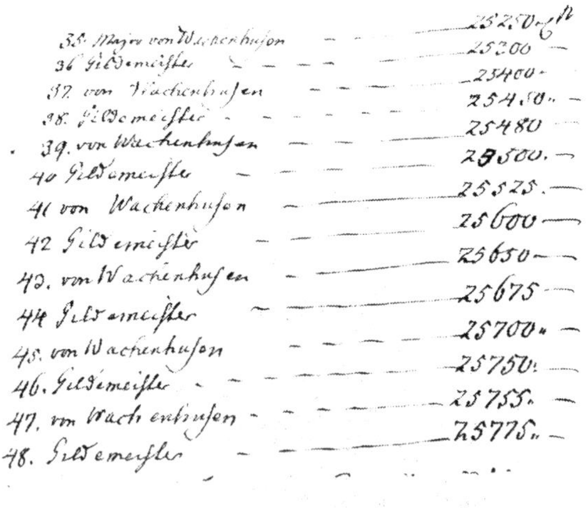

35. Major von Wachenhusen	25250
36 Gildemeister	25300
37 von Wachenhusen	25400
38. Gildemeister	25450
39. von Wachenhusen	25480
40 Gildemeister	25500
41 von Wachenhusen	25525
42 Gildemeister	25600
43. von Wachenhusen	25650
44 Gildemeister	25675
45. von Wachenhusen	25700
46. Gildemeister	25750
47. von Wachenhusen	25755
48. Gildemeister	25775

64 Vgl. Johann Gildemeister an Marianne Wienholt, Boldebuck 23.4.1810.

65 Johann Georg Heinrich Wachenhusen (1781 – 1833).

66 Vgl. Hermann Grotefend: „Über Stammtafeln (mit einem Beispiel: Familie Wachenhusen)“, in: Jahrbücher des Vereins für Mecklenburgische Geschichte und Altertumskunde 70 (1905), S. 1 – 48, hier S. 32.

67 LHAS 2.21-2, 582: 1810, 1857: Klein Siemen, RA Rostock, vorher Bukow, Kirchspiel Alt Karin.

An finanzieller Unterstützung fehlte es dem neuen Gutsherrn Gildemeister nicht – sieben Verwandte und Bekannte stillten seinen durch den Erwerb von Klein Siemen entstandenen Finanzierungsbedarf in Höhe von insgesamt 20 000 Reichstalern.[68] 14 Tage später erhielt Johann Gildemeister in Schwerin von der Regierung den Zuschlag für das Gut.[69] Marianne ließ er prompt wissen: „Ich habe in jeder Hinsicht Ursache, mit meinem Kauf äußerst zufrieden zu sein. Ich wüßte nichts, was mir noch zu wünschen übrig bliebe. Das Gut liegt in einer paradiesischen Gegend, in einer vortheilhaften Lage in der Nähe mehrerer Städte und guter Leute, sehr freundlich, und ich glaube, es soll Dir schon gefallen."[70]

Nachdem am 20. Juni 1810 der Kaufkontrakt geschlossen war, bereitete Johann Gildemeister die Übernahme des Gutes vor. Ende des Monats gab es eine „Auktion alter Sachen", bei der er „das meiste so ziemlich billig" kaufen konnte. Schließlich erfolgte am 1. Juli 1810 bei „vortrefflichem Wetter" die Hofübergabe und fand eine „Lustbarkeit" statt, bei der seinen „Leuten ein Bier zugedacht" wurde. Johann Gildemeister fühlte sich allerdings „noch gar nicht recht eingewöhnt" und klagte über die noch im Gutshof lebende Witwe[71] des ehemaligen Besitzers, die am 2. Juli 1810 dann aber auch Klein Siemen verließ.[72] Der Kauf des Gutshofes ließ Mariannes Mutter Johanne Wienholt insofern unbeeindruckt, als sie nach wie vor nicht bereit war, den beiden Verlobten die Zustimmung zur Heirat und damit zum Zusammenleben zu geben. Sie bestand auf dem belastungsfähigen Nachweis des erfolgreichen Wirtschaftens durch den Schwiegersohn in spe.

Ab dem Juli 1810 lebten Johann und Marianne zudem nun geographisch so weit voneinander entfernt, dass der Briefverkehr die einzige Chance zum

68 Siehe die Aufstellung der „mitgetragenen Schulden" in: LHAS 2.21-2, 582. Die Reichstaler waren im Wert von N 2/3.

69 Vgl. zum Kauf die Lehnkammerakte: LHAS 2.21-2, 582: 1810, 1857.

70 Johann Gildemeister an Marianne Wienholt, Klein Siemen, 16.5.1810.

71 Magdalena Augusta Juliana Martienssen, geb. Schröder (1764 – 1832).

72 Vgl. Johann Gildemeister an Marianne Wienholt, Kl. Siemen, 2.7.1810.

Austausch von Küssen, liebenden und versöhnlichen Gebärden, herzlichen Stimmklängen und funkelnden Augen blieb. Andererseits sorgte die den Erfolgsnachweis des Gutsherrn abwartende Witwe Wienholt für einen Fluss von Briefen aus Klein Siemen bis zum September 1811, der im Kern einen bemerkenswerten Entwicklungsbericht des frischgebackenen Gutsherrn ab dem Juli 1810 darstellt. Die Frage, wie sich der landwirtschaftliche Betrieb zuvor entwickelt hatte, erhellt das nun folgende Kapitel.

Modernisierung der Landwirtschaft

Im Laufe des 18. Jahrhunderts erfolgte im Agrarland Mecklenburg der Übergang von der Dreifelderwirtschaft zur holsteinischen Koppelwirtschaft, aus der sich dann die extensive mecklenburgische Schlagwirtschaft entwickelte. Bei der Dreifelderwirtschaft war das Ackerland in drei Schläge geteilt gewesen, die abwechselnd mit Winterkorn und Sommerkorn bestellt wurden und dann in der Brache blieben. Die von den mecklenburgischen Gutshöfen im Zuge der Umstellung entwickelte Feldgraswirtschaft führte zu einer bedeutenden Intensivierung. Das Gutsland wurde zunehmend in sieben oder noch mehr Schläge eingeteilt, von denen mehrere mit Gras oder Klee besät wurden.[73] Dadurch gewannen die Betriebe zum einen mehr Futter für einen vergrößerten Viehstapel und zum anderen mehr Dung für die Ackerflächen, die den mecklenburgischen Boden vor allem sehr weizenfähig machte.

Die Schattenseite der sich entwickelnden Schlagwirtschaft bestand laut dem Volkswirt Gerhard Körber darin, „daß zahlreiche Bauern von ihren Wirtschaften vertrieben und zu Tagelöhnern wurden bzw. die vom Hof entfernter liegenden schlechten Äcker zugeteilt erhielten". Aus seiner Sicht kam durch die damaligen Intensivierungs- und Rationalisierungsbestrebungen eine „durchaus kapitalistische Wirtschaftsauffassung" zum Ausdruck, schon weil „das starke Erwerbsstreben der Gutsherren" vor „keinem Mittel haltmachte, die Gutseinnahmen zu steigern". Und er betonte: „Bei der günstigen Verkehrslage Mecklenburg-Schwerins war der Getreideabsatz für die meisten Güter dieses Landes der Menge nach unbeschränkt."[74]

73 Vgl. Christian Wilhelm Christlieb Schumacher: Prüfung der Urtheile über die Mecklenburgische Wirthschaftsverfassung, die Schlagordnung und Koppelwirtschaft, Berlin 1804.

74 Gerhard Körber: „Das Kreditwesen des ritterschaftlichen Grundbesitzes in Mecklenburg nach dem Siebenjährigen Kriege bis zur Gründung des Ritterschaftlichen Kreditvereins im Jahre 1819", in: Jahrbücher des Vereins für Mecklenburgische Geschichte und Altertumskunde, Band 93 (1929), S. 153 – 266, hier S. 163.

Nach der Französischen Revolution von 1789 setzte für die mecklenburgischen Gutsbesitzer eine starke Erholungsperiode ein, die in ein „goldenes" Jahrzehnt mündete.[75] So zwang der Brotmangel die französische Regierung zum Aufkauf großer Mengen von Getreide. Die Gutsherren reagierten darauf mit dem verstärkten Legen von Bauern zum Zwecke der Ausweitung der Anbauflächen, was die Ernteerträge steigerte. Zudem wurden schlechte Ernten in England „zu einem glänzenden Geschäft für die mecklenburgischen Gutsbesitzer".[76] Die hohen Getreidepreise im letzten Viertel des 18. Jahrhunderts veranlassten jedenfalls die Landwirte zu einem immer umfangreicheren Roggen- und Weizenanbau. Rostocker Segelschiffe trugen das mecklenburgische Korn schiffsladungsweise nach England, Holland, Spanien und Russland. Allerdings waren die zufrieden ihren wachsenden Wohlstand genießenden Gutsherren wenig geneigt, die von „theoretischen Landwirten", sprich von Agrarreformern wie Albrecht Daniel Thaer, geforderte weitere Intensivierung der Landwirtschaft durch die Aufnahme von Rüben, Kartoffeln und Klee zu befolgen.[77]

In Mecklenburg vertrat vor allem Lorenz Karsten (1751 – 1829), Professor der Kameralistik an der Rostocker Universität, die Thaerschen Forderungen. 1789 veröffentlichte er die Abhandlung *Ueber das theoretische Studium der Oekonomie*[78], in der er argumentierte, dass die Theorie Grundlage für die praktische Tätigkeit des Landwirts sein müsse, diese jedoch ständig durch die Praxis zu überprüfen sei. Zudem schlug Karsten die Einrichtung eines landwirtschaftlichen Instituts vor, um die theoretische Ausbildung der Land-

75 So Alexander von Lengerke in: Darstellung der Landwirthschaft in den Großherzogthümern Mecklenburgs. Nach eigener Anschauung und Praxis, den besten älteren und neueren Quellen und Hülfsmitteln entworfen. 2 Bde., Königsberg 1831.

76 Johannes Nichtweiss: Das Bauernlegen in Mecklenburg. Eine Untersuchung zur Geschichte der Bauernschaft und der zweiten Leibeigenschaft in Mecklenburg bis zum Beginn des 19. Jahrhunderts, Berlin 1954, S. 116.

77 Vgl. Ulrich Bentzien: Landbevölkerung und technischer Fortschritt in Mecklenburg. Vom Ende des 18. bis zum Anfang des 20. Jahrhunderts, Berlin 1985.

78 Lorenz Karsten: Ueber das theoretische Studium der Oekonomie, Rostock 1789.

wirte voranzutreiben. Da ihm das hierfür beantragte Geld von der Stadt und der Universität Rostock sowie von der herzoglichen Regierung verweigert wurde, pachtete er mit eigenen Mitteln vor den Toren Rostocks ein Mühlengrundstück, das er Neuenwerder nannte. Ab 1793 betrieb er hier unter großen persönlichen Opfern eine landwirtschaftliche Versuchs- und Lehranstalt, in der junge Landwirte mit neuen Landbaumethoden bekannt gemacht wurden. Sie war wohl die früheste landwirtschaftliche Versuchsstation in Deutschland. Wie sich in den Briefen später zeigen wird, kam Johann Gildemeister mit Lorenz Karsten ins Gespräch.

Da Mecklenburg sich in den ersten drei Koalitionskriegen, die Frankreich gegen Österreich, Russland, Portugal und England führte, neutral verhielt, lief der Handel ungebremst weiter und ließen die kriegerischen Auseinandersetzungen die Preise für Korn, Vieh und Wolle ständig ansteigen. Zudem verteuerten sich die Güterpreise immer mehr.

Zur Entstehung des Guts Klein Siemen

Das ursprünglich slawische Dorf Klein Siemen war jahrhundertelang für die Grundherren nichts anderes als eine Einkommensquelle und ein Pfandobjekt gleichermaßen. „Lütten-Siehm" gehörte im 18. Jahrhundert zum Gut „Grossen Nienhagen", das 1729 in den Besitz des Rostocker Ratsherrn Claus Schröder (1684 – 1743) kam. Nach zwei Besitzerwechseln erfolgte 1768 der Rückkauf des Lehnsgutes Groß Nienhagen mit Klein Siemen durch den Rostocker „Kanzley-Vicedirektor" Joachim Heinrich von Schröder (1725 – 1795). Als zu Beginn der 1790er Jahre die Hochkonjunktur für ein „ununterbrochenes gewaltiges Steigen der Güterpreise[79] sorgte, fiel im Herrenhaus von Groß Nienhagen offenbar die Entscheidung, die Pertinenz Klein Siemen abzuspalten.

1790 überschrieb der kinderlose Joachim Heinrich von Schröder jedenfalls seinem Neffen Peter Wilhelm von Schröder (1761 – 1807) den Besitz des zu jener Zeit gut 182 Hektar umfassenden Dorfes Klein Siemen im Wert von 29 000 Reichstalern. (Groß Nienhagen behielt eine Feldmark in Größe von rund 280 Hektar.)[80] Zudem bestimmte er den Neffen testamentarisch zu seinem Alleinerben. Schon aufgrund der für die mecklenburgische Landwirtschaft und die Gutsherren eingetretenen „goldenen Zeit" liegt die Vermutung nahe, dass es den beiden Herren darum ging, das bis dahin quasi im Dornröschenschlaf liegende Bauerndorf Klein Siemen zu einem eigenständigen und profitablen Gutsdorf zu erwecken. Und genau das passierte in den folgenden gerade einmal fünf Jahren.

79 Vgl. Gerhard Körber: Das Kreditwesen des ritterschaftlichen Grundbesitzes in Mecklenburg nach dem Siebenjährigen Kriege bis zur Gründung des Ritterschaftlichen Kreditvereins im Jahre 1819, in: Jahrbücher des Vereins für Mecklenburgische Geschichte und Altertumskunde, Bd. 93 (1929), S. 153 – 266, hier S. 219 – 228.

80 Vgl. Herzoglich-Mecklenburg-Schwerinscher Staats-Calender 1790 und 1791. 1790 sind 1279,30 Scheffel der steuerpflichtigen Hälfte des Guts angegeben, 1791 hingegen 734 für Groß Nienhagen und 545,3 für Klein Siemen. Da seit 1808 dann 600 Scheffel Einsaat für eine „catastrirte Hufe" gerechnet werden sollten, dürften Groß Nienhagen und Klein Siemen auf eine Größe von rund 17 Hufen gekommen sein. Die Gesamtfeldmarkfläche betrug 430 Hektar.

Als Joachim Heinrich von Schröder am 28. Juni 1795 verstarb, hatte Klein Siemen durch seinen Neffen Peter Wilhelm ein ganz neues Weichbild bekommen. Das Dorf bestand inzwischen nicht mehr aus drei, sondern aus dreizehn Gebäuden im versicherten Wert von 4 800 Reichstalern. Darunter befanden sich ein Backhaus, ein Pferdestall mit Wagenschauer, mehrere Scheunen, ein Viehhaus sowie ein Holländer Haus. Letzteres diente dem selbständig wirtschaftenden Pächter der gesamten Viehhaltung, der auch für die Versorgung mit Milch, Butter und Käse zuständig war. Es gab einen Katen mit fünf Wohnungen und die 1796 mit je 200 Reichstalern Versicherungssumme taxierten Wohnhäuser der Bauern Joh. Vick und Joch. Esch. Unübersehbar wird das neue, mehr als 20 Meter lange und 12 Meter breite Herrenhaus gewesen sein, von dem keine Zeichnung überliefert ist.[81] Die beiden noch aktiven Bauern Esch und Vick, das verrät ein überliefertes Schreiben, waren dem Gutsherrn P. W. von Schröder „auf Kl. Siemen" zwei zu viel. Weil er mit der „Niederlegung der zwei Bauern daselbst" jedoch den Tatbestand eines ganz gelegten Dorfes herbeigeführt hätte, musste er seinen Plan dem Engeren Ausschuß der Ritter- und Landschaft zu Rostock mitteilen.[82] Diese Klassenvertretung des mecklenburgischen Adels lehnte das Vorhaben aber offenbar ab, denn die beiden „Bauer- und Cossaten-Gehöfte" blieben bestehen.

Peter Wilhelm von Schröder war die historische Person, die ab 1790 aus Klein Siemen ein typisches Gutsdorf machte. Nach der barocken Idee vom Gesamtkunstwerk ließ er links und rechts der Toreinfahrt die Wirtschaftsgebäude errichten und nach hinten versetzt und quer zur Längsachse das Herrenhaus. Im letzten Jahrzehnt des 18. Jahrhunderts profitierten er und die meisten anderen Gutsbesitzer von einem rasant steigenden Getreideexport, der schließlich zur Verknappung und damit Verteuerung der Lebensmittel in Mecklenburg führte.[83]

---

81 Vgl. LHAS 3.2-4, 133. Das Herrenhaus war mit einer Taxe von 1 500 Rthlr. N ⅔ versehen.

82 LHAS 3.1-1, Nr. 11461: Acta die von dem Hr. Schröder auf Kl. Siemen intendirte Niederlegung der 2. Bauern daselbst, betr. 1795; Vgl. ausführlich hierzu König: Klein Siemen, a. a. O., S. 50 – 53.

83 Vgl. Johann Heinrich von Thünen: Der isolirte Staat in Beziehung auf Landwirtschaft und Nationalökonomie. 3. Aufl. hrsg. von Hermann Schumacher-Zarchlin, Berlin 1875.

Während es in Rostock und andernorts zu „Butterrevolutionen“ kam, schossen zugleich die Preise der Gutshöfe in die Höhe, entstand eine heftige Spekulationsmanie. Bei einem Gesamtbestand von rund 700 Lehnsgütern wechselten allein zwischen 1790 und 1804 unglaubliche 588 den Besitzer. Nicht minder drastisch stieg bei ihnen der Durchschnittspreis der Hufe an. Betrug er 1790 um die 13 500 Reichstaler, so lag er im Jahr 1804 um die 24 000.[84]

1796 geriet auch das gerade erst verselbstständigte Rittergut Klein Siemen in die Spekulationsmanie, ging der Lehnsbesitz mit „zwey Cossaten“ für teuer (kreditfinanziertes) Geld in die Hände von Burchard Hartwig von Plessen (1768 – 1842)[85] über. Der „Vice-Oberstallmeister“ behielt das Gut bezeichnenderweise nicht einmal zwei Jahre. 1798 verkaufte er es an die Gebrüder Klingender[86]. Die beiden Herren hatten aber auch nur den schnellen Profit und nicht die Landwirtschaft im Sinn. Prompt erzielten sie 1801 einen hübschen Spekulationsgewinn, als sie „Kleinen Siemen“ an Johann Friedrich Dencker (1739 – 1816)[87] verscherbeln konnten. Der Landwirt besaß bereits ein Gut in Schleswig-Holstein[88], das von einem Verwalter bewirtschaftet wurde, war Vater von 15 Kindern und erhoffte sich nicht minder einen möglichst raschen Geldgewinn. Sein Wunsch ging im November 1802 in Erfüllung, als er von einem Kaufmann aus Altona den „ungeheuren“ Betrag

84 Gerhard Körber: „Das Kreditwesen des ritterschaftlichen Grundbesitzes in Mecklenburg nach dem Siebenjährigen Kriege bis zur Gründung des Ritterschaftlichen Kreditvereins im Jahre 1819“, in: Jahrbücher des Vereins für Mecklenburgische Geschichte und Altertumskunde, Bd. 93 (1929), S. 153 – 266, hier S. 219 – 227.

85 LHAS 2.23-3, 25063: Klein Siemen, von Schröder 1796; vgl. Christian von Plessen (Hrsg.): Maueranker und Stier. Plesse, Plessen. Tausend Jahre eines norddeutschen Adelsgeschlechts. Band I und II, Schwerin 2015.

86 Georg Wilhelm Klingender (1735 – 1816) wirkte damals als Herzoglich-Mecklenburgischer Hofrat in Güstrow, sein Bruder Wilhelm Franz (1741 – 1797) als Markgräflich-Brandenburg-Ansbachischer Kammerrat.

87 LHAS 2.23-3, 25065: Klein Siemen, Dencker, Eigentümer.

88 Darüber hinaus hatte Dencker seit 1791 das Rittergut Arpshagen bei Klütz gepachtet, das von 1318 bis 1723 Sitz derer von Plessen gewesen und später in die Hände des Grafen von Bothmer zu Bothmer übergegangen war. Vgl. die – nicht durchgängig zutreffenden Angaben – über die Familie Dencker unter: https://duve-ahnen.de.

von 54 000 Reichstalern N ⅔ erhielt. Zu jenem Zeitpunkt hatten die 16 Gebäude von Hof und Dorf Klein Siemen einen Versicherungswert in Höhe von 15 250 Reichstaler N ⅔.[89]

Zahlreiche in der Landwirtschaft unerfahrene Advokaten und Kaufleute gehörten in jenen Tagen zu den Spekulanten, denen es weniger auf eine ordentliche Bewirtschaftung des jeweils erworbenen Gutes als vielmehr auf ihren Vorteil beim Verkauf ankam. Viele plünderten die landwirtschaftlichen Betriebe nach dem Erwerb nachgerade aus und verwüsteten die Holzungen.

Als Erwerber des inzwischen hochpreisigen Gutes „Kleinen Siemen" trat Ende 1802 mit Heinrich Christoff Martienssen (1766 – 1808)[90] eine historisch auffällig gewordene Persönlichkeit in Erscheinung. Er war als Sohn eines Gastwirts in Lüneburg aufgewachsen und hatte 1791 die Hamburger Zuckerbäckertochter Magdalena Agneta Juliana Schröder (1764 – 1832) geehelicht. Während er sich in Altona erfolgreich als Kaufmann betätigte, gebar seine Frau sechs Kinder. Was die Familie Martienssen 1802 aufs Mecklenburger Land zog, und warum der Kaufmann fortan einen Gutshof bewirtschaften wollte, ist nicht berichtet worden. Weil Vorfahren Martienssens aus Grabow nahe Ludwigslust stammten, bezeichnete er sich 1805 gegenüber dem Rostocker Rat als Mecklenburger. Er wollte offenbar gut Wetter für seinen Antrag auf das Rostocker Bürgerrecht machen, um problemlos Holz über den Warnemünder Hafen ausführen zu können. Der Rat lehnte jedoch die mehrmals gestellten Bitten ab.[91] Bleibt die Frage: Wollte Heinrich Christoff Martienssen die wenigen Hölzer aus der Klein Siemer Feldmark zu Geld machen? Und

89 Vgl. LHAS 3.2-4, 133. Gegen Dencker wurde später Klage von „Kammerrat Klingender zu Waren" erhoben – wegen „rückständiger Forderung aus dem Verkauf des Gutes Kleinen Siemen". Vgl. LHAS 3.2-5/12, 256: Kammerrat Klingender zu Waren gegen den Pächter Dencker zu Arpshagen (1804 – 1806).

90 Vgl. LHAS 2.23-3, 3920, 4481, 4482, 10238: Klein Siemen, Gutsbesitzer Martienssen. Überliefert ist die Devise seines Privatsiegels: „Entbehre und genieße". Sie spielte auf eine beliebte Dichtung von Christian Fürchtegott Gellert mit den Zeilen an: „Genieße, was dir Gott beschieden, / Entbehre gern, was du nicht hast; / Ein jeder Stand hat seinen Frieden, / Ein jeder Stand hat seine Last." Vgl. Christian Fürchtegott Gellert: Werke, Bd. 1, Frankfurt a. M. 1979, S. 269f.

91 Vgl. AHR, 1.1.3.2, Nr. 178; Protokolle vom 4.9.1805, 4.10.1805 und 18.11.1805.

wie gedieh der Gutshof unter ihm? Als erste Maßnahme ließ er ein repräsentativeres zweigeschossiges Herrenhaus errichten, das 1805 bezogen werden konnte. Über die landwirtschaftlichen Aktivitäten liegen keine Aussagen vor.

Napoleons Kontinentalsperre und die Folgen

Die in den Koalitionskriegen von Napoleon erzwungene Neuordnung Europas wurde in Mecklenburg ab dem November 1806 spürbar, als das 8. französische Armeekorps erst Schwerin und dann das Herzogtum besetzte. Ungemein hart traf die Menschen die von Napoleon in jenen Tagen angeordnete Kontinentalsperre, die Wirtschaftsblockade über das Vereinigte Königreich und dessen Kolonien. Umgehend waren alle Häfen gesperrt und die Ostseefischerei verboten, kam der Seehandel der Städte Wismar und Rostock zum Erliegen, stockten Handel und Wandel fast völlig. Die *Franzosentid*[92] – wie Fritz Reuter sie betitelte – wartete zudem mit zahlreichen Rekrutierungsbefehlen, Einquartierungen und Plünderungen auf und sorgte bei vielen Einwohnern für Kummer und Leid.

Nach dem zum Beginn des Jahres 1808 erfolgten Beitritt beider mecklenburgischen Herzöge zu dem von Napoleon geschaffenen Rheinbund folgten wider Erwarten keine nennenswerten Reformen der Verhältnisse, blieb nicht zuletzt die Leibeigenschaft unangetastet. Über sie informiert sehr treffend der 1817 von Eduard Stern publizierte und im Anhang auszugsweise abgedruckte Artikel: „Einige Worte über die Lage der Leibseigenen in Mecklenburg". Die vom Rheinbund auferlegten Pflichten wie die Aufrechterhaltung der gegen Großbritannien gerichteten Kontinentalsperre und die Stellung von Truppen mussten natürlich vom Herzogtum befolgt werden.[93]

Die Herren der vielen durch häufige spekulative Besitzwechsel und Investitionen in die Schlagwirtschaft hoch verschuldeten mecklenburgischen Rittergüter beklagten nach der französischen Besetzung die rückläufige Konjunktur, die sie einen baldigen Zusammenbruch ihres Geschäftsmodells und

92 Fritz Reuter: Ut de Franzosentid, Rostock 1979.

93 Vgl. Günter Kosche (Hrsg.): Mecklenburg in der Franzosenzeit. Fakten und Fiktionen (= Schriftenreihe der Stiftung Mecklenburg, Bd. IV), Schwerin 2015. Die Konskription erfasste alle Männer vom 20. bis zum 25. Lebensjahr – sie traf auf Gildemeister nicht zu, weil er 1810 schon 26 Jahre alt und zudem als Grundbesitzer ohnehin befreit war.

damit den Konkurs befürchten ließ. Erschwerend hinzu kam die Kreditkrise: Immer mehr Gläubiger zogen aufgrund der bedrohlichen politischen Situation und einiger schlechter Ernten ihr Kapital zurück. Als Mecklenburg Ende 1806 zum Kriegsschauplatz wurde, stand den zahlreichen Kündigungen von Hypothekendarlehen nurmehr ein geringes Kapital zu sehr nachteiligen Bedingungen gegenüber. Die durch die Kontinentalsperre ausgelösten Absatzeinbrüche mecklenburgischen Getreides verschlimmerten die Situation ebenso wie die infolge des Krieges steigende Abgaben- und Steuerlast. Ab 1807 brachen immer mehr Gutsbetriebe unter der Bürde der Zinsen und anderer Kosten zusammen, nahm die Zahl der Konkurse erheblich zu.[94]

Lediglich der Schwarzhandel florierte in jener Zeit, nicht wenige der französischen Zollbeamten waren ja bestechlich. Und noch jemand war korrupt – so wurde es später jedenfalls behauptet. Und zwar kein Geringerer als der Klein Siemer Gutsherr Heinrich Christoff Martienssen, der seit dem 31. Januar 1807 als Vizekonsul zur Durchsetzung der Kontinentalsperre und der französischen Herrschaft in Rostock agierte.

Bei der städtischen Obrigkeit sowie den Bürgerinnen und Bürgern der Hansestadt Rostock war der angeberisch auftretende und französisch parlierende Martienssen mehr als unbeliebt, er war verhasst. „Obstruktion und zumindest passiver, mitunter auch aktiver Widerstand gegen die Person, das Wirken und Einzelmaßnahmen des Vizekonsuls“ nahmen laut dem Historiker Ernst Münch immer stärker zu.[95] Ende März 1808 entsetzte ihn der französische Ministerresident seines Amtes wegen „betriebenen Unterschleifs und Begünstigung“ woraufhin sich Martienssen das Leben nahm.[96] Seiner

94 Vgl. Gerhard Körber: Das Kreditwesen des ritterschaftlichen Grundbesitzes in Mecklenburg nach dem Siebenjährigen Kriege bis zur Gründung des Ritterschaftlichen Kreditvereins im Jahre 1819, in: Jahrbücher des Vereins für Mecklenburgische Geschichte und Altertumskunde, Bd. 93 (1929), S. 153 - 266, hier S. 236 - 255.

95 Ernst Münch: Ehrenpromotion und Audienz. Zwei Rostocker Variationen über das Thema Umgang mit den französischen Besatzern im Jahre 1807, in: Matthias Manke und Ernst Münch (Hrsg.): Unter Napoleons Adler. Mecklenburg in der Franzosenzeit, Lübeck 2009, S. 207 – 244, hier S. 243.

96 Ebda; Martienssen tötete sich am 2. April 1808 selbst.

Witwe mit sechs unmündigen Kindern hinterließ der unehrenhaft entlassene Vizekonsul hohe Schulden und mit Klein Siemen einen Gutsbetrieb, der unter der Last der Zinsen in den Konkurs geriet.

Während Magdalena Agneta Juliana Martienssen für „Heinr. Christoff Martienssen Erben“ diverse Schuldanerkenntnisse zeichnete, trat mit Dr. jur. Michael Eberhard Prehn (1747 – 1818) der Bürgermeister der Hansestadt Rostock als Konkursverwalter „für Heinr. Christoff Martienssen Creditores“, also für die Gläubiger in Aktion und schrieb das „Guth Kleinen Siemen“ im Juli 1809 zur Versteigerung an den Meistbietenden aus.[97] In jenen Tagen wurde es von dem jungen Inspektor Julius August Sellschopp (1786 – 1855) in Gang gehalten, der als „auf ein Haar streng rechtschaffener Mensch“ galt. Über ihn später mehr.

Die Ausschreibung des Gutes Klein Siemen erregte bekanntlich das brennende Interesse der Herren Gildemeister und von Wachenhusen. Sie gaben am 25. März 1810 das geforderte Startgebot in Höhe von 24 130 Reichstalern ab, was übrigens weniger als die Hälfte der 1802 von Martienssen in Kauf genommenen Erwerbssumme ausmachte.

97 So im Mai 1809, vgl. LHAS 2.23-3, 3920 u. 10238.

Ein Bremer Kaufmann wird Gutsherr

Als Johann Gildemeister im späten Frühjahr 1810 nach Klein Siemen übersiedelte, war Mecklenburg noch ein reines Agrarland. Der ritterschaftliche Grund und Boden umfasste gut die Hälfte des Landes und verteilte sich überwiegend auf große Gutshöfe. Gewerbe, Industrie und der Handel waren gegenüber der Landwirtschaft von geringer Bedeutung. Auf den Höfen dominierte die von der Holsteinischen Koppelwirtschaft abgeleitete mecklenburgische Schlagwirtschaft. Eingangs des 19. Jahrhunderts bestand diese zumeist aus sieben Schlägen – drei Getreide- und drei Weideschläge sowie ein Brachschlag. Diese landwirtschaftliche Nutzungsform ermöglichte eine deutliche Steigerung der Getreideerträge, erforderte aber eine größere Geschlossenheit der Flächen. Die Bauern von Hufen, die der erforderlichen Arrondierung gleichsam im Wege lagen, wurden in aller Regel von den Gutsherrn gelegt. Viele mussten sich daraufhin als Tagelöhner verdingen.[98]

Der Alltag des Gutsherrn von Klein Siemen begann für Johann Gildemeister in der ersten Juliwoche 1810. Ein Nachfolger für den inzwischen abgereisten Verwalter Sellschopp, den er „recht lieb gewonnen" hatte, war da bereits engagiert. Er hieß Buschmann mit Nachnamen, hatte „viel Erfahrung und gute Kenntnisse" und erschien ihm für das sogenannte „Schreiber Amt", also als Inspektor, „sehr passend".[99] Der neuen Herausforderung auf dem Gutshof begegnete Johann Gildemeister theoretisch gut vorbereitet, er hatte sich seit 1807 ja intensiv mit den Schriften landwirtschaftlicher Reformer auseinandergesetzt. So mit dem Buch des Schweizer Pädagogen und Agronomen

98 Vgl. Nichtweiss: Das Bauernlegen, a. a. O.

99 Johann Gildemeister nennt – am 9. Juli 1810 – nur den Nachnamen „Buschmann". Es dürfte sich um den 1780 geborenen Franz Buschmann handeln, der bei der Volkszählung 1819 in Schwerin als Schreiber bzw. „Regierungs Canzlist" eingetragen wurde. Andere Männer mit dem Nachnamen Buschmann wurden in Mecklenburg 1819 nicht erfasst.

Philipp Emanuel von Fellenberg (1771 - 1844)[100], der in Hofwil ein - auch von Goethe besuchtes - Institut betrieb. „Sein Buch war nicht das Erste, das mir in die Hände fiel", ließ Johann Gildemeister wissen. „Von sehr guten, aber älteren deutschen Schriftstellern, las ich zuerst einiges, doch dies diente nur, mich verwirrt zu machen. Thaer über die englische Landwirthschaft las ich dann. Die Versuche hat auch Fellenberg zum Teil noch mit Verbesserung ausgeführt und einen großen Erfolg gehabt."[101]

Die Werke von Albrecht Daniel Thaer (1752 - 1828), dem Begründer der deutschen Agrarwissenschaft, studierte der Autodidakt Johann Gildemeister grundlegend. Dessen dreibändiges Werk für *denkende Landwirthe und Cameralisten*[102] scheint bei ihm wahrlich auf fruchtbaren Boden gefallen sein. Thaer ging es um die kapitalistische Modernisierung der rückständigen feudalen Landwirtschaft. Dabei setzte er - bei strikter Wahrung der bürgerlichen Eigentumsrechte - auf die Reformen aufgeklärter Eliten. In seinem ab 1809 publizierten Hauptwerk *Grundsätze der rationellen Landwirthschaft*[103] entwickelte der Arzt und Polywissenschaftler das im Kern nach wie vor gültige System, bei dem die Wirtschaftlichkeit der landwirtschaftlichen Produktion grundsätzlich wichtiger ist als die Produktionstechnik, und das Ziel im Streben nach dem höchsten, nachhaltigen Gewinn besteht.

Der rationelle landwirtschaftliche Betrieb nutzt nach Thaers Auffassung im Sinne einer organischen Einheit die Brache zum Anbau von Futterpflanzen und Hackfrüchten. Der Fruchtwechsel verläuft besonders erfolgreich, wenn Getreide mit blattreichen Pflanzen abwechselt. Übrigens empfahl der

---

100 Philipp Emanuel von Fellenberg: Vues relatives à l'agriculture de la Suisse et aux moyens de la perfectionner; traduit de l'Allemand par C. Pictet, Genève 1808; Landwirthschaftliche Blätter von Hofwyl, Maurhofer & Dellenbach, Aarau 1808 - 1817 (5 Hefte); vgl. Fellenberg, oder Bericht über die Landwirthschaft in Hofwyl, von zwei Augenzeugen. Mit Anmerkungen und Zulage vom Herausgeber, in: Friedrich Pohl (Hrsg.): Archiv der Teutschen Landwirthschaft. Die neuesten Erfahrungen, Fortschritte, Verbesserungen und Versuche in Beziehung auf Ackerbau, Viehzucht und die sämmtlichen ländlichen Gewerbe. 4. Bd., Leipzig 1810, S. 361 - 390.

101 Johann Gildemeister an Marianne Wienholt, Bremen 24.8.1808.

102 Thaer: Einleitung zur Kenntniß der englischen Landwirthschaft, a. a. O.

103 Ders.: Grundsätze der rationellen Landwirthschaft, a. a. O.

ausgebildete Arzt eine Feldfrucht ganz besonders: die Kartoffel. Sie sollte die vollwertige Ernährung der Bevölkerung sichern. Das von Albrecht Daniel Thaer 1802 in Celle gegründete landwirtschaftliche Lehrinstitut – ab 1806: Königlich Preußische Akademie des Landbaues in Möglin – bestach durch Lehrprogramme zu Acker- und Pflanzenbau, Bodenkunde, Tierzucht und Agrarökonomie. So wurden durch eigene Versuche die Entwicklung und der sinnvolle Einsatz landwirtschaftlicher Geräte und Maschinen vorangetrieben und gaben Thaer Impulse für eine gezielte Rindvieh- und Schweinehaltung und zur systematischen Schafzucht. Sein durch Wissenschaftsorganisation geprägtes Institut gab den Anstoß für viele solcher Einrichtungen in deutschen und anderen Landen.[104]

1798 hatte Albrecht Daniel Thaer Schleswig-Holstein und Mecklenburg bereist und bald darauf seine umfangreichen *Landwirthschaftlichen Bemerkungen*[105] publiziert. Darin weist er auf den grundsätzlichen Unterschied der „Holsteinschen und Mecklenburgschen Schlagwirthschaften" hin: „Bei aufmerksamerer Beobachtung und Vergleichung kann man aber doch den karakteristischen Unterschied und den verschiedenen Geist beider Wirthschaftsarten nicht verkennen; und dieser gründet sich immer noch auf die größere Aufmerksamkeit des Holsteiners auf die Viehnutzung und auf den sorgfältigeren Betrieb des Kornbaues bei dem Mecklenburger."[106]

Thaer bringt in seinen „Bemerkungen" über die Mecklenburger Schlagwirtschaft alle nur denkbaren Gesichtspunkte zur Sprache: die Bodenarten, die Brachen, Binnen- und Außenschläge, das Verhältnis zwischen Acker und Weide und die verschiedenen Schlagordnungen bis hin zu der von zwölf

104 Thaer wurde von Wilhelm von Humboldt zur Berufung an die in Planung begriffene Berliner Universität vorgeschlagen. Von 1810 bis 1819 lehrte er an der Universität als Extraordinarius für Kameralistik jeweils im Wintersemester Landwirtschaft. Vgl. Martin Frielinghaus und Claus Dalchow (Hrsg.): Albrecht Daniel Thaer. Ein Leben für die Landwirtschaft, Frankfurt 2006.

105 Vermischte Landwirthschaftliche Schriften aus den Annalen der Niedersächsischen Landwirthschaft, drey ersten Jahrgängen, ausgewählet und auszugsweise, in Ansehung der eigenen Arbeiten verbessert, herausgegeben von Albrecht Thaer. Erster Band, Hannover 1805, S. 413 – 776.

106 Ebd., S. 682.

Schlägen: „6 Korn-, 4 Weide-, 2 Brachschläge“. Er geht auf Haken, Pflug und Rundegge bei der Beackerung des Bodens ein, auf die Bemistung, auf Modder und Mergel, auf die Aussaat, die Bestellung des Sommerfeldes und den Körnerertrag. Er befasst sich mit der schwachen Düngung und der vernachlässigten Wiesen-Kultur, bedenkt die Vor- und Nachteile der Holländerei, die halbe und vollkommene Stallfütterung, die Schafzucht und anderes mehr. Bemerkenswert ist Thaers Hinweis über die in Mecklenburg fehlende Einzäunung der Koppeln: „So sind in Holstein fast allgemein die Koppeln mit Gräben und Wällen und darauf gepflanztem Schlagholze umgeben. In Mecklenburg trennt mehrentheils nur ein kleiner Graben, oft nur eine Furche, die Schläge von einander, und das Ganze ist wie ein offenes Feld anzusehen. Über das Vortheilhafte und Nachtheilige dieser in Holstein sogenannten Knicke sind die Meinungen noch immer geteilt.“[107]

Daran, dass Johann Gildemeister Thaers *Landwirthschaftliche Bemerkungen über Holstein und Mecklenburg auf einer Reise im Julius 1798* sehr aufmerksam studiert hat, kann schon deshalb kein Zweifel bestehen, weil ihm die Vorschläge des Wissenschaftlers laut seinen überlieferten Berichten offenbar zur Richtschnur wurden. Etwa die zur „Bemistung“, „Holländerei“, „Stallfütterung“, „Schafzucht“ und zum „Modder“ und „Mergel“. Nach der ersten Eingewöhnung in die ungewohnte neue Behausung und Umgebung formulierte der tatendurstige Gutsherr in einem seiner Briefe an die Geliebte den Plan: „Stallfütterung ist hier noch eine ganz unbekannte Sache, zum Theil auch bei der Größe der Güter fast unausführbar und daher ein verpöntes Wort. Halbe Stallfütterung ist hin und wieder von ausgezeichneten Wirten eingeführt worden, d. h. nemlich, daß das Vieh des Nachts aus dem Stall getrieben und ihm des Abends ein Futter vorgeworfen. Dieses soll und muß hier durchaus nächstes Jahr, aber nicht unter diesem Namen, eingeführt werden.“[108]

107 Ebd., S. 683.
108 Vgl. Johann Gildemeister an Marianne Wienholt, Klein Siemen, 11.7.1810.

Johann Gildemeister ging 1810 davon aus, dass er gut zwei Jahre benötigen würde, um den durch die Konkurswirtschaft teils vernachlässigten Hof wieder in Schuss zu bekommen. Arbeit gab es für seine 70 Untertanen und die 24 Zugtiere jedenfalls nicht zu knapp. Ende Juli 1810 ließ er Marianne in Bremen wissen: „Vorige Woche haben wir einen Anfang mit der Düngerausfuhr gemacht und diese wird mit unseren 12 Pferden noch fast 14 Tage dauern. Solch ein Schlag von mehr als 100 Morgen ist immer eine ziemliche Fläche. Leider kann in Mecklenburg nur ziemlich schwach gedüngt werden. Doch das muß mit der Zeit anders werden. Dieses ist der Grund, wovon alle Verbesserung ausgehen muß."[109]

Nach der Inbesitznahme von Klein Siemen setzte Johann Gildemeister den Briefwechsel mit seiner Braut emsig fort und konnte die Zeit kaum erwarten, zu der er an sie geschmiegt auf dem großen Sofa des Herrenhauses sitzen würde. Seinen Schilderungen zufolge fühlte er sich in seiner neuen Rolle sehr wohl, wähnte sich als freier Mensch und genoss das Landleben samt aller Naturstimmungen in vollen Zügen. Weil seine Geliebte vor der Heirat im Herbst 1811 und dann aufgrund ihres Kränkelns ab dem Herbst 1816 nicht in Klein Siemen lebte, liegen über gut vier Jahre Jahre des Hof- und Dorfgeschehens mit seinen brieflichen Berichten detailreiche Informationen vor. So über das Gesinde und die Tagelöhner sowie deren Krankheiten und Todesfälle – einschließlich der Anmerkung: „Das Gesinde bekommt durchaus gar kein Licht und muß im Dunkeln zu Bette gehen. Und die Knechte müssen ihre Pferde im Dunkeln warten und striegeln."[110]

Johann Gildemeister schreibt über die Gutsherren in der Umgebung und die Gerichtstage, über den Pfarrer und kirchliche Anlässe in Alt Karin, über persönliche Pläne, Finanzen und Hoffnungen und anderes mehr. Und immer auch über den gemäß von Thaers *Grundsätzen der rationellen Landwirthschaft* von ihm stetig weiterentwickelten Hof, einen nach damals neuesten

109 Vgl. ders. an Marianne Wienholt, Klein Siemen, 22.7.1810. Das Tagebuch ist nicht erhalten.
110 Vgl. ders. an Marianne Wienholt, Klein Siemen, 6.11.1810.

wissenschaftlichen Erkenntnissen vorangetriebenen Betrieb. So geht es in den Briefen etwa ums „Moddern" und „Mergeln", das Thaer empfahl, um dem Düngermangel „durch die sorgfältigste Benutzung des von der Natur erzeugten und aufbewahrten Düngers" abzuhelfen. Als Modder[111] wurde der in Niederungen und Senken über Jahrhunderte angehäufte Schlamm bezeichnet, als Mergel das aus Tonen und feinkörnigen Carbonaten zusammengesetzte Sedimentgestein mit hohem Kalkgehalt.[112]

Auch die der Düngererzeugung dienliche Stallwirtschaft, bei der die Rinder und Kühe nicht mehr auf die Weide kamen, sondern etwa mit jungem Klee und Raps im Viehhaus gefüttert wurden, stand von Beginn an mit auf Gildemeisters Plan und wird in seinen Briefen entsprechend thematisiert. Im August 1811 vermerkte er frohgemut: „Heute lasse ich den Anfang machen, eine Scheune zum Viehhause umzubauen und es zur Stallfütterung einzurichten. Dahin muß ich mit meiner Wirthschaft durchaus kommen, um sie in den höchsten Flor zu bringen und ihr die Krone aufzusetzen. Ich kann jetzt mit Gewißheit versprechen, daß in vier Jahren die Leute staunen werden, die Kl. Siemen vorher gekannt haben."[113] Wie sein Vorbild Thaer führte Gildemeister im Laufe der Jahre neben der Winter- auch die Sommerstallfütterung ein, um einen höheren Anfall von Stallmist für die Verbesserung der Bodenfruchtbarkeit in Klein Siemen nutzen zu können. Die durch besseres Düngen eingeführte neue Fruchtwechselwirtschaft ermöglichte ihm die Ausweitung des Anbaus von Futterpflanzen auf dem Acker. Ab 1817 praktizierte er die zehnschlägige Wirtschaft, bei der zwei Schläge auf einmal, „also $^1/_5$ des Gutes" als Brache dienten.

Eine neuartige Herausforderung stellten für den frisch gebackenen Guts- und Patrimonialgerichtsherrn[114] die ihm unterworfenen Leibeigenen dar

111 Vgl. Albrecht Thaer: Grundsätze der rationellen Landwirthschaft, a. a. O., Bd. 2., S. 230 – 238.

112 Ebd., S. 94 – 101.

113 Vgl. Johann Gildemeister an Marianne Wienholt, Klein Siemen, 26.8.1811.

114 Die im Mittelalter entstandene Gerichtsbarkeit war mit dem Besitz eines Gutes patrimonium verbunden. Der Besitzer eines Ritterguts war Gerichtsherr und als solcher befugt, seine Gerichtsbarkeit gegenüber seinen Untertanen selbst auszuüben. Für Leibeigene war das Patrimonialgericht das allgemeine Gericht in allen Angelegenheiten.

(einschließlich der beiden Kossatenfamilien). Er trat gegenüber seinen Leuten entsprechend fordernd – zuweilen auch kleinlich – auf und hoffte, „für einen scharfen Herrn" gehalten zu werden, „der ihnen gewaltig auf die Finger klopft", um sie „wieder in Ordnung zu kriegen".[115] Zwar wollte er sich beim Umgang mit ihnen an Jean-Jacques Rousseaus Pädagogik und Philosophie halten. Der erfolgsgetriebene Johann Gildemeister verstand offenbar aber nur bedingt, in welcher ausweg- und hoffnungslosen Lage die Tagelöhner tatsächlich steckten. Durch die im Bauernlegen gipfelnde Verfügungsgewalt der Gutsherren war den landlos gewordenen Leibeigenen und auch den landarmen Kossaten ja nachgerade jedes wirtschaftliche Vorwärtsstreben ausgetrieben worden. Der Historiker Friedrich Mager pointiert: „Sie hatten einfach keinerlei Hoffnung mehr, durch Fleiß und Arbeit sich eine bessere Zukunft erringen zu können, und begnügten sich mit der gewohnten primitiven Fristung ihres Lebens."[116]

Jedenfalls hatte Gildemeister keine Hemmungen, ihm nicht genehme Tagelöhner und Hofbedienstete zu entlassen: „Unter den Leuten im Dorf gibt es manche sehr gute, von einigen anderen werde ich mich entledigen. [...] Ich habe schon angefangen, sie streng zusammenzunehmen. Dabei will ich ihnen aber doch zeigen, daß es meine Meinung ist, gut mit ihnen zu sein. Nur soll mir ungestraft keine Unbill geschehen. Den Bösen soll Böses, den Guten Gutes widerfahren."[117] Grundsätzlich ging es dem kapitalistisch gesinnten Johann Gildemeister um nichts anderes, als zu möglichst geringen Kosten möglichst viel und gute Arbeitskraft von den Untertanen zu erhalten[118]. Und bei seinem großen Vorbild Thaer hatte er gewiss den Hinweis gelesen: „Nun aber ist die Arbeit, worin eine hochgetriebene Cultur bestehet, von der Art,

---

115 Vgl. Johann Gildemeister an Marianne Wienholt, Klein Siemen, 22.7.1810.

116 Friedrich Mager: Geschichte des Bauerntums und der Bodenkultur im Lande Mecklenburg, Berlin 1955, S. 220.

117 Vgl. Johann Gildemeister an Marianne Wienholt, Klein Siemen, 1.7.1810.

118 Vgl. Gildemeisters unter dem Pseudonym Georg Meister publizierte Schrift: Ueber die Mittel zur Aufhebung des Indults und Einführung eines bessern Kreditwesens in Mecklenburg, Rostock 1816.

daß man nicht Knechte und Mägde darauf hält; sondern sie geschieht durch Tagelöhner."[119] Ostern war für den evangelischen Gutsherrn bezeichnenderweise zugleich das Fest der Auferstehung Jesu Christi als auch „die Zeit der Kündigung der Leute". Nicht selten erhielt Klein Siemen im Herbst „zur Hälfte neue Bewohner".

Nun geht es in den Briefen von Johann Gildemeister nicht nur häufig um seine Probleme im Umgang mit den Leibeigenen und über deren Eigenschaften und Krankheiten. In den Blick kommen zumal die aus heutiger Sicht teils ungewöhnlichen alltäglichen Herausforderungen wie der Betrieb von Öfen und Talglampen, die Bekämpfung von Krankheiten, die Abwehr von Motten, die Arbeitsweisen der Handwerker und vieles andere mehr.

Gildemeisters Ziel, aus dem Gut einen nach neuesten wissenschaftlichen Methoden bewirtschafteten und gewinnträchtigen Betrieb zu machen, erfüllte sich im Laufe der Jahre. Dazu trug nicht zuletzt seine nachdenkliche Offenheit für Verbesserungen, Perfektionierungen und Rationalisierungsmöglichkeiten bei, die sich in seinen Berichten über sämtliche landwirtschaftliche Aktivitäten spiegelt – vom Pflügen bis hin zum Dreschen. Er arbeitet kaum zufällig mit von Thaer gerühmten englischen Gerätschaften wie dem Bayley'schen Pflug und dem Exstirpator und auch eine Dreschmaschine nach Art des Schotten Andrew Meikle wird schon bald angeschafft. Für die Erschließung zusätzlicher Einnahmequellen betreibt Gildemeister erfolgreich die Gründung einer – von Abgaben befreiten (!) – Branntweinbrennerei und den Ankauf spanischer Schafe, die einen „größeren Gewinn" als andere Rassen versprachen und deren Wolle gut verkäuflich war. Bis in den Spätsommer 1811 hinein berichtet er häufig über den mit unerwarteten Schwierigkeiten verbundenen Aufbau seiner Brennerei, von der er sich sichere Einkünfte verspricht. Da die ersehnte Eheschließung mit Marianne Wienholt quasi erst nach der erfolgreichen Produktion von Hochprozentigem erfolgen konnte,

119 Thaer: Einleitung zur Kenntniß der englischen Landwirthschaft, a. a. O.

musste die Braut in der Tat bis zum 26. September 1811 auf den ersehnten Gang zum Bremer Standesamt warten.

Da ab dem Herbst 1810 wieder verstärkt französische Truppen nach Mecklenburg einrückten, um den verbotenen Handel mit England zu überwachen und den Warenschmuggel zu verhindern, erfolgten zunehmend Haussuchungen durch französische Kontrolleure und Einquartierungen von Soldaten. Laut dem Historiker Otto Vitense (1880 – 1948) bildete in der Franzosenzeit das Jahr 1811 „den Höhepunkt der Not". Denn:

„Die eigenen Landesprodukte mußten an die Franzosen für einen Spottpreis abgegeben werden, dagegen stiegen ausländische Waren im Preise so hoch, daß sie kaum mehr zu bezahlen waren. So galt ein Pfund Zucker ebensoviel als ein Scheffel Weizen, d. h. 2 bis 3 Thaler. [...] Unter dem Vieh trat die Rinderpest auf. Der Kredit war vollständig gesunken, und so mussten in diesem Jahre etwa 60 Landgüter den Konkurs anmelden." Nicht zuletzt der von Vitense zitierte Bericht eines Zeitzeugen vermittelt nichts Gutes: „Die Einwohner wurden barbarisch vom Feinde gemißhandelt, wenn kein Geständnis verborgener Schätze mehr zu erpressen war; Kisten und Schränke wurden zerschlagen, alles mutwillig zerstört und die unglücklichen Familien halb nackt verjagt [...]. Die Wohnungen in den Dörfern standen leer oder waren zum Teil ein Raub der Flammen geworden. Die Plünderung ward besonders auf dem Lande mit empörender Grausamkeit betrieben. [...] Im Hause, wo die besten Sachen verborgen waren, ward geschmaust und gezecht; betrunken lagen die Räuber auf der Erde und drohten das Haus anzuzünden, wenn der nach Wein zur nächsten Stadt geschickte Bote nicht zur rechten Zeit einträfe. Herr und Frau lagen auf den Knien, die Kinder winselnd in einem Winkel."[120]

Auf dem Gutshof Klein Siemen ging es den Briefen von Johann Gildemeister zufolge völlig friedlich zu. Die während der französischen Herrschaft mehrmals erfolgten Einquartierungen bereiteten ihm und seinen Leuten of-

---

120 Otto Vitense: Mecklenburg und die Mecklenburger. In der großen Zeit der deutschen Befreiungskriege 1813 – 1815, Neubrandenburg 1913, S. 5.

fenbar keine größeren Probleme. Zudem schien es dem Gutsherrn für seine Branntweinbrennerei „so übel nicht, daß Truppen im Lande liegen. Sie bringen mir dadurch sehr reichlich wieder ein, was sie kosten".[121] Tatkräftige Unterstützung erhielt er von seinem jüngeren Bruder Georg Eduard Gildemeister (1793 – 1856), der seit 1811 auf dem Gutshof in Klein Siemen lebte und sich zum Landwirt ausbilden ließ.

Im September 1811 ritt Johann Gildemeister in seine Heimatstadt Bremen, heiratete dort mit Maria Anna Catharina Wienholt (1786 – 1856) seine große Liebe und begründete mit ihr daraufhin das Eheleben im Herrenhaus von Klein Siemen. Begleitet wurde Marianne von ihrer verwitweten Mutter Johanne Wienholt. Hermann Gildemeister vermerkte dazu: „Für Johann war das nicht immer leicht, obwohl das Kostgeld, das er von ihr erhielt, einige Erleichterung verschaffte. Das Verhältnis zwischen Schwiegermutter und Schwiegersohn war gleich zu Anfang dadurch getrübt worden, daß Erstere in dem Brautbrief sehr harte Bedingungen gesetzt hatte. Das konnte man zum Teil auf das damals geltende französische Recht zurückführen, nach welchem die Güterverhältnisse unter Eheleuten nicht so auf gegenseitigem Vertrauen beruhten, wie das bei unseren Gesetzen der Fall war. Mißgriffe in dem neuen Berufe konnten nicht ausbleiben, und wurden doppelt bitter empfunden, wenn man sich von den mißtrauischen Augen der Schwiegermutter überwacht fühlte. Marianne litt unter diesen Umständen. Doch kann man meinen Bruder bewundern, daß es ihm in dem neuen Fach doch recht gut gegangen ist. Die Zeiten waren nicht leicht. Die französische Besatzung brachte schwere Lasten und drückende Ausgaben."[122]

121 Vgl. Johann Gildemeister an Marianne Wienholt, Wismar, 3.3.1811.

122 Gildemeister: Johann Gildemeister, a. a. O., S. 137f.

Klein Siemer Eheleben ohne Briefe

Mit der Hochzeit und dem Beginn des Ehelebens in Klein Siemen endet der erste Briefwechsel. Bald nach der Ankunft wurde Marianne Gildemeister schwanger. Ihren Freundinnen in Bremen gegenüber beklagte sie sich im Februar 1812 über Übelbefinden und anhaltende Müdigkeit. Sie berichtete ihnen aber auch von ihrem „lieben herrlichen Mann", der sie „aufs Zärtlichste" pflege. Zum Sommer hin ging es ihr etwas besser, machte sie sich zusammen mit den Mägden im Haushalt nützlich. Als die Geburt kurz bevorstand, bereitete sich Mutter Johanne Wienholt durch die Lektüre von medizinischen Schriften „über Wochenbett und dergleichen" auf ihr erstes Enkelkind vor.

Mit Beginn der Wehen ging es Marianne Gildemeister rapide schlechter. „Der Knabe kam wie tot zur Welt am 20. Juli 1812 eben vor Mitternacht", kommentierte die Mutter das Geschehen.[123] Den ersten Namen erhielt der später berühmte Orientalist Johann Gustav vom Großvater Gildemeister. Seine Taufe erfolgte eine Woche später in der Kirche von Alt Karin. Nach der schweren ersten Entbindung lag Marianne Gildemeister sieben Wochen fest zu Bett. Im Winter saß sie dann wieder „im Allgemeinen mit 16 bis 18 Personen zu Tisch", darunter die fünf Mägde und vier Knechte. Im Sommer 1813 meldete sich noch einmal der Krieg zurück, drangen französische Truppen gegen Rostock und Schwaan vor. Am 28. August stießen sie auf den Höhen von Retschow fast schon in Wurfweite des Guts auf Vortruppen der Division Vegesack von den Alliierten. In der *Geschichte der Stadt Kröpelin* heißt es: „Es waren die Einwohner durch die immer näher kommende Kanonade, die vom Retschower Gefecht deutlich herüberschallte, in die größte Angst versetzt worden. Man fürchtete Brand und Plünderung und vergrub die Wertsachen.

123 Aus: Tagebuch von Johanna Wienholt, übertragen von Maria Anna Frunder [MS], Jena 2006 (Privatbesitz).

Beim Durchzuge führten die Franzosen lange Reihen von Wagen mit Toten und Verwundeten mit sich. Hier und da schossen sie in die Häuser."[124]

Der Kanonendonner war in Klein Siemen gewiss zu hören; Hof und Dorf wurden von der Soldateska jedoch nicht in Mitleidenschaft gezogen. Als vom 16. bis 19. Oktober 1813 die Völkerschlacht bei Leipzig zum entscheidenden Sieg in den Befreiungskriegen gegen die Truppen Napoleon Bonapartes führte, erhielt Johann bald darauf ein Schreiben seines Vetters Friedrich Gildemeister aus Berlin, der ihn mit den Worten aufzog: „Mit Erstaunen und Bedauern sehe ich, dass Du Armer in deiner ländlichen Zurückgezogenheit am 26. Oktober noch nicht wußtest, wie in den Tagen vom 16. bis 19. Oktober bei Leipzig Deutschlands Unabhängigkeit erkämpft wurde."[125] Übrigens erhielten auf dem Wiener Kongress die beiden regierenden Herzöge zu Mecklenburg-Schwerin und -Strelitz die Titelaufbesserung zum Großherzog.

Nach der Entlassung aus dem Heer fand sich im März 1814 mit Julius August Sellschopp (1786 – 1855) der ehemalige Verwalter des Gutshofes in Klein Siemen ein, der sozusagen vom Fleck weg wieder engagiert wurde.[126] Johann Gildemeister sollte es nicht bereuen, denn der mit ihm seit 1810 in Kontakt gebliebene Mecklenburger erwies sich als guter Inspektor. Auch Johanns jüngerer Bruder Eduard Gildemeister (*1793), der seit 1811 auf dem Hof lernte und mitarbeitete, war aus dem Krieg zurück. Er besuchte 1815 und 1816 Lehrgänge, sowohl in Albrecht Daniel Thaers Landwirtschaftlichem Lehrinstitut im märkischen Rittergut Möglin als auch im höheren Landwirtschaftlichen Institut zur Bildung rationeller Landwirte von Philipp

---

124 Stadt Kröpelin (Hrsg.): Die Geschichte der Stadt Kröpelin: Chronik Teil 1, Neubukow 1999, S. 299.

125 Z. n. König: Klein Siemen …, a.a.O, S. 161; Johann Carl Friedrich (Fritz) Gildemeister (1779 – 1849) war Jurist. 1813/14 begleitete er Johann Smidt, Bremens Senator für auswärtige Angelegenheiten, nach Frankfurt am Main und zum Hauptquartier in Paris, um den Erhalt der Selbständigkeit der drei Hansestädte Hamburg, Bremen und Lübeck und ihre Aufnahme in den Deutschen Bund zu bewirken. Später wirkte er als Senator.

126 Vgl. Ernst August H. Sellschopp: Sellschopp Familiengeschichte [MS], Dortmund 1976.

Emanuel von Fellenberg in Hofwil (Schweiz).[127] Der Sommer 1814 stand ganz im Zeichen zahlreicher Besucherinnen und Besucher, darunter sechs Geschwister Gildemeisters. Unter den Gästen war auch Mariannes Bremer Freundin Sophie Walte[128], die der wieder schwangeren und schwächelnden Gutsherrin und dem Erstgeborenen hilfreich zur Seite stehen wollte.

Weniger erfreulich verlief in jenen Tagen offenbar die „Einquartirung mecklenburger Jäger, 30 Mann, 1 Officir und 2 Oberjäger". Zwar war „ein Hammel geschlachtet" worden und wurden die Landsleute „sehr freundlich empfangen und gut bewirtet". Aber dennoch „waren sie sehr unzufrieden und führten sich schlecht auf".[129]

Am 11. November 1814 freute sich Johann Gildemeister über die Geburt seines zweiten Sohns. Er erhielt die Vornamen nach den drei Soldaten der Familie: Martin Wilhelm Eduard. Erneut schwächte die Geburt Marianne Gildemeister enorm. Nach der Entbindung lag sie – betreut von Freundin Sophie – dreieinhalb Monate im Wochenbett. Im Sommer 1815 gab es wieder ein großes Familientreffen in Klein Siemen, in das auch Julius August Sellschopp einbezogen wurde. „Er war gegen uns Kinder immer sehr freundlich", berichtete Johanns jüngster Bruder Carl Hermann Gildemeister. Und weiter:

„Er war ein vortrefflicher Schütze, und wir Kinder durften mit, wenn er Vögel, namentlich Kiebitze, aus der Luft schoß. Der Hof, welcher von Wirtschaftsgebäuden umschlossen war, wimmelte von Federvieh aller Art: Puter, Hühner, Enten und Tauben wimmelten durcheinander. Der Garten hatte seine eigenen Reize. Erdbeeren und Kirschen, das andere kleine Obst gar nicht gerechnet, fanden sich dort in reichster Fülle. Das Getreide einzufahren, war

127 Der Schweizer Pädagoge und Agronom Philipp Emanuel von Fellenberg (1771 – 1844) betrieb seit 1807 in Hofwil das höhere Landwirtschaftliche Institut zur Bildung rationeller Landwirte. Vgl. Denise Wittwer Hesse: Die Familie von Fellenberg und die Schulen von Hofwyl. Erziehungsideale, „Häusliches Glück" und Unternehmertum einer Bernischen Patrizierfamilie in der ersten Hälfte des 19. Jahrhunderts, Historischer Verein, Bern 2002.

128 Sophia Helena Walte (1785 – 1825); die Bremerin heiratete 1815 Hermann Berck.

129 Sophie Walte, Klein Siemen, 27.6.1814, z. n.: Verlobungsbriefe von Marianne Wienhold und Johann Gildemeister in den Jahren 1807 – 1811, a. a. O., S. 296.

ein Hauptvergnügen. Dies geschah nicht im langsamen Schritt, sondern die mit vier Pferden bespannten Wagen fuhren im raschen Trabe über Stock und Stein. Die Knechte fuhren vortrefflich, und ich kann mich nicht erinnern, daß je ein Wagen umgeschlagen ist. Nach vollendeter Arbeit rannten die Pferde zu dem Teich vor dem Hause, wo sie den Durst löschten und sich in dem trüben Wasser wälzten."[130]

Über die Wetterverhältnisse der Jahre 1812 bis 1815 berichtet Helmuth Peterßen „zu Panzow":

1812: „Keine außerordentliche Witterung, doch vor Ende des Jahres sehr strenge Kälte. Die Kornpreise wichen im Sommer und Herbst etwas."

1813: „Nichts ungewöhnliches."

1814: „Neujahr kam Frost und Schnee so stark, daß mit Wagen nicht zu passiren war, bis Ende März dauerte der Winter, also drei Monate. Alle Repphühner verhungerten. Ein Jagdliebhaber ließ sich einige Paare aus Sachsen kommen; andere lockten sie in Ställe und fütterten sie über Winter. April trocken und sehr warm. Alles gedieh außerordentlich, ausgenommen Rocken, welcher sehr verfault war. Die Getraidepreise stiegen nicht, sie waren mittelmäßig."

1815: „Die nassen Sommer begannen, dennoch ein gutes Getraide-Jahr. Die Kornpreise wichen, der Rocken bis 28 ßl. pr. Scheffel."[131]

---

130 Gildemeister: Johann Gildemeister, a. a. O., S. 138f.

131 Führen genaue Witterungs-Beobachtungen auf gewisse allgemeine Regeln? und steht die Witterung mit dem Steigen und Fallen der Kornpreise im genauen Verhältnisse? (Vom Herrn Peterßen zu Panzow.), in: Neue Annalen der Mecklenburgischen Landwirthschafts-Gesellschaft. Zuerst herausgegeben von Franz Christian Lorenz Karsten, 21. Jg., erste Hälfte, Rostock 1837, 10/16, S. 59 – 78, hier S. 64 – 67.

Gutsherr und Strohwitwer

1816 ging als „Jahr ohne Sommer“ in die Geschichtsbücher ein. Nachdem ein Jahr zuvor der Tambora im heutigen Indonesien ausgebrochen war, wollte die Sonne ein Jahr später über vielen Teilen der deutschen Lande nicht scheinen. Die Folge des Vulkanausbruches waren Missernten und stark steigende Getreidepreise. In Klein Siemen zog 1816 das anhaltende Regenwetter eine verspätete Ernte nach sich, allerdings hielt sich der Schaden der Überlieferung nach in Grenzen.

Hingegen verschlimmerte sich Marianne Gildemeisters Gesundheitszustand stark. Im September 1816 reiste sie wegen ihrer heftigen Kopfschmerzen und dem großem Zahnweh mit den beiden Söhnen nach Bremen, um dort eine magnetische Kur zu machen. Die Stuhlwagenfahrt nahm sie ziemlich mit – bei der Rast in Tostedt entbehrte sie ihren Johann „recht schmerzlich“, weil er „nicht wie sonst“ zu ihr kam und sie „pflegte“. In Bremen hatte man ihr und den Kindern im Haus des Schwiegervaters am Markt Zimmer hergerichtet.[132] Ab dem Oktober 1816 mussten immer wieder Lebensmittel und andere Dinge mehr auf den Weg in die Freie Hansestadt Bremen gebracht werden, da Marianne Gildemeister an „Nervenfieber“ und anderen Beschwerden litt und überwiegend in ihrem Bett blieb. Zwar wurden ihr Blutegel am Kopf angesetzt und Schwefelbäder verabreicht, diese Maßnahmen bewirkten aber keine Gesundung und auch das morgendliche Magnetisieren gegen ihre Augenbeschwerden zeitigte keine umfängliche Heilung.

Der quasi über Nacht in einen Strohwitwer verwandelte Johann Gildemeister nutzte die durch das entfallene gemeinsame Sitzen auf dem Sofa frei gewordene Zeit nicht nur zum Verfassen von Briefen, sondern auch zu fachlichen Abhandlungen über landwirtschaftliche und sogar über rechtlich-finanzielle Fragen. So erschien im Winter 1816 in Rostock – gedruckt

132 Im Haus am Markt Nr. 19 lebten Gildemeisters fast 200 Jahre (das Gebäude wurde im Zweiten Weltkrieg zerstört).

bei Adlers Erben – die eigenständige Schrift zur *Einführung eines bessern Kreditwesens in Mecklenburg.*[133] Sie liegt im Anhang das erste Mal seit über 200 Jahren wieder gedruckt vor.

Bei den fünf von Marianne Gildemeister gemeisterten Ehe- und Gutsherrin-Jahren in Klein Siemen blieb es. Sie reiste nie wieder – und die beiden Söhne nur noch selten – nach Mecklenburg. Johann Gildemeister musste das Landleben fortan ohne Frau und Kinder bestreiten – auch die Schwiegermutter war nach Bremen zurückgekehrt – und ging wieder zur regelmäßigen brieflichen Berichterstattung über die Vorgänge in Klein Siemen über. Nicht zuletzt über den (auch umgesetzten) Plan, zum 1. Januar 1817 seinen Bruder Eduard zum Inspektor von Klein Siemen zu berufen, weil der erfahrene August Sellschopp auf dem dreimal so großen Gut ihres Verwandten Dr. Johann Pavenstedt in Mechelstorff benötigt wurde.

Apropos Familie. 1815 hatte der Bremer Senator Johann Eberhard Pavenstedt[134], der mit Johann Gildemeisters Tante Sarah Pavenstedt, geb. Gildemeister (1755 – 1796), zwölf Kinder gezeugt hatte, das Gut Mechelstorff (heute: Mechelsdorf) mit Neu-Gaarz und Hohen Niendorf gekauft. 1819 übergab er das rund 20 Kilometer von Klein Siemen entfernt liegende, dreimal größere Gut seinem jüngsten Sohn Johann Georg Eberhard Pavenstedt (1793 – 1827) zur Bewirtschaftung, der bereits Kontakte mit Johann und Eduard Gildemeister pflegte.

Ab 1817 praktizierte Gildemeister die zehnschlägige Wirtschaft, bei der zwei Schläge auf einmal, „also $^1/_5$ des Gutes" als Brache dienten. Als wichtigste Einnahmequelle neben der von Abgaben befreiten Branntweinbrennerei dienten spanische Schafe, deren Wolle gut verkäuflich war. Der ab 1819 in Güstrow betriebene Wollmarkt sorgte für einen zusätzlichen Auftrieb der

133 Georg Meister [Johann Gildemeister]: Ueber die Mittel zur Aufhebung des Indults und Einführung eines bessern Kreditwesens in Mecklenburg, Rostock 1816, S. 48. (Indult = Einräumung einer Frist, wenn der Schuldner in Verzug ist.)

134 Johann Eberhard III Pavenstedt (1749 – 1823) war ein Bierbrauer und Aeltermann in Bremen.

Schafzucht. Seinen Bruder Eduard Gildemeister faszinierten die überwiegend in England entwickelten modernen Landmaschinen, über die zwar vermehrt Berichte etwa in den Neuen *Annalen der Mecklenburgischen Landwirthschaftsgesellschaft* erschienen, die auf den meisten Gutshöfen aber noch nicht eingesetzt wurden. Und da Johann nichts einzuwenden hatte, erfolgte Ende 1816 der Erwerb einer Dreschmaschine beim Kaufmann und Reeder David Daniel Erdmann (1779 – 1823) in Wismar. Die nach dem Prinzip des Schotten Andrew Meikle, der sie 1786 erfunden hatte, arbeitende Maschine bestand im Wesentlichen aus einer Trommel, auf der vier Schlagleisten saßen, und kostete 175 Reichstaler. Angetrieben wurde sie durch die Zugkraft von Tieren, die im Rundlauf eine Göpelspindel bewegten.[135]

Der Gutshof in Klein Siemen gehörte zu den ersten und sehr wenigen, die die Dreschmaschine konsequent nutzten.[136] Ihre Anwendung ermöglichte dem Volkskundler Ulrich Bentzien zufolge „den ersten bedeutenden Schritt von der Handarbeit zur Mechanisierung. In Mecklenburg verdrängte sie auf den Gütern noch im 19. Jahrhundert fast vollständig den Flegeldrusch, der bis dahin etwa die Hälfte des gesamten Landwirtschaftsjahrs ausgefüllt hatte [...]. Sie revolutionierte damit wie keine andere Maschine ihrer Zeit einen wesentlichen Teil der Landarbeit und der ländlichen Arbeitsverfassung."[137]

Johann Gildemeister gehörte kaum zufällig zu den wenigen Gutsherren, die frühzeitig auf die kostensparende Mechanisierung – nicht zuletzt mit einer Sähmaschine – setzten. Er machte mit seinem ausgeprägten Erwerbsstreben vor keinem legalen Mittel halt, die Gutseinnahmen und den Wert des Gutes zu steigern. Ende 1816 trieb ihn – wie 1795 bereits P. W. von Schröder – der Vorsatz um, das Land der beiden verbliebenen Kossaten an sich zu ziehen, „wodurch das Gut um ein paar Tausend Taler besser wird". Sehr

---

135 Siehe Johann Gildemeister an Marianne Gildemeister, Klein Siemen, 16.12.1816.

136 Über die Anwendung berichteten die *Neuen* Annalen der Mecklenburgischen Landwirthschafts-Gesellschaft in Teil 7, 1820, S. 564 – 566 und Teil 13, 1826, S. 20 – 22.

137 Ulrich Bentzien: Landmaschinentechnik in Mecklenburg (1800 bis 1959), in: Jahrbuch für Wirtschaftsgeschichte, Bd. 6, H. 3, Berlin 1965, S. 56 – 81.

wahrscheinlich gehörte ihnen nicht einmal die Hofwehr, also der Bestand an Vieh sowie an Acker- und Hausgerät. Seinen eigenen Worten nach war er mit den beiden betroffenen „Käthnern“ Jochen Esch (*1763) und Katharina Fick (*1760) „insoweit“ – wie genau, verriet er nicht – „einig geworden“, freilich bedurfte es, „nur noch“, der Zustimmung „der Regierung“.[138]

Wie sich im Verlauf der darauffolgenden Wochen und Monate trotz einigem Antichambrierens zeigte, ließen sich die zuständigen Regierungsvertreter aber nicht zu einer Zustimmung bewegen. Die Kossatenstellen blieben bestehen.[139] (Ende des 19. Jahrhunderts wurden sie in Erbpachtstellen gewandelt.) Wie das von den beiden Kätnern gemeinsam genutzte kleine Hallenhaus am Rand des Dorfes aussah (es stand im Bereich der heutigen Festwiese), hat Johann Gildemeister in einer Zeichnung festgehalten.[140] Die mittlere hohe Diele dieser Bauten besaß typischerweise kein Tor, sondern lediglich eine Tür, durch die Heu und Ernten nicht ins Haus gefahren werden konnten. Herd und damit auch die beiden Wohnungen der Kossaten lagen an den Seiten. Eine Einfriedung durch Hakelwerk gab es nicht.

Zu Gildemeisters gut vernetzten Bekannten, die ihn beim Legungsversuch der Kossaten unterstützten, gehörte der weithin bekannte Landwirtschaftsreformer Franz Christian Lorenz Karsten (1751 – 1829). 1793 hatte der Professor mit privaten Mitteln vor den Toren Rostocks die landwirtschaftliche Lehr- und Versuchsanstalt „Neuenwerder“ eingerichtet, an der junge Landwirte mit neuen Landbaumethoden bekannt gemacht und im wissenschaftlichen Denken geschult wurden.[141] Seit 1798 diente Karsten zudem der von 41 Gutsbesitzern gegründeten Mecklenburgischen Landwirtschafts-Gesellschaft als Generalsekretär und Redakteur der vereinseigenen

138 Johann Gildemeister an Marianne Gildemeister, Klein Siemen, 1.12.1816.

139 Vgl. ders. an Marianne Gildemeister, Klein Siemen, 11.9.1817.

140 Die von Friederike Waehnelt bewahrte Zeichnung hat keine Datierung.

141 Vgl. Willi Friedrichs und Klaus Havemann: Franz Christian Lorenz Karsten – ein Pionier der Landwirtschaftswissenschaften in Mecklenburg, in: Wissenschaftliche Zeitschrift der Wilhelm-Pieck-Universität Rostock. Naturwissenschaftliche Reihe, Jg. 33, 1984, S. 103 – 105.

Zeitschrift *Annalen*, in der die drängenden landwirtschaftlichen Probleme behandelt wurden.[142] Als sich die Gesellschaft 1817 wegen ausbleibender Erfolge in Mecklenburgischer Patriotischer Verein umbenannte, stieß das bei Johann Gildemeister, der sich hin und wieder mit dem Professor traf und austauschte, auf Skepsis. Im Übrigen störte ihn an Karsten der „Mangel an gesunder Vernunft" und dessen „unberufener Eifer".[143] Die Auffassungen des Landwirtschaftsreformers über die Landarbeiter jedoch sagten ihm durchaus zu. Im *Schwerinschen Kalender* hatte Lorenz Karsten 1816 statuiert:

„Der sogenannte gemeine Mann, der ohne Bildung, nicht viel besser, wie die Thiere, mit denen er umgeht, aufgewachsen ist, gehorcht nur der Sclavenpeitsche seines Gebieters, und so lange er im Drucke der Armuth ist, schmiegt er sich und kriecht zu den Füßen seines Zuchtmeisters, sowie der Hund nach empfangenen Prügeln die Hand leckt, die ihn mißhandelte. Boshafter und tückischer wie dieser, wird er dann mit hämischer Freude jede Gelegenheit ergreifen, seinem Herrn zu schaden, wo er es ungestraft thun kann. Gebt aber diesem Menschen besseres Auskommen und Wohlstand, so wird er widerspänstig, so widerstrebt er, denn das Gefühl von Pflicht ist in ihm ertödtet, und die Sprache des Gewissens kennt er nicht, er wird öffentlicher Ruhestörer, Empörer!"[144]

Die Unterstellung, wer die Landarbeiter besserstelle, schüre Aufruhr und mindere auch noch seinen Gewinn, teilte Johann Gildemeister inzwischen. Ausweislich seiner brieflichen Äußerungen gedachte er – anders als noch 1810 – keinesfalls, die Lebens- und Bildungsbedingungen seiner Tagelöhner und des Gesindes spürbar zu verbessern. Überhaupt nicht freundlich unterstellte er ihnen eine „grapsige Natur" – betrachtete sie sogar als raf-

142 Vgl. Gertrud Schröder-Lembke: Der Patriotische Verein und die mecklenburgische Landwirtschaft in der ersten Hälfte des 19. Jahrhunderts, in: Mecklenburgische Jahrbücher, 109. Jahrgang 1993, S. 141 – 162.

143 Johann Gildemeister an Marianne Gildemeister, Klein Siemen, 10.9.1817.

144 Z. n. Moritz Wiggers: Der Vernichtungskampf. Wider die Bauern in Mecklenburg, Leipzig 1864, S. 50.

fende, wenn nicht gar diebische Leute.[145] Nicht zu vergessen: Da es 1816/17 zwei schlechte Erntejahre gegeben hatte, litt der Gutsherr zwar keinen großen Schaden, da die Preise für Roggen und Weizen hochgetrieben worden waren; für die einfachen Leute ergaben sich jedoch durch die gestiegenen Preise heftige Probleme – viele wurden damals in die Hungersnot getrieben.

Der von Johann Gildemeister geführte Gutshof genoss zunehmend die Aufmerksamkeit publizistisch tätiger Fachleute, die landwirtschaftliche Fortschritte dokumentieren und befördern wollten. In den von Karsten redaktionell betreuten *(Neuen) Annalen der Mecklenburgischen Landwirthschafts-Gesellschaft* etwa wurde seit 1816 Klein Siemen in Hinweisen häufiger erwähnt, bald darauf war es weithin „bekannt durch Stallfütterung" und eine zehn- und später auch elfschlägige „Wechselwirthschaft".[146] Im Mai 1822 erschien Inspektor Ferdinand Trummer (1794 – 1869) vom Gut Dutzow, um sich einen gehörigen Eindruck zu verschaffen. Der junge „Correspondent" bereiste zu jener Zeit Mecklenburg, wo er alle „Wirthschaften kennen zu lernen" hoffte, die sich durch „einen höhern Ertrag bezweckende Einrichtungen auszeichnen".[147] Angebaut wurden Raps, Weizen, Kartoffeln und Wicken, Gerste mit Klee, Mähklee, Hafer, Erbsen und Wicken sowie Roggen mit weißem Klee, es gab zwei Schläge mit Kleeweide für die 500 Schafe und einen als „reine Braache". Der in Mecklenburg zu jener Zeit nur von wenigen Gutsbesitzern betriebene Rapsanbau hatte zwei Vorteile. Zum einen konnten die Einnahmen dieser noch seltenen Kulturpflanze die durch die sinkenden Getreidepreise entstandenen Verluste ausgleichen, zum anderen schloss er tiefere Bodenschichten auf und eignete sich daher auch gut als

145 Johann Gildemeister an Marianne Gildemeister, Klein Siemen, 17.11.1816.

146 Vgl. Neue Annalen der Mecklenburgischen Landwirthschaftsgesellschaft, Teil 7, 1820.

147 Reise-Notizen aus Mecklenburg-Schwerin, Strelitz und der Mark Brandenburg. Aus Briefen an den Herrn Baron von Voght von Ferdinand Trummer, in: Landwirthschaftliche Hefte. Herausgegeben von der Central-Administration der Schleswig-Holsteinischen patriotischen Gesellschaft. Siebentes Heft, Altona 1823, S. 64 – 65. Vgl. Adolf-Friedrich Jacob: Der philanthropische Landwirth und hamburgische Kaufmann Baron Caspar Voght (1752 – 1839), in: Horst Albach (Hrsg.): Werte und Unternehmensziele im Wandel der Zeit, Wiesbaden 1994, S. 43 – 64.

Vorfrucht für Getreide (übrigens ganz im Gegensatz zu Thaers Auffassung, der ihn als zu „aussaugend“ für den Acker betrachtete).[148]

Im Stall standen 1822 „80 Haupt Hornvieh, Ochsen, Kühe und Jungvieh“, die als erstes Futter blühenden Raps erhielten, der „auf einer mit einem Schwungrad mit Einem Messer versehenen Schneidemaschine mit Stroh zu Häckerling geschnitten“ wurde. „Obgleich der Stall nicht besonders mit Dampfzügen versehen“, berichtete Trummer, „litt das Vieh im Sommer weder Nachts noch Tags von der Hitze, abgepflastert waren indeß alle Ställe, wenn auch ein Jauchenbehälter unnöthig gefunden ward“. Der Inspektor ging auch auf die Dreschmaschine ein, deren „anfangs häufigere Uebel, des Brechens mancher Eisen“ ihm durch in Wismar ausreichend vorhandene Ersatzteile inzwischen „etwas gehoben“ schien. Dass in Klein Siemen fortschrittliche Landwirtschaftstechnik deutlich frühzeitiger als auf den meisten anderen Gutshöfen zum Einsatz kam, belegt auch der Hinweis von Trummer auf den Einsatz eines Extirpators [Grubber]. Sein Bericht lässt sich im Anhang nachvollziehen.

Zehn Jahre lang hielt Johann Gildemeister den Zustand als Strohwitwer in Klein Siemen aus. Laut seinem Bruder Carl Hermann pflegte er Marianne „alljährlich zu besuchen“. Er machte diese Reise „gewöhnlich zu Pferde.“ 1826 verließ der Gutsherr „schweren Herzens“ seinen Betrieb und zog zu seiner bettlägerigen, aber am familiären Leben intensiv teilnehmenden Frau nach Bremen. Das Gut verpachtete er seinem Bruder Eduard, der als gut ausgebildeter langjähriger Mitarbeiter und Inspektor seine Eignung längst unter Beweis gestellt hatte. „Eduard besaß in der Regel eine unverwüstliche Laune, und es gehörte viel dazu, sie zu stören,“ heißt es in der Familienchronik. Auch erwies er sich theoretisch wie auch praktisch als sehr beschlagen: „Alle die vielen neuen Erfindungen untersuchte er mit prüfenden Augen und

148 Vgl. Gertrud Schröder-Lembke: Der Patriotische Verein und die mecklenburgische Landwirtschaft in der ersten Hälfte des 19. Jahrhunderts, in: Mecklenburgische Jahrbücher, 109. Jahrgang 1993, S. 146f.

wußte sogleich, was sich bewähren würde. Oft gelang es ihm, pomphaft angekündigte Erfindungen zu vereinfachen, so daß sie billiger ausfielen. Eine von ihm erfundene Sämaschine wurde auf einer Ausstellung in Rostock als die zweckmäßigste anerkannt.“[149]

Glücklich wurde Johann Gildemeister in seinem letzten Lebensabschnitt nicht – die von ihm übernommene Redaktion der *Bremer Zeitung* war alles andere als ein gleichwertiger Ersatz für sein geliebtes Landleben. Der Gutsbesitzer von Klein Siemen verstarb am 3. November 1844 in Bremen.[150]

149 Gildemeister-Chronik, a. a. O., S. 151 – 155, hier S. 152 u. 153.

150 Vgl. Gildemeister: Johann Gildemeister, a. a. O., S. 134 – 142.

Häufig erwähnte Personen

Johann Gildemeister (23.5.1784 – 3.11.1844), Kaufmann und Gutsherr von Klein Siemen, Chronist der Familie.

Georg Eduard Gildemeister (10.3.1793 – 16.1.1856), Landwirt, Inspektor und ab 1826 Gutsherr von Klein Siemen. Johanns jüngerer Bruder, sehr praktisch veranlagt, besuchte das landwirtschaftliche Institut Thaers und erhielt ein sehr gutes Zeugnis.

Martin Gildemeister (9.8.1787 – 16.11.1871), Bremer Aeltermann und Teilhaber der Firma M. & F.A. Gildemeister. Johanns Bruder, verfügte über vielfältige kaufmännische Kontakte.

Friederike Gildemeister (19.8.1788 – 10.6.1870), die in Bremen im Elternhaus am Markt lebende ledig gebliebene und von Johann geschätzte Schwester, der nach dem Tod der Mutter 1808 die ganze Last des Haushaltes zugefallen war. Friederike bildete sich stetig geistig weiter, mit Betty Wienholt nahm sie lateinische Privatstunden.

August Wilhelm Gildemeister (26.3.1791 – 27.5.1866), Bremer Kaufmann, Teilhaber der Firma Gildemeister & Ries. Johanns Bruder, führte ein bewegtes Leben – u. a. als den Franzosen entflohener Ehrengardist und als Händler in New Orleans, wo er ein Vermögen erwarb.

Marianne, eigentlich Maria Anna Catharina Gildemeister, geb. Wienholt (26.1.1786 – 16.9.1856), Johanns Ehefrau, die viel kränkelnde Gutsherrin auf Zeit.

Johanne Wienholt, geb. Misler (1.1.1761 – 3.5.1818), die Mutter von Marianne, eine gebürtige Hamburgerin, die dominant auftrat.

Betty, eigentlich Elisabeth Wienholt (1789 - 1869), Mariannes Schwester, lebte eine Zeitlang im Haus der Gildemeisters und dann in Hamburg. Die unvermählt gebliebene kluge Frau war eine ungewöhnliche Erscheinung[151] - und Johann Gildemeister etwas unheimlich.

Annchen, eigentlich Anna Gebecka von Gröning (1786 - 1860), eine gute Freundin von Marianne Gildemeister, heiratete 1812 den späteren Bremer Bürgermeister Dr. Diedrich Meier (1787 - 1857).

Buschmann, Schreiber - vermutlich Franz Buschmann (*1780), der laut der Volkszählung 1819 als einziger Mann dieses Namens in Mecklenburg-Schwerin als „Regierungs Canzlist“ arbeitete.

Mamsell, Johann Gildemeisters Wirtschafterin Agnese Catharine Sophia Bunk (1794 - ?).

Julius August Sellschopp (1786 - 1855), von Johann Gildemeister sehr geschätzter Mitarbeiter, bis 1810 als Verwalter und ab 1814 als Inspektor auf dem Gutshof Klein Siemen.

Fick und ***Winkenwerder***, Familien, von denen mehrere Angehörige auf dem Gutshof arbeiteten, vgl. die Volkszählungs-Liste im Anhang.

Ernst Friedrich Rathlev (1778 - 1857), Freund von Johann Gildemeister und Gutsherr auf dem Allodialgut Miekenhagen, das seine Frau Christina Dorothea (geb. Sengbusch) geerbt hatte.

151 Vgl. Gildemeister: Dr. med. A. Wienholt, a. a. O., S. 192f.

Henriette Maria Elisabeth Schröder, geb. von Boddin (1751 - 1817) lebte im Ruhestand auf dem Gutshof Groß Nienhagen, zu dem einst Klein Siemen gehörte. Johann Gildemeister schätzte sie.

Leopold Heinrich Kolbe von Schreeb (1764 - 1846), Freund von Johann Gildemeister, Legitationsrat und Gutsherr von Boldebuck, unterstützte ihn nach Kräften. Seine Frau Friederike Wilhelmine war eine geborene von Bassewitz (1766 - 1854).

Heinrich Georg Friedrich Crull (1755 - 1819), von 1785 bis 1819 Pastor in Alt Karin, wurde von Johann Gildemeister öfters aufgesucht. Seine Gattin hieß Sophie Catharina, geb. Detharding (1763 - 1846).

Heinrich Kleinworth (1762 - 1831), ungeliebter Nachbar und Gutsherr von Gerdshagen. Wilhelmina, eine geborene von Hovell (1785 - 1846), war seine zweite Ehefrau.

Die Briefe

Nicht Kaufmann bleiben …

Ausgewählte Briefauszüge ab 1808

18.11.1808, Bremen. An Marianne Wienholt, Bremen

Recht herzlichen Dank, liebe Marianne, für Deinen Brief. Welche Freude hast Du mir gemacht, da ich jetzt sehe, daß die Ausführung meines Plans [Landwirt zu werden] Dir nicht so zuwider ist, als ich fürchtete. Jetzt kann ich mich der Freude und dem Wunsche, daß er ausgeführt werden möge, überlassen. Oh, wie hätte ich es können, wenn es meiner Marianne nur ein Stich ins Herz gewesen wäre. Ja, ich weiß es wohl, Euch Frauenzimmern wird es unendlich schwer, die heimathliche Flur zu verlassen, aber darin erkenne ich Deine große Liebe, meine gute Marianne, Du ladest eine große Schuld auf mich. Wieviel werde ich einst abzutragen haben. Wieviel werde ich Dir seyn müssen, um Dir zu ersetzen, was Du meinetwegen verläßt? Alles zu ersetzen, das kann ich nicht. Darum muß Deine Mutter durchaus mit uns ziehen. Ich weiß, aus welcher Ursache sie es nicht will oder wenigstens noch nicht dazu entschlossen ist, aber sie könnte uns hier aus falscher Delicatesse recht unglücklich machen. […]

Recht weit aussehend ist die Ausführung meines Planes noch immer. Sollte ich das Gut[152] nicht zu vortheilhaften Bedingungen erstehen können, so bin ich entschlossen, mich nicht damit zu befassen. Die Begierde, es zu besitzen, soll mich nicht zu einem unvortheilhaften Kaufe verleiten. Den Anschlag habe ich gestern bekommen, die Forderung und die Kaufbedingung kann ich erst in 3 bis 4 Tagen erfahren.[153] […]

Geduldig will ich warten, ob Steinbeck uns bestimmt ist oder nicht. Sollte es mein werden, so glaube ich, werde ich schon es zu benutzen wissen. Jetzt bin ich beides zugleich, Kaufmann und Landwirth. Als Kaufmann handle ich, als wenn ich immer Kaufmann bliebe, als Landmann studire ich, als könnte es gar nicht fehlen, daß ich es würde. Nun, der Himmel wird das Beste geben. Ganz und ewig Dein G.

152 Gemeint ist das Rittergut Steinbeck.

153 Das Gut Steinbeck liegt zwischen Herford und Bad Salzuflen; nach dem Tod des langjährigen Verwalters H. W. Kuntze am 24.12.1805 beschloss die Familie von Wrede, ihr „adliches" Gut aus „freyer Hand" zu verkaufen – das gelang schließlich 1810.

28.11.1808, Bremen. An Marianne Wienholt, Bremen

Ich habe jetzt eine sehr fleißige Periode, meine liebe Marianne. Meine Thätigkeit ist geweckt und in meinem Kopfe lärmt und spukt es. Einen solchen Zeitpunkt benutze ich gern und freue mich daher nicht wenig meiner Muße. Freilich hat Steinbeck nicht wenig dazu beigetragen, aber ich bin weit entfernt, mich zu sehr den Hoffnungen hinzugeben. Noch ist es damit zu weit aussehend, und nichts ist schrecklicher als Täuschung. Der Kaufmann nimmt mich noch eben so sehr ein wie der Landwirth. Ich kann jetzt um vieles mutvoller der Zukunft entgegenblicken als ehemals, wo ich nur auf ein Fach beschränkt war. Muß ich Kaufmann bleiben, wohl so haben mir wenigstens meine anderen Kenntnisse nicht geschadet.

Was wir am meisten entbehren würden, liebe Marianne, würde der freundschaftliche Umgang seyn, an den wir gewöhnt sind, wir werden eine Leere fühlen, aber so gar schlimm, wie man es sich denkt, ist es auch nicht. Hat man weniger, so schließt man sich auch desto enger aneinander und dieses ist oft mehr als aller Umgang. Und eine freundschaftliche Verbindung wird durch Briefwechsel oft weniger gestört als durch die Gegenwart. Und auch ein Briefwechsel ersetzt unmerklich und hat seine eigenen Reize. Nein, liebe Marianne, wenn ich nicht überzeugt wäre, Du würdest Dich glücklich fühlen, das Opfer könnte ich Dir nicht auferlegen. Ich glaube, wir beide besitzen Bildung genug, um das Landleben nicht geschmacklos und langweilig zu finden und sind nicht zu sehr verwöhnt, um seine kleinen Freuden nicht zu schmecken und finden zu wissen. Kommt dann auf unsere Geister das Reiben an fremdes Denken noch hinzu, so denke ich, sind wir Menschen, ich rechne natürlich Deine Mutter und Betty mit, genug, um glücklich beieinander zu leben, ohne sich alt werden zu können und sich immer neu zu bleiben. [...]

Ich bin sehr neugierig, was aus Steinbeck werden wird und auf Briefe darüber. Noch lasse ich bloß Wünsche aufkommen und stelle alles der Zeit anheim, die Zukunft zögernd zu entwickeln. Das Einzige, was ich recht innig wünsche, daß es zu etwas Gewissem kommen möge, wenn in der kaufmännisch-politischen Welt in Zukunft sich nicht durch unerwartete Umstände auch etwas Gewisses setzt, daß dann nur kein augenblicklicher Frieden uns von der Ausführung meines neuen Planes zurückhält.

Du bist nicht glücklich, liebe Marianne, Du deutest einiges an, was Dich quält und sagst nicht was. Kann ich nicht helfen lindern? Oh, könnten meine Arme Dich jetzt schützend umfassen. Auf meinen Armen solltest Du auf Armen der Liebe ruhen. Und wenn sie Dich vielleicht zu rauh ergreifen, Du würdest nicht vergessen, daß sie männlich sind, doch Liebe nicht vermissen. [...] Doch für heute genug. Vielleicht ist es doch zu voreilig. Diesen Abend sehen wir uns, da wünsche ich, daß Dir dieses noch zukommen möge von Deinem J. G.

19.01.1809, Bremen. An Marianne Wienholt, Bremen

Ein paar Stunden ganz meiner Marianne gewidmet, nach langem Schweigen, mit rechter Freude gewidmet. [...] Es ist wahr, das Schicksal hat mich gewaltig unter seinen Hammer genommen, aber zerschlagen noch nicht. Noch bleibt mir Kraft, mich ihm zu entziehen, wo ich es nicht überwältigen kann. Die Zeit ist ernst, ich habe so manche bittere Erfahrung gemacht. Mein Herz hat auf mancherley Art gelitten, es würde schneidender Mißton seyn, wollte ich die Miene heiterer Freude lügen. Aber froher Ernst ist mir weniger fern, als Du glaubst. Das Scheitern des Plans mit Steinbeck hat mich bei weitem nicht in die düstere Stimmung versetzt, wie Du vermutest. Ach, es ist nicht die erste getäuschte Hoffnung. Ich bin so ziemlich eingewöhnt und trage weniger schmerzlich. [...] Von ganzem Herzen Dein J. G.

26.11.1809, Bremen. An Marianne Wienholt, Bremen

[...] Ich habe mit dem Lesen des *Emil*[154] noch nicht angefangen, aber ich habe einiges anderes von Rousseau gelesen, und ich bin ganz entzückt von diesem Schriftsteller. Welch ein Schatz war mir bisher unbekannt. Er gehört zu den wenigen, bei denen mir jedesmal einfällt, wenn ich ihre Schriften lese, ich möchte das geschrieben haben. Dazu gehören aber nicht die Höchsten, wie Shakespeare, Schiller, aber Stern[155] und Huber[156].

Sie sind so tiefe Kenner des menschlichen Herzens und der Empfindungen und dabei dieser klare richtige Verstand, der das Verborgenste und Geahndete hervorruft und entwickelt. Welch ein Genuß wird es seyn, Dir einst vorlesen zu dürfen. Und wieviel geht verloren, wenn man nur allein genießt.

Ganz besonders interessant war mir ein kleiner Aufsatz von ihm, der die Landwirthschaft berührt, und besonders das Gesinde zum Gegenstand hat. Es ist zu bewundern, wie dieser glückliche Geist so richtig schon auf Grundsätze zurückkam, die so spät erst die Wissenschaft entwickelt. Was er über Gesinde sagt, ist ganz wie aus des Amtmann Meyers Munde. Nur geht er tief ins Einzelne hinein, giebt unvergleichliche Lehren und Kunstgriffe, die Leute durch ihr eigenes Interesse leicht und mit Liebe zu leiten, und läßt mir gar keinen Zweifel an der Richtigkeit der Behauptung, daß man das Gesinde gut machen könne. Ganz richtig ist Deine Anmerkung, daß man es nur in der Nähe großer Städte nicht könne, und er machte es zur ausdrücklichen Bedingung, die Leute vom Lande selbst zu nehmen und sie selbst anzuziehen.

Was den *Emil* betrifft, so kann ich, weil ich ihn noch nicht kenne, Deiner Mutter Einwendungen nicht würdigen. Ich weiß es wohl, daß Rousseau zu einigen Irrtümern Anlaß gegeben hat, daß aber nichts desto weniger seyn Verdienst unendlich groß ist. Nicht nur, weil er ohne irgendeine Vorarbeit

154 Jean-Jacques Rousseau: Emil oder Über die Erziehung. Frei aus dem Französischen übersetzt von Hermann Denhardt. Neue Ausgabe, Band 1 und 2, Leipzig o. J.

155 Der damals bekannte Literaturhistoriker und Dichter Adolf Stern (1835 – 1907).

156 Wohl die viel publizierte Erzählerin Therese Huber (1764 – 1829).

soviel leistete, sondern auch, weil das, was er geleistet, doch unübertroffen dasteht. Seine Irrtümer entsprangen wohl hauptsächlich daher, daß er gegen Verkehrtheiten zu Felde zog, die zu seiner Zeit Autorität gewonnen hatten. Gewöhnlich fällt der Mensch von einem Extrem ins andere und das ist anfangs notwendig, denn um das Eine zu haben, muß man dem Anderen ein Gegengewicht in die Schale legen, das ihm wenigstens gleich ist. Man darf daher in diesen Punkten Rousseau wohl nicht ganz wörtlich nehmen und man wird ihn nur dann richtig beurtheilen, wenn man bestimmt weiß, wogegen er ankämpft. Es hat gewiß wohl wenig Menschen gegeben, die den Menschen so kannten und so lesen konnten wie er. Daher ist es mir gar unerklärlich, warum nur er so vortrefflich über Erziehung schreiben konnte und wodurch er diesen Ruf erlangt. Doch schon zuviel über ein Buch, das ich noch gar nicht kenne. [...] Dein J. G.

18.01.1810, Bremen. An Marianne Wienholt, Bremen[157]

[...] Endlich komme ich mal ein wenig zu Atem. Es ist diese Zeit ein wenig bunt hergegangen. Die Bücher zu schließen, hatte ich volle Arbeit. Ich wollte mich auf die Reise nach Mecklenburg vorbereiten, und befand ich mich in einem rechten Strudel. Vorgestern empfing ich einen Brief von Herrn von Schreeb[158], worin er mir schreibt, vor Mitte Februar nicht zu kommen. Hätte ich ihn nur etwas früher bekommen, so hätte ich doch die kleine Komödie noch mitspielen können. Noch wirbelt es recht um mich herum, wenn ich doch nur endlich erst das Ziel glücklich erreicht hätte. Aber ich habe recht große Hoffnung dazu, denn Mecklenburg und nachdem, was ich von dorther vernehme, scheint es ein recht glücklicher Zeitpunkt zu seyn.

Es ist beides schwer, ein Geschäft anzufangen wie abzubrechen, das fühle

157 Aus dem Jahr 1810 sind keine Briefe von Marianne Wienholt an ihren Verlobten Johann Gildemeister überliefert.

158 Legitationsrat (= dipl. Vertreter) Leopold Heinrich Kolbe von Schreeb (1764 – 1846) zu Boldebuck.

ich jetzt und man hat mit mancherley Unannehmlichkeiten zu kämpfen. Reidemeister bekommt mein Geschäft[159]. Es paßt ihm vortrefflich und auch mir, indem ich dadurch gleich wieder zu meinen Geldern komme. Ich gönne dem guten Menschen herzlich seyn Glück und es freut mich, mit dazu beizutragen. Wenn es mir doch nun auch ein wenig glücken wollte. Ich habe doch auch schon eine ehrliche Zeit mit Hoffen und Harren zugebracht. Doch der Himmel wird das Beste geben. [...] Eigentlich ist es mir gar nicht recht, daß ich meine Reise weiter hinausschieben muß. Ich käme so gern endlich einmal zur Gewißheit und sähe mit eigenen Augen in Mecklenburg mich um. Doch alles muß geübt werden, also auch die Geduld. Obgleich ich eigentlich der Meinung bin, daß dies schon in überflüssigem Maße geschehen. Oh, Marianne, wie ich arbeiten will, wenn ich nur erst ein Gut habe. Selbst ist der Mann, wird es da heißen. Und es wird recht gut seyn, allenthalben selbst mit anzugreifen und fortzutreiben und dann seyn Fach immerfort studiren. Ich denke, es muß gehen, gehe wie es wolle. Du bist wiederhergestellt, heute sehe ich Dich nicht, weil die Gesellschaft nicht ist. Wann sie seyn wird, ist wohl noch nicht bestimmt. Lebe wohl, liebe Marianne, Dein J. G.

26.02.1810, Bremen. An Marianne Wienholt, Bremen

[...] Ich habe recht viel Hoffnung, liebe Marianne, daß es uns in Mecklenburg glücken wird. Von einem Mann, der kürzlich Einige gesprochen, die sich daselbst angekauft, höre ich, daß nach allgemeiner Meinung der jetzige Zeitpunkt so günstig ist, wie er für die Handlung ungünstig ist. Daß aber dieses Speculationen erwecke, und daß es zu erwarten sei, daß die Mecklenburger Güter aufs Niedrigste gewesen sind. Oh, wenn ich doch von der Reise mit der Gewißheit zurückkäme, Dich bald als meine liebe Hausfrau umarmen zu dürfen. Dein J. G

159 Die Linnenklanderei von Johann Gildemeister übernahm im Frühjahr 1810 sein Freund, der Bremer Kaufmann Georg August Reidemeister (1779 – 1869).

12.03.1810, Boldebuck. An Marianne Wienholt, Bremen

[…] Ich sitze hier recht fröhlich, von freundlichen Leuten so freundschaftlich aufgenommen, daß ich mich wie einheimisch und als ein Glied dieser allerliebsten Familie fühle. Ich habe mich mit Herrn von Schreeb heute schon etwas umgesehen, ob für mich etwas zu haben seyn wird und schon mehrere Güter gefunden, die ganz so klein sind, wie ich sie wünsche und die Vorzüge haben, worauf ich ganz vorzüglich sehe. Zum Kauf ist hier jetzt mehr als zuviel Gelegenheit. Und die Zeitumstände sind dem Käufer besonders günstig. Kein geringer Vortheil ist es mir, dabei einen so kenntnisreichen Mann zu haben, der sich meiner mit seltener Gefälligkeit annimmt. Wir erwarten jetzt von einigen Gütern die Anschläge, worauf ich sehr neugierig bin.

Die Gegend hier besonders ist sehr hübsch und allgemein nicht häßlich. Besonders lieb sollte es mir seyn, könnten wir nicht soweit von Boldebuck uns ansiedeln in der Nähe einer so liebenswürdigen Familie, deren Kinder besonders mir schon ganz ans Herz gewachsen sind. Lieb sollte es mir seyn, wenn es sich so träfe. Aber darauf hoffen mag ich nicht, da andere Rücksichten doch vorgehen müssen.

Das Gut Boldebuck, auf dem ich bin, ist sehr bedeutend. Der Hof länger, wenn nicht so tief wie der Domshof[160] und mit einem Dutzend großer Gebäude umgeben, in deren einem stehen in fünf Reihen über 200 Kühe. Mit Pferden, Ochsen und Kälbern läuft die Zahl des Viehes über 300 hinaus. Es werden allein über 60 Bremer Last Getreide ausgesäet. Das Wohnhaus zwar für das ganze zu klein, ist sehr hübsch und höchst komfortabel eingerichtet. Die Wände sind mit hübschen Kupferstichen verziert. Das Geräthe hübsch von hiesigem Holz, hier in der Gegend gemacht.[161] Die Stadt Güstrow ist eine kleine Meile entfernt. Vor dem Gute sieht man etwas weiter auf einen ziemlich großen, sehr hübschen See,

160 Der Domshof ist ein zentral gelegener Platz in Bremen, früher Verkehrsknotenpunkt.

161 Im Herbst 1816 verkaufte Leopold Heinrich Kolbe von Schreeb den Gutshof an die Familie von Schaumburg-Lippe. Heute sind nur noch wenige Wirtschaftsgebäude und die Katenhäuser des Gutes in Boldebuck zu finden.

der mit Holz bekränzt durch Hügel eingefaßt ist, an dem ein Lustort liegt.

Gut grenzt in Mecklenburg fest an Gut. Bauern giebt es fast gar nicht außer Tagelöhner, und der Schlag der Menschen ist zwar etwas derb, aber treu und fleißig und bei guter Behandlung nicht übel. Herr von Schreeb ist ein sehr gebildeter Mann, der die Welt gesehen und eine leichte Umgangsweise hat. Er ist passionierter Landwirth, gegen mich überaus gütig. Ueberhaupt eine große Güte gegen mich, ohne daß sie drückend wird. Das Einzige, was mich zuweilen drückt, ist, daß er gegen die Kinder oft so strenge ist und sie gewaltig finstert. Frau von Schreeb[162] ist eine sehr allerliebste Frau, die man fast schön nennen kann, ganz Liebe und ein echt weibliches Wesen, von einer schweren Krankheit noch nicht ganz genesen. Mit rechter Innigkeit liebt sie ihren Mann und mahnt mich an die Zukunft, wo auch ich ein so liebes Wesen in die Arme schließen soll, das ganz mein seyn will. Außer ihnen ist ihre Schwester, Fräulein Bassewitz, hier noch zu Besuch.[163] Den Beschluß macht der Hofmeister, ein ganz netter, aber zu stiller junger Mann. Von der Mutter läßt sich leicht vortheilhaft auf die Kinder schließen. Der Vater ist zu streng mit ihnen. Ich glaube, er könnte viel mit ihnen verderben, wären sie von Natur nicht so sehr gut. Sie sind hübsch und besonders die beiden Knaben schön mit wahren Engelsaugen. Ich habe mich besonders an dem Ältesten attachirt, der eine große Güte und solch ein zärtliches Gemüth hat und doch so ganz kindlich ist. [...]

Den 15t März

Ich hatte gestern auf einem Ritt mein Taschentuch verloren. Zum Glück fand ich es nachher wieder aufgeschlagen auf dem Wege. Dein Brief, den ich jetzt beantworten will, fiel auch heraus. Die eine Hälfte war aufs Feld, die andere in einen Graben geweht. Und auch dieses Blatt war in dem Tuche. So wärst Du fast

162 Friederike Wilhelmine von Schreeb (geb. von Bassewitz, 1766 – 1854); das Paar hatte 1798 geheiratet und ingesamt sieben Kinder; um 1810 die Kinder Eberhard, Heinrich, Marie und Heilwig.

163 Friedericia Wilhelmina Kunigunda von Bassewitz (1773 – 1852).

darum gekommen. Du hast recht, liebe Marianne, in dem Punkte haben wir Männer einen Vorzug. Wir können uns in einer thätigen Außenwelt vergessen. Ja, sobald wir vorwärtsstreben, aber auch wenn wir zurückgedrückt werden? Waren die vergangenen Jahre nicht auch Prüfung? Und sollte das sich entfernt fühlen, wenn, wie nicht zu vermeiden ist, uns Unangenehmes trifft, nicht auch ein drückendes Gefühl seyn. Ich glaube, liebe Marianne, die gänzliche Entfernung wird uns beiden leichter zu tragen werden als die halbe. Und dann hoffe ich, sie soll nicht lange dauern. Habe ich erst ein Gut, und ich bin nur solange darauf gewesen, um einen Überschlag zu machen, ob wir ohne Sorgen leben können, dann hole ich Euch zu mir. [...] Ich muß diesen Brief geschwind schließen, damit er Morgen früh zeitig auf die Post kommt. Lebe wohl, meine liebe Marianne, Dein in der Ferne J. Gildemeister.

20.04.1810, Boldebuck. An Marianne Wienholt, Bremen

Liebe Marianne, ich reise erst Morgen früh und gleich über Hamburg. [...] Ehegestern abend erhielt ich einen sehr angenehmen Brief. Der Himmel scheint alle Erwartungen übertreffen zu wollen. Ein Gut, Kleinen Siemen, das in mancher Hinsicht das Vortheilhafteste und Angenehmste ist, und auf das ich nicht reflectiren mochte, weil es anfangs im Verkauf das letzte seyn sollte. Und da das letzte gewiß am theuersten bezahlt wird, ist jetzt das erste, und ich habe viele Gründe zu der Hoffnung, es vortheilhaft zu kaufen. Den 5t May ist der Tag, der es entscheiden soll. Hoffentlich zu unserem Glück. [...] Lebe wohl, meine beste Marianne. Ganz Dein J. G.

16.05.1810, Bremen. An Marianne Wienholt, Bremen

[...] Daß ich Klein Siemen neulich erstanden habe, weißt Du, liebe Marianne. Am 12. habe ich in Schwerin von der Regierung nun wirklich den Zuschlag erhalten, und das Gut ist unser.[164] Ich habe in jeder Hinsicht Ursache, mit meinem Kauf äußerst zufrieden zu seyn. Ich wüßte nichts, was mir noch zu wünschen übrig bliebe. Es liegt in einer paradiesischen Gegend, in einer vortheilhaften Lage in der Nähe mehrerer Städte und guter Leute, sehr freundlich, und ich glaube, es soll Dir schon gefallen. […]

Herzlich Dein J. Gildemeister.

164 LHAS 2.21-2, 582.

Als Gutsherr Erfahrung sammeln

Briefe vom Juni 1810 bis zum September 1811

1810: Witterung und Erndte wie 1809. Kornpreise fielen immer mehr. Nach der Erndte bis zum Herbst beispiellose Dürre. Die Wintersaat lief zum Theil schlecht, zum Theil gar nicht auf.

1811: Gelinder Winter. Wenig Nässe. Die Getraidepreise fielen in Folge der voraufgegangenen Jahre unter den Productionspreis. Rocken galt 14 ß pr. Scheffel, und im Verhältnisse das übrige Getraide. April mehr naß, als trocken, hernach bis gegen die Erndte eine erschreckliche Dürre und darum eine Mißerndte. Die Preise stiegen über Erwarten schnell. Der Herbst schön und fruchtbar, so daß das Vieh bis Weihnachten mit Vortheil weiden konnte. Wintersaat üppig und mähbar zu Heu. Der Winter gelinde, so daß die Schaafe fortwährend geweidet werden konnten. Die Getraidepreise stiegen, Rocken zu 1 ℛ 32 ß der Scheffel und eben so im Verhältnisse alle anderen Getraidearten.

(Helmut Petersen zu Panzow)[165]

165 Aus: Neue Annalen der Mecklenburgischen Landwirthschafts-Gesellschaft. Zuerst herausgegeben von Franz Christian Lorenz Karsten, 21. Jg., erste Hälfte, Rostock 1837, S. 64 – 66.

19.06.1810, Rostock. An Marianne Wienholt, Eilsen

Vor einigen Augenblicken, meine beste Marianne, bin ich hier angekommen, wo Du wahrscheinlich zur selben Zeit Eilsen betreten hast. Ob es dort auch wol regnet wie hier? Und ob auch Du solche Freude darüber hast? Diesen Mittag war ich in Siemen, wo ich meine Pferde, die sich sehr brav gehalten, zurückließ und mit Siemer Pferden hierher reiste. Hier ist es Markt und gewaltig lebhaft. Soviel von meiner Reise, die nun glücklich beendet ist. Vielleicht kehre ich Morgen schon nach Siemen zurück.

Nun sind wir 27 Meilen voneinander entfernt. Erst jetzt komme ich aus dem gewaltigen Taumel zurück, in den ich durch den Strudel von Geschäften vor meiner Abreise versunken war und der mir das Gefühl der Abreise übertäubte. Ich fühle, daß die letzten herrlichen Tage, wo ich Dich endlich einmal frei besitzen konnte, vorüber sind. Also noch ein Jahr der Entbehrung bis zur Vereinigung. Doch nicht das mir Unangenehme will ich berühren, laß mich bei der fernen Hoffnung verweilen.

Ich habe die Gegend von Siemen diesmal wieder recht hübsch gefunden. Ich habe sie mit dem Auge geprüft, das sie für Dich beurtheilen sollte, und ich denke, sie wird Dir gefallen. Der Hof ist doch größer, als er mir anfangs schien. Das Haus finde ich recht angenehm. Der Garten ist hübsch und kann noch besser werden. Als ich kam, war der Hof voll von Ochsen und Pferden, die sich ein wenig darauf vertraten und welche neugierig meinem Wagen folgten. Von Madame Bunk habe ich nicht viel Näheres.[166]

Nur schien es, daß sie sehr korpulent seyn soll. Ich fürchte, ich bin mit ihr belämmert. Wann aber werde ich Nachrichten von Dir und Deiner Reise bekommen? Ist alles gut abgelaufen? Und befindet sich Deine Mutter recht wohl danach? Ich sehne mich recht nach einem Briefe.

---

166 Die Wirtschafterin hieß Agnese Catharine Sophia Bunk (1794 – ?). Sie arbeitete noch 1819 für Gildemeister in dieser Funktion – bis wann, ist nicht bekannt.

24t Junius 1810

Ich schrieb gestern unter vielen Unterbrechungen. Eine Menge Silbergeld machte mir viel zu schaffen, ehe ich es vom Halse los wurde. Du hast mir eine rechte Freude gemacht, liebe Marianne, durch Dein Bildnis. Hat der Maler zwar nicht geschmeichelt und ist es im ganzen zu flach gemalt, so ist es doch ziemlich ähnlich und recht sehr, wenn man es Ferne hält. Ich hatte es sehr behutsam in meinen Koffer gelegt. Dafür aber mußte ich es auf meiner Reise entbehren und konnte es erst in Schwerin hervorkriegen. Nun begleitet es mich immer. Deinen Ring habe ich hierzulande als unserer künftigen Heimath angesteckt und werde ihn immer tragen.

Jetzt bist Du dort auf einem mir sehr theuren Boden. Begrüße sie mir recht in meinem Namen, die heiligen Bückeburgischen Gefilde, die ich oft mit so mancherley, bald wehmüthigem, bald frohem Empfinden betreten, und grüße mir die heilige Stätte, die einzig schön in dem Kranze von Bergen wie ein Mittelpunkt daliegt und sehnsüchtig nach der weiten Ebene zu blicken scheint. Ich habe sie einst, als meine Lage so ganz aussichtslos war, mit höchst schmerzlichen Gefühlen betreten.[167] Es häufte sich damals auch zuviel, um es tragen zu können, und ich konnte nur mich recht ausweinen. Es war mir auch der erste sehr schmerzliche und unerwartete Verlust. Sind sie nicht aber schön die dortigen Gegenden, so sind sie hier nicht, und jene Berge möchte ich wohl hierher wünschen. Ich liebe sie immer sehr, so wie jede Berggegend, nach der ich oft ein ordentliches Heimweh bekommen kann. Benutze sie recht und lerne den Karst auch kennen, den ich sehr gern habe.

Vorzüglich aber mach die Bekanntschaft vom guten Schütz[168] , der keinen kleinen Platz in meinem Herzen einnimmt. Einen Gruß an ihn darf ich wohl nicht Dir, aber doch wohl der Mutter auftragen. Grüße mir Deine Mutter recht herzlich und lebe recht wohl. Möge Dein Aufenthalt dort recht angenehm seyn und denke zuweilen an mich. Von ganzem Herzen Dein G.

---

167 Die Rede ist vom Grab von Johanns Mutter Gebetha, die am 18. Juni 1808 in Eilsen gestorben war.

168 Wohl ein Mann, den Gildemeister 1808 in Eilsen kennengelernt hatte.

01.07.1810, Klein Siemen. An Marianne Wienholt, Eilsen

Ich bin schon 18 Tage von Bremen, liebe Marianne, und noch ganz ohne Briefe. Es macht mich sehr traurig und vielleicht bist auch Du ohne Nachricht, obgleich ich früh genug geschrieben. Auf so manche Nachricht bin ich recht begierig. Wie mag es Euch in Eilsen gehen? Wie lebt Ihr da? Und denkt Ihr auch des Fernen, der sich vergebens dahin sehnt? Warum wurde der Mensch nicht das Geschenk des Siegens?

Es ist ein heiterer, schöner Sonntagmorgen, der friedlich über der frohen Fläche liegt und wie ein guter Genius über ihr schwebt. Ich übersehe aus meinem Fenster den Hof. Es ist still darauf, nur die Vögel zwitschern lustig einher und auf jenem Strohdach blickt der Storch mitleidig zu mir herüber. Es ist herrlich hier, aber ich bin allein.

Ich bin jetzt erst einigermaßen zur Ruhe gekommen. In den letzten Tagen war hier die Auktion alter Sachen und nachher die Übergabe des Gutes. Ich habe das meiste so ziemlich billig angekauft. Die hiesigen kleinen Kühe kosten mich im Durchschnitt 16 Thl., einige davon wurden etwas überbezahlt. Meine 12 Zugochsen haben vorgestern angefangen zu arbeiten. Schade, daß dieses erste Jahr durchaus für mich verloren ist, und daß es das zweite größtentheils auch seyn wird. Übrigens ist es jetzt der Anschein zu einer sehr gesegneten Ernte. Der Waizen steht so gut, daß ich fürchte, er wird sich zum Theil lagern. Das ist immer eine gute Sache, wenn das erste Jahr gut ist, und es wird mir mächtig aufhelfen in meinem Streben.

Mit den Leuten, die ich habe, bin ich recht gut zufrieden. Mamsell Bunk[169] wiegt zwar wohl 300 Pfund, ist aber sehr gutmüthig. Vielleicht früh ein wenig verblüht. Um desto besser scheint mir gute Begegnung auf sie zu wirken. Sie scheint mir eine sehr redliche, treue Person zu seyn. Buschmann nimmt sich

169 Agnese Catharine Sophia Bunk (*1794).

seines Schreiberamtes mit großer Treue an.[170] Aus allem sehe ich, daß er viel Erfahrung und gute Kenntniße hat und für mich gerade sehr passend ist. Unter den Leuten im Dorf giebt es manche sehr Gute, von einigen anderen werde ich mich entledigen. Eine Familie habe ich schon glücklich gemacht, die das Schwein hüten, durch Anleihe von 7 Thalern zum Ankauf einer Kuh. Wahrscheinlich eine wohlfeile Weise. Übrigens macht dieser Stangeljochen[171] mit seiner Frau ein nobles Paar aus. Der Himmel hat ihnen ihren Vernunftantheil fast nicht reichlicher zugerechnet als den Thieren unter ihrem Befehle. Weiß der Himmel, was aus den Kindern werden kann.[172]

Trotz allem scheint es mir, daß die Leute überhaupt hier nicht gut behandelt sind. Ich habe schon angefangen, sie streng zusammen zu nehmen. Dabei will ich ihnen aber doch zeigen, daß es meine Meinung ist, gut mit ihnen zu seyn. Nur soll mir ungestraft keine Unbill geschehen. Den Bösen soll Böses, den Guten Gutes widerfahren.

Rostock, den 2t Julius 1810

Gestern hatte ich hier eine Lustbarkeit auf dem Hofe. Die ehemaligen Besitzer hatten meinen Leuten ein Bier zugedacht. Diesen Morgen habe ich noch eine Auktion zu besuchen, was gleich vor sich gehen soll. Es ist wieder ein vortreffliches Wetter. Der Rocken steht herrlich in Blüte. Wir haben die ersten Erdbeeren und gestern schwärmten meine Bienen zum ersten Mal. Aber unsere Fluren dürsten, und wir wünschen sehnsüchtig den Regen.

Ich bin hier noch gar nicht recht eingewöhnt. Bisher noch liegt mir die Witwe des ehemaligen Besitzers Martienssen auf dem Halse, und ich habe sie

170 Ein Schreiber war verantwortlich für die landwirtschaftliche Buchführung. Es könnte sich um den 1780 geborenen Franz Buschmann handeln, der bei der Volkszählung 1819 in Schwerin als Schreiber bzw. „Regierungs Canzlist“ eingetragen wurde. Andere Männer mit dem Nachnamen Buschmann wurden in Mecklenburg 1819 nicht erfasst.

171 Stangeljochen = unruhiger Kerl.

172 Wohl Mitglieder der großen Familie Fick bzw. Vick; die Schreibweise erfolgte in den damaligen Dokumenten uneinheitlich.

nicht mit Hast treiben mögen.[173] Heute will sie endlich fort. Lebe wohl, meine liebe Marianne, herzliche Grüße an meine liebe Mutter. Oh daß die Zeit bald da wäre, wo ich beide bei mir sehen soll. Ganz Dein J. G.

09.07.1810, Klein Siemen. An Marianne Wienholt, Bremen

Endlich zwei Briefe von meiner besten Marianne und einer mit der Mutter Hand. Wenn auch nur die paar Züge, so haben sie mir doch Freude gemacht. Es ist doch etwas wenigstens von ihr, ein Zeichen ihres Daseins. Daß Eure Reise so glücklich beendet ist, habe ich mit Vergnügen gehört. Gäbe der Himmel, daß sie auch von recht guten Folgen seyn möge. Ich hoffe es wenigstens. Hier bin ich endlich allein, die Witwe Martienssen, die mich lange beschäftigt hat, ist nun auch fort. Den vorigen Schreiber Sellschopp habe ich recht liebgewonnen.[174] Als er vor einigen Tagen wegreiste, ließ er mir eine gewaltige Leere zurück, und ich konnte den Tag mein Weh nicht überwinden. Ach, es ist nicht gut mit dieser Weichheit, die leider, ich fühle es, eher zu- als abnimmt. Warum sich so leicht an etwas hängen, um hernach sich nur schmerzlich loszureißen. Sogar auf Reisen hat eine Trennung von Leuten, die ich nur ein paar Tage gesehen, wenn ich sie liebgewonnen, immer eine bittere Wehmuth in mir erregt. Wohl dem, der die Kraft besitzt, so trübe Empfindungen in sich zu unterdrücken.

Ich fange jetzt an, mit dem Leben recht zu geizen. Mit Furcht nur kann ich in die Zukunft sehen. Sie kann mir nicht vielmehr geben, aber recht viel nehmen. Und man wird furchtsam, wenn man erst verloren hat. Vorher kann man sichs gar nicht möglich denken. Ich habe aber auch recht deutlich gefühlt, wieviel schwerer der Zurückbleibende Abschied nimmt und Dir den Schmerz, Du teure Marianne, nachgefühlt. Der Wegreisende stürzt sich in ein Gewühl von neuen Eindrücken und strebt nur seinem, Ziele entgegen. Aber beim Bleibenden bleibt die Leere.

173 Magdalena Augusta Juliana Martienssen, geb. Schröder (1764 – 1832).
174 Inspektor Julius August Sellschopp (1786 – 1855).

Die Freude, die Dir meine Geschwister machen wollten, war mir nicht unbekannt. Sie haben auch mich damit überrascht. Es hat mich gefreut und gerührt, wie Liebe es so leicht vermag. Aber das weißt Du nicht, daß die Tante[175] mir eine Tasse und einen ebensolchen Löffel mit ihrem Namen zum Andenken dazu geschenkt hat. Wie Du Dir aber früher einbilden konntest, Du seist meinen Geschwistern nicht sehr lieb, begreife ich nicht, da immer das Gegentheil so sehr der Fall war. Warum immer das Mißtrauen in Dich selbst. Willst Du denn gar nicht die Lehre annehmen, daß Bescheidenheit ein Laster ist?

Den 11t Morgens

Nach der von mir gemalten Landschaft[176] darfst Du unsere Gegenden nicht ausmalen. Ebenso wenig nach den Gegenden, die Du passirt bist. Die Mecklenburger Gegenden haben einen ganz anderen Charakter. Was eine Landschaft so hübsch macht, wenn an den Wegen schöne Bäume stehen, oder wenn die Äcker damit vermischt oder auch hin und wieder besetzt sind, das fehlt hier ganz. Das Gut liegt hier gewöhnlich in der Mitte, rundherum das Ackerland und auf diesem wird kein Baum geduldet als höchstens an den Wegen eine Allee von Kopfweiden, die aber nicht sehr zur Zierde dienen. Die Natur hat durch ihre schönen Hügel recht viel gethan und in den Gehölzen ist die Gegend oft höchst reizend. Aber im Übrigen hat die Schönheit ganz dem Nutzen weichen müssen. Stallfütterung ist hier noch eine ganz unbekannte Sache, zum Theil auch bei der Größe der Güter fast unausführbar und daher ein verpöntes Wort. Halbe Stallfütterung ist hin und wieder von ausgezeichneten Wirthen eingeführt worden, das heißt nemlich, daß das Vieh des nachts aus dem Stall getrieben und ihm des Abends ein Futter vorgeworfen. Dieses soll und muß hier durchaus nächstes Jahr, aber nicht unter diesem Namen, eingeführt werden. Auch ist Schreiber Buschmann praktisch bekannt damit. Mit den Jahren aber, gedenke ich es zur ganzen Stallfütterung zu bringen. Dies wird meinem Boden sehr angemessen

175 Friederike Adelheit von dem Busch, geb. Gildemeister (1759 – 1811).
176 Bild ist nicht überliefert.

seyn, ich lasse aber von dieser Willensmeinung kein Wort verlauten. Es würde nichts als Widerspruch zur Folge haben und ein Hindernis seyn, während ein allmählicher Übergang die Leute dahin führt, ohne daß sie wissen, wie sie dahin gekommen sind.

Siemen liegt in sieben Schlägen, davon alle Jahre einer gebraacht wird.[177] Einer trägt Winterkorn, zwei Sommerkorn und drei liegen zu Gras für Vieh zur Weide. Auch damit, gedenke ich, allmählich eine Änderung zu suchen und es in neun Schlägen zu legen, wozu mich vielerlei Gründe bestimmen. Aber wie bei jedem Bau läßt sich das Gebäude der Besserung nur langsam ausführen.

Nachmittags

Das Landleben kommt mir so, wie mein ganzes jetziges Leben, nicht im Mindesten ungefroren vor. Eigentlich ist es doch nur die Umgebung der Menschen und nicht der Gegenstände, was auf uns und unser selbst am meisten einwirkt. Oder ist es der Strudel, in dem ich seither umhergetrieben bin, das es macht, daß mir das Neue nicht mehr neu ist. Ich habe wirklich in einigen Jahren viel gelebt und umgekehrt ist es auch wahr: „Souvent n`a vecu beaucoup, qui a végité long temps."[178] Mit meinen Leuten bin ich äußerst zufrieden. Mein Schreiber nimmt sich meiner Sachen mit großem Eifer und außerordentlichem Fleiß an. Von Morgens 5 Uhr bis Sonnenuntergang ist er immer beschäftigt. Ebenso große Ursache habe ich, mit Mamsell Bunk zufrieden zu seyn, und ich freue mich, mich nicht an der äußeren Gestalt gestoßen zu haben. Sie ist sehr gutmüthig, nimmt sich der Sachen con amore an, ist regsam, erfahren, weiß mit dem Gesinde umzugehen, fleißig und gewiß redlich. Dabei eine große Gärtnerin, freilich etwas borniert vielleicht, aber das sind die brauchbarsten Leute, und fast möchte ich sagen, die glücklichsten auch, wenigstens die vergnügtesten, die weiter nichts als nur zu vegetiren verlangen, wenn sie dabei noch irgendeine

177 Ein Schlag ist eine zusammenhängende Fläche, die grundsätzlich einheitlich mit einer Kultur bebaut wird. Braachen = einen Acker nicht bestellen.

178 Oftmals hat nicht viel gelebt, wer lange vor sich hinvegetiert hat.

Liebhaberei haben. Unsere Saaten stehen recht gut. Das Wetter ist warm und durch abwechselnde Gewitterregen sehr fruchtbar. Der Waizen hat fast schon abgeblüht. Es giebt ein eigenthümlich siemensches Product, eine spanische Fliege. Sie ist auf den Ligusterhecken im Garten so häufig, daß es danach stinkt.

Gestern war ich in Doberan. Mit Ausnahme von Eilsen und anderen kleinen bin ich nie gern in Bädern gewesen. Sie sind doch nur der Sammelplatz des vornehmen Schofels, meistens eines Erzschofels. So kann ich eben nicht sagen, daß ich, um mich zu vergnügen, hinging. Aber die Gegend ist schön. Auf den Bergen, so mögen wir Flachländer sie hier allenfalls nennen, hat man den herrlichen Anblick der See. Die Gegend selbst ist hübsch mit schönen Buchenwaldungen, die mir Heimweh nach den Bergen und vorzüglich jetzt nach Eilsen wieder aufregten, durchschnitten, und ich mache mich recht zu Euch versetzt in Eure herrliche Gegend auf den Karst, wo man die schöne Aussicht über Bückeburg hat. Es freut mich, daß Schütz[179] Dir auch gefällt. Es schmerzt mich nur, daß so treffliche, herrliche Menschen, die so glücklich zu seyn verdienen, auch mit Nahrungssorgen kämpfen müssen. Es kann einem die eigene Ohnmacht oft recht drückend werden, wenn man so etwas mit ansehen muß. Warum sind sie auch gerade die Begleiter der edelsten Verbindungen aus den uneigennützigsten Beweggründen? Oh daß Du ihnen in meinem Namen sagen dürftest, wie lieb ich diese lieben Menschen habe.

Nur eine Lehre habe ich mir von dem guten Schütz genommen. Er hat Bedürfnisse und ist nicht Herr mehr darüber. Ich habe es dahin gebracht, daß ich sagen kann, ich habe keine. Ich hatte einst über diesen Punkt ein sehr interessantes Gespräch mit dem bedürfnißlosen Pastor Eß[180], mit dem ich hierin ganz harmoniere, der es als einen nothwendigen Schritt ansieht, seiner Herr zu werden und als den ersten Schritt zu einer wahren Moralität. Mit den Pferden bin ich sehr gut übergekommen. Man muß nur zu dem Bewußtsein kommen, etwas zu können, um es verwirklichen zu können. Ich fühlte mich recht wohl,

179 Person in Eilsen, nicht ermittelt.
180 Leander van Eß (1772 – 1847).

etwas gekonnt zu haben, was anfangs schwer scheint. Wie beschämt wurde ich aber und gedemüthigt, als ich im Lüneburgischen, wo man allenthalben mit wilden Hengsten fährt, und ich kleine Knaben so sicher und allein damit fahren sah, da schämte ich mich meines kleinen Triumphes.

Den 12t

Das muß ich Dir noch erzählen, daß ich viel von den Kuren gegen Gicht in Doberan gehört habe, und daß es mir daher fast leid seyn möchte, daß nicht dieses Bad vorgezogen ist. Hoffentlich wird aber Eilsen seine Dienste nicht versagen, und ich hoffe, in Deinen nächsten Briefen bessere Nachrichten darüber zu hören. B[etty] ist doch auch wohl wieder hergestellt und Du bist hoffentlich mit der Furcht davongekommen? So mach des Dir denn dort recht viel Vergnügen in dieser paradiesischen Gegend und benutze sie recht.

Mit einigen Nachbarn habe ich schon Bekanntschaft gemacht. Pastor Crull[181] ist ein ganz guter umgänglicher Mann, den ich von Zeit zu Zeit besuchen werde, Frau von Schröder[182] soll eine allerliebste Frau seyn, noch hat es mir nicht gelingen wollen, ihre Bekanntschaft zu machen. Ich sprach sie einmal kurz zu sehr ungelegener Zeit. Den Umgang der Uebrigen werde ich nicht sehr suchen, der Hamburger Kleinworth[183] ist ein adeliger Bürgerlicher, der Major Wachenhusen[184] ganz gut, wird aber wohl etwas groß leben, der Baron Schele[185], ein Adeliger, scheint aber sonst ein ganz guter Mann zu seyn, nur kann es mir nicht passen, zu Weihnachten mich einzuladen. Nur eine Äußerung muß ich am Schluß noch ablehnen. Sie ist ein Zeichen Deiner Liebe, und als solches nehme ich es gern auf, aber werde ich dieser Erwartung auch entsprechen?

Mit ganzer Liebe J. G.

---

181 Heinrich Georg Friedrich Crull (1755 – 1819) war von 1785 bis 1819 Pastor in Alt Karin.

182 Henriette Maria Elisabeth Schröder, geb. von Boddin (1751 – 1817); der Gutshof Groß Nienhagen, zu dem einst Klein Siemen gehörte, war von 1730 bis 1872 der Wohnsitz der Familie Schröder.

183 Heinrich Kleinworth (1762 – 1831) auf Gerdshagen; er beschäftigte auf Gerdshagen 200 Personen.

184 Georg Heinrich Wachenhusen (1781 – 1833) auf Klein Nienhagen. Gildemeister schätzte ihn richtig ein – er lebte auf so großem Fuß, dass er Klein Nienhagen 1815 verkaufen musste.

185 Ludwig August von Schele (1778 – 1824).

22.07.1810, Klein Siemen. An Marianne Wienholt, Eilsen

In Erwartung, liebe Marianne, diesen Nachmittag einen Brief von Dir zu bekommen, setze ich mich zum Schreiben hin. Was ich fürchte, ist dann leider auch eingetroffen, und mein Brief aus Rostock von vorigem Montag wird erst später eingetroffen seyn. Ich weiß es nur von meinem Vater, daß es Euch an Nachricht von mir gefehlt hat, zum Glück hattest Du doch die eine, meine Ankunft in Schwerin.

Was magst Du diesen Augenblick machen? Genießest Du die herrliche Gegend, oder bist Du mit der Pflege Deiner Kranken beschäftigt, oder schreibst Du vielleicht auch an mich? Gutes Wetter werdet Ihr wohl nicht haben, wie ich glaube, denn auch hier ziehen Wolken am Horizont umher, und Eilsen ist gerade eine Wetterscheide. Wenn es anderwärts nur droht, regnet es dort wirklich. Wir sind diese Zeit hier ziemlich beschäftigt gewesen. Vorige Woche haben wir einen Anfang mit der Düngerausfuhr gemacht und diese wird mit unseren 12 Pferden noch fast 14 Tage dauern. Solch ein Schlag von mehr als 100 Morgen ist immer eine ziemliche Fläche. Leider kann in Mecklenburg nur ziemlich schwach gedüngt werden. Doch das muß mit der Zeit anders werden. Dieses ist der Grund, wovon alle Verbesserung ausgehen muß.

Ich denke, binnen einigen Jahren auch ein guter, praktischer Landwirth zu werden. Es giebt da kleine Handgriffe und der geringfügigen Kleinigkeiten eine Menge, die ich noch allmählich lernen muß. Ich suche dazu jede Gelegenheit aus und schreibe mir alles auf. Besonders dient mir dazu ein landwirthschaftliches Tagebuch, in das ich alle täglichen Arbeiten nebst Wetteranzeichen, alle Erfahrungen, Betrachtungen und neu Erlerntes anzeichne, was mir hernach zum Nachsehen sehr nützlich werden wird.[186]

Ich habe mich hier fest in den Ruf des Geizes gesetzt, worüber ich mich nicht wenig freue. Es ist bei der Oekonomie eine wahre Sparsamkeit gewiß sehr gut, und deswegen habe ich sie auch Buschmann und der Mamsell sehr einzuprägen

186 Das Tagebuch ist nicht überliefert.

gesucht, besonders ist jener es auch, da er ohnedem äußerst für meine Interessen importirt ist, und ich brauche ihn nicht dazu anzuhalten. Es unterstützt mich dieses sehr und zwingt mich, es selbst mehr zu seyn, als ich natürliche Anlage dazu habe. Ich hätte ohne ihn schon manches weggegeben, was er aber nicht leidet. Ebenso lieb ist es mir, daß meine Leute mich für einen scharfen Herrn halten, der ihnen gewaltig auf die Finger klopft, was nothwendig ist, um sie wieder in Ordnung zu kriegen, da manche Unordnung hier eingerissen ist. Ich denke, es ist immer Zeit genug, ihnen die weiche Seite zu zeigen, die ihnen desto besser bekommen wird, wenn sie sehen, daß sie nicht Schwäche ist, und wenn sie sie nicht erwarten. Ich habe ihn also auch darin unterstützen müssen und ein paarmal den strengen Herrn gespielt, wozu ich mich recht zusammennahm.

Vor einigen Tagen ist die Hendel[187] in Doberan gewesen. Ich weiß nicht, ob sie, wie sie willens gewesen, ihre mimischen Darstellungen gegeben. Ich hätte hier gern nachgeholt, was ich in Bremen versäumt, wenn ich es nicht zu spät erfahren. Mein Vater kann mit meinen Geschwistern mir schon ziemlich nahe seyn. Er hatte am 20t des Monats abreisen wollen. Hat er das gethan, und er ist geschwind gereist, so kann er diesen Abend schon in Wismar eintreffen und Morgen früh hier seyn. Das wird ein rechter Jubel werden. Ich bin jetzt ziemlich eingerichtet, um ihn zu empfangen. Auch die Kirschen reifen recht für meine kleinen Geschwister heran.

Den 23t

Meine Ahndung hat mich nicht betrogen. Ich habe gestern Abend Deinen Brief bekommen, den ich soviel ich es während der Zeit, die mir die Post erlaubt, kann, beantworten werde. Das Liebste ist mir die gute Meinung, die Dr.

187 Die Rede ist von der erfolgreichen und von Goethe gerühmten Schauspielerin und Pantomimin Henriette Hendel-Schütz (1772 – 1849). 1810 debütierte sie mit Darstellungen von Frauengestalten der Antike. Mit ihrem Ehemann Friedrich Karl Julius Schütz ging sie zwischen 1810 und 1817 häufig auf Tournee.

Möller[188] von dem Bein Deiner Mutter hat, der ich für ihre Zeilen zu danken bitte. Aber daß Du, arme Marianne, auch wieder mit Zahnweh geplagt bist, ich hoffe, auf Siemen soll das besser werden, obgleich ich nicht leugnen kann, daß es hier ziemlich windig ist. Mein Vater wird erst übermorgen abreisen. Meine Briefe nach Bremen sind immer in zwei Tagen übergekommen. Auch von daher bekam ich sie gestern in 3 Tagen, seit ihr die Adresse Klein Siemen bei Cröplin in Mecklenburg gemacht habt.

Eine Stelle des Briefes hat mir recht Angst gemacht. Es sollte mich nicht wundern, wenn so ein gemartertes Herz in Kälte und Haß überginge. Ist ja kein ander Mittel, um es vor dem Zerspringen zu bewahren. Auf D[iedrich][189] bin ich recht aufgebracht, daß eine fixe Idee so feststecken kann, daß er sie so wenig zu schätzen weiß, daß er sie zu theuer hält für eine Demüthigung. Mein Gott, wo will er eine andere A[nna][190]wiederfinden? Ob sie füreinander passen, weiß ich nicht recht, aber ich möchte es fast glauben. Friederike[191] ist neulich eine Zeit lang in Ritterhude gewesen, wo sie mit A[nna] über uns gesprochen. Es sind ihr alle Augenblick die Thränen dabei in die Augen getreten. Das hat mich sehr geschmerzt, aber recht tief; daß sie nicht einmal einen Gruß an mich aufgetragen. Daß Sofie W[alte][192] so an uns hängt, habe ich mit Vergnügen gelesen. Schade, daß sie so ein unglückliches Wesen hat, daß ich mich ihr noch gar nicht habe eigentlich nähern können. Ich glaube, denn nur, wenn man ihr ganz nahe ist, kann man ihr nahe bleiben. Sie ist zu bedauern, daß sie die unselige Idee hat, anderen nichts seyn zu können. Dies verhindert sie daran zu seyn, was sie leicht könnte, wenn sie es wollte. Aber das unglückliche Zurücktreten stellt sie wirklich zurück und in den Hintergrund. [...?][193]

188 Nicht ermittelbarer Badearzt.

189 Der spätere Ehemann, der Jurist Dr. Diedrich Meier (1787 - 1857)

190 Anna Gebecka von Gröning (1786 - 1860), Tochter von Georg.

191 Johanns (ledig gebliebene) Schwester Friederike Adelheid Gildemeister (1788 - 1870).

192 Sophia Helena Walte (1785 - 1825); sie heiratete 1815 den Bremer Kaufmann Hermann Berck (1780 - 1836).

193 Ein Satz nicht ausreichend entziffert.

Nun kommst Du wieder auf landwirthschaftliche Gegenstände, und damit kann ich auch dienen. Bei der bisherigen Conkurswirthschaft, wo so manches unter die Füße getreten ist, sind auch die Erdbeerenbeete ganz verwildert. Sie müssen nun umgelegt werden. Doch haben wir immer noch sehr viele, daß wir täglich Erdbeerenkaltschale essen konnten. Himbeeren giebt es fast gar nicht im Garten, aber sie wachsen in einem Busche wild. Es ist gut, daß ich das weiß. Ich will nun einige Reihen einpflanzen und sie mit Schweinemist düngen. Ja, wenn Du mir so einige Cleefelder hertransportiren könntest, das wäre alles, was ich wünschen könnte, denn daran fehlt es mir. Dieses Jahr bin ich zu spät gekommen, um noch Clee zu sähen. Ich habe also auch fürs nächste Jahr keinen und bekomme ihn erst in zwei Jahren. Du wirst also hier die Erklärung finden, wenn ich sagte, die beiden ersten Jahre wären verloren. Es geht mit der Landwirthschaft wie mit den Gegenständen ihrer Kultur. Die Pflanzen, sie werden nur ganz allmählich groß, sie erfordern zu ihrem Wachstum eine bestimmte Zeit.

Gestern habe ich eine rechte Freude gehabt. Da es nothwendig ist, daß wir Veränderungen mit Siemen vornehmen und zu einer besseren Wirthschaft übergeschritten wird, ich aber erwartete, das etwas Neues gegen die hiesige Wirthschaftsart sehr viel verstoßenes großen Widerspruch erleiden würde, so wagte ich es nicht, Schreiber Buschmann so mit meinem Plan bekanntzumachen, ohne ihn durch Gründe gehörig unterstützen zu können. Ich machte deshalb einen weitläufigen Aufsatz, wo ich alles mit Gründen auseinandersetzte und übergab ihn am Sonnabendabend. Es war mir ganz unerwartet, daß er die Sache sowohl gefaßt hatte und obgleich manches daran den Mecklenburger Ansichten widerspricht, so sah er die Richtigkeit der Gründe sehr wohl ein. Anfangs freilich widersprach er in einigen Punkten sehr. Es lag aber nur daran, daß er mich in diesen mißverstanden hatte, und wir waren sehr einig. Es werden also schon in diesem Jahr Vorbereitungen gemacht werden. Es ist mir wirklich sehr viel werth, daß er für die Sache eingenommen ist. Sie wird so viel besser durchgesetzt werden, obgleich sie es auch sonst hätte müssen, allen Widerspruchs ungeachtet, der mir aber nicht wenig Hindernisse würde in den

Weg gelegt haben, die mich dann vielleicht gezwungen hätten, mich von Buschmann zu trennen. Eine der Hauptursachen, daß er so sehr dafür eingenommen ist, ist die, daß er aus eigener Erfahrung und durch eigene Anschauung von der Nützlichkeit mancher Operation überzeugt ist. So ist er mit dem hier so ungewöhnlichen Wickenbau in der Braache bekannt, ebenso mit halber Stallfütterung, nur nicht unter diesem Namen. Diese wird nächstes Jahr eingeführt.

Mit Buschmann habe ich freilich im Vergleich mehr zufrieden zu seyn, aber auch mit Mamsell Bunk bin ich es recht sehr. Ungeachtet ihrer Dicke ist sie recht regsam. Sie ist aber auch noch nicht alt, kaum 30 Jahre. Schon, daß sie negativ gute und viele böse Haushälterinneneigenschaften nicht hat, ist viel werth, und ich denke, sie wird Dir sehr wohl gefallen. Sie hat nicht den mindesten Eigensinn, Regierhaftigkeit und Unwilligkeit, aber Buschmann ist mir doch mehr werth. Er ist viel mehr für mein Interesse importirt.

Wenn Du mir aber künftig Ursache zur Eifersucht gibst, so muß er fort. Nimm Dich nur Deines eigenen Vortheils willen in Acht. Indeß Ursache mehr zur Furcht, würde mir doch der vorige Schreiber Sellschopp gegeben haben. Ich weiß fast nicht, einen solchen Adonis gesehen zu haben. Dabei hat er viel Angenehmes, viel Männliches bei seiner blühenden Knabenfarbe und ist ein äußerst gut, auf ein Haar recht streng schaffender Mensch. Würde ich ihm da nicht recht zur Folie gedient haben? Und ist es nicht gut, daß er nicht geblieben, da er so gefährlich ist, daß ich mich selbst in ihn verliebt.

Ich sagte Dir doch, daß man hier von der Treppe eine weite Aussicht habe, und daß man Cröplin und Bukow sähe. Kein Wort ist davon wahr und schuld daran sind seine blauen Augen, die ich immer angaffen mußte. Ich wollte Dir noch mancherley erzählen, aber die Zeit rückt heran, da Winkenwerdersche[194] den Brief nach Cröplin tragen soll. Und so muß ich kurz seyn. Triffst Du die fürstliche Familie noch einmal, so kannst Du sie nur von mir grüßen. Von Boitzenburg hatte ich nicht Dir, aber meinem Vater ein paar Zeilen geschrieben,

194 Wilhelmina Margaretha Friederike Sophia Winkenwerder, geb. Behrens (1770 – 1852).

die erst sehr spät angekommen. Halt, die Köchin läutet schon Mittag, es ist die höchste Zeit. Adieu J. G.

Aber, ich höre von Bremen was läuten von einer grünen Mütze. Will die liebe Geberin auch meinen herzlichsten Dank genehmigen?

31.07.1810, Klein Siemen. An Marianne Wienholt, Eilsen

Ich versprach Dir neulich, liebe Marianne, eine weitläufige Epistel auf Deine letzte. Damit sieht es diesmal aber fern aus. Doch wollte ich Dich nicht ganz ohne Nachricht lassen und Morgen einen Brief zur Post geben, wo ich zu gleicher Zeit einen zu erhalten hoffe. Am Sonntag habe ich meinen Vater mit meinen Geschwistern von Wismar geholt. Es scheint ihnen hier recht wohl zu gefallen, nur ist leider diesen Augenblick das Wetter nicht das beste. Am Montag fuhren wir auf der See zum Heiligendamm, weil wir hofften, die englische Flotte dort zu sehen. Es war aber kein Schiff zu schauen.[195] Wir fuhren über Doberan zurück, wo sie sich nicht wenig über die Pracht der Häuser, an denen wir vorbeifuhren, wunderten, so wie über die schönen Anlagen und die umliegende Gegend. Wir kamen im Dunkeln zum hell erleuchteten Hause zurück, das sich magisch im Teiche abspiegelte und sich recht nett ausnahm. Sie fanden es hier gar nicht ganz ländlich, mein Häuschen fand aber ihren Beifall.

Friederike ist mit Miß Bunk zufrieden. Ich muß jetzt ein wenig für die Unterhaltung meines Vaters sorgen, die ihm hier ein wenig fehlt. Ich habe vor, es nun meinen Gästen bequem und angenehm hier zu machen, sie gut zu logiren gesucht und mein Zimmer daher Friederike eingeräumt. Nun vertreibt mich auch Dorthe[196] mit dem Trinkgeschirr. Ich habe daher keine recht bleibende Stätte, um auch mit Muße zu schreiben.

---

195 Die englische Flotte hatte sich am 16. Juni in Richtung Darß zurückgezogen. Vgl. Friedrich Stuhr: Die Napoleonische Kontinentalsperre in Mecklenburg (1806 – 1813), in: Jahrbücher des Vereins für Mecklenburgische Geschichte und Altertumskunde, Band 71 (1906), S. 325 – 364, hier S. 350f.

196 Wohl die Magd Maria Dorothea Winter (1786 – 1826) aus Biestow.

Den 1t August

Von frühauf hat es wieder geregnet. Jetzt scheint es sich ein wenig aufklaren zu wollen. Schade, daß das Wetter nicht besser ist. Nächsten Montag über 8 Tage werden wir wohl mit der Rockenernte den Anfang machen. Vor ungefähr 8 Tagen habe ich hier Brand gehabt. In einem der Katen ist der Schrank mit den Kleidungsstücken, der ganzen Habe eines armen Tagelöhners, abgebrannt. Das Feuer hat glücklicherweise nicht weiter um sich gegriffen.

Friederike schreibt Dir heute auch. Sie wird Dir wohl von mancherley erzählen, wie es hier aussieht. Den Dank aber für die schöne Mütze statte ich Dir selbst ab. Einen herzlichen Gruß an unsere Mutter mit Dank für Ihre Zeilen. Herzlich, der Deine J. G. Viele Grüße von meinem Vater an Dich und die Mutter.

18.08.1810, Klein Siemen. An Marianne Wienholt, Oberneuland

Ich empfing ehe gestern, meine liebe Marianne, gerade, als wir uns in den Wagen setzen wollten, um nach Wismar zu fahren, wohin ich meinen Vater begleitete, Deinen Brief. Auch diese Zeit ist darin. Ich fürchtete mich schon lange auf die Zeit nach der Abreise von Vater und die Stille nach dem vorigen Tumult und beschloß, ihn daher noch zu begleiten. Das konnte ich diesmal nur bis Wismar, da er meine Pferde, die ohne Arbeit im Stall stehen, nicht bis Lübeck annehmen wollte, woran der dumme Buschmann schuld ist.

Ich kam gestern Nachmittag allein wieder nach Hause geritten. Die vorher lebhaften Zimmer waren leer und es war mir bei der Oede doch ganz eigen zumuthe. Die Zeichen der Vergangenheit fand ich in dem schon wieder in ihre vorige Ordnung gebrachten Zimmer noch eine Pfeife, aus der mein Vater geraucht. An dem Fenster hingen noch ein Band und ein Strohhut, den Friederike sich ummodelte. Gespießte Insekten erinnern mich an meinen kleinen Bruder und an seinen Lieblingsaufenthalt, dem Teich, dort suchte ich vergebens Hermann.

Meinen Vater habe ich nicht ganz heiter gefunden. Ich weiß nicht recht, ob er für die kleinen Lebensfreuden schon anfängt, stumpf zu werden. Oder ist es, wie ich fast fürchte, eine der Stadt drohende Gefahr, die sie ihm vergällt. Manche Fragen habe ich ihm zwanzigmal wiederholt beantworten müssen. Er hört nicht mehr so gut wie sonst. Es war mir für seine Unterhaltung hier bange, da er für so Weniges nur Interesse hat. Für dieses aber auch sehr lebhaft. Zwei dieser Gegenstände sind die Engländer und die See. Es freute mich recht, doch etwas zu haben, wovon ich besonders das Letzte wählen konnte. Leider zeigten sich keine englischen Kriegsschiffe, wie ich es so sehr hoffte, und er es wünschte. Mehr nur ein paar Tage vor seiner Ankunft hörte ich hier noch ihre Signalschüsse. Dafür ward ihm aber mehrmals auf unseren Touren des Lobes der Engländer und ihres guten Betragens.

Friederike[197] sah sehr elend aus, als sie kam. Und ich erschrak wirklich darüber. Sie hat noch Husten mit Auswurf, wie ich bemerkt habe, und es ist deutlich, daß sie sich Sorgen darüber macht. Sie sah viel besser aus bei ihrer Abreise, und ich glaube, daß ihr die Landluft sehr zuträglich gewesen, obgleich sie sie nicht einmal recht genossen, denn außerdem, daß das Wetter nicht das Beste war, hat sie neun Briefe nach Bremen abgelassen. Ob Eduard[198] Oekonom wird, ob ich wenigstens dazu raten mag, ist noch sehr zweifelhaft. Der Junge ist mir gar zu wenig thätig, und geschäftiger Müßegang ist so seine ganze Sache. Dagegen freue ich mich mehr über August[199], dem wir dem Lakenhandel bestimmen, es steckt ein guter Zähmer darin. Solche inferioren Geister werden die glücklichsten und brauchbarsten Leute.

Ein neues Schauspiel begrüßte mich gestern bei meiner Zuhausekunft. Die Ernte war um Mittag angefangen, und ich bedauerte noch mehr, daß es die Meinigen nicht noch erwartet. Es mähen hier 14 Männer in der Reihe, ihnen folgen ebenso viele Binderinnen und noch einige Aufsetzer. Besonders von einem Hügel nimmt sich das lebendige Gewühl sehr hübsch aus. Die Ernte

197 Friederike Gildemeister wurde dennoch 82 Jahre alt.

198 Der 1793 geborene Bruder Georg Eduard Gildemeister pachtete ab 1826 das Gut.

199 Der 1797 geborene Bruder Friedrich August Gildemeister reüssierte als Kaufmann.

ist ein Freudenfest für die Leute. So gehen die Weiber sich besonders schmücken. Ein neues seidenes Bändchen, schneeweiße Ärmel und Schürzen bei einem farbigen Korsettchen stehen sehr gut zusammen. So eine kleine weibliche Eitelkeit finde ich immer sehr Allerliebst und eine liebenswürdige weibliche Eigenschaft.

So, wie ich die Reihe hinunterging, wurde ich von jedem freundlich begrüßt, und ich hatte fast nichts zu thun, als ebenso es zu erwidern. Die Leute scheinen mehr Zutrauen zu gewinnen. Sie müssen wohl sehen, daß ich so schlimm nicht bin, als ich ihnen anfangs schien. Wenn sie nur erst recht Zutrauen fassen, sie sollen noch dahin kommen, mich als Haupt der Familie anzusehen, zu der das ganze Dorf gehört. Ich habe schon mehrere neue Pläne, das karge Loos der armen Leute etwas zu verbessern. Und wenn es mir dann glückt, die Leute in ihrer Art glücklich gemacht zu haben, dann ist mir der Wirkungskreis, den mir das Schicksal zugewiesen, nicht zu klein. Ich bin mehr imstande, zum Glück meiner Leute beizutragen, als es ein König selbst vermag. Wenn nur die Leute der Güte werth seyn wollen und einem das süße Gefühl erlauben, ihnen schützender Genius zu seyn. Ich wurde darauf mit Sensenklang und einem großen Ackergeräth begrüßt und von den Mädchen mit Aehren umwunden, wobei sie ebenfalls an ihren Durst mahnen.

Sonntag, den 19t

Heute seid Ihr zum ersten Male wieder in Oberneuland und wahrscheinlich jetzt in Eurem Oberneuländer Club. Hier ist es sehr stille. Buschmann und die Mamsell sind aus. An so einem Sonntag, wo die täglichen Arbeiten ruhen, fühlt man doch zuweilen die Einsamkeit, und besonders geht es mir heute so, da dieser gerade gegen die vorigen so sehr absticht. So habe ich denn nun ein doppeltes Recht zu meiner Geliebten zu flüchten.

Gestern wollte ich Dir noch erzählen, daß wir mit unserer Rockenernte zu Ende sind. So haben wir denn in 1½ Tagen ungefähr 75 Morgen niedergesäbelt. Mit unserer Ernte habe ich alle Ursache zufrieden zu seyn. Das „Aber" dabei ist, daß bis auf Waizen die Preise des Getreides so niedrig sind. Ich habe mir aber vorgenommen, dazu nicht zu verkaufen, sondern meine vortrefflichen Böden zu benutzen und bessere Preise abzuwarten oder es lieber zu verfüttern. Mit meiner Haustüre lasse ich eine Änderung machen. Ich richte sie so ein, daß künftig womöglich aller Zug abgeschnitten wird.

In dem Briefe ist mir das Liebste das gewesen, daß Deine Mutter wirklich Nutzen von dem Bade verspürt hat. So denke ich, wird die Besserung allmählich fortschreiten und sich auf Siemen die Kur gänzlich beendigen. Einen herzlichen Gruß an sie. Wie geht es aber Dir denn? Wird Dich die Oberneuländer Luft gänzlich herstellen? Oder noch eine Nachkur auf Siemen nöthig seyn? Schreib mir doch einmal, was machen Langers[200]. Ich interessiere mich, wenn Du es nicht übel nehmen willst, besonders für sie. Wie habt Ihr Drewes gefunden? Und habt Ihr auch den Pastor von Eß und den Amtmann Meier kennengelernt? Was Du mir über Ernst und Regina[201] sagst, hat mich sehr interessirt. Ja, gewiß, die ominöse Ahndung darf nicht eintreffen. Aber sind sie jetzt weniger glücklich, da sie nicht solange gewartet haben als andere gewisse Leute, die jetzt glücklicher wären, hätte auch ihnen das Schicksal vergönnt, was ich jenen gab. Und um die Jahre, die davon leben, wie verloren sind, wären sie nicht so schändlich geprellt worden. Nun, was will 's helfen. Der Frau Fortuna zum Trotz wollen wir uns hernach desto lieber haben und mit den übrigen Jahren, die sie uns schenkt, doppelt geizen. Nicht wahr, Liebchen, dem ich in Gedanken jetzt einen recht herzlichen Kuß gebe und noch einen dafür, daß es sich endlich überzeugt hat, daß wir glücklich zusammen seyn werden. Grüße mir auch fein ordentlich Sofien[202]. Ich muß mit Deinem Wohlnehmen alles lieb gewinnen, was Dich lieb hat und die besonders, die so zärtlich an Dir hängt.

---

200 August Langer (1766 – 1841) betrieb Kommissionsgeschäfte; er lebte mit seiner Frau Adelheid Dorothea, geb. Schrage (1777 – 1824), und den drei Kindern nahe der altstädtischen St. Martinikirche.

201 Das Paar wurde nicht ermittelt.

202 Sophia Helena Walte.

Zu der Bemerkung über Forken Beantwortung der Frage, ob ich mich wohl im Glück von Egoismus hätte rein erhalten können, muß ich Dir gestehen, daß Jean Paul ganz meine Meinung ausgesprochen hat, wenn er sagt: „Den Menschen geht es wie den Fischen. Sie stecken in der Schwüle des Sonnenscheins, des Glücks sowie in den naßkalten, traurigen Tagen des Unglücks den Kopf in den Schlamm. Und nur in dem Zeitpunkt, der zwischen beiden mitten inneliege, bleiben sie im reinen Element und erhalten es sich ungetrübt.“[203]

Aus diesem Gesichtspunkte habe ich Leiden immer angesehen und ihre Wirkung bei den meisten Menschen bemerkt, denn nur vortreffliche Menschen gehen unverfälscht durchs Unglück wie durchs Glück, wie Gold weder durch Säuren noch durchs Feuer angegriffen wird und gleich schön aus beiden wieder hervorgeht. Doch will ich dabei gestehen, das Unglück leichter als wie das Glück von ihnen getragen werde, und daß die Schläge des Unglücks den Stahl noch erhärten, der ohne sie freilich sich nicht verschlechtert hätte.

Den 20t August

Hast Du auch gezürnt, daß Du erst jetzt einen Brief von mir bekommst? Aber ich konnte Dir nicht eher schreiben, weil ich nicht wußte wohin. Mein Vater ist heute vielleicht schon in Hamburg. Wenn Betty nicht vorher abgereist ist, so wird er sie mitbringen. Friederike empfing gerade bei ihrer Abreise noch einen Brief von ihr, worin sie aber noch nichts fest bestimmt. Das brauchst Du nicht zu fürchten, daß ich hier zu sehr an das alleinige Regiment gewöhnt werde. Ich habe alles zu thun, mich nur irgend darin zu erhalten. Denn daß es noch zu oft der Fall ist, daß Herrscher und Ländergebiete nur ihren Namen hergeben, und daß unter ihnen der erste Minister die Herrschaft hat, so geht es fast auch mir. Ich kann es freilich dem hiesigen Schreiber nicht

203 Jean Paul: Des Luftschiffers Giannozzo Seebuch, Leipzig 1801; Neuausgabe: Hrsgg., gestaltet und mit einer Nachbemerkung versehen von Klaus Detjen. Mit einem Nachwort von Norbert Miller, Göttingen 2013.

verdenken bei dem unverdrossenen Eifer, womit sie sich der Wirthschaft als ihrer eigenen annehmen, sie sich gern des Zügels ganz bemächtigen.

Mit Buschmann werde ich noch manchmal Mühe haben, meinen Willen gegen den seinigen durchzusetzen. Denn wenn der Schreiber sich gleich nicht untersteht, geradezu innig zu befolgen, so fehlt es ihm doch nicht daran, so vielerlei Einwendungen und Schwierigkeiten entgegen zu werfen, daß man nur mit einem Machtspruch durchdringen kann. Lieber wäre es mir, wenn sie den Schein und nicht die Herrschaft hätten als umgekehrt, denn da ich von der gebräuchlichen Wirthschaft einmal abweichen muß, so wird es durchaus nothwendig seyn, meinen Willen in mehreren Punkten durchzusetzen. Ich lasse ihn dafür in den meisten Dingen, wo ich nur irgend kann, seinen Willen, um den meinigen, da wo es seyn muß, mit ganzer Kraft durchzusetzen. Da mir in vielen Dingen die praktische Routine fehlt, so muß ich vieles fürs erste ihm überlassen, und das setzt mich wieder in Gefahr, mich so seinem Willen ergeben zu müssen. Du meinst, ich treibe mein Fach jetzt mit so schönem Ernst und Eifer. Ich aber bin gar nicht recht mit mir zufrieden, denn von praktischen Nebensachen muß ich noch so vielerlei lernen, daß mir ohne Buschmann auch Hände und Füße im Wege gestanden haben. Indeß mit der Zeit hoffe ich, soll das schon besser werden.

Meinen Gruß an die Reisenden nach ihrer Zurückkunft, denen mein Brief ohne Zweifel zuvor eilen wird. Schreibe mir doch, wenn man in Oberneuland mit der Ernte einen Anfang gemacht hat und ob zuerst mit Rocken oder mit Hafer. Wie steht der Clee auf dem neu umgebrochenen Felde von Bürgermeister Heineken?[204] Und wie lebt Ihr überhaupt dort?

Ganz der Deine J. G.

Friederike wird recht viel von hier erzählen.[205] Ich überlasse es ihr, man-

204 Christian Abraham Heineken (1752 – 1818) war Bremer Ratsherr und Bürgermeister. Er nahm zusammen mit Johanns Vater, dem Ratsherrn Johann Gildemeister, die erste trigonometrische Vermessung von Bremen vor.

205 Johanns Schwester Friederike.

cherley komische Scenen zu beschreiben. Unter anderem, wie ich mich mit Mamsell Bunk im Walzer herumgeschwungen.

01.09.1810, Klein Siemen. An Marianne Wienholt, Oberneuland

Wir treten heute, liebe Marianne, mit einem unvergleichlichen Wetter in den September. Es ist weder schwül wie die vorigen Tage und gewitterhaft, noch kalt und kein Lüftchen regt sich, und keine Wolke läßt sich sehen und die Luft ist so rein, daß man meilenweit jeden Gegenstand scharf abgeschnitten sieht. Das wäre ein Wetter für den Vater auf dem Diedrichshagener Berg[206] gewesen, den ich Morgen als meinen Sonntag zu besuchen gedenke und den ich gewöhnlich durch einen Spazierritt zu feiern pflege, woraus zukünftig eine Spazierfahrt werden soll, wenn es ebenso schön ist. Ich habe jetzt zwei Briefe von Dir. Du versprichst mir in dem ersten am nächsten Posttag wieder einen, aber er kam noch einen später, und das ist die Ursache, daß auch dieser sich um einen Posttag verzögert hat.

Wir sind in diesem Augenblick ziemlich beschäftigt mit der Ernte. Und da das Wetter so schön ist, so fahren wir ein und füllen unsere Scheunen. Ich lächle Deiner Besorglichkeit wegen des Erntewetters. Das ficht uns Mecklenburger nicht sonderlich an, denn man ist hier in der Ernte viel rühriger und aufmerksamer als anderwärts. Und da man mit aller Mannschaft immer nur eins zugleich ergreift, so schafft es hier mehr. Auch läßt man die günstigen Augenblicke nicht nachlässig vorübergehen und scheuert doch nur ganz trockenes Korn ein. Ueber dem habe ich hier in der Ernte so viele Hände wie verhältnismäßig fast keiner. Wir ließen daher das erste schlechte Wetter vorübergehen und haben das darauffolgende gute genutzt. Mit Ende nächster Woche werden wir wohl mit unserer Ernte ganz fertig.

Ich meinestheils hätte jetzt wohl soviel nicht zu thun, da ich fürs erste das

206 Der Diedrichshagener Berg ist mit 129,8 m die höchste Erhebung im Höhenzug Kühlung.

meiste Buschmann überlasse, da ich mir vorgenommen habe, mehr Zuschauer zu seyn. Aber ich habe mir doch andere wichtige Arbeit gemacht. Ich sammle nemlich Gras Saamen der besten Gräser selbst, um ihn wieder auszusäen und so den Saamen anzuziehen, weil Buschmann Leute in der Ernte nicht gern missen will. Daß es Euch in Oberneuland so wohl geht, habe ich mit viel Interesse gelesen. Könnte ich Dir daheim so schönes Holz zeigen. Aber das fehlt leider ganz hier. Ich werde aber noch diesen Herbst an Wegen und anderen Plätzen 1 000 Stück junge Eichen anpflanzen lassen, auch soll der Hof noch mehr mit Bäumen besetzt werden. So giebt es doch mit der Zeit etwas.

Von zu Hause habe ich noch keine Silbe, nur ein Brief ist mir ein Zeichen der Rückkunft der Reise. Weißt Du jetzt schon mehr von Siemen? Und hast Dir viel erzählen lassen? Mich soll es nur verlangen, ob es Deinen Wünschen entspricht. Wahrscheinlich wird Friederike Dir erzählen, daß es hier nicht recht ländlich sei, und da hat sie wohl nicht ganz unrecht. So ein Hof, scheint mir, wie aus der Stadt getragen. Und nur in Dörfern ist rechte Ländlichkeit zu Hause. Von Reidemeister habe ich neulich einen Brief bekommen, worin er mir seine Bräutigamschaft angezeigt.[207] Herzlich habe ich ihm schon immer dies Glück gegönnt.

Den 2t Abends

Schon wieder ein Brief von Dir, beste Marianne. Du beschämst mich diesmal ganz. Da ich noch Zeit habe, ihn zum Theil noch diesen Posttag zu beantworten, so werde ich das thun, wo ich das kann und für die schönsten Stellen, die sich nicht beantworten lassen, Dir in Gedanken herzliche Küsse geben. Es ist aber doch dumm, daß die Menschen kein Geheimnis verschweigen können. Leicht böse bin ich schon auf Schütz gewesen, von dessen Plauderei uns Martin[208] früher hingeschrieben. Mir, dem Entfernten, könnte es ziemlich gleich

207 Georg August Reidemeister (1779 – 1869) heiratete am 12. Oktober 1810 Dorothea Henriette Witte (1786 – 1850).

208 Der Bruder Martin (1787 – 1871).

sein, aber Deinetwegen ist es mir nicht lieb. Aber meinem Onkel ist es früher schon als Geheimnis anvertraut, davon weiß ich noch gar nichts. Wann ist denn das geschehen? Nun, meinetwegen mag die Stadt Bremen sich eine Zeit lang damit als Neuigkeit amüsiren, obgleich, wie mich dünkt, es ihr pikanter als offenbares Geheimnis seyn würde.

Was Du mir von Reidemeister erzählst, hat mich sehr interessirt. Er ist wirklich ein guter Junge. Er ist der einzige von meinen Freunden, mit denen ich korrespondiere. Dazu sind die Geschäfte die Veranlassung. Sonst habe ich mit keinem einen Briefwechsel angeknüpft, weil ich das später jedesmal erfolgende jämmerliche Absterben nicht leiden kann, und weil ich glaube, ein jeder Faden der Bekanntschaft lasse sich später und besser wieder anknüpfen, als wenn er vorher so dünn ausgezogen worden.

Ich bedauere, daß ich das Unglück gehabt habe, Betty (ihr aber vorher meinen Gruß) zu mißfallen, doch bin ich nicht außerstande, Gründe zu meiner Äußerung zu geben. Wenn eine solche Eitelkeit mir gefällt, so ist das aus der Ursache, weil ich gern bemerke, daß selbst in den rohesten Menschen noch immer eine natürliche Liebenswürdigkeit ist, das Streben, auf andere einen angenehmen Eindruck zu machen. Besteht doch wahre Liebenswürdigkeit nur hierin. Obgleich aus dem Holländer Hause noch froher Gesang ertönt, wo die Mädchen buttern, so schnarcht im Nebenzimmer schon Mamsell und mahnt mich, zu Bett zu gehen.[209]

Den 3t September

Aber, was wirst Du dazu sagen, wenn ich Dir erzähle, daß mir meine Einsamkeit jetzt ganz wohl gefällt, und daß ich sie eher suche als meide. Ein Besuch kommt mir selten gelegen und gern verschiebe ich ihn, wo ich einen schuldig bin. So bin ich Wachenhusen noch die Visite schuldig, will aber diesen Nach-

209 Als Holländer wirkten Johann Heinrich Christian Winkenwerder (1764 – 1826) und seine Frau Wilhelmina Margaretha Friederike Sophia, geb. Behrens (1770 – 1852).

mittag die Schuld abtragen. Am besten gefällt mir der Pastor Crull.[210] Er ist ein guter, umgänglicher Mann, der keine Umstände macht und bei dem man sich ungenirt fühlt. Auch seine ganz einfache Frau mißfällt mir nicht.[211]

Nachbar Kleinworth[212] auf Gerdshagen ist ein Hamburger, der mit 1,5 Millionen vor zehn Jahren bankrott gemacht und, was Eduard ganz unbegreiflich blieb, mit den Trümmern unerhört wohlfeil seyn Gut kaufte.[213]

Seine Frau ist eine Adelige, die noch das adelige Wesen ganz hat.[214] Es gefällt mir nicht sehr in dem Hause, in dem es hamburgisch prächtig, aber sehr genirt ist. Gewißermaßen sucht er mich und lud mich noch gestern zum Mittagessen ein. Ich habe es aber abgesagt, da ich nicht Lust habe, eben mit ihm in Commers[215] zu kommen. Sonst geht er meistens nur mit Adeligen um und man sagt, er will sich adeln lassen.[216]

Mit dem Major Wachenhusen auf Klein Nienhagen stehe ich mich ganz gut. Wir sind uns gegenseitig gefällig. Er ist ein artiger, ganz gewöhnlicher Mann, mit dem man so ganz gut umgeht. Frau von Schröder[217] aus Groß Nienhagen soll eine allerliebste Frau seyn. Sie ist seit vierzehn Jahren Witwe und kann ihren Mann nicht vergessen. Sie soll ganz außerordentlich theilnehmend und dabei sehr weich seyn, daß Kleinigkeiten sie zu Thränen rühren können. Als ich ihr auf einem Morgen später als 11 Uhr die Visite machte, kam ich ungemeldet an. Wie ich ins Haus treten will, sehe ich mit Schreck

---

210 Heinrich Georg Friedrich Crull (1755 - 1819), von 1785 bis 1819 Pastor in Alt Karin.

211 Sophie Catharina Crull, geb. Detharding (1763 - 1846).

212 Hinrich Kleinworth aus Altona (1762 - 1831).

213 Gerdshagen wurde 1224 erstmals urkundlich erwähnt. 1660 kam es nach dem Konkurs des Gutes zu mehreren Besitzerwechseln. Kleinworth erwarb es um 1795 und behielt es bis 1820. Auf ihn folgte der Dirigent Caspar Friedrich Mühlenbruch (1803 - 1887), der von 1832 bis 1841 als Konzertmeister am Theater Bremen wirkte und danach Musikdirektor am Schweriner Hof wurde.

214 Die (zweite) Ehefrau Wilhelmina Kleinworth, geb. von Hovell (1785 - 1846).

215 Commers / Kommers = ein abendlicher Umtrunk in feierlichem Rahmen.

216 Geadelt wurde er nicht; der 1815 in Gerdshagen geborene Sohn Alexander Friedrich Heinrich gründete 1855 in London Kleinworts merchants and foreign bankers, das später mächtige Bankhaus Kleinwort Benson.

217 Henriette Maria Elisabeth Schröder, geb. von Boddin (1751 - 1817), war die Ehefrau des Rostocker Kanzleidirektors Joachim Heinrich von Schröder (1725 - 1795).

durch die Glastüre, daß in dem Hausraume, der zugleich als Sommerzimmer gebraucht wird, schon gedeckt ist.[218] Zurückgehen konnte ich nicht, da ich schon gesehen war. Aber sie war selbst nicht da. Ich erwartete sie also in einem Nebenzimmer. Ich stand wie auf Nadeln. Sie kam, ich sagte ihr natürlich nur ein paar Worte und wollte, indem ich um Entschuldigung bat so zur ungelegenen Zeit zu kommen zu seyn, mich gleich wieder drücken. Sie, wie ich nachher erfuhr, wußte nicht, daß schon gedeckt sei. Ich machte also sie verlegen. Sie nöthigte mich zum Sitzen, was wieder mich verlegen machte und mich forttrieb, obgleich ich gern durch ein paar Worte noch mich ihr nähern und die ersten Fäden der Bekanntschaft anknüpfen wollte. Ich werde aber in einigen Tagen Gelegenheit nehmen, sie mal wieder zu besuchen.

Den Baron Schele[219] auf Alten Karin habe ich flüchtig kennengelernt. Er ist auf eine artige Weise artig, und er gefällt mir recht gut. Seine Frau, obgleich eine geborene Gräfin[220], soll ganz bürgerlich seyn, und ich höre davon, sie soll allerliebst seyn, und daß sie allenthalben gefällt. Sie leben eingezogen und ganz bürgerlich. Ich will doch lieber den bürgerlichen Adeligen, als die adeligen Bürgerlichen.[221] Altenhagen wird nur verwaltet. Kammerherr Viereck, der Eigentümer, soll ein sehr gefälliger Mann und guter Nachbar seyn.[222]

Das kann ich leider nicht von dem Eigentümer von Groß Siemen, dem Kammerherrn von Plessen[223], das gleichfalls nicht von ihm bewohnt wird, sagen. Er soll ein böser Nachbar seyn, und ich nehme mich sehr in Acht, ja nicht mit ihm in Streit zu kommen.

218 Von 1730 bis 1872 war der Gutshof Groß Nienhagen im Besitz der – teils adeligen – Familie Schröder. Von der ehemaligen Anlage steht nur noch das von 1864 bis 1867 erbaute Gutshaus.

219 Ludwig August von Schele (1778 – 1824).

220 Charlotte Amalia Friedericke von Schele, geb. Gräfin von Bothmer (1772 – 1849).

221 Schele besaß das Gut Alt Karin, das häufig die Hände wechselte, von 1810 bis 1813. Vgl. LHAS 2.23-3, 10418. Zu jener Zeit diente der Gutsherrschaft das 1699 erbaute Holländerhaus als Wohnsitz (ein Fachwerkbau, der heute verputzt ist). Das 1830 errichtete größere Gutshaus von Alt Karin wurde in den 1960er Jahren abgerissen. Die Steine wuden für den Bau des Rostocker Hafens verwendet.

222 Friedrich Leopold von Vieregg (1762 – 1847).

223 Friedrich Wilhelm Ulrich von Plessen (1763 – 1788). Er besaß Groß Siemen von 1806 bis 1826, zuvor war das Gut bereits von 1798 bis 1806 im Besitz der Familie von Plessen.

Neulich hatte ich einen unangenehmen Auftritt, ich mußte hier Gerichtstag halten. Ein Ehepaar hatte sich thätlich gegen Buschmann vergangen. Ich hatte bei der Gelegenheit meine Nachbarn Kleinworth und Wachenhusen zum Mittagessen bei mir. Es war mir nur lieb, daß ich in dem Urtheil nichts zu sprechen hatte, denn ich hätte durchaus gegen Buschmann gesprochen.[224] Unglaublich, in welchem gebieterischen Tone die Schreiber hier den Leuten zu befehlen pflegen und wie harsch sie mit ihnen umgehen. Er hatte wirklich in diesem Falle den Mann, der sich seines Sohnes annahm, ungerechterweise geschlagen. Impulsiv darüber hatte seine Frau, die Leute halten viel aufeinander, ihm beigestanden und sich handgreiflich und scheltend gewehrt. Dafür mußte sie die Strafe von sechs Stockschlägen erleiden. Ich habe dabei recht gesehen, wie, obgleich unwillkürlich, die Richter von Anfang an gegen die Leute befangen sind.

Das Interesse des Gutsherrn, das strenge Bestrafung der Insubordination[225] heischt, schwebt ihnen immer bei ihrem Urtheil vor. Ich hatte nur mehrere Male ihnen einzureden, daß ich durchaus gerechtes Urtheil wünschte und brachte es doch wenigstens dahin, daß Buschmann ein derber gerichtlicher Verweis zuerkannt wurde. Ich habe ihm jetzt durchaus alles Schlagen verboten. Das zwingt ihn, sich künftig mehr zusammen zu nehmen und es nicht auf Äußerste kommen zu lassen. Es wurde dem Gerichtsdiener gesteckt, die Schläge nicht stark aufzuzählen, aber sie war meinem Ohr doch wie ein Vorwurf, und wie die Frau, die die eheliche Liebe zu weit getrieben, sich noch für die gnädige Strafe bedanken mußte, mußte ich fast die Augen vor ihnen niederschlagen.

Es hat Dich neulich die Beschreibung der Ernte interessirt. Gewiß hat mir das Einscheuern nicht weniger gefallen. Stelle Dir meine größte Scheune, in der wir jetzt einfahren vor, sie ist 150 Fuß lang und 60 breit und gewiß größer

224 Zu dem Patrimonialgerichtsverfahren ist nichts überliefert.

225 Insubordination = Gehorsamsverweigerung.

als das größte Bauernhaus in Oberneuland.[226] Mit drei Gespannen Pferden wird ununterbrochen eingefahren. Ist der eine Wagen los, so kommt schon der volle wieder die Türe herein. Nun wird in zwei Reihen abgeladen, da fliegen die Garben von Hand zu Hand, denn es sind 10 bis 12 Arbeiter angestellt bis in den Giebel des Daches hinein. Die Arbeiten werden fabrikmäßiger betrieben und mir scheint, als gewönnen sie eigentlich dadurch. Und festlich erscheint mir im Ganzen die Ernte bei den Bauern. Aber ich muß endigen, der Holländer, der diesen Brief mit nach Cröplin nehmen soll, drängt mich zu schließen. Ganz der Deine J. G.

Auf dem Berge war es gestern nicht gut. Die Luft war dick geworden, kaum konnte ich Rügen sehen.

11.09.1810, Klein Siemen. An Marianne Wienholt, Oberneuland

Ich habe ehe gestern keinen Brief von Dir empfangen, meine liebe Marianne. Vielleicht ist die Post daran schuld, wenn Du vielleicht früher geschrieben. Willst Du das Cröplin künftig nicht mit großen lateinischen Buchstaben schreiben? Da ich nun übermorgen, wenn ich auch einen Brief von Dir erhalte, ihn doch nicht beantworten kann, so müßige ich mir heute so viel Zeit ab, um heute einen anzufangen, den ich Dir dann zusenden kann. Abmüßigen ist hier nicht bloß Floskel, denn Du mußt wissen, ich bin heute mal Schreiber, und da ich meinem neuen Stande gemäß auf Ehrenbezeugungen halte, mein Inspektor, weil Buschmann geschäftehalber heute in Rostock ist, und ich folglich seyn Amt wahrnehmen muß, bin ich heute um ½ 6 Uhr aufgestanden, um die Leute anfangs in Arbeit zu setzen. Um dann die Aufsicht zu haben und dann das Amt des Schlüsselmeisters zu fahren, wobei ich ziemlich viel Wege gehabt habe und diesen Nachmittag ziemlich müde bin. Aber es ist das letzte unserer Ernte, wir

226 1 Fuß hatte in Rostock das Maß 0,288 m. Die Scheune war etwas mehr als 40 Meter lang.

scheuern heute unsere Erbsen ein, die sehr gut getragen. Ich finde diese Hantierung nicht bequem, aber recht sehr, daß ein solcher Schreiber eine durchaus nothwendige Person auf diesen Gütern ist. Die Zeit, die ich aber künftig durch ihn erübrige, soll nicht ungenutzt bleiben, und ich will dafür das Amt eines Hauslehrers wenigstens größtentheils selbst übernehmen.[227] Also auch in dieser Hinsicht entspricht mein jetziger Beruf meinen längst gehegten Wünschen.

Der Herbst ist vorigen Sonnabend eingetreten. Zum ersten Male schien die Sonne herbstlich bleich und so auch noch, obgleich heute es sich allmählich zum Regnen anschickte, stehen die Kartoffeln, die traurig den Kopf hängen lassen, und andere Gewächse, die ihn sehr bedürfen. Auch die Störche vermisse ich seit einiger Zeit. Vielleicht sind sie noch nicht gezogen oder nur meine, die im Brüten gestört wurden, sind fort, weil sie keine Jungen haben und sich langweilen. Der Wind fährt über die Stoppeln. Die Redensart hat mir immer sehr poetisch geschienen. Sie scheint eine gewisse herbstliche Schwermuth auszusprechen und aufzuregen. Aber ich glaube, sie empfindet nur der Städter, der in seinem verödeten, verstaubten Landhause Ruinen einer vergangenen schönen Sommerzeit sieht. Hier, wo das Wohnhaus unverödet bleibt auf dem Lande, hier, wo man sich nur dichter und gesellschaftlich darin zusammendrängt, kann man kein wehmüthiges Ersterben empfinden.

Gestern Morgen war Kleinworth bei mir. Da ich ihm die Visite nicht gemacht, machte er sie mir. Ich sehe wohl, will ich nicht Artigkeit mit Unhöflichkeit vergelten, so kann ich mich ihm nicht ganz entziehen und vielleicht ist das nicht ganz schlimm, obgleich wir nichts anderes gemein haben, als daß wir beide Kaufleute waren. Er sah bei mir einen Laubfrosch, den ich neulich gefangen. Er versprach, gleich den Artikel in Krünitz Enzyklopädie nachzuschlagen, und wenn er etwas Interessantes enthielte, mir den Theil zuzuschicken.[228] Er glaubt,

227 Für die Kinder in Klein Siemen gab es bis um 1845 keine Schule. Durch den Landesgrundsetzlichen Erbvergleich von 1755 genoss die Ritterschaft das Recht der Jurisdiktion über den Lehrer bzw. Schulmeister und konnte ihn – unter Zuziehung des Pastors – unter beliebigen Bedingungen anstellen.

228 Oekonomische Encyklopädie oder allgemeines System der Staats- Stadt- Haus- und Landwirthschaft in alphabetischer Ordnung von Johann Georg Krünitz. Das vielbändige Werk erschien ab 1773.

mit diesem Buche alles oekonomische Wissen gefangenzuhalten und doch ist es weiter nichts als ein Wust von Materialien ohne Ordnung nach der Blindenbuchstabenfolge zwecklos aneinandergereiht.

Den 13t

Ich war gestern beim Pastor.[229] Es war gerade Wasch- und Reinigungsfest daselbst, denn er will binnen einigen Tagen einen Sohn verheirathen.[230] Ich kam ein wenig ungelegen. Es gefiel mir aber die Art, wie man mich aufnahm, sehr. Es ist peinigend, wenn man den Zwang bemerkt, den ein Wirth sich auflegt, wenn man zu solcher Gelegenheit kommt, sich nicht merken zu lassen, daß man genirt. Er selbst hat ein sehr ungenirtes Wesen, das recht sehr gefällt und man fühlt sich bei ihm ungezwängt, so, wie er Zwang sehr haßt. Ehe ich weggehen wollte, bat er mich treuherzig in plattdeutscher Sprache, noch ein wenig zu bleiben. Er wollte gern bei seiner Frau ausforschen, ob er mich nicht zum Abendbrot bitten dürfe. Ich verbat das, weil ich heute geniere. Währenddem aber kam seine Frau, die denselben Antrag tat und ihm aus der Ungewißheit half, und so blieb ich.[231]

Bei Tisch war die Unterhaltung ein wenig lahm. Seine Kinder gefallen mir bei weitem nicht so gut wie die Eltern. Der eine Sohn, der, wie er sagt, sehr von Jean Paul eingenommen, saß sehr langweilig und untheilnehmend bei unseren Gesprächen.[232] Das ist so die Zeit der Blüte. Wo wir Ideale realisirt verlangen, da sieht man das wirklich Vortreffliche nicht, weil man es nicht zu finden versteht. Und würde unser junger Mann Jean Pauls Person persönlich kennenlernen, er würde schwerlich imstande seyn, nur eine Ahndung von dem zu haben, das Jean Paul ihm so reizend zeigt.

---

229 Heinrich Georg Friedrich Crull (1755 – 1819).

230 Georg Christian Friedrich Crull (*1786), Pastor in Rostock, heiratete im September 1810 Christine Marie Juliane Calsow (1787 – 1856).

231 Sophie Catharina Crull, geb. Detharding (1763 – 1846).

232 Crulls Söhne waren: Georg Christian (1786 – 1849), Franz Georg (1787 – 1848), Georg Joachim (1792 – 1845), Johann Georg (1794 – 1859), Georg Hermann (1796 – 1862).

Das ist der Zeitpunkt, in dem meiner Meinung nach der Sohn aus dem väterlichen Hause fort muß, um, wie man sagt, unter Fremden die Hörner abzustoßen. Es ist gewiß das Zeichen der Reife, die dann vielleicht eintritt, je mehr man das, was da ist, respectirt, je vorsichtiger man im absprechenden Urtheil wird, je mehr man das Talent erlernt, Gutes in allem aufzufinden.

Ich habe neulich mit meiner Gewöhnung an die Einsamkeit ein wenig zu früh geprahlt. So geht es uns Philosophen, wenn wir uns recht warm in den Mantel unserer Philosophie eingehüllt glauben. Fühlen wir das Dasein eines Jochs durch das der Wind bläst, und wir müssen den Mantel anders umnehmen. Besonders geht es mir so, wenn ich mit Menschen wieder zusammengewesen bin, die neue Gefühle und Bedürfnisse in mir aufregen und nicht befriedigen. Dann kehre ich neu und doppelt mit dem unbefriedigten Herzen zu Dir zurück, und ich erneuere doppelt den Vorsatz, nur in den wenigen, die mich verstehen, zu leben und ganz der ihrige zu seyn.

Du hast wohl nicht unrecht, wenn Du sagst, daß Trennung wohl am ehesten die Ahndung nach etwas Höherem wecke. Es kann gewiß keiner aus dem menschlichen Herzen ein gewisses Sehnen und dunkles Ahnden wegresoniren. Und was noch mehr für ein Höheres spricht, ist, daß gerade dem edelsten im Menschen und der himmlischen Liebe, sich das Bedürfniß und Aufstreben nach etwas Höheren am meisten aufdrängt, und daß es wächst, je höher sich der Mensch selbst ausbildet und entwickelt. Und je niedriger er steht, je weniger kann aber auch der Fisch, der im Schlamm lebt und wühlt, eine Ahndung des Schönen über ihm bekommen, wenn er sich ihm nicht nähert, sondern entfernt.

Ich habe Gelegenheit gehabt, bei meinem Schreiberamte den Leuten etwas näherzukommen, und ich glaube, die meisten sind nicht übel und müssen sich im Guten regieren lassen, worauf ich bei Buschmann zwar bestehe, dem es aber nicht ganz ein will. Es ist freilich leichter, mit Gewalt in allem durchdringen zu wollen als Geduld zu haben, aber dieses auch wirksamer. Er ist mir gar zu herrisch und hart, und ich glaube, ich werde mich, wenn auch nur aus dieser Ursache über kurz oder lang von ihm trennen müssen. Solange ich ihn wegen vieler unläutbarer Geschicklichkeiten anfangs noch brauchen kann, um besonders von ihm noch zu lernen, werde ich ihn freilich behalten. Späterhin wird es aber wohl nicht gehen. Die Herrschsucht bei den Herren Schreiber ist unleidlich.

Es soll alles nach ihrem Willen gehen und was dem entgegen ist, da werden so vielerlei Mittel gebraucht, ihn doch durchzusetzen, daß es ein sehr unangenehmer Kampf ist, den man immer um die Oberherrschaft führen soll. Es bleibt zuletzt kein anderes Mittel, als den Herrn Minister seiner Dienste zu entlassen und ein anderes Subjekt zu nehmen, das williger und gutmüthiger ist. An der Gutmüthigkeit scheint es ihm ein wenig zu fehlen und seine Gegenwart vereiset, statt zu erwärmen. Werde ich dereinst einen anderen Menschen nehmen, so werde ich hauptsächlich auf Gutmüthigkeit sehen. Es kann unmöglich die Wirthschaft ein Ganzes ausmachen, wenn nicht das Oberhaupt ganz Herr ist, sondern sich ein Untergebener die Herrschaft anmaßen will. Ein nothwendiger Kampf darüber muß die Einheit, die allein zum Zwecke führt, stören.

Unter meinen Tagelöhnern giebt es eine Familie, die heruntergekommen ist. Der Mann war ehemals Holländer, ein ehrlicher Kerl, der aber durch Trunk und unordentliche Wirthschaft sich seyn Schicksal zugezogen.[233] Ich glaube, an ihm mir mit der Zeit einen treuen Menschen anhänglich zu machen. Seine Frau[234] hat sich in ihr Schicksal sehr gut gefunden, und sie ist von den anderen Arbeiterfrauen nicht zu unterscheiden. Sie hat aber eine gefällige Gesichtsbildung, ein freundliches, bescheidenes und gutmüthiges Wesen und einen gewissen eigenthümlichen Anstand, Grazie, möchte ich fast sagen. Wenigstens der sehr angenehme Eindruck, den sie macht, zeichnet sie vortheilhaft aus. Ich habe immer meine Freude darin, wenn sich ihre Kinder vor den anderen im Gegenstück auszeichnen. Sie arbeitete gestern mit zwei anderen Frauen und veranlaßte ein Gespräch.

---

233 Die Rede ist von Johann Heinrich Christian Winkenwerder, „Holländer in Klein Siemen". Der 1764 in Westenbrügge geborene Mann starb am 11. Dezember 1826 in Klein Siemen.

234 Wilhelmina Margaretha Friederike Sophia Winkenwerder, geb. Behrens (1770 – 1852). Die in Roggow geborene Frau verstarb am 4. Oktober 1852 in Klein Siemen.

Sonderbar, mit den Weibern stehe ich mich immer besser, und hier gewinne ich leicht Zutrauen. Männern stehe ich immer etwas steif und zurückhaltend gegenüber. Es müßte denn ein Reidemeister oder ein ganz vertrauter Freund seyn. Gleich als wäre das Leben unter Männern ein ewiger Krieg, wo ein jeder sich im Verteidigungszustand erhält. Das könnte doch besser seyn oder freute es die Natur, uns Euch lieben Weibern in die Arme zu führen, um bei Euch endlich zu finden, was unser sehnendes, stolzes Herz umsonst sucht: Liebe. Oder ist es bei mir nur eine individuelle Stimmung, weil mein Geschlecht mich in meinen früheren Jahren gewißermaßen zurückwies und so mich nöthigte, mich dem Eurigen anzuschließen und mehr an Euch anzugewöhnen? Sonderbar, denn erst als ich der Freunde Bedürfnisse weniger fühlte, als schon der leere Platz der Sehnsucht mehr ausgefüllt war, fand ich sie ungesucht. Ich muß etwas an mir gehabt haben, was sie abstieß und das ihr abgeschliffen. Und so muß ich durch einen Umweg finden, was ich auf dem geraden vergebens suchte.

Übrigens scheint mir ein gewißer Trotz dem Manne doch natürlich, und ich mag es recht gern, wenn bei Untergebenen er nicht unterdrückt ist und sie freimüthig widersprechen. Das will Buschmann durchaus nicht, er ist nur mit denen zufrieden, die blind und stumm gehorchen. Ich kann aber diese fast nicht leiden und es scheint mir, sie müßten sich auf andere Weise für den Zwang entschädigen. Bei meinen Leuten aber, die bisher sehr nachsichtige Herrschaft gehabt, würde er sie mir durchaus verstocken und so ist dieses nur eine Ursache mehr, ihn von seiner Strenge zurückzuhalten. Was ich bei ihm durchsetze und ihm keineswegs darin beistehe.

Zeit und Raum befehlen mir zu schließen. Also nur noch herzliches Lebewohl.

Mit ganzer Innigkeit von Deinem J. G.

18.09.1810, Klein Siemen. An Marianne Wienholt, Oberneuland

Daß unsere Verbindung noch nicht öffentlich bekannt werden soll, meine liebe Marianne, hat meinen völligen Beifall. Nur muß ich mit unserer Mutter über die angegebenen Gründe sprechen. Warum sollte unsere Vereinigung künftiges Frühjahr noch nicht so gewiß seyn? Habe ich denn noch nicht lange genug gewartet, daß noch einmal der so lange ersehnte unerwartete Zeitpunkt aufgeschoben werden muß? Oder ist es Ängstlichkeit von ihr, ob unsere Lage auch hinlänglich gesichert ist? Ich kann Dir freilich kein großes Loos anbieten, aber ich kenne Dich auch genug, um zu wissen, daß Dir ein redlich erworbenes Glas Milch, das die Liebe Dir reicht, mehr gilt als Wein, und daß Du auch in beschränkten Glücksumständen Dich glücklich fühlen wirst, wenn nur keine Sorgen sie trüben, und das hoffe ich, sollen sie nicht.

Ich kann nicht anders als glauben, mit Siemen immer einen vortheilhaften Kauf gethan zu haben. Im Jahre 1772 kostete es schon 20 000 Thaler und 1791 schon 29 000[235], und zu der Zeit war nur die Hälfte Land dabei, geschweige die damals fehlenden Gebäude, die nicht im Preise mitgerechnet wurden. Der allgemeine Druck, unter dem Europa seufzt, erstreckt seine Wirkung auch hier. Er hält die Getreidepreise niedrig. Dieses erste Jahr komme ich nicht ganz ohne Schaden davon, aber das ist auch bei einer Conkurswirthschaft, wo so viel vernachlässigt und nachzusehen ist, nicht zu erwarten. Für die Zukunft habe ich Ursache zu den besten Hoffnungen. Der Boden hat gerade die Mischung von Lehm und Sand, die für die Wünschenswertheste gehalten wird. Die Wirthschaft, wie sie war, war für den Boden bestimmt schlecht. Es fehlte an Dünger und man verstand nach der Mecklenburgischen Methode nicht, ihn zu vermehren. Es bleibt ein weites sicheres Feld für Verbesserungen, mit denen man zwar nicht geschwind, wie das der Landwirthschaft eigen ist, aber allmählich und desto sicherer es vorwärtsbringt, und wenn sich allmählich unsere Bedürfnisse vermehren, dann kommt auch das Gut zu einem besseren Ertrag.

---

235 1790 hatte Klein Siemen in der Tat den Wert von 29 000 Reichstalern; vgl. LHAS 3.2-4, 133.

Ich habe außerdem noch einige andere Pläne, u. a. mit einer Branntweinbrennerey, in die ich jemand interessiren will, der das Geld dazu hergeben soll, die durch den vermehrten Dünger allein von außerordentlichem Nutzen seyn würde, wenn sie nicht in jetzigen Zeiten ohnedem noch guten Gewinn abwürfe durch Hanf- und Cleesaamenanbau. Es fehlt mir auch nicht an deren Erwerbsquellen. Einige davon sind freilich durch die Zeitumstände verstopft. Aber dauern diese auch ewig? Ich fühle sonst noch Kräfte in mir, daß es mir nicht fehlen soll, selbst noch für liebe Kinder zu erwerben und zurückzulegen.

Nein, liebe Marianne, ich glaube, ich darf mit gutem Gewissen auf unsere Verbindung im künftigen Frühjahr bestehen. Fleiß und Genügsamkeit sind zwei sichere Pfeiler zum Glück. Wir haben jetzt genug gewartet, um zu bedenken, daß jeder neue Tag unserem Leben verloren ist. Die Zukunft liegt mir als ein zu schönes Ziel vor, daß ich nicht endlich es zu erreichen mich sehnen sollte. Die Dämmerung wiegte mich neulich in schöne Träume ein. Ich ließ kein Licht kommen, um mich ihnen ganz hinzugeben. Und träumte mich in die Zeiten, wo ich auf dem riesenhaften Sopha nicht allein mich verlieren, wo ich ein liebes Weib in meine Arme zu schließen habe. Ich fühlte, daß ich für meine Ruhe keine vorgebliche Sehnsucht wecken dürfe. Aber auch, daß der Zeitpunkt, wo ich Dich besitzen soll, nicht länger verschoben werden darf. Nein, länger lasse ich mich nicht verbannen, dafür will ich Dich aber recht lieb haben, und Du sollst mein liebes Weibchen seyn, und ich will Dich auf den Armen tragen und alle meine Freude nur in Dich setzen. Aber nächstes Frühjahr hole ich Dich, was auch Mutter sagt.

Den 19t September

Mit B[uschmann] bin ich neulich zu einer Expektoranzie[236] gekommen. Ich habe ihm, da ich recht böse war, ziemlich derb und aufrichtig meine Meinung gesagt, ohne doch zu kränken. Ich habe mich über mich selbst gewundert, daß

236 Expektoranzie = Maßregelung im Sinne eines schleimlösenden Mittels.

ich so gut den Text lesen konnte. Er hat mich durch seyn Betragen bei dieser Gelegenheit wieder sehr eingenommen, und er war weder trotzig noch rechthaberisch, wie ich es anfangs erwartet. Aber er verteidigte sich mit Bescheidenheit und zeigte sich keineswegs unbiegsam. Eine Thräne, die sich unvermerkt ins Auge stahl, zeigte mir, daß doch eine gute Seite in seinem Herzen ist, die nur angeschlagen zu werden braucht. Wie er mir aber bittend vorstellte, ich hätte ihn doch vor den Leuten etwas mehr schonen können, das wollte ich diesmal nicht ganz, so traf er nun gar meine schwache Seite, die ich aber meine zukünftige Ehefrau ergebens bitte, nicht abzumerken, sonst komme ich unter den vaux bien[237]. Früherhin war der Fall, daß er einmal glaubte, mir eine Rolle Geld verloren zu haben. Ich glaubte es anfangs selbst, und er glaubt es noch. Ich konnte gar nicht dahinterkommen, was ihn drückte.

Endlich kam er zu mir. Er konnte vor Weinen nicht zum Sprechen kommen, so daß er mich aufs Äußerste erschreckte, und ich ihm zuredete, er möge Zutrauen zu mir fassen. Wenn es etwas sei, wo ich ihm helfen könne, sei ich zur Hülfe bereit. Endlich kam es heraus, er habe mich in einen großen Schaden gebracht, doch könnte er noch nicht wieder zu sich selbst kommen. Wenn er nur nicht ganz mein Zutrauen verlöre, das schien ihm das Schmerzlichste. Er gewann durch diesen Auftritt sehr in meinen Augen, aber desto weniger konnte ich ihm auch seyn nachheriges Betragen nach so gütiger Behandlung verzeihen, und das brachte mich am mehrsten auf. Jetzt entschuldige ich es schon eher.

Die Menschen kommen durch das tägliche Regiren zu sehr, und ihnen oft selbst unbewußt, in die Gewohnheit des Herrschens. Jetzt nimmt er sich mehr und fast zu sehr in Acht, denn so sehr eifersüchtig bin ich auf meine Herrschaften nicht. Ich glaube doch, wir würden noch recht gut zusammen fortkommen. Er gehört wahrscheinlich mit unter die Leute, die Güte und Schwäche nicht gehörig zu scheiden wissen. Seit ich ihm aber deutlich die Scheidung gezeigt, denke ich, bleibt es nicht ohne Wirkung. Auch ist es mir nicht schwer, mich

237 Gildemeister meint: unter Wert.

jetzt in dem Vortheil zu erhalten, da er weiß, wo er mich hauptsächlich schonen muß, und was ich nicht leiden kann. Ich habe sonst in jeder Hinsicht Ursache, mit ihm zufrieden zu seyn, und ich muß zu seiner Entschuldigung auch sagen, daß bei vielen der Leute einem die Geduld wohl bisweilen vergehen mag. Manche sind so, daß sie nicht aus den Augen gelassen werden dürfen, und sie stehen nicht dafür, daß ich nicht nächstens mit eigener hoher Hand des Beispiels willen dort abprügele. Strenge einzuführen ist immer unerläßliches Bedürfniß. Nur müßte von anderer Seite wieder Güte da seyn, um sie durch andere Bande wieder anzuziehen. Und da fehlt mir die beschwichtigende Hand eines weiblichen Wesens, das allein Einheit in die Wirthschaft zu bringen vermag. Siehst Du, wie nothwendig Du mir auch von anderer Seite schon wirst? – Aber ist es Dir auch recht, daß ich Dich mit diesen Gegenständen unterhalte? Ich glaube es, da ich nach mir schließe, nach dem Interesse, daß die für mich haben, und so wage ich es darauf.

Den 24t

Schon seit einiger Zeit habe ich keine Briefe von Bremen. Und auch von meiner Braut an diesem Posttag keinen. Diese Woche habe ich getanzt. Pastor Crull bat mich am Donnerstag und Freitag zur Hochzeit seines Sohnes. Obgleich ich anfangs gern einen Vorwand gesucht, um wegzubleiben, so wollte ich es doch nicht gern, dem Mann, der so freundschaftlich gegen mich ist und der mir recht wohl gefällt, zuleide thun. Die an 50 Personen zahlreiche Gesellschaft bestand im Durchschnitt aus fast uninteressanten Menschen. Frau von Schröder, die aber sehr still und nicht sehr gesprächig ist, lernte ich hier näher kennen.

Am meisten gefiel mir ein cand. Crull, ein Vetter des Pastors.[238] Er ist einige Monate lang in Bremen gewesen. Im Gegensatz des Betragens des jungen Menschen, von dem ich Dir neulich schrieb, sieht man ihm die Reife an. Er scheint dahin gekommen zu seyn, in jedem die gute Seite aufzufinden. Und weil man es ihm ansieht, daß er gewiß kein gewöhnlicher Kopf ist und also zu den übrigen

238 Johann Joachim Friedrich Crull (1782 – 1847).

herabsteigen muß, so scheint es mir, daß er sich Mühe gebe, sich ihnen gleichzusetzen, denn ich halte ihn für recht bescheiden, daß er sich nicht höher hält als jene. In seinem Benehmen hat er außerordentlich viel Feines, aber nicht jene Freyheit des Weltmanns, die aus dem Verstande, sondern die, die aus einem guten Herzen entspringt. Ganz einnehmend ist das Betragen gegen seine alten, aber sehr gewöhnlichen Eltern, und die Liebe und kindliche Ehrerbietung, die sich in seinen Mienen ausspricht. Dafür scheint er aber auch der Abgott der Mutter zu seyn. Und es ist rührend zu sehen, wie selig ihr Auge auf ihm ruhte. Er verband sehr gut die Gesellschaft. Er tanzt gern und versteht, die heterogene Seite zusammenzuhalten, für das allgemeine Vergnügen zu sorgen und die Ausbrüche, wo sie zu laut werden, auf eine sehr nette Weise zurückzuhalten. In seinem Auge liest man etwas Schwärmendes, wenigstens eine Begeisterung für etwas Höheres. Ich wünschte, ihn auszuforschen, was es eigentlich sei und versuchte, mehrere Seiten anzuschlagen, als ich die Gelegenheit bei einem Spaziergang dazu erfaßte. Leider war noch ein junger Dr. Crull dabei, der durchaus jedesmal mit einem absprechenden Urtheil jeden Gegenstand niederschlug, den ich mühsam aufs Tapet brachte.[239] Und so konnte ich es zu nichts bringen.

Du kannst Dir denken, daß ich mir ihn ausgesucht, um mich am meisten zu ihm zu halten. Aber in der besten Absicht hat der Pastor Crull ein Thema in unser Gespräch gebracht, in dem er mir ihm gleichmals einen vorstellte, mit dem ich nach Herzeslust über Bremen sprechen könne. Indeß hoffe ich, noch mehr mit dem Vetter bekannt zu werden. Und wenn ich ihn nicht früher wiedersehe, so doch über einigen Monaten wieder, wenn der Pastor eine Tochter verheirathet.[240] Eine Schwester von ihm hat einige Ähnlichkeit mit C[harlotte] G[ildemeister], wenigstens erinnert sie mich oft an sie.[241]

---

239 Gemeint ist der spätere Wismarsche Kreis- und Stadtphysikus Franz Georg Friedrich Crull (1787 - 1848).

240 Von den Töchtern Agneta Dorothea Crull (1788 - 1826), Henriette Sophie Dorothea Crull (1792 - 1880) und Christine Sophie Agneta Crull (1788 - 1826) heiratete letztere, allerdings erst 1817, Ernst Carl Friedrich Schlüter (1769 - 1822).

241 Johanns Schwester Charlotte Marianne Gildemeister (1795 - 1849); Crulls Schwester war entweder die 1754 geborene Agneta Elisabeth Auguste Crull oder die 1757 geborene Sophie Dorothea Henrica Crull.

Freilich wohl ein großer Unterschied, aber was ihr nur ähnelt, kann nicht schlecht seyn.

Bei Tisch übernahm einer die Kosten der Unterhaltung, indem der sich zum Spaßmacher aufwarf. Was ihm an Witz fehlte, ersetzte er durch Geschrei und da er, obgleich nicht sehr gebildet, ein Mensch war, der sehr gutmüthig und beliebt ist, so verfehlte er seines Zweckes bei der Gesellschaft nicht, und die meisten lachten mehr über den Witz, der kommen sollte, als über den, der da kam. Aber wie es dann gewöhnlich geht, er übernahm sich bei seinem Spaßmachen im Wein. Frau von Schröder scheint außerordentlich viel Güte zu besitzen. Unmöglich konnte sie eigentlich Gefallen daran finden, aber man sah an ihr sichtbar das ernsthafte Bestreben und das mit zur Gesellschaft zu gehören.

Seid Ihr schon hereingezogen? Das Wetter ist hier sehr schön, fast zu dürr. An dem Laube sieht man den Herbst noch wenig, aber an dem blassen Sonnenlichte. Dienstag Nacht hatte es zum ersten Mal gereift. Heute beginnen wir schon mit unserer Aussaat. Unsere Ernte ist ganz herein. Von Buchwaizen und Erbsen erwarten wir die reichlichste Ernte. Von diesem das zehnte, von jenem das vierzehnte Korn. Die Beantwortung einiger Punkte Deines Briefes verschiebe ich auf meinen nächsten. Donnerstag, mine söte Deern, bekomme ich doch einen? Mit einem herzlichen Kuß Dein J. G.

30.09.1810, Klein Siemen. An Marianne Wienholt, Bremen

Unter dem begleitenden Geheul der Hunde wird Mittag geläutet. Es ist schon später, als ich glaubte und es bleiben mir nur einige Augenblicke, die Beantwortung einiger Punkte in Deinem vorigen Briefe, liebe Marianne, nachzuholen.

Das hast Du schön gemacht. Und darin erkenne ich meine Marianne, daß Du Dich des verlassenen Julchen[242] angenommen. Ich kann mir ihre Lage sehr

242 Nicht ermittelt.

gut denken. Ging es doch Metchen[243] nach meiner Mutter Tode fast ebenso. Es ist so ein trauriges Gefühl, Freunde betteln zu müssen, daß es mir immer im Herzen weh tut, wenn ich es sehe.

Ich hatte gestern etwas Zahnweh, wahrscheinlich ein Ueberbleibsel des Kariner Balles. Durch eine Pfeife Taback und besonders durch die Tinktur, die ich von selbst gesammelten spanischen Fliegen machte, habe ich es verscheucht.

Ich fahre in der Beantwortung fort. Warum Friedrike Dir damals nicht ganz vergnügt schien, will ich Dir erklären. Es ist die Furcht, die sie jedesmal hat, wenn sie zu Euch geht, sie sei Betty nicht willkommen. Doch dieses unter uns.

Daß Dir die Einrichtung unseres Hauses gefällt, freut mich. So bequem das Souterrain ist, so muß ich doch daran tadeln, daß man die Leute nicht genug unter genauer Aufsicht hat, als man vielleicht wünscht, wenn man zugleich gut auf sie wirken will. Aber das muß man immer mehr aufgeben, je größer die Wirthschaft ist. Ich glaube, man erreicht es eher auf andere Weise, besonders wenn man die heterogenen Theile, die dem ganzen einen Riß drohen, absondert. Ich habe deswegen einen sehr gutmüthigen Knecht, der anfangs weg wollte, mir erhalten, werde dagegen aber zwei andere, die mir keineswegs gefallen, gehen lassen.

Du fragst, warum ich noch nicht in der Kirche gewesen, weil wir keinen eigentlichen Platz, sondern nur einen solchen armen Sünderstand haben, daß ich, wenn mir kein besserer im Himmel bevorsteht, ich fein heraus bleibe. Pastor Crull predigt, wie man mir sagt, sehr gut. In der kurzen Traurede war viel Gutes. Er selbst ist sehr geschätzt. Und daß ich die Hochzeit nicht schwänzte, daran war ein Glasermeister schuld, der hier gerade arbeitete, als die Einladung kam. Und der, als ich sie unter einem Vorwande abzulehnen suchte, mich so treuherzig bat, ich sollte doch den Mann nicht kränken, der unter einigen dreißig seiner Amtsbrüder, die er kenne, bei weitem sich auszeichne. Auch Frau von S[chröder] sagte mir, sie sei so gern im Kreise dieser Familie, wo eine so schöne

243 Gildemeister meint wohl seine im Mai 1810 verstorbene Schwester Margarete (5.5.1786 – 24.5.1810).

Eintracht und Frieden herrsche. Und jedesmal verlasse sie sie in einer sehr angenehmen Stimmung. Dieses nur beiläufig und zurück zu meinem Faden.

Wenn die Leute nicht viel zur Kirche gehen, daran ist eine andere Ursache schuld. Sie sind meistens so mit Arbeit überhäuft und besonders sind sie`s bei mir gewesen, daß ihnen nur der Sonntag bleibt, für sich zu arbeiten. Das ist schlimm. Bisher ließ ich aber noch keine Änderung davon machen. Es ist noch so manches zu ändern, man darf nicht mit allem zugleich anfangen, will man etwas erreichen. Schlimmer ist es noch, daß es so schwer hält vom Ei an. Ich meine, mit den Kindern eine Besserung vorzunehmen. Es ist zwar ein Schulmeister[244] hier, aber sie gehen nur des Winters in die Schule. Des Sommers über liegen sie sich selbst überlassen herum und von dem Zeuge ist soviel hier. Ich habe mir vorgenommen, den Winter fleißig in die Schule zu gehen, um zu sehen, ob und wie ich etwas wirken kann. Ein paar schlechte Familien habe ich hier. Mit der Zeit hoffe ich, mich ihrer zu entledigen, damit sie die Anderen nicht verderben. Je eher wird es dann zum Ganzen zusammenschmelzen. Dumm, daß die eine unterthänig ist.

Daß mein Vater ganz in meiner Wirthschaft lebt und webt, freut mich. Er schien auch hier schon sich sehr dafür zu interessiren. Er hat für mich wirklich viel bei dieser Gelegenheit und auf eine Weise gethan, die mich zur lebhaftesten Dankbarkeit bewegt.

Warum ich bloß Eichen pflanzen will? Nicht bloß Eichen allein, hauptsächlich, weil sie einen guten Boden verlangen, will ich den auch auf die vortheilhafteste Weise nutzen. Und wenn nur tausend Stück groß werden, so sind sie in dreißig bis vierzig Jahren gewiß 5 Thaler, vielleicht das Doppelte werth. Ein schöner Nachlaß für meine Kinder, denn an sie hoffe ich es doch zu vererben. Im Übrigen will ich aber auch viele andere Bäume pflanzen und wohl um des Schattens willen solche, die schnell wachsen. Ich glaube aber nicht, daß Kastanien darunter gehören und Ahornbäume weiß ich nicht zu bekommen.

---

244 Nicht ermittelt.

Auf dem Lande meinst Du, komme ein Besuch so leicht nicht ungelegen. Aber weißt Du wohl, daß man hier fast eleganter ist als in unserem lieben Bremen? Ich kann nicht leugnen, daß ich sehr fleißig bin und meine Zeit sehr besetzt ist, daß ich sie mir selbst für meine Marianne kaum erübrigen kann. Aber doch schafft es nicht, wie es sollte. Und das rührt daher, daß ich mehreres zur gleichen Zeit betreiben will, was sich oft nicht miteinander verträgt. So studire ich mein Fach theoretisch und praktisch und das letztere besonders raubt mir viel Zeit, denn so ein Gang auf den Acker benimmt mir meistens den ganzen Vor- oder Nachmittag. Und dann sind immer noch andere Gegenstände übrig außer meinen Geschäften, denen ich meine Zeit zu widmen habe.

Wie möchte es um meinen Fleiß aussehen, wärst Du jetzt bei mir? Freilich würdest Du dann am besten sehen, ob ich Dich wirklich lieb habe und wovon ich Dich schwarz auf weiß überzeugen soll. Aber gesetzt, ich hätte es nicht, wie sollte ich es denn machen?

Nun zu dem letzten Punkt. Warum ich nicht selbst das Urtheil gesprochen? Weil man voraussetzt, daß man selbst immer die Partei des Schreibers nehmen werde, stellt man einen Anderen für sich. In anderen Fällen, die nicht mich selbst interessiren, bin ich selbst Richter. Die Einrichtung ist sonst nicht schlimm, wenn man nur berechnet hätte, daß auch die fremden Gutsbesitzer die Partei des Schreibers zu nehmen geneigt sind.

Den 2t October

Aus Versehen wird dieses Blatt zu spät abgeschickt. Es ist ein unvergleichliches Wetter und ganz herrlich hier. Schöner mag es freilich wohl in Oberneuland seyn. Es ist, als wenn der Sommer zurückkehrte. Und Du fragst, wie es mit dem Aufstehen ist. So schlimm ist es nicht. Für`s Land stehe ich zwar eigentlich nicht früh genug auf. In der Stadt aber würde ich ein Mirakel seyn. Mit den Bremern habe ich freilich arg gesündigt. Ich ging aber auch spät mit ihnen zu Bett. Sonst ist die gewöhnliche Zeit ½ 10 Uhr.

Gestern habe ich den vierfachen Brief bekommen, der mir viele Freude gemacht hat. Am liebsten ist mir der von Betty. Freilich nicht um seiner selbst willen, aber weil er mir so deutlich zeigt, wie innig hoch ich in dem Herzen meiner Marianne stehe. Du liebe, süße Braut, werde ich je Dir die Liebe ganz vergelten können und wieder aufwiegen, was Du mit mir schon gelitten, daß ich Dir nicht auch ein Brot ganz nach meinen Wünschen anzubieten habe. Friederike will mit mir zufrieden seyn, wenn ich nach zehn Jahren nur halb so hoch noch in Deinem Herzen stehe. Das will ich nicht hoffen. Hast Du keine übertriebenen Vorstellungen jetzt von mir, hoffe ich Dir immer wenigstens zu bleiben, was ich bin.

Aber, liebe Marianne, sage es mir, was kannst Du darunter meinen, wenn Du sagst, das seien vielleicht die letzten ruhigen Tage für Dein ganzes Leben? Oh sage mir, Du machst mich unruhig. Ich hoffe, es soll uns immer eine schöne Zukunft winken. So male ich mir die Ferne mit dem Gedanken aus, einst vielleicht erst dann, wenn ich einem Sohn dies Gut übergeben kann, in die heimischen Fluren zurückzukehren und auch unser Oberneuland nicht für immer verloren zu haben. Diesen Abend ging die Sonne herb und glühend unter. Am Morgen lag ein Nebel über der Flur ausgebreitet, die im milden Sonnenlicht so ruhig dalag. Kein Lüftchen regte sich. Es erinnerte mich lebhaft an meine Fußreisen, wenn ich mich um diese Zeit vor Tag aufmachte.

Den 4t October

Also, die Männer sollten weniger treu seyn als die Weiber? Das soll doch, wie es wohl verlauten will, umgekehrt der Fall seyn. Es ist mir aber doch lieb, daß Du einen so felsenfesten Glauben an meine Liebe hast. Aber ob er so stark ist wie der meinige, das läßt sich nicht entscheiden. Soll ich es Dir sagen, wie lange ich Dir Treue bewahrt? Lache mich nicht aus. Schon um vierzehn bis fünfzehn Jahr, nur möchte ich Dir nicht gern damit lächerlich werden, wenn ich es auch allen anderen würde, wenn sie es wüßten, aber verrat mich nicht. Uebrigens glaube ich, daß Treue vom Individuum, nicht vom Geschlecht abhängt. Beim Romeo ist es nicht Untreue und man kann ihm nichts zur Last legen. Das Eigenthümliche ist, daß zurückgestoßene Liebe mit solcher Heftigkeit einen neuen Gegenstand ergreifen kann.

Ungeachtet mich meine liebe Schwester Friederike tüchtig darüber abgekanzelt hat, daß ich mit Miß Plattdeutsch spreche und mir bei Strafe ihrer Ungnade gedroht, es bleiben zu lassen, so finde ich mich dazu noch nicht sehr bewegt. Wir, Buschmann und ich, sprechen mit ihr Platt, um ihr die Mühe des Hochdeutschen zu ersparen, womit sie nicht so recht fertig werden kann. Deine Furcht ist bei ihr ganz unbegründet, sie gehört zu den Personen, die sich immer selbst so tief stellen, daß man von ihnen nicht zu befürchten braucht, sie werden die ganze Hand nehmen, wenn man ihnen den Finger giebt, sondern die ihn nur in ehrerbietiger Form berühren. Des Spaßes wegen schicke ich Dir einen Kleiderzettel zu von ihr, den ich gefunden. Unserer Unterhaltung bei Tisch giebt es eine ganz besondere Richtung, denn da ich mit Buschmann hochdeutsch spreche, so kann man doch zugleich nicht ins Plattdeutsche übergeben, wenn ein Theil des Gesprächs sich an sie wendet. Oder will ich es an Beide zugleich richten, halb Platt und halb Hochdeutsch sprechen und dadurch kommt sie eher darunter aus, da es nun meistens an ihn gerichtet bleibt.

Warum ich aber der Friederike nicht gehorche, geschieht aus schuldiger Ehrerbietung gegen die Frauenzimmer, die ich noch höher als Friederike selbst besitze, indem es mir unmöglich ist, bei einem auch nur dem Geringsten, den Herrn zu spielen. Das sag ihr. Das Plattdeutsche hat hier noch einige eigenthümliche Schönheiten und diese bestehen in der dem schweizerischen *li* ähnlichen Endigung *ing*, worin die Endigung oft umgewandelt wird. Giff me en Bäling, der Ausdruck dadurch bittend und schmeichelnd wird. Ebenso hängt man es Schmeichelworten an. Min Marianning, min Gotting (mein kleiner Gott), min Kroning (meine Krone), mien Sölting (mein süßes Mädchen).

Die übergroße Ehre, von Friederike mit einem Brief beehrt zu werden, hat mich strotzend vor Hochmuth gemacht. Ich schreite jetzt stets wie ein Hahn daher, und ich würde der Welt mein Glück durch Illumination und Raketen kund gethan haben, hätte ich Hoffnung, daß man es hier gehörig bemerkt hätte.

An sie meinen besonderen Gruß, wenn sie ihn anzunehmen würdigt.

Mit Freuden habe ich die heitere Laune in dem Brief unserer Mutter bemerkt. An sie vor allen Dingen meinen herzlichen Gruß. Ihr habe ich hier ein heiteres rosenrotes Zimmer bestimmt, wo die Morgensonne so freundlich hineinscheint, so warm und in dem eine so trockene Luft ist. Bei kalten Tagen flüchte ich mich wohl hinein. Ich denke, wenn sie einmal hier ist, soll sie gar nicht wegfinden können von ihren Kindern.

Den 5t October

Regen wünschen wir allmählich auch. Wir sind hier ziemlich dickfällig in diesem Punkte. Sieht man doch, daß die Natur nie Fehler begeht und was wollen sie denn, kommt doch das Getreide im dürftigsten Sande. Was die Stallfütterung betrifft, so ziehen unsere Holländer ein trockenes Jahr bei weitem einem nassen vor. Mit dem Heu ist`s mir dieses Jahr über Warten gegangen. Ich glaubte im Frühjahr, es würde fast nichts geben. Und nachdem wir es endlich zusammenzählen, sind es an siebzig Fuder geworden. Das ist hier selbst für ein großes Gut schon ansehnlich. Was mit dem Amt des Schlüsselmeisters ist? Glaubst Du denn, daß wir die Türen offen lassen. Hier ist keine einzige Tür, die nicht gehörig versehen ist. Vor Dieben sind wir achtsam genug, da Mamsell sehr bange davor ist. Das Haus ist sehr gesichert, nach dem Garten mit starken Fensterschlägen und im Souterrain inwendig Stangen, auch ziehe ich einen guten Hofhund auf. Und Hunde sind hier die Menge. Die Knechte müssen im Stall schlafen, da die Diebstähle in Mecklenburg meist auf Pferde gerichtet sind, weswegen ich den Stall noch mit einem Schloß, das eine eiserne Stange festriegelt, versehen habe. Mit Licht und Feuer sind wir nicht vieler Gefahr ausgesetzt. Die Küche hat eine mehrere Fuß dicke Mauer von Kieselsteinen und ist unten mit Steinen belegt, so wie die Leutestuben. Das Amt nachzusehen, übernimmt meine Mamsell, mit der ich in dieser Hinsicht sowie in vielen anderen große Ursache habe, zufrieden zu seyn. Wenn es je einmal in der Scheuer oder im Stall gebraucht wird, so ist es immer in eine Laterne in Händen von Buschmann selbst. Ich will aber darin gehorsam seyn und künftig selbst nachsehen. Und nun mit dem Bewußtsein, für meinen Gehorsam einen Kuß verdient zu haben, herzlich der Deinige J. G.

Morgen ist die Hochzeit von Reidemeister. Mein Brief kommt vor derselben nicht mehr an, aber meinen herzlichsten Glückwunsch an das neue Ehepaar.

13.10.1810, Klein Siemen. An Marianne Wienholt, Bremen

Gestern machte ich eine recht hübsche Tour nach Rostock. Es mußte um 5 Uhr aufgestanden seyn. Bei Licht wurde gefrühstückt und lange vor Tage ging es aus. Der sinkende Mond verdämmerte die Gegend. Es hat diese Nächte hier ziemlich scharf gefroren. Es war daher ziemlich frisch. Endlich fing der Tag an zu grauen und die Sonne trat hervor. Mecklenburg ist mit am Schönsten, wenn kein Korn auf dem Felde ist. Es zeigt sich die Gegend dann in großen Maßen mit Hügeln in einer sehr angenehmen Ferne, die bald mit Holz bedeckt, bald mit Gehölzen durchschnitten sind.

In Rostock traf ich im Wirthshause drei Bremer. Einen Melchers[245], den ich nicht kennen wollte, einen Sohn vom Kaufmann Heymann[246], den ich nicht ansprach, weil man mir ganz gewiß versicherte, er sei ein Engländer, bis sich der Irrtum aufklärte. Und einen Barnstorff[247], der Sohn eines Nachbarn unseres Gartens[248]. Dieser Mensch war sehr erfreut über das unerwartete Treffen eines Bekannten. Er wird mich nächstens besuchen. Auch den Kandidaten Crull habe ich auf der Straße gesehen, ganz von Weitem, nicht gesprochen. Der Heimritt war wieder sehr angenehm. Vor mir die Röte des Abendhim-

245 Wohl der Kaufmann Carl Melchers, Getreidehandel, unter der Firma Carl Focke, Knochenhauerstraße Nr. 16.

246 Wohl der Korn- und Waarenmäkler Hermann Heymann, Bevollmächtigter der Londoner Phönix-Brand-Assecuranz-Compagnie, Langenstraße Nr. 117 – vermutlich deshalb der Hinweis, er sei Engländer.

247 Wohl der Sohn Heinrich des Lohgerbers Hinrich Barnstorff, dessen Haus außer dem Heerenthore – nahe dem Gartenhaus der Gildemeisters – angesiedelt war.

248 Das Gartenhaus der Gildemeisters stand ab 1753 außerhalb der Stadttore an der Weide.

mels, hinter mir der Vollmond, der prächtig aufging. Im Mondenschein hier hat die Gegend etwas Feenartiges und unbeschreiblich Anziehendes, das von dem Hügeligen der Gegend herrührt.

Gestern bin ich dem Professor Karsten geradezu auf den Leib gerückt.[249] Um ihn kennenzulernen, habe ich ihn besucht.[250] Da wir beide in unserem Fach waren, so hatte ich eine recht interessante Unterhaltung, die der dicken Frau Professor wohl zu lange währte, denn sie ließ anfangen, den Tisch zu decken. Und auch das brachte uns noch nicht zum schnellen Aufbruch. Der Mann schien verlegen, aber ein wenig darunter aus zu seyn, daß er mich nicht zu Tisch bitten durfte. Mit desto freierem Atem bat er mich, ihn auf ein andermal auf länger zu besuchen, was ich nicht unterlassen werde.

Ich habe nun den Bann gebrochen und werde es nächstens mit dem vorzüglichsten Mecklenburger Landwirth, einem Herrn von Buchwald[251], ebenso machen. Ich reite ihm geradezu auf den Hof, obgleich ich gar keine Empfehlung an ihn habe, aber ich möchte gar zu gern seine Bekanntschaft machen. Ich wage es darauf. Aber nun zu Deinem lieben Briefe, meine beste Marianne. Er enthält eine unbeschreiblich schöne Stelle, die mir ganz das Herz getroffen hat.

Du bist ein Engel voll himmlischer Liebe, der sich zum beglücken auf die Erde niedergelassen. Es wird mir ordentlich bange, daß Du es seiest und

---

249 Prof. Dr. Franz Christian Lorenz Karsten (1751 – 1829).

250 Lorenz Karsten lehrte ab 1793 an der Universität, zugleich richtete er mit privaten Mitteln vor den Toren Rostocks eine von ihm Neuenwerder genannte landwirtschaftliche Lehr- und Versuchsanstalt ein, an der junge Landwirte mit neuen Landbaumethoden bekannt gemacht und im wissenschaftlichen Denken geschult wurden. Mit der Veröffentlichung pflanzenbaulicher Versuchsergebnisse gab er den Landwirten Empfehlungen, wie die Anbaumethoden der landwirtschaftlichen Kulturpflanzen verbessert und die Ernteerträge gesteigert werden können. Karsten pflegte wissenschaftliche Kontakte mit zahlreichen Landbauwissenschaftlern, u. a. mit Albrecht Daniel Thaer und Johann Heinrich von Thünen. Die (bis 1829 bestehende) landwirtschaftliche Ausbildungsstätte war die erste Institution dieser Art in Deutschland. Das ehemalige Mühlengrundstück mit der Lehranstalt, wo Gildemeister den Professor besuchte, lag in Rostock in der heutigen Neuen Werderstraße, Kröpeliner Tor-Vorstadt.

251 Friedrich Ludwig von Buchwald 1779 – 1821, Gutsbesitzer von Cladow (heute Ortsteil Kladow in der Stadt Crivitz) nahe Schwerin.

sobald mir wieder entschwebest und mir nur eine lichte, vorübergehende Erscheinung gewesen seiest. Oh, meine süße, süße Marianne, wie liebe ich Dich. Was würde ich seyn, wenn ich Dich nicht mehr hätte. Wie hebt es mein Selbstgefühl, von einem Wesen wie Du geachtet und so innig geliebt zu seyn. Was wird es seyn, wenn ich Dich erst ganz besitze, Dich lieben Engel, Dich, und wir beide nur eins sind. Ich kann jetzt nur in der Zukunft leben. All mein Sein strebt nur dahin. Es stählt meinen Arm und es giebt mir Kraft, auf alle Weise zu wirken. Einst sollst Du sehen, was Du durch mich vermagst und wie dieses wiederum Dich, oh, meine innig teure Braut, beglückt.

14t October

Diese Nacht haben wir zu unserer Freude etwas Regen gehabt, der unsere Wintersaat, die dem nächsten Jahr entgegen keimt, recht wohl thun wird. Wir haben schon seit länger als sechs Wochen trockenes Wetter. Heute bin ich mit Buschmann aus gewesen, und haben wir mit einem Erdbohrer nach Mergel gesucht. Diese Woche soll es damit losgehen, wozu wir uns beide recht freuen und es mit gleichem Eifer betreiben. Ich sitze jetzt in einem eingeheizten Zimmer hinter doppelten Fenstern. Eine starke Pflaumenernte haben wir gehabt, und ungeachtet der Dürre Runkelrüben wie mein Bein dick. In dieser Woche, wahrscheinlich am Freitag, wird hier das Erntefest gegeben. Es wird dazu eine Kuh geschlachtet, doch nicht, wie bei der Römischen Kaiserkrönung, ganz in einem Stück gebraten.

Du kannst es Dir nicht reimen, daß eine schlechte Wirthschaft geführt seyn könne, da Sellschop[252] so ein ausgezeichneter Mensch ist. Er ist ein im hohen Grade rechtschaffener Mensch. Doch ist es wahr (habe ich Dir schon erzählt, daß der arme Teufel seyn ganzes elterliches Vermögen, etwa 12 Tausend, durch einen schlechten Vormund einbüßt?). Eine Wirthschaft für Kreditorenrechnung, und das war sie 2 Jahre, wird ganz anders geführt als jede

252 Julius August Sellschopp (1786 – 1855).

Andere. Es wird nur gesucht, alles herauszuziehen, angewandt wird dagegen nichts. Sei es auch nur eine Kleinigkeit, deren Vernachlässigung dem künftigen Besitzer einen zwanzigfach größeren Schaden zuführt. Daher rühren alle Reparaturen, die ich an meinem erst fünf Jahre alten Haus gehabt habe nur von dieser Vernachlässigung her. Manche andere Vernachlässigung, z. B. beim Cleebau, ist bei dem besten Willen nur erst mit der Zeit einzuholen, und die läßt sich nicht erkaufen. Mit einer Branntweinbrennerey habe ich viel vor – Mostrich und Branntwein sind über die Maßen gut abzusetzen.

Den 15t October

Friederikes letzter Brief war ganz davon voll, was Du bei meinen Geschwistern für Eroberungen machst. Mach nur die Jungen nicht zu lauter Pedrillen. Wie lieb ist es mir, daß Du Dich selbst von der Nothwendigkeit für mich, nicht mehr Kaufmann zu seyn, lebendig überzeugst. Leider habe ich nur zu richtig gesehen. Und wann wird es besser werden? Für G[eorg Eduard] sehe ich hier gar keine Aussicht. Du fragst, ob B[uschmann] das Geld wirklich nicht verloren? Ich bin im Buchhalten immer sehr pünktlich. Ich reisete aber in zu großer Eile von dort ab und hatte versäumt, nachdem ich noch einiges ausgegeben, das mitgenommene Geld genau zu zählen. Ich konnte daher, da meine Bücher erst nachkamen, nicht gewiß bestimmen, ob es wirklich fehlte oder nicht. Nach den Büchern nachher fehlte es mir nicht.

Aber meine Cröpliner Stiefel sollten nicht mit, gestrenge Braut. Wenn der Soldat vom Felde kommt, so betrachtet die Braut mit Vergnügen seine Uniform. Warum des Landmanns Braut nicht seine Stiefel? Und doch sind sie so bequem. Ihr Künstler verdiente Leibschuster zu seyn. So ohne Fehl und ohne Tadel ist er. Hebe mir recht viele Küsse auf, damit ich, wenn ich komme, recht viele einzufordern habe und nachzuholen für die schlimme Zeit, wo ich Dich nur in Gedanken küssen darf. Dein J. G.

19.10.1810, Klein Siemen. An Marianne Wienholt, Bremen

Recht gern, antwortete mir Pastor Crull, als der kleine Postillion mir Zeitungen und Briefe brachte, und ich um Erlaubniß bat, diese flüchtig durchzusehen. Ich fand nur einen von Dir und legte ihn zurück. „Wollen Sie ihn nicht lesen?", fragte er. Er interessiert nicht, antwortete ich scherzend. „Es giebt solche Briefe", sagte er ernsthaft, „die man nur ungern liest und gern zurücklegt." Richtig, antwortete ich. Er war gestern mit seinen beiden Söhnen bei mir. Wir spielten Whist, aber nicht um Geld.[253] Das ist einmal seine festgesetzte Weise, und wir waren recht vergnügt. Aber er blieb mir doch ein wenig zu lange. Die Geduld verging mir, den Brief zu lesen. Vergebens.

Endlich, und nun wurde ich auch doppelt belohnt. Welch unendliche Freude hast Du mir mit dem Brief gemacht. Wie überglücklich preise ich mich, daß mich das Schicksal so überschwenglich reich durch Dich, meine innig geliebte Braut, gemacht hat. In tiefe Träumereien der Zukunft versenkte ich mich. Ich verlor mich ganz und der Glockenschlag 2 mahnte mich zu Bette. Ich wollte dann noch einmal im Hause die Tour machen. Erschrocken sprang aus dem Schlummer, worin er sich verloren, der Wächter, der edle Rektor, auf; in seiner Rechten den mächtigen Speer (ein Knotenstock) und taumelte schlaftrunken auf mich zu. „Seht mi man nich förn Unrechten an", rief ich ihm, der noch gar nicht wieder zu sich kommen konnte, warm zu, um der Gefahr, als Dieb erschlagen zu werden, zu entgehen.

Heute ist hier alles voller Jubel. Wir haben das Erntefest. Von dem Holländer Hause rummelt in der Ferne die Musik einer Geige und eines Basses her. Es war mir heute ordentlich rührend, die frohe Schar groß und klein, sogar die Kinder auf den Armen, dem lockenden Ruf der Klarinette entgegen ins Thor unter dem Regenbogen, der darüberstand, dem Fest zuzueilen zu sehen. Der Regen vermehrte nicht wenig die Freude. Wir haben ihn lange entbehrt. Die Gesellschaft ist an 80 Personen stark, die zu Mittag gespeiset wurde.

253 Whist = Kartenspiel, das später vom Bridge verdrängt wurde.

Schon gestern kamen eine Menge Kinder, die Kartoffeln zu schaben, die heute in einem ungeheuren Kessel gekocht wurden. Ein noch größerer stand zur Suppe am Feuer. Die lange Mittagstafel habe ich nicht gesehen, um die Leute nicht zu stören. Ich saß noch am Tisch, als mir der Erntekranz gebracht wurde von dem ersten Knecht und dem Mädchen und von dieser mit einer Rede begleitet. Dann wurde der Kranztanz aufgeführt. Er wird von einem Paar getanzt, das ihn auf einem Stock, eigentlich einer Harke, trägt, und damit eine Art Allemande tanzt. Es tanzen ihn mehrere nacheinander und jeder Tänzer mit dem Mädchen, das hinter ihm gebunden hat. Der Kranz selbst ist bunt mit Bändern und Flitterwerk behangen und mit Aehren und reifen Beeren verziert. Dann wurde von vier Paaren eine Quadrille à la Meklenbourgaise getanzt. Und alles kehrte nach dem Holländer Hause zurück, wo nun der Ball eröffnet wurde.

Eine kleine Freude machte mir am Abend noch eine der Frauen. Es war gerade die, um derentwillen neulich der Gerichtstag gehalten wurde. Sie ging vor mir auf den Hof und als sie mich gewahrte, kehrte sie sich freudig gegen mich um und sagte zu mir: „Sie haben uns heute noch ein recht schönes Erntefest geschenkt." Es war mir wirklich noch sehr unerwartet, von dieser Art Leuten, die dergleichen gern als eine Gewohnheit und mithin als eine Schuldigkeit ansehen und die, macht man ihnen das eine Jahr eine Freude, sie das zweite schon fordern, und mir daher umso erfreulicher. Schade, daß diese Leute, er dient als Hirt, von hier ziehen. Vielleicht ziehe ich ihn mal wieder herein, denn zur Stallfütterung habe ich auf ihn einen Plan gebaut.

Es reut mich nicht, den Leuten das Fest gegeben zu haben. Ich wollte es anfangs nicht, damit keine Gewohnheit daraus würde. Aber die große Freude der Leute macht einem selbst so unendlich viel, daß sie mich innig rührte, und ich mußte mich zusammennehmen, daß sich in mein Auge nicht unwillkürlich eine Thräne drängte, die von ihnen bemerkt, mißverstanden wäre. Der Mensch in seiner Freude ist doch ein ganz anderes Wesen. Wie leicht vergißt man ihnen mancherley Unannehmlichkeiten und Aergernisse, die sie einem in ihrer Arbeit so manchmal verursachen.

Den 21t

Ich muß Dir noch das Fest zu Ende erzählen. Es hat bis 5 Uhr gedauert, aber der gestrige Tag gehörte noch so halb dazu. Es war hier auf dem Hofe wenigstens so still als am Festtage. Die Arbeiter, die sonst der Sonne zuvorkommen, schliefen bis 9 Uhr aus. Im Nebenzimmer hörte ich Dorthe vom gestrigen Fest erzählen. Und das erinnerte mich an vergangene Herrlichkeiten, an die Leere des folgenden Tages, wo man sich nach Mittheilung sehnt, um noch einmal über das vergangene Fest zu schwatzen. Und so genoß ich in der fremden Freude die eigene in der dämmernden Vergangenheit.

Gestern Nachmittag machte ich im Regenwetter einen Ausritt. Nie bin ich mit solcher Freude und bei so unfreundlichem Wetter durch und durch naß geworden. Ehe ich nach Hause kam, war es schon dunkel geworden. Es goß vom Himmel herrunter (Fruchtbarkeit auf unser Land, dem es so zur rechten Zeit kam), dabei ein stürmischer Westwind, in einem Wort, ein wahres Schlackerwetter, das selbst meinem Gaul nicht behagte, der ihm im vollen Trabe zu entfliehen suchte und dem Stalle zueilte. Endlich langte ich in meinen Besitzungen an. Im Dorf leuchtete mir aus den Fenstern ein heimeliges Licht entgegen. Bald kam ich auf dem Hof an, wo mir freundlich das Licht aus meinem Zimmer entgegenschien. Bald in dem heimeligen, traulichen Zimmer selbst, wo warm eingeheizt war, und wo ich mir trockenes Zeug anlegen konnte.

Ich versichere Dir, liebe Marianne, so traulich die langen Abende in der Stadt sind, so sehr sind sie es auf dem Lande. Und ungeachtet ich so ganz allein bin, sind sie es mir. Dabei hat man den Tag über den Genuß der freien Natur, die uns mit neuen Reizen immer lebendig, nur Euch Städtern todt, erscheint.

Was mich bei dem schlechten Wetter zu dem Spazierritt vermocht, ist eine für mich sehr wichtige Entdeckung, von der ich ganz voll bin. Ich habe nemlich meinen Boden chemisch untersucht und in demselben eine die Fruchtbarkeit störende Säure entdeckt. Ich habe jetzt den Schlüssel, warum viele

Güter in dieser Gegend so schlecht tragen, daß einige, z. B. das Gut Groß Nienhagen der Frau von Schröder, vielleicht rein nichts eintragen. Es wäre dieses allerdings keine angenehme Entdeckung, wüßte ich nicht das Gegenmittel, das Mergeln, dazu. Jetzt aber denke ich, hat sich, dieser Umstände ungeachtet, dieses Feld so vorzüglich ausgezeichnet. Was wird nun erst daraus werden. Es wird mir in dem Verfahren des Mergelns meine bisherige schwankende Ungewißheit benommen und mich fest bestimmt. Diesen Winter werden meine Leute nicht viel Ruhe hinterm Ofen haben. Einen ganzen Schlag will ich zumergeln und dazu gebrauche ich, da tausende Karrenladungen herausgefahren werden, alle übrigen Männer und Weiber, meine Knechte mit fast allen Pferden. Das soll ein rechtes Leben werden. Mit meiner Entdeckung sehe ich jetzt stolz auf alle empirischen Wirthe herab, die in Ewigkeit nicht raten werden, was ihrem Boden fehlt und wodurch ihm geholfen ist. In meinem Zimmer sieht es jetzt toll genug, gelehrt aus. Ich habe außer den Weingläsern fast alle Biergläser in Requisition genommen und wollte sie nicht wieder hergeben, bis Hausmädchen Dorthe mir sagte, dann müßte das Cleeblatt unserer Tischgesellschaft aus einem Glase trinken. Das half; ich rückte raus. Von allen Orten schleppe ich jetzt Erde zusammen, um sie chemisch zu untersuchen. Wenn ich nach Hause komme, laden meine Taschen viele Tüten mit Dreck aus, von dem sie strotzten. Neulich hatte ich auf einem Spaziergang in Ermangelung derselben meine Hände damit gefüllt. Das Unglück wollte, daß gerade der Pastor gekommen war. So konnte ich ihm nicht einmal die Hand geben. Buschmann sieht neugierig in die vielen Gläser, in deren jedes sich Erde mit Wasser befindet. Er glaubt, es sei Mergel, den ich untersuche. Und ich lasse ihn dabei. Ich bin nicht willens, meine Entdeckung mitzutheilen, denn 1tens würde ich mit meiner nagelneuen Weisheit keinen Glauben finden, 2tens gedenke ich, sie mit der Zeit einmal auf irgendeine Weise zu benutzen. Und hier will ich einmal eigennützig seyn.

Den 22t

Heute hatte ich einen komischen Vorfall. Es meldete sich bei mir ein Mann, um als Tagelöhner ins Gut zu ziehen. Wir brauchen gerade einen, um die Ochsen zu füttern. Und da er mir von Ansehen gefiel, auch seyn Auge gutmüthig schien, ließ ich mich mit ihm ein. Er zeigte mir ein Zeugnis seines Betragens vor und ich las darin meinen Namen. Ich hatte flüchtig gelesen und glaubte, der Mann würde mir darin empfohlen. Aber der Empfohlene hieß selbst so. Uebermorgen zieht also eine Madame Gildemeister[254] in Kl. Siemen ein und das bist nicht Du, sondern eine andere, das ist Vorspuk.

Ihr habt jetzt Freimarkt[255]. Auch hier haben wir die Marktfreude. Morgen ist Markt in Bukow. Ungeachtet des fürchterlichen Wetters, das wir jetzt haben, wird fast ganz Klein Siemen, alt und jung, dahin ziehen. Heute habe ich mich wieder mit Jubel naßregnen lassen – bei der Anlegung der Mergelgrube. Ich kann das Mergeln gar nicht erwarten.

Den 23t

Endlich muß ich einmal zu der Beantwortung Deines Briefes gehen. Es ist wahr, ich habe nicht viel nach Hause diese letzte Zeit geschrieben. Ich aber habe mich mehr zu beklagen als Deine Mutter. Es ist mir nicht gut möglich, dieselbe Sache doppelt zu erzählen. Ich werde sie daher oft an ihre neue Schwester verweisen. Einiges dagegen wirst Du da in Empfang nehmen. Du sprichst von meinen vielen Geschäften. Der Ausdruck hat ein eigenes Mißbehagen in mir erregt, weil es halb einen Vorwurf, halb eine Unzufriedenheit in mir aufregte. Geschäfte mag ich es gar nicht nennen. Aber doch habe ich mir viel zu thun gegeben. Vor einiger Zeit häufte es sich schwindelnd um mich, daß ich nicht wußte, wo anzufangen, und ich dadurch zu Unthätigkeit zurückgedrückt wurde, woran vielleicht mit eine kleine Unwohlheit schuld

254 Es kamen die Eheleute Gustav Friedrich und Charlotta Sophia Gildemeister, geb. Koopmann.

255 Der Bremer Freimarkt alljährlich im Oktober ist eines der ältesten Volksfeste Deutschlands; vgl. Johann-Günther König: Der Bremer Freimarkt, Bremen 2010.

war. Endlich ermannte ich mich und nahm zu meinem gewöhnlichen Mittel, mit dem Schwersten und Unangenehmsten anzufangen, die Zuflucht. Und so ward meine Täthigkeit wieder hergestellt, aber Geschäft, nein, es paßt nicht.

Ich habe das auch schon gedacht, Abends allein zu essen. Für den Mittag muß man sich den Zwang wohl gefallen lassen, aber des Abends müßten wir unter uns seyn. Ich wenigstens bin sehr dafür, denn auf dem traulichen Sopha denke ich, wird mir dann mancher zärtliche Kuß mehr zutheil.

In der Landwirthschaft zu beeisen ist wohl nicht unmöglich, wenn man sie bloß als Gewerbe betreibt. Aber darin auftauen wird man auch, ist man mit ihrem genaueren Zusammenhange mit der Naturwissenschaft bekannt. Dann kann man ihr großes Interesse abgewinnen. Ich kann nicht leugnen, ich treibe mein Fach recht mit Liebe. Das ist wohl nothwendig, will man dergleichen mit Glück betreiben. Ich werde es noch mehr, je mehr, wie es ja den Anschein hat, und von einem guten Erfolg gekrönt wird.

Im Frühaufstehen will ich gern Unterricht von Dir nehmen. Auch will ich gehorsam, wie es dem künftigen Ehemann ziemt, die Schleife des Halstuches vorn zubinden. Aber in Geschichte Unterricht zu geben, das ist unmöglich. Das ist meine allerschwächste Seite. Das hieße, den Bock zum Gärtner setzen. Gute Nacht.

Den 24t

Das Fest des Kranzbindens ist von Georg J.[256] ganz allerliebst eingerichtet. Fast möchte ich ihm schriftlich meinen Beifall zu erkennen geben, fürchtete ich mich nicht, jetzt einen Briefwechsel anzuknüpfen. Allerliebst, daß gerade Dich die Knospe traf; schöner konnte es gar nicht kommen, denn auf Dich paßt hier alles so schön, als wäre es darauf berechnet. Meine liebe Braut mag wohl reizend unter dem Kranz ausgesehen haben? Und ich mußte fern seyn. Aber zärtlich hätte ich doch wohl nicht seyn dürfen?

256 Nicht ermittelt.

Wer uns copulieren soll? Ich habe an Pastor Menken[257] gedacht. Geht das nicht? Du nennst das den schönsten Tag des Lebens. Mich soll es verlangen, ob Du ihn nach 10 Jahren auch so nennen wirst? Oder eigentlich, denn wenn ihm nur böse Tage folgen sollten, hättest Du ein Recht, ihn so zu nennen? Ob die schönen Hoffnungen, die ihn dazu machen, ihn Dir in Zukunft durch ihre Erfüllung rechtfertigen werden? Wer weiß, wer weiß, ob der Mann, dem Du Dich ergeben, nicht schlimmer ist, als er scheint. Grüß mir das junge Ehepaar und sag ihm, daß wir nur den Mond erwarten, der die verjüngte Natur mit Blüten bestreut, um auch unser ach so lang ersehntes Hochzeitsfest zu feiern.

Den 25t

Das Wetter klart wieder auf. Diesen Morgen, als ich aufstand, war die Sonne eben hervorgebrochen und vergoldete mit ihren Strahlen die Wirthschaftsgebäude, die gegen den dunklen Hintergrund der Wolken heiter abstachen. Im Garten war es unvergleichlich. Kein Lüftchen regte sich. Man hörte nur das Morgengeschrei der Hühner und das Regen der fleißigen Arbeit. Die Luft ist rein, und die Gegend lag paradiesisch in dem goldenen Schein da. Auf dem Hofe ist es schon ziemlich tief geworden. Künftig wirst Du Dir Mecklenburger Stiefeletten zulegen müssen, wie sie Frau von Schreeb trug. Ich dächte, Du legtest Dir schon jetzt welche zu. Sie würden Dich vortrefflich gegen das Zahnweh schützen. Wenn Du es auch nicht aus Eitelkeit tust, denn ich glaube, sie werden Deinen kleinen Füßchen allerliebst stehen.

Warum sollte ich nicht gern die Zeit hergeben zu Briefen an Dich? Habe ich doch Lieberes auf der Welt und soll sie doch fast einzig für Dich gewidmet bleiben. Darf ich doch nur, wo ich es kann, die Zeit noch sparsamer eintheilen, um immer ohnedem noch zu erübrigen. Oh, bleib mir diesen Winter recht gesund, meine süße Marianne, und behalte mich lieb, wie ich Dich. Dein G.

---

257 Gottfried Menken (1768 – 1831) war evangelischer Pfarrer in Bremen und ein bedeutender Erweckungstheologe.

03.11.1810, Klein Siemen. An Marianne Wienholt, Bremen

Ich komme diesen Abend, meine liebe Marianne, von Boldebuck in dem scheußlichsten Schlackerwetter, das mir mein durchgewärmtes Zimmer doppelt heimelig machte. Mein Fuchs trug mich in einem Trab durch dick und dünn. Am Dienstag wurde ich durch ein allerliebstes, freundschaftliches Billett hoch erfreut, in dem Schreeb mich zu seinem Erntefest am Donnerstag[258] einlud. Ich hatte gerade auf Mittwoch, wo ich hinreisen sollte, viel Arbeit, weil wir mit dem Mergeln einen Anfang machen wollten.

Den 4t

Ich war gestern gewaltig müde. Ich fahre daher heute fort. Ich hatte mir ohnehin noch mancherley Arbeit vorgesetzt und in solchen Fällen ist mir ein schneller Entschluß nicht eigen. Doch diesmal brauchte es nur wenige Augenblicke. Ich ritt in vollem Winter aus. Es hatte am vergangenen Abend zum ersten Male geschneit und die Nacht gefroren. Ich wurde sehr freundschaftlich empfangen, vorzüglich von den Kindern, die sich besonders auf mich gefreut hatten und fand eine ziemlich ansehnliche Gesellschaft vor, nemlich die meisten der Geschwister der Frau von Schreeb. Von ihren Schwestern[259] ist sie durchaus die Hübscheste und Interessanteste, und eine durchaus allerliebste Frau. Von den Brüdern kannte ich schon den Obristleutnant[260]. Er ist ein origineller Mann, der, obgleich jung, ziemlich in der Welt gewesen ist.

Eine höchst interessante Bekanntschaft dagegen ist mir ein anderer Bruder. Er ist bei dem Herzog von Mecklenburgr-Strelitz, einem der trefflichsten deutschen Fürsten, Kammerrath.[261] Ich kann nicht leugnen, er hat mir von dem Fürsten eine hohe Idee beigebracht. Daß gerade ein solcher Mann bei

258 Am 1. November 1810.

259 Etwa Friedericia Wilhelmina Kunigunda von Bülow, geb. von Bassewitz.

260 Ulrich Carl Adolph von Bassewitz (1781 – 1866) war bis 1807 im schwedischen Militärdienst, danach Gutsherr auf Schimm und Tarzow.

261 Joachim Adolf von Bassewitz (1774 – 1838); vgl. die von Michael Gnessner hgg. Online-Information „Epoche Napoleon“: https://www.epoche-napoleon.net/bio/b/bassewitz04.html.

ihm in Ansehen steht und zu seiner Umgebung gehört. Nach allem, was ich von ihm gehört habe, ist er einer der seltenen Leute, die selbst mit Aufopferung nur für andere leben. Seine Schwestern hängen zärtlich an ihm und liebkosen ihn, sowie er sie – und das mit einem Ausdruck inniger Zärtlichkeit. In seinem Anstande hat er etwas Edles und sehr Einnehmendes. Ich konnte nicht umhin, ihn immer anzusehen. Seine natürliche Güte glaube ich, nicht besser charakterisiren zu können als dadurch, daß ich Dir erzähle, daß er, obgleich noch jung, doch den Bassewitzschen Familienfehler hat, etwas taub zu seyn und doch nicht einen Schatten von Mißtrauen hat. Ich bewundere das. Er ist ein großer Anhänger Thaers und treibt seyn Kammerrathsfach mit großem Enthusiasmus. Ich hatte eine sehr interessante Unterhaltung mit ihm. Sie nahm einen ganzen Morgen hin. Ich habe viel von ihm gelernt, und in manchem hat er mich noch um vieles sicherer gemacht. Er darf selbst mitsprechen, denn er ist auch Gutsbesitzer.[262]

Einiges, was er uns von dem Tode der Königin von Preußen erzählte, wird Dich interessiren. Ich will versuchen, es nachzuerzählen, kann es aber nicht mit den kleinen Umständen, die zeigten, wie tief der Erzähler nachempfand. Du weißt, sie starb an einem Polypen am Herzen. Er behauptet, die Freude habe ihr das Leben abgedrückt, die ihrem Herzen so ungewohnt worden war. Sie selbst hat mehrere Male geäußert, sie hätte nie geglaubt, noch wieder sich so glücklich zu fühlen. Am ersten Tage ihres Dortseins war er mitten auf der großen Treppe des Palastes und sah die Königin in der Mitte, von ihrem Mann und Vater geführt, herunterkommen. Beiseite springen konnte er nicht mehr. Er eilte also die Stufen hinunter, hörte aber noch etwas von ihrem Gespräch. Der König machte die Bemerkung, er habe das gut Befinden, daß auch dort die Gewohnheit herrsche, Thee im Freien zu trinken, und er habe sich vorher schon mehrere Plätze dazu ausgesehen. Der Herzog antwortete ihm darauf: „Wenn Ihre Majestät so lange bei uns bleiben wollen, als ich Ihnen immer neue

262 Der Güter Schönhof und Mummendorf.

Theeplätze zeigen kann, so werden wir Sie länger hier bei uns sehen." Mehr hörte er nicht. Der König hatte schon früher wieder zurückreisen wollen, aber wahrscheinlich infolge dieses Gespräches noch zwei Tage zugegeben.

Die Drei waren allmählich die Treppe hinuntergestiegen. Die Fürsten hatten sich gegeneinander vorgebogen und sich die Hände gegeben als zu einer Freundschaftsversicherung und waren in einem lebhaften Gespräch. Wahrscheinlich hatte es zu einer herzlichen Scene geführt. Jetzt standen sie unten. Die Königin hatte um beide Männer die Arme geschlungen, preßte krampfhaft ihren alten Vater an ihr Herz und beide aneinander, indem sie wie aus Beifall und Entzücken mit der flachen Hand lebhaft ihrem Mann die Schulter klopfte. Der König war hier nicht König, sondern Mensch, gerade so, wie ihn die Königin immer am liebsten sah. Dieser Augenblick, behauptet er, habe ihr das Leben gekostet. Ohnedem würde sie wahrscheinlich noch ein Jahr haben leben können. Sie war den ganzen Tag wie eine Selige und wie von Freude verklärt. Es wurde bald darauf Thee getrunken. Der König wurde mit einer schönen Musik von Blasinstrumenten, die er sehr liebt, und die im Gebüsch versteckt waren, überrascht. Aber schon dann klagte die Königin über Schmerzen und mußte hineingehen.

Nach ihrem Tode war der König von Zeit zu Zeit bald ganz gefaßt, bald ganz weg. Sie ist in seinen Armen gestorben, denn als sie todt war und ihm es der Arzt auf seine Anfrage bestätigte, drückte er ihr die Augen zu und legte sie zurück. Er blieb dann fast immer bei der Leiche. Früherhin mußte alles, was ihn an den Tod erinnerte, entfernt werden. Jetzt war er damit so sehr vertraut geworden, daß er selbst sagte, er sähe mit Ruhe seinem Tode entgegen gleich einem Bekannten.

Den 5t

Ich muß durchaus gleich dem Nachbar Kleinworth einen Besuch machen, der mich schon wieder auf Gestern hat bitten lassen. Morgen muß ich ebenso zu Pastors und Uebermorgen nach Schwerin, den Lehneid zu schwören.[263] Ich kaufe mir daher die Zeit ein wenig aus, um Dir viel Neues zu erzählen. Die übrigen Personen waren unbedeutend, außer von Schreeb, dessen ich doch erwähnen muß. Er war sehr liebenswürdig. Dieses Frühjahr war er – er ist ja etwas nervenschwach und kränklich und daher leicht verstimmt – nicht immer guter Laune, wozu er, vielleicht, weil es damals mancherley Unangenehmes gab, Ursache hatte. Er war gegen mich äußerst freundschaftlich. Ich hatte auch das Vergnügen, mit Dir ein wenig geschoben zu werden. In der großen Gesellschaft wollte ich nicht beichten, sonst hätte ich ihm doch mein Geheimnis anvertraut. Meinen Ring hatte ich zurückgelassen. Ich habe tausend Schrecken darüber gehabt.

Wir waren sämmtlich sehr vergnügt. Ich habe mich sehr gut divertirt. Den ersten Tag tanzten wir bis in die Nacht hinein und standen am anderen Morgen erst um zehn / elf Uhr auf. Ich lernte noch einen Feiertanz kennen, der, wie ich glaube, bei mir nicht getanzt ist. Es ist der Küchentanz. Er wird von dem sämmtlichen Küchenpersonal, angeführt durch den Vogt, der ein Licht in der Hand hat, mit allerlei Küchengeräthen bewaffnet, durch alle Zimmer getanzt und dabei wird wacker auf die Gesellschaft losgeprügelt. Die Leute waren aber artig. Es ging nur über Einige her. Noch immer tönt mir die einfache Mecklenburger Musik in den Ohren.

Den 6t

Ich bin gestern nicht dazu gekommen, zu Kleinworth zu reiten, weil mir in meiner Abwesenheit dummes Zeug in der Mergelgrube gemacht ist, und weil ich Besuch von dem Sohn des Pastoren bekam. Buschmann war neulich ganz pikiert, daß ich, ehe wir zu mergeln anfingen, mich bei Anderen über die Details zu unterrichten suchte. Er sagte mir, er glaube, ich traue es ihm nicht zu. (Soeben läßt Kleinworth mich auf Morgen zu einem Gerichtstag bitten. Ich

263 Der Eid erfolgte am 7. November 1810; siehe LHAS 2.21-2, 582 (insb. 5-10).

freue mich, daß gerade dann meine Abreise trifft, und ich es füglich ablehnen kann.) Ich war nicht geneigt, das durchaus zu leugnen, gab ihm aber etwas nach, weil ich erwartete, er werde sich schon fangen.

Ich ritt gerade an dem Tage weg, an welchem das Mergeln losgehen sollte und fand beim Wiederkommen, daß mein Herr Buschmann so sattelfest nicht sei. „Für einen, der sich im Mergeln unfehlbar hält, haben sie doch gewaltigen Blunder[264] gemacht", redete ich ihn an. Das verdutzte ihn, und er kroch zu Kreuz und ist jetzt ganz schmiegsam. Ueberhaupt sehe ich immer mehr, daß ich wohlgethan hätte, in dem Punkte, wo ich noch nicht genug Erfahrung hatte und sie ihm zutraute, meinen Verstand weniger gegen den seinigen gefangen zu nehmen. Ich ergreife immer mehr die Zügel selbst. Vor einiger Zeit wollte er mir fremde Leute annehmen, während ich glaubte, an meinen genug zu haben. Ich rechne es über und finde, daß er nur keinen richtigen Ueberschlag gemacht hat. Seit der Zeit habe ich den Zweig der Vertheilung der Arbeit auf mich genommen. Ich finde noch mehrere Blundern, die er mir gemacht, daß er keineswegs ein so gewaltiger Hecht ist, als wofür ich ihn gehalten habe. Lange bleiben wir nicht mehr zusammen. Der Obristleutnant von Bassewitz hat mir gewaltig zugesetzt, ich solle ohne Schreiber und mit einem Vogt wirthschaften.

Ich komme allmählich mehr in das Praktische der Landwirthschaft hinein. Ich suche mich in den Ton des Herrn, wie er hier seyn muß, zu stimmen, um mit den Leuten immer entschiedener zu sprechen. Ich habe ein Reitpferd jetzt und reite auf den Acker, wenn ich sonst ging. Wenn ich gehe, gehe ich nicht ohne Stock und was dergleichen Kleinigkeiten mehr sind, die aber im Ganzen wichtig werden. Vor einiger Zeit, bei Gelegenheit bei Einführung einer Strafkasse, kam es darauf an, eine Rede an die Leute zu halten. Ich ließ sie sich versammeln, ich kleidete mich vorher an, ziemlich lange, um sie warten zu lassen. Dann fügte ich zur vollen Kleidung noch die Kappe und den Stock

---

264 Blunder = Dummheit.

hinzu und hielt ihnen nun fest meine Rede, faßte dabei die Kräftigsten ins Auge, um durch sie die anderen im Zügel zu halten, wenn es ihnen vielleicht einfallen wollte, sich zu mockieren oder es in den Wind zu schlagen.

Nachmittags

Ich stecke jetzt fast immer in der Mergelkuhle, um wieder in Ordnung zu bringen, was verquer ist. Und daher habe ich die Augenblicke mühsam zu erkaufen. Ich bin neulich in dem Fall gewesen, Frau von Schröder eine Gefälligkeit zu erzeigen. Sie bat mich bei der Gelegenheit zum Mittagessen, wo ich sie etwas näher kennenlernte. Es ist wirklich eine allerliebste Frau von gutem Wuchs, etwas leidend, sie scheint aber auch mancherley gehabt zu haben. Ich sehe vorher in ihr eine Freundin unserer Mutter. Es scheint ihr jemand zu fehlen, an den sie sich schließt. Zwar hat sie eine alte Gesellschafterin bei sich, die große Stücke von ihr zu halten scheint, aber ihr sonst nicht viel seyn kann, außerdem noch einen Bruder, einen wunderlichen Kauz, der ihr das Leben schwer macht. Die Albernheit, nicht Gnädige Frau sagen zu können, habe ich mir jetzt abgewöhnt. Ich spreche es, wie mein gehorsamer Diener sagt, ohne mir dabei im Mindesten zu vergeben. Ich kann es recht gut, denn auch die Adligen sagen es selbst. Es ist folglich kein Unterscheidungszeichen des Bürgerlichen. Nur Gnädiges Fräulein will nicht so gut heraus. Es soll aber noch kommen.

Mit Pastor Crull werde ich immer besser Freund. Wo ich Rats bedarf, wende ich mich an ihn. Er hat mir neulich außerordentlich gedient und mir sehr aufrichtig gerathen. Als ich zu ihm hin spazierte, schneite es zum ersten Mal. Von einer Anhöhe, auf der vor mir die schöne grüne Wintersaat war, sah ich in die halbbeschneite Gegend, die zwischen dunklen Wolken von der Sonne beleuchtet wurde. Die Gegend war dann sehr schön.

Abends

Ich bin bei Kleinworth gewesen. Nun noch eine kurze Antwort auf Deinen Brief, meine liebe Marianne. Gegen die Vertheilung der Zimmer muß ich nothwendig einkommen. Denn es ist nöthig, daß man vom Wohnzimmer und von meinem Arbeitszimmer den Hof übersehen könne. Warum sollte das eine Zimmer nicht braun bleiben? Ich habe die Idee damit, meine guten Oelgemälde darin aufzuhängen und dazu paßt mir fast keine Farbe besser. Du sagst, es sei dort Gebrauch, daß die Braut das Staatszimmer möbliere. In Mecklenburger ist es das nicht. Darum möchte ich Dich bitten, meine liebe Marianne, setz unsere Mutter nicht zu sehr in Unkosten. Durch die Güte meines Vaters bin ich nothdürftig möbliert und was noch fehlt, läßt sich allmählich anschaffen. Und wozu bedarf es denn auf dem Lande eines Staatszimmers? Ich bin nie ein Freund davon gewesen, und der Meinung, zum eigenen Gebrauch die besten Zimmer zu wählen, die aber so zu halten, daß man ohne Dearrangement zu jeder Stunde einen Gast darin aufnehmen kann. Mit der Anschaffung einer Feuerspritze für gemeinschaftliche Rechnung wird es aus mehreren Ursachen nichts. Hier hört man bis auf den Brand eines Viehhauses nichts von Feuer, aber man geht auch lobenswerth vorsichtig damit um. Das Gesinde bekommt durchaus gar kein Licht und muß im Dunkeln zu Bette gehen. Und die Knechte müssen ihre Pferde im Dunkeln warten und striegeln.

Also, Mecklenburgs Ufer hat Annchen von Travemünde aus gesehen. Konnte sie denn nicht noch eine Tagesreise bis hier daran wenden? Sie wäre mir unbeschreiblich lieb gewesen. Nun, meine beste Marianne, wenn es zu der Branntweinbrennerey kommt, wie ich hoffe, so ist es kein Versuch, es wird von allen Seiten genau überlegt. Es bedarf der Kenntnisse des Gutsbesitzers eigentlich nicht. Man überläßt die Fabrik ganz dem Brennmeister. Das werde ich aber nicht, ich will es selbst verstehen. Ich werde die Einrichtung dazu mit wenig Mühe machen können und habe schon so ziemlich die tauglichen Personen dazu. Hier ist alles so sehr darauf eingerichtet, daß ich nur wenig Geschirr dazu kaufen brauche.

Kernobst, besonders Aepfel, haben wir sehr wenig gehabt, und das ist durchaus in Mecklenburg der Fall. Mamsell versteht sehr gut, Backobst zu machen. Sie versteht überhaupt ihre Sachen recht gut, wie braune Seife machen und dergleichen, und Du wirst das dereinst recht gut von ihr lernen können. Ich bin im Ganzen sehr gut mit ihr zufrieden, nur könnte sie mir oft noch etwas besser aufpassen. Auch ist sie ein wenig verschwenderisch, und sie mag gern aus dem Vollen wirthschaften. Ich klopf sie aber ein bißchen auf die Finger und lehre sie das Sprichwort: Mit Vielem kommt man aus, mit Wenigem hält man Haus. Buschmann ist nicht gut auf sie zu sprechen. Indeß, das hat einen Haken, es ahndet ihm wohl nicht, daß er eher marschiren muß als sie. Neulich haben wir starke Fabrication von Runkelrübensirup gehabt. Nächstes Jahr soll eine tüchtige Menge gebaut werden.

Der Hirte Gildemeister, den ich bekomme, ist ein guter Kerl, seine Frau ein hübsches, tüchtiges Weib. Die Familie ist eine gute Akquisition. Mit der Zeit werde ich immer mehr das Gesindel ausmerzen. Besonders aus der Ursache, daß die Schreiber zwischen Herren und Leuten eine stete Trennung verursachen, ist der Obristleutnant so sehr gegen diese, und ich glaube, er hat Recht. Aber schon seit einer Stunde ruft der Wächter, die Glocke hat 10 Uhr geschlagen, ich muß schließen. Mit dem innigsten Kusse Dein J. G.

07.11.1810, Wismar. An Marianne Wienholt, Bremen

Nicht das Bedürfniß macht Mittheilung, nicht das Ueberwallen liebender Empfindung treibt mich diesmal zu der geliebten Entfernten, nein, eine ganz andere Gottheit, die ich auf Siemen nicht kenne, und die mich noch nie zu Dir führte, die Langeweile. Ich muß in die Stadt kommen, um sie wiederzufinden. Was ich hier zu thun hatte, habe ich noch vor Dunkelwerden ausgerichtet. Nun sind die Abende zum Verzweifeln lang. Ich habe schon ein paarmal meinem Fuchs die Visite gemacht, bin in die Gaststube gegangen, wo vier stumme Oelgötzen beim Kartentisch sitzen, bin dann auf mein Zimmer gegangen, habe mich in den Lehnstuhl gesetzt, um mich in schöne Zeiten der Zukunft zu träumen. Endlich bin ich aufgesprungen, habe Papier, Feder, Tinte und Federmesser nacheinander befohlen und mich hingesetzt und 18 Zeilen geschrieben.

Eigentlich bin ich sehr guter Laune. Ich hatte hier einige Erkundigungen wegen des Absatzes von Branntwein einzuholen und habe ganz über Erwarten günstige Nachrichten eingezogen. Ich möchte schon diesen Augenblick die Brennerey anlegen können. Im Traum sehe ich sie schon immer größer werden und das Leben auf meinem Hofe und den glücklichen Fortgang.[265]

Dabei ist mir immer mehr der Vorsatz gereift, durchaus alles selbst zu betreiben und immer weniger Anderen zu übergeben. Ich habe mir den Plan gemacht, Buschmann nächsten Sommer gehen zu lassen. Statt seiner, wie mir der Obristleutnant gerathen, einen Statthalter zu nehmen. Ich habe Gelegenheit, einen tüchtigen, vortrefflichen Kerl zu bekommen, der gern zu mir her will und dazu, weil ich doch nicht allen vorstehen kann, Bruder Eduard als Schreiber zu nehmen. Es wird mir das viel weniger kostspielig, und ich glaube, es wird in jeder Hinsicht besser seyn. Die Wirthschaft wird viel eher ein Ganzes machen und viel thätiger betrieben werden. Auch für die Holländerey habe ich schon einen Plan. Dorothea hat ehemals bei einem Holländer gedient. Versteht sie nun das Molkenwesen, so denke ich, soll sie es unter Oberaufsicht von Mamsell übernehmen. Für ehrlich halte ich sie durchaus.

Aber was sagst Du davon, daß ich noch eine neue Anlage, wie Du es nennen wirst, vorhabe? Der Kammerrath von Bassewitz hat mir neulich sehr viel von dem Vortheil spanischer Schafe erzählt. Er hat das Stück 5 ⅓ Thl. Gold von einer Herde von 400 Stück ausgebracht. Von der Kuh bekomme ich jetzt nur 11 Thl. Pacht und 10 Schafe werden einer Kuh gleichgerechnet. Nun sind sie aber verzweifelt theuer. Da hatte ich nun wohl Lust, mir ungefähr ein Dutzend echt spanische Schafe anzuschaffen und davon allmählich eine Herde anzuziehen. So wird es mir nicht so kostbar. Was meinst Du davon?

---

265 Es gab noch kein Branntweinmonopol; der Verkauf war steuerfrei.

Ich befinde mich in meiner Lage jetzt außerordentlich wohl. Das feine, unabhängige Leben paßt mir sehr gut. Mädchen Schumacher[266] charakterisierte mich einst, ich könne nicht gut Abhängigkeit vertragen. Das war mir ein wichtiger Aufschluß über mich selbst, und ich fühlte, es sei sehr wahr. Es mag also wohl dieses die Hauptursache seyn, warum ich mich in dieser Lage so wohl fühle. Viel trägt dazu bei, daß ich fest überzeugt bin, Du wirst Dich glücklich darin fühlen, und daß es das Beste ist, was ich zu wählen vermochte. Hauptsächlich ist es wohl auch diese Unabhängigkeit, daß ich jetzt viel besser mit Leuten umzugehen verstehe. Ich suche jetzt die Interessantesten geradezu auf. Ehemals hielt mich Bescheidenheit von ihnen zurück. Aber jetzt fühle ich auch, daß auch ich ihnen etwas geben kann. Mit uns Kaufleuten ist das so. Unsere Entwicklung wird durch ein abhängiges Leben unterdrückt und erst nach der Befreiung von Druck kommt die Nachreife.

Halt, für meinen bellenden Magen kommt der Ruf zu Tisch zu rechter Zeit. Auch wohl für meinen Brief, denn die Langeweile hätte mich noch wohl mehr schwatzen lassen, als sie entschuldigen kann, wenn sie nicht die Liebe zu Hülfe ruft.

Den 14t

Potz Himmel, wie werde ich auf einmal ums Schreiben bombardirt. Von Dir die Ermahnung an Friederike und der Liesel, von Martin an Schrader und Lampe von Friederike, an Betty zu schreiben.[267] Aufrichtig zu gestehen, so hat mir der Brief von Betty einiges Mißbehagen erregt. Sie sprach von Dir nicht mit gehörigem Respect, und ich war anfangs willens, das zu züchtigen. Hernach aber fiel mir die große Liebe, womit sie von Dir redet, mehr auf, und ich überdachte, wieviel es für sie schon sagen wollte, daß sie sich zum Schreiben entschlossen. Ich hielt es besser, es mit Schweigen zu übergehen,

266 Wohl eine Tochter des Bremer Tuchmachers Berend Schumacher, Gr. Fuhrleutestraße 17.

267 Liesel nicht ermittelt; wohl der Bremer Kaufmann Christoph Schrader, der mit dem Kaufmann Cornelius Lampe eine Handelsfirma betrieb.

besonders da sie es mir halb auferlegte. Den übrigen Geboten will ich nachkommen, aber Du, meine beste Marianne, sollst nicht darüber zu kurz kommen. Die Zeit findet sich doch wohl, ohne daß ich sie meiner lieben Braut zu rauben brauchte.

In Schwerin, wo ich war, um den Lehnseid abzulegen, habe ich nicht nur Schreeb, sondern auch den Kammerrath von Bassewitz wiedergetroffen. Schreeb war wieder außerordentlich liebenswürdig gegen mich. Wir stehen auf sehr freundschaftlichem Fuße zusammen und es soll mir lieb seyn, wenn er Dir gefällt. Mich dünkt, daß er ein genauer Freund Gondelas[268] ist, empfiehlt ihn schon genug. Dies giebt mir zugleich Stoff zu einer Epistel an Friederike. Die Briefe von dort sind voll trauriger Nachrichten. Wäre ich dort geblieben, wer weiß, ob ich nicht vielleicht bei Eggers[269] hätte ankommen können. Es trifft jetzt manchen unverschuldet ein solches Schicksal, manchen, der vermögend war. Was meinst Du, liebe Marianne, hätte dann auch mich ein solches Schicksal betroffen? Ich hätte das nicht erleben mögen, und würde ich mich mit allen Kräften immer gegen den Strom haben aufrecht erhalten können, da es ältere Vermögende nicht einmal im Stande sind? Habe ich nicht recht gehandelt trotz der schmerzlichen Wunden, die ich damit riß, meiner Ueberzeugung zu folgen und einen Stand zu verlassen, der unschuldiger Weise zum Anbiß ausersehen ist? Habe ich freilich mir noch nichts Großes wieder errungen, so ist des doch etwas Sicheres, das mit der Zeit sich immer verbessert. Und kein Vergleich mit jenem stillen Bangen im Leben. Leider habe ich das nur zu richtig vorausgesehen. Und wann werden die Aussichten sich bessern?

Einiges Unangenehmes habe ich jetzt auch hier. In mein friedliches Reich ist der Antichrist eingezogen. Ich habe seit gestern Einquartirung. Was will`s

268 Gemeint ist der musisch und literarisch hochgebildete Bremer Senator Simon Heinrich Gondela (1765 – 1832), der mit seiner Frau Christine Gondela um 1802 durch Deutschland reiste und darüber ein Reisetagebuch verfasste, das 2015 von Michael Rüppel herausgegeben wurde.

269 Johann Eggers führte eine Weinhandlung und Weinschänke, die in Bremen Schwierigkeiten hatte, zu überstehen.

helfen? Man muß tragen, was nicht zu ändern ist. Sie sind mir nicht sehr zur Last. Ich habe Ihnen ihr Logis im Holländer Hause angewiesen. Ich gebe Ihnen nicht mehr als ihnen zukommt, und so kosten sie mich nicht viel. Außerdem bekommt man dafür eine kleine Vergütung von ungefähr 12 Groschen[270], was die Auslagen fast wieder ersetzt, denn Nahrungsmittel sind mir nicht kostbar. Ich habe ihnen gestern tüchtig die Stange gehalten und mich mit dem einen derb herumgebissen. Jetzt höre ich nichts mehr von ihnen, und sie scheinen ziemlich Respect bekommen zu haben, denn sie lassen sich mehr gefallen, als ich erwartete.

Sämmtliche Leute hier, und besonders Mamsell mit den Frauen, hatten große Furcht vor ihnen. Umso mehr kam es darauf an, Contenance zu halten. Ich nahm mir daher die Freyheit, als Herr von Siemen und höchst determinirt mit ihnen zu reden, da die verdammten Kerls mir so eingeheizt haben. Es können doch Lagen kommen, wo äußere Umstände einem ihren ruhigen Genuß verbittern und verbieten. Die Kerls haben mich mehrmals geärgert, daß ich ganz unwohl wurde. MichIch als Haupt durfte mich nicht vom Hause entfernen. Jeden Augenblick war etwas Neues, und die Tritte auf der Treppe zeigten es mir schon im Voraus an. Zum Glück ist ein anderer, sehr guter Officier in der Nähe. Den ersten Augenblick, den ich erringen kann, müßige ich mir ab, zu ihm zu reiten, und so werde ich wieder Frieden bekommen.

Diesen ersten ruhigen Zeitpunkt, den ich habe, wo könnte ich besser hinfliegen als zu meiner Marianne, zu Dir, die ich so sehnsüchtig zu mir wünsche. Doch nur diese letzten Tage freut es mich, Dich nicht hier gehabt zu haben. Die Truppen haben Winterquartiere bezogen und leider werden sie wohl diesen Winter hierbleiben. Ich hoffe, Du wirst mein Reich wieder frei treffen, wenn Du zu mir ziehst. Das Schlimmste ist jetzt, daß mir die Zeit so sehr geraubt wird. An Langeweile ist nicht zu denken. Wenn ich nur soviel hätte, daß ich nicht einen Theil meiner Geschäfte aufzuschieben brauchte.

270 Die Vergütung durch das Herzogtum betrug 12 Schilling, vgl. die weitere Verordnung von Friedrich Franz im Herzoglich-Mecklenburg-Schwerinschen Staats-Kalender von 1812, S. 56.

Hoffentlich wird es tiefer in den Winter wohl besser als jetzt, wo sich so manches häuft. Mit B[uschmann] bin ich neulich wieder ziemlich aneinandergekommen. Doch bin ich jetzt, wo ich will. Seyn Kopf ist ganz gebrochen, und er ist höchst geschmeidig. Ich hoffe, er soll mir auch so bleiben.

Den 19t

Du, liebe Marianne, da werde ich schon wieder mit einem Brief überrascht. Die Hauptbeantwortung verschiebe aufs nächste Mal, da dieser Brief bald zur Post muß. Ich will einige drollige Scenen erzählen, die ich mit den Spitzbuben von Soldaten hatte. Die sind jetzt artig, besonders seit sie wissen, daß ich gestern zu ihrem Officier Tustien[271] geritten war. Ich habe an ihm eine interessante Bekanntschaft gemacht. Er ist ein ganz allerliebster Mensch, wie ich noch nie einen Franzosen gesehen, gegen die ich nie einiges Vorurtheil überwinden kann, das gegen ihn aber gleich schwand. Er ist nicht eben hübsch, klein, aber sehr lebhaft. Er hatte ein ausgezeichnet einnehmendes Wesen, sehr fein, eine Höflichkeit, von der man es fühlt, ihre Quelle sei Güte, wie auch in seinem ganzen Wesen, das etwas sehr Offenes hat. Er wird diesen Morgen zu mir kommen, und ich kann nicht leugnen, ich freue mich darauf. Jetzt hinterher machen mir die Bocksprünge der Soldaten viel Spaß, aber anfangs hatte ich gewaltigen Aerger davon. Ich habe dem Officier gestern einiges erzählt, und wir haben zusammen herzlich darüber lachen müssen. Die Schlingel sind so muthwillig und nun plagt sie die Langeweile.

Schreeb ist gestern nicht gekommen. Von seiner Frau machst Du Dir eine ganz unrichtige Vorstellung [...?]. Doch Du wirst sie nun bald selbst kennenlernen und sie selbst beurtheilen. Sie wünscht sehr, Deine Bekanntschaft zu machen. Du wirst finden, daß sie viel Sinn für unsere bremischen Verhältnisse hat. Wegen des Schornsteinfegens kannst Du unbesorgt seyn. Es ist hier ein Schornsteinfeger mit Jahresgehalt, der alle sechs Wochen fegen muß. Der

---

271 Nicht ermittelt.

Hauptabsatz der Branntweinbrennerey ist hier im Lande selbst, und was von Branntwein ausgeführt wird, geht nach Schweden. Wenn die Zeit kommt, daß französischer Branntwein so wohlfeil eingeführt wird, so habe ich noch eins in petto. Ich fange an, Kartoffeln zu bauen, um davon einen Branntwein zu brennen, den ich sehr wohlfeil verkaufen kann. Du siehst, es giebt immer Mittel. Ich schließe lieber, damit mein Brief sicher wegkommt. Lebe wohl, liebe Marianne, Dein J. G.

28.11.1810, Klein Siemen. An Marianne Wienholt, Bremen

Für dieses Mal, liebe Marianne, mußt Du mit einem sehr kleinen Brief zufrieden seyn. Ein ungeheurer und nothwendiger an meinen Vater hat mir alle Zeit geraubt. Ich habe Dir neulich einige komische Scenen mit meinen Soldaten versprochen. Ich glaube aber jetzt, daß es Dich nicht sehr amüsiren wird. Auch ist schon zuviel davon aus meinem Gedächtnis verwischt, um sie so ganz nacherzählen zu können. Ich habe jetzt andere Soldaten, ganz vortreffliche Leute, die mit allem zufrieden sind, und über die ich nicht im Mindesten zu klagen habe.

Den 29t

Am Montag war ich in Rostock und traf Schreeb, der sich zum Landtage dort aufhielt. Er wußte es schon nach dem Gerüchte und sagte mir: „Er habe schon sehr viel Gutes von Dir gehört.“ Ob das wohl wahr seyn mag? Er meinte, ich müßte Dich recht bald herüberholen. Ich habe nun mit ihm verabredet, es zugleich seiner Frau, die vielleicht mitreiset, zu schreiben und ihr ein paar Briefe für Bremen einzuschließen. Du schreibst von Drewes[272]. Hat er wirklich Lust und Absicht nach Bremen zu kommen und Hoffnung dazu? Wenn Dich einiges aus meinem Briefe an meinen Vater interessirt, so

272 Nicht ermittelt.

laß es Dir von ihm mittheilen. Wenn ich mich in die Ansicht versetze, davon ich so oft schreibe, daß mir die Zeit beschränkt ist, so denke ich, muß es ihm unwahr oder gar lächerlich vorkommen. Ich bin nicht imstande, ihn davon zu überzeugen. Dir allein kann ich es dereinst zu meiner Rechtfertigung beweisen.

Vor einiger Zeit hatte ich noch so viel Muße, um beim Frühstück den *Emil* von Jean-Jacques Rousseau zu studiren.[273] Jetzt hat er schon lange anderen Büchern weichen müssen. Die ersten Seiten sind unvergleichlich schön. Weiter hinein wird er immer bizarrer und plötzlich stößt man wieder auf herrliche lichte Stellen, die unvergleichlich sind, und so wechselt es ab. Ich bleibe immer ein großer Verehrer Rousseaus. Er hat den Menschen unvergleichlich schön aufgefaßt. Auch die Liebe hat er meisterhaft gezeichnet, so wie überhaupt den Menschen. Und darum ist er mir so werth und soll es Dir dereinst auch werden, wenn ich Dich mit ihm bekannt mache.

Du beschämst mich mit Deinem vielen Schreiben. Aber je mehr man hat, je mehr will man haben. Du verwöhnst mich sehr, daß ich mit jedem Posttage halt auf einen hoffe. Diesen Abend aber, denke ich, einen zu bekommen. Von Reidemeisters hörte ich lange nichts, grüße Sie und lebe recht wohl, meine beste Marianne, Dein J. G.

05.12.1810, Klein Siemen. An Marianne Wienholt, Bremen

Ich habe Dir neulich nur kurz schreiben können, darauf einen langen Brief wiederbekommen, meine beste Marianne, und werde Dir auch diesmal wohl nicht weitläufig schreiben können. Laß mich daher zuerst den Deinen beantworten. Ich habe den Roman *Woldemar*[274] deswegen nicht leiden können,

273 Jean-Jacques Rousseau: Emil oder Über die Erziehung. Frei aus dem Französischen übersetzt von Hermann Denhardt. Neue Ausgabe, Band 1 und 2, Leipzig o. J.

274 Friedrich Heinrich Jacobi: Woldemar: eine Seltenheit aus der Naturgeschichte, Flensburg 1779, 2 Bde.

weil Heinrich Jacobi ein großes Wesen von einem nicht sehr bedeutenden Menschen macht, und weil doch zuletzt Woldemar und Heinrich Jacobi ein und dieselbe Person sind.[275] Indeß verdanke ich dem Buch doch viel. Es hat eines in mir zur Deutlichkeit gebracht, das mir wichtig scheint, nemlich das, Unabhängigkeit zu erringen dadurch, daß man sich der Herrschaft der Bedürfnisse entzieht, und sie zu erhalten dadurch, daß man nicht fremder Bedienung bedarf. J[acobi] zeigt recht hübsch, wie man immer mehr Klage seiner Diener werde, je mehr man hat, und daß die vielen Bequemlichkeiten und Genüsse, mit denen man sich das Leben leicht machen will, es nur erschweren, und daß sie nicht die Mühe werth sind, die sie uns kosten. Ungeachtet, ich hier reichlich Bedienung habe, brauche ich sie fast gar nicht. Es kostet mich weniger Mühe, mir selbst zu holen, was ich haben will, als erst zu klingeln, dann zu warten, dann den Auftrag zu geben und wieder zu warten und zuletzt es vielleicht nicht einmal so zu bekommen, wie man es haben will. Du siehst also, daß ich nicht durchaus gegen das Buch eingenommen bin.

Frau von S[chröder] lernst Du nun bald näher kennen. Es soll mich verlangen, ob sich dann Dein Urtheil nicht ändert. Ueber Religion ist in Gesellschaft nicht gesprochen worden. Ich kann daher nicht darüber urtheilen. Aber Ihr sonderbaren Menschen, daß Ihr es gar nicht vergessen könnt, bei dem, was ein Mensch ist, was er meint. Ist Gondela[276] vortrefflich, so bleibt er es auch. Er mag glauben, was er will. Umgekehrt soll ich die Tugend mehr bewundern, die einen festen Boden unter sich hat, oder ist die größer, die wie auf einer schroffen Spitze über einem Abgrunde steht, fast ohne zu wanken, als ob ihr der sichere Boden nicht fehlte, die nicht die mächtige Stütze gegen den Kampf von Leidenschaft und Egoismus hat und doch herrlich groß da-

275 Der deutsche Philosoph, Jurist, Kaufmann und Schriftsteller Friedrich Heinrich Jacobi (1743 – 1819) war Rousseaus deutscher Adept. *Woldemar* wurde von Jacobi mehrfach umgearbeitet und erweitert. Die endgültige Fassung erschien 1794. Für Jacobi gab es kein ernstzunehmendes Philosophieren, wenn es nicht eine bestimmte Person anspricht.

276 Der literarisch aktive Bremer Senator Simon Heinrich Gondela (1765 – 1832).

steht. Ihr könnt es dem Menschen nicht vergessen, daß ihm doch Glauben fehlt. Aber ist denn Glauben eine Sache der Willkür, den man sich selbst geben kann?

Pastor Crull habe ich noch nicht gehört. Keineswegs hat mir Frau von S[chröder] ihren Stuhl eigentlich anbieten lassen, sondern ein kleiner Vetter von ihr.[277] Lieb wäre es mir gewesen, sie hätte es gethan. Ich habe mir ihn schon immer von ihr wollen anbieten lassen, aber noch keine Gelegenheit dazu gefunden, denn ich wünschte es selbst, nach der Kirche gehen zu können aus mehreren Ursachen.

Den 8t December

Es ist früh Morgens. Ich sitze bei Licht und schreibe. Bewunderst Du nicht Deinen fleißigen Mann, hätte ich bald gesagt. Ach, daß ich es wäre. Doch solange laß es mich wenigstens träumen und mich dabei glücklich fühlen. Du nanntest mich ja neulich so, meine Marianne, und das durchschüttelte mich vor Freude durch und durch. Ich benutze die Morgenstunden jetzt immer so. Es ist durchaus nothwendig, daß des Herren Auge wacht, wenn sie`s nur wissen, so scheuen sie sich davor. Ich finde dabei mein warmes Zimmer bereit und auch mein Frühstück und Licht. So ist die Ueberwindung nicht groß.

Ich hatte neulich Besuch vom Obristleutnant, der mich in der Mergelkuhle traf. Ich selbst habe auch Blunders gemacht. Hauptsächlich hatte ich viel nach seiner Anleitung angelegt, aber ihn nicht ganz richtig verstanden. Er war mit seiner Schwester, der Frau von Dorne[278], bei Wachenhusen.[279] Und dieser bat mich auch zum Essen. Es wurde in großer Eile gespeiset, weil Frau von Dorne keine Minute Ruhe hatte, um noch nach Bützow zu ihrer kleinen Tochter zurückzukehren. Von einem etwas veralteten Fräulein, das bei Wachenhusens

277 Die Rede ist von den in Altarnähe reservierten Sitzplätzen für die Familie des Patrons und für Amts- und Würdenträger. In der Dorfkirche Alt Karin sind noch die Loge an der Chorseite (von 1775) und die an der Südseite (von 1783) erhalten.

278 Friederice von Bassewitz hatte 1807 Friederich Ulrich Hermann von Dorne geehelicht.

279 Georg Heinrich Wachenhusen auf Klein Nienhagen.

wohnt, wurde sie gefragt, sie scheine gewaltig große Stücke von ihrem Kinde zu halten. „Ja", antwortete sie mit einem ganz unbeschreiblichen Ausdruck der innigsten Liebe im Auge, „die Kleine ist mir auch durchaus alles." Sie habe gehört, ich werde bald nach Bremen gehen, sagte sie zu mir. Ich antwortete bestimmt: Nein (sie weiß nun unser Geheimnis durch Frau von Schreeb). Das konnte sie nicht begreifen. Den glücklichen Menschen, die mit nichts zu kämpfen hatten, ist vieles nicht begreiflich und doch scheint mir dieses letzte Warten so leicht.

Abends

Ich glaubte, Dir noch mehr schreiben zu können. Es häuft sich aber auf einmal so viel, daß ich nur geschwind noch einige Punkte beantworten will. Ich habe drei Mann Einquartierung, die sich sehr gut betragen. Ich hatte früher hier für Handwerker noch ein Bett angeschafft, das kam mir sehr gut zu passe. Es sind durch die Decke zwei Zweischläfrige daraus geworden, und ich brauchte nur noch Decken dazu anzuschaffen. Der Officier ist schon aus unserer Gegend weg. Ihn hier zu bekommen, hatte ich nicht zu fürchten, denn er ist ein großer Liebhaber von Musik und kehrte daher bei einem Pächter ein, wo stark musiciert wird. Für meine Zeit wäre eine solche Einquartierung zum Tollwerden.

Königlich hat mich ergötzt, daß Du die spanischen Schafe mit Heide füttern willst. Man kann selten das Heu gut genug für sie bekommen. Und das beste Futter, was man hat, giebt man ihnen. So theuer wird wohl in Gegenden, wo viel auf Schafzucht gehalten wird, mal ein vorzügliches Zuchtschaf bezahlt, sonst aber kosten sie so viel Louis d`or, als die anderen Thaler, nemlich 2 bis 3. Ich glaube, daß es für Eduard[280] sehr gut seyn wird, wenn er in einen anderen Wirkungskreis versetzt wird. Er ist 17 Jahre und alt genug dazu. Ja, wenn die Jungen schon mit 13 und 14 Jahren bei dem Herrn kommen, so ist es zu früh. Aber in dem Alter können sie schon anfangen, thätig zu seyn.

---

280 Johanns 1793 geborener jüngerer Bruder Georg Eduard.

Ich halte es für besser, daß er jetzt aus der Schule kommt und lieber späterhin dafür die Universität besucht. So ein Zwischenraum ist sehr gut, das Gelernte zu verdauen oder an die Praxis prüfend zu halten und durch Anschauung einzuprägen. Es dient herrlich dazu, wieder auf den richtigen Weg zu leiten, wo Speculation und Hypothese ausschweiften, und den festen Boden verließen. Es dient, den gesunden Menschenverstand zu erhalten, den Gelehrsamkeit oft unterdrückt und den alle, die ins Praktische greifen, so sehr schärfen.

Man lernt die Welt nicht durch Gemälde kennen, denn auch die Besten bleiben unvollkommen, und sie erhalten nur dann ihren Werth, wenn man sie nicht mit ihrem Urbilde zusammenstellen kann. So ist es auch mit dem Wissen. In dem Alter, worin Eduard jetzt ist, taugt dem Jungen durchaus das väterliche Haus nicht. Die erwachende Kraft sucht einen Wirkungskreis und artet, wenn er fehlt, aus oder bringt in eine gänzliche Disharmonie. Es scheint mit Eduards Individualität durchaus angemessen und heilsam.

Morgens, den 9t

Es ist wirklich sonderbar, daß Dein Vater vor seinem Tode sich mit meinem Vornamen beschäftigt hat. Ich kann es mir aber nicht recht denken, daß er mich damit kann gemeint haben. Sollte es nicht vielleicht einen anderen Zusammenhang haben? Und nun noch einen Punkt. Du meinst, es sei nicht schwer, die Liebe ungetrübt zu erhalten, wenn man so sorgenlos wie die Gondelas[281] durchs Leben geht. Und doch, glaube ich, ist es in diesem ruhigen Frieden schwerer, als Du es glaubst. Ruhe ist ja selbst dem reinen Wasser nicht einmal heilsam. Und wenn man nicht durch wahre Leiden einen Maßstab für die kleinen Ungemächlichkeiten des Lebens bekommen hat, sie gering zu schätzen, so machen sie es oft unerträglich, wenn wahres Unglück die verschiedenartigsten Naturen dicht zusammendrängt. Aber mit Sorgen ist es freilich auch anders. Sie stumpfen ab wie eine ätzende Säure.

281 Christine und Simon Heinrich Gondela.

Den 10t

Schreebs sind diesem Augenblick wahrscheinlich in Bremen. Könntest Du sie nicht mit Annchen bekannt machen? Ich möchte gern, daß sie Bremen von der vortheilhaftesten Seite kennenlernen. Ich habe gestern keinen Brief bekommen und fast ist es mir, als wollte eine kleine Ängstlichkeit aufsteigen. Du hast mich verwöhnt, meine liebe Mariannne. Bleibe mir vergnügt und gesund. Ganz Dein J. G.

14.12.1810, Klein Siemen. An Marianne Wienholt, Bremen

Du hast mich, meine beste Marianne, durch einen Einzig, ganz Einzig schönen Brief erfreut. Du holder Engel Du. Wie hat Deine innige Engelsliebe mich beglückt. Die Freude stahl der Wehmuth das Gewand. Das Herz ward mir so voll und schwer. Ich habe das höchste Glück erreicht, Du mein und so mein Weib. Uebers Ideal steigt diese Liebe weg, mir wird schwül dabei. Ich habe keinen Wunsch mehr dafür. Wie wird das enden? Es ist mir so sonderbar, so ahndungsschwer zumuthe. Ich weiß nicht, liegt es in oder außer mir, oder haben diese Tage mich in diese seltsame Stimmung versetzt. Oh, meine Marianne, wenn Du mir nicht bliebest, in der ich nun ganz lebe, was würde ich? Wie man doch so in einer einzigen Umarmung der Welt entschwebte, ewig und unzertrennlich verbunden, welch eine Seligkeit. Oder ist es das Gefühl, wie schwer das höchste Glück zu halten ist? Oder die Erfahrung, schon öfter vom höchsten Gipfel des erträumten Glückes wieder zurückgestoßen zu seyn? Noch will mir der Gedanke, daß Du im nächsten Jahr ganz die Meine wirst, nicht vertraut werden. Es ist wahr, es liegt etwas einzig Schönes in dieser getrennten Vereinigung, in diesem Briefwechsel. Und ich würde nur mit Furcht seinem Ende entgegensehen, sollte ihm nicht eine schönere Zeit folgen. Ich soll Dir Dein Ueberwallen vergeben, meine liebe, liebe Marianne, was möchte ich doch aus Liebe zu Dir gern alles werden. Stünde es doch in unseren Kräften, uns selbst so umzuschaffen, wie wir seyn möchten.

Den 18t December

Ich bin mit Buschmann diese Zeit hart aneinander gewesen. Etwas wirst Du gewiß schon davon vernommen haben, meine Liebe. Ich muß Dir also etwas Näheres erzählen.[282] Ich habe große Hoffnung, einen Jungen vom Bremer von Kapff[283] zu bekommen, einen bescheidenen Menschen, der mir immer recht wohl gefallen hat, und der auf dem Thaerschen Institut gewesen ist. Das wäre mir eine sehr angenehme Akquisition.

Den 19t December

Es ist draußen ein fürchterliches Schlackerwetter, das mir den Abend doppelt traulich und mein warmes Zimmer doppelt heimelig macht. Ich bin zwar bei Dir, aber schöner wäre es doch, ich hätte Dich selbst bei mir. Wir säßen traulich auf dem verlassenen Sopha und horchten nur dem Sausen des Sturmes, um uns näher und häuslicher zu fühlen.

Ich muß im Geist doch mehr in Bremen seyn, als ich es selbst weiß. Unerwartet treten vor meine Einbildungskraft so manche Bilder der Vergangenheit, Orte oder Menschen oder Scenen, an die ich lange nicht gedacht und die meinem Gedächtnisse fast entschwunden waren und mich selbst überraschten. Bekannt genug wird mir alles noch seyn, wenn ich diesmal zurückkomme. Aber mit ganz anderen Empfindungen werde ich die bekannten Türme wieder erblicken, als wenn ich von meinen Reisen die letzten Jahre zurückkehrte. Bei ihrem Anblick fiel eine Last wieder auf mein Herz zurück, die ich nur auf einige Wochen abgeworfen hatte. Wie leicht werde ich mich diesmal fühlen?

Was, Reidemeister[284] hat Dir einen Besuch nicht versprechen wollen? Das Versprechen habe ich schon längst von ihm und davon wird er nicht entbunden. Wegen der bösen Zeiten war der arme Mensch gedrückt. Nun, ich

---

282 Buschmann war von G. umgehend gekündigt worden, nach einer Aussprache wurde die Kündigung auf Ostern 1811 verschoben.

283 Der namhafte Bremer Weinhändler Johann Carl Ludwig von Kapff (1765 – 1841).

284 Der Bremer Kaufmann Georg August Reidemeister (1779 – 1869).

denke, er kann es jetzt ziemlich absehen, wenn auch die Zeiten für den Kaufmann traurig genug sind. Laß es hier nur zur Branntweinbrennerey kommen, so sitze auch ich oben darauf und kann die schlimmen Zeiten immerhin absehen. Ich habe jetzt viel Hoffnung, daß es gelingt, es durchzusetzen. Dein nächster Brief giebt mir hoffentlich Nachricht von Adolfs[285] Besserung. Der arme Mensch hat wirklich auch zu viel.

Eine neue, interessante Bekanntschaft mache ich durch Dich. Der dicke Tiedemann[286] interessirt sich für Landwirthschaft. Du kannst ihm auf seine Frage nur antworten, ich sei gesonnen, aus einer siebenschlägigen Koppelwirthschaft zu einer neunschlägigen Fruchtwechselwirthschaft mit folgender Fruchtfolge überzugehen: 1. bestellte Braache, 2. Gerste, 3. Clee, 4. Winterkorn, 5. Erbsen, 6., 7., 8. Weide, 9. Dreschhafer. Ich habe es gewaltig damit vor, nächstes Jahr bei Euch, wenn ich Zeit dazu erübrigen kann, Mergel aufzusuchen. Vielleicht findet er sich in Sagehorn oder wahrscheinlich bei Vegesack und Bassum. Das wäre für diese Gegend eine wichtige Entdeckung. Reidemeister kannst Du nur sagen, daß Siemen im Ganzen ungefähr 122 000 Quadratruthen groß ist.[287] Mußt ihn ja von mir grüßen.

Den 20t

Das Wetter foppt uns gewaltig. Jetzt ist es wieder scharfer Frost mit schneidendem Nordwinde. Die Sonne scheint blaß, und das Haus wirft einen langen Schatten über den Hof. Ob Dir künftig der Winter auf dem Lande ebenso wohl als in der Stadt gefallen wird? Wirklich ist es in dem wohl eingerichteten Hause fast häuslicher als in der Stadt, wo uns mancher unerwartete Besuch stört. Und die Stadtvergnügungen, werden wir sie wohl entbehren?

Werde ich heute wohl einen Brief von Dir bekommen? Du hast mich schon mehrmals überrascht, daß ich jetzt fast jeden Posttag dem Boten mit

285 Gemeint ist der Mediziner Dr. med. Adolph Wilhelm Müller (1784 – 1811).
286 Der Bremer Korn- und Waarenmäkler Jan Tidemann auf dem St. Ansgarii Kirchhof.
287 Ca. 265 Hektar.

Erwartung entgegensehe, während ich Dich zuweilen mit kärglichen Briefen abspeise. Eben fällt mir ein, daß Du nun Schreebs wirst gesehen haben und daß ich bald Nachricht erhalten werde, wie sie Dir gefallen. Empfiehl mich Ihnen gelegentlich. Und wie lebst Du sonst in gesellschaftlicher Hinsicht? Bleib mir recht heiter und gesund. Möge uns Glück bringend das neue Jahr anbrechen, von dem ich doch endlich die Erfüllung unserer Wünsche mit Gewißheit hoffe. Mit innigem Kuß meinem süßen Mädchen und herzliches Lebewohl der Deine J. G.

30.12.1810, Klein Siemen. An Marianne Wienholt, Bremen

Ich war vorige Post ganz voller Erwartung auf einen Brief. Ihn hier entgegen zu sehen, ritt ich selbst nach Cröplin und fand keinen vor. Ich dachte mir nur, es müsse einer verloren gegangen seyn, und ließ ich mir geduldig Regen, Schnee und Hagel gefallen, die mich ganz durchnäßten und selbst meinem Gaule die Geduld vertrieben. Du kannst denken, mit welcher Ungeduld ich heute am Fenster stand und dem Boten entgegensah, und wie ich ihm entgegeneilte, als er kam. Aber weiter ahnte es mich nicht, wie über Erwartung ich überrascht werden sollte. Du hast mir eine große Freude mit dem Stammbuch gemacht. Es ist ein herrlicher Kranz von Menschen und viele Blätter haben mich tief ergriffen und gerührt. Oh, wie fühlt man es in solchen Augenblicken, wie nur Liebe reich macht und wie reich ich durch Liebe bin. Es ist ein eigenes, seliges Gefühl, sich anderen werth zu wissen, indem ich so ausgezeichnet glücklich bin. Du hast es ganz über Wunsch damit getroffen, mir eine recht große Freude zu machen. Zum Weihnachten ist es zwar zu spät gekommen, und ich habe die Probe nicht bestehen können. Aber, es ist so wohl Besser gewesen. Wenigstens hätte die Freude nicht größer seyn können. Ich war heute mehr dafür gestimmt als damals.

Einige Blätter sind mir ganz vorzüglich lieb gewesen, und besonders mußt Du in meinem Namen die von Annchen anerkennen und sie herzlich von mir grüßen. Königlich aber hat mich das naive Blatt meines großen Vetters divertirt. Was Du mir wegen Adolph[288] schreibst, hat mich sehr interessirt. Weich und herzlich habe ich ihn nie gekannt, und daß er über seine Philosophie noch die Oberhand gewonnen, macht mir ihn umso liebenswerther. Denn nach der verdammte er beides, obgleich er es bekämpfen mußte. Ich habe ihn schon immer sehr geschätzt und war auf dem Punkte, ihm näher zu kommen, aber die Männer suchen nicht wie die Weiber bloß den Menschen im Freund, und so stieß er mich fast zurück. Jetzt, wo eine gänzliche Veränderung mit ihm vorgegangen ist, glaube ich, würde das anders seyn. Oh, tue es doch täglich, zu ihm zu gehen, wenn Du es kannst. Dem Kranken ist die Nähe so wohl. Und wenn er auch nichts davon hat, so wirkt sie ein so angenehmes Gefühl und fast magnetisch. Fehlt es Dir an Stoff so gehe mit jemand anderem zu ihm, und ihr könnt Euch miteinander unterhalten, und so braucht er nicht zu sprechen.

Den 31t December 1810

So schließt sich denn das alte Jahr und Morgen bricht das neue an, das Jahr, das uns vereinen soll. Möge es auch unseren Freunden und der Mitwelt heilbringend anbrechen, damit nicht unsere Freude mißlautend in die Klagen tönt. Oh, meine liebe, liebe Marianne, welch ein Schatz ist mir durch Dich gegeben. Laß mich noch einmal ganz die Fülle meines Glückes fühlen und Dich mit aller Innigkeit, der unaussprechlisten Liebe ans Herz drücken, Dich, die ich nun bald die Meinige nennen werde, und für die ich künftig nur allein lebe.

Es ist mir die Zeit für die einliegenden Briefe kurz geworden. Und es ist ja Dein Wille, daß ich Dich über andere vernachlässigen soll. Laß sie mich

288 Die Rede ist vom Bremer Mediziner Dr. med. Adolph Wilhelm Müller (1784 – 1811). Sein Vater Dr. phil. Wilhelm Christian Müller fungierte als Kantor am Dom und leitete als Direktor ein Erziehungs-Institut, das Marianne und Johann besucht hatten. Adolph Müller war ein Schüler und Bewunderer Schleiermachers und ein mit dem Magnetismus vertrauter Arzt.

daher benutzen und noch ein paar Worte zur Beantwortung Deines Briefes beifügen. Daß Schreebs Euch gefallen würden, konnte nicht fehlen. Ich war davon zu gewiß. Gutmüthigkeit und Wohlwollen ist durchaus ein Zug beider. Richtig habt Ihr sie durch das, was ich über sie sagte, wahrscheinlich nicht kennengelernt, mochte auch vielleicht das, was ich sagte, richtig ein. Grüß Sie ja, wenn sie noch da sind. Was Du über Annchen Wichelhausen[289] sagst, ist mir neu. Daß ich sie gerade übersehen hätte, kann ich nicht sagen. Aber sie hat etwas Pedantisches und Altkluges in ihrem Wesen, das nicht anspricht. Aber leider ist der, der die Herzen biegt, auch der, der sie verbiegt. Aber verzeihlich ist es doch, wenn man verkannte und nicht in näherer Berührung stand. Du kannst ihr nur sagen, daß es ihrer Apologie gar nicht bedurft hätte, um mir die Freude zu machen. Auch magst Du den Kleinen in meinem Namen danken.

Herrlich sind die Worte von Herrn Cordes[290], sehr besonnen. Aber wollen wir das Obige nicht ebenso billig anwenden? Ueberdem war er ja von der Sache nicht so genau unterrichtet. Ich weiß, er hält sehr viel von mir. Sollte ich ihn deswegen nicht auch lieb haben? Und Ihr habt ein Vorurtheil gegen ihn und habt ihm in einem Punkte sehr Unrecht gethan.

Soeben fällt mir wieder ein, was mir über die eigene Freude ganz vergessen war, daß dies Jahr für Bremen nicht heilbringend anbricht. Bliebe nicht die Hoffnung, daß mit dem Opfer dieser schweren Jahre dereinst ein sicheres großes Gut erkauft würde, so wären sie schwer zu tragen.[291] Und so laß uns beiden die Hoffnung doppelt festhalten und mit ihr getrost dem neuen Jahre in die Arme eilen. Dein für ewig J. G.

289 Mariannes Bremer Freundin Anna Adelheid Wichelhausen (1776 – 1844).

290 Friedrich Wilhelm Cordes war Lehrer am Gymnasium Illustre zu Bremen.

291 Die Veränderung bestand darin, dass das ganze nördliche Deutschland dem französischen Reich einverleibt war.

07.01.1811, Klein Siemen. An Marianne Wienholt, Bremen

Ich muß Dir wohl zuerst sagen, liebe Marianne, wie ich das Neue Jahr angetreten. Am Abend vorher war es bedeckter Himmel, aber am Morgen lachte der Tag so heiter durch die beeisten Scheiben. Er war mir ein so froher Verkündiger des schönsten Jahres, daß es mich in die fröhlichste Stimmung versetzte, mit der ich dem jungen Wilhelm[292], der mich nach Bremen als Jokey begleiten soll, und der mir zu gratulieren kam, anhörte. Er wünschte mir eine Braut mit blauem Aug und blondem Haar und schneeweißen Händen. Es schwebte mir auf der Lippe: „Junge, woher weißt Du das?" Ich entließ ihn sehr satisfait.

Es ist ein unvergleichliches Winterwetter. Die Gegend ist weiß bedeckt, der Himmel so blau, und Sonne und Mond scheinen über der Gegend gern zu verweilen und es sich streitig zu machen, sie mit ihrem Lichte zu überglänzen. Wenn uns nur der Frost nicht vom Mergeln vertreibt. Er dringt gewaltig ein und macht die Erde unbezwingbar hart. Ich hab neulich gehört, daß man Mecklenburg für eins der gesundesten Länder hält, in dem die Leute sehr alt werden. Buschmann versicherte mir, zwei Leute von 110 Jahren gekannt zu haben. Schöne Aussicht für uns, auch so alt zu werden und recht lange vereint den Lohn des langen bitteren Wartens zu genießen.

Schon wieder hast Du mich durch einen Brief erfreut, meine liebe Braut, den ich Dir beantworten will. Jede Veränderung hatte mich anfangs gewaltig bestürzt. Der Brief von meinem Vater aber und seine Ansicht, die mir nicht unrichtig scheint, haben mich beruhigt. Viele böse Jahre werden leider noch folgen, aber ich hoffe doch ein gutes Ende. Und so entbehrt jeder mit der Hoffnung, daß es einst seinen Kindern besser gehen werde, gern und tröstet sich der eigenen Entbehrung. Ich habe mich dabei an einem Traum ergötzt, den, meinen Vater mit meinen Geschwistern zu mir ziehen zu sehen und friedlich hier mit ihm die dem geräuschvollen Leben ferne stille Wohnung

292 Die Rede ist wohl vom Pferdeknecht Wilhelm Hamann (*1799).

zu theilen. Immer bleibt es doch ein Zufluchtsort, wenn es dort zu eng wird und ihm seyn Wirkungskreis geraubt würde. Leider scheint es, als seien wir noch nicht am Ende.

Ich höre, daß ein hiesiger Kaufmann, der kürzlich von Paris gekommen ist, erzählt habe, man lache dort über das Verbrennen der englischen Waaren, das in Frankreich nicht geschieht. Man spreche zwar gewaltig frei, aber es sei eine so scharfe Zensur, daß ihr selbst die Devisen in den Botons[293] unterworfen sind. Man sehe es dort als ausgemacht an, daß mit der Zeit alle Länder nach der Reihe verschlungen werden sollen. Besonders soll es ihm ein Greuel seyn, daß es noch ein Land wie Preußen giebt, in dem der König angebetet wird und wo alle Einrichtungen das Glück des Teufels zum Zweck haben. Oh, gäbe es der Himmel, daß ein heiliger Schutzengel darüber seine Arme ausbreite, der Schutzengel Deutschlands, das ich dort wieder aufblühen sehe.

Es ist mir nicht unerwartet, daß Adolf[294] Interesse an uns nimmt. Es ist durchaus männlich, wenn man selbst nicht glücklich ist, sich in anderen zu fühlen. Mitfreude wird gewiß stets eine männliche Tugend bleiben, während Mitleid so weiblich ist. Der Schmerz eines leidenden Weibes wird dem fremden Glück nicht linder, sondern schreiender. Und hier ist es, wo ich auch einmal die Männer erheben darf.

Daß die Tiefe des Gefühls in ihm eine neue Entdeckung ist, wundert mich. Mich dünkt, sie ist immer mit dem äußeren Schein von Kälte gepaart. Sie ist solchen Menschen mit Recht ein zu großes Heiligtum, daß sie es nicht tief in ihrer Brust verschließen sollte. Jedes Spiel damit ist ihnen unleidlich, und darum scheinen sie darüber zu spotten, wenn sie es doch nur über den Mißbrauch thun. Seine Ansicht in Hinsicht der jetzigen Zeitumstände ist ganz hübsch. Wäre sie nur durchaus richtig.

Das bloße Kartoffelnessen ist darin auch ganz artig als Idee, aber so etwas muß man ausführen und gerade damit anfangen. Ja, je ferner man davon ist,

293 Botons = Stiefeletten.

294 Dr. med. Adolph Wilhelm Müller (1784 – 1811), Arzt in Bremen.

je hübscher findet man es gemeiniglich, daher auch die Reichen es am ersten hübsch finden und doch von der Ausführung am entferntesten sind. Und dann ist Jenes noch das Wenigste. Die kostbaren Bedürfnisse sind die, die die schöneren, edleren sind. Ein Gemäldeliebhaber wird sich leicht ein Gericht oder irgendein Bedürfniß entsagen, aber nicht imstande seyn, seine Liebhaberei aufzugeben. Wenn man nicht mit der Ausführung beweiset, daß die Grundsätze nicht bloß Träume sind, haben sie wenig Werth.

Mit dem Weihnachtsgeschenk, das Du ihnen gemacht hast, hast Du mir eine große Freude verursacht. Sollte mein Brief ihnen wohl angenehm gewesen seyn? Oder bezog sich seyn Wunsch nicht mit auf mich?

Den 9t

Du nennst Miß B[unk] neulich eine goldene Miß. Das tue ich lange nicht. Sie ist durchaus keine recht tüchtige Wirthschafterin. Viel zu bequem, sie paßt nicht ordentlich, besonders nicht auf die Mädchen auf, in denen keine Zucht ist, und die ohnehin nicht die Besten sind. Wenn ich sie einmal gegen eine recht gute vertauschen kann, muß sie marschieren. Das schlimmste ist hier mit dem Gesinde, daß man es nur sehr schwer bekommen kann und große Verlegenheit darin ist. Auf eine gute Haushälterin legt man hier einen sehr großen Werth. Doch sind sie auch nicht häufig, obgleich Haushälterinnen die Menge zu bekommen sind. Das Liebste ist mir dabei, daß Du nicht direkt viel mit den Dirnen und überhaupt mit dem Gesinde zu schaffen hast, sondern mehr durch sie. Es wird Dir vielen Aerger sparen, der nicht zu vermeiden ist.

Meine Geschwister hast Du ja gewaltig beschenkt. Du hast Ihnen eine große Freude gemacht. Sie schreiben ganz entzückt von Dir. Auch mir sind Deine warmen Handschuhe sehr sehr gut zustatten gekommen. Ich lebe hier jetzt recht ruhig. Mit meinen Franzosen fahre ich sehr gut und habe nicht die mindeste Beschwerde davon. Neulich wurde Mist ausgefahren. Der Knecht saß auf dem einem, der Franzose auf dem anderen Pferde und so fuhren sie ganz einträchtig und in traulicher Zwiesprache zu Felde. Morgen habe ich eine Tour nach Rostock vor, um verschiedene Geschäfte zu besorgen. Ich schließe daher, damit dieser Brief Morgen weg kann. Endlich habe ich zu meiner Freude den Theer erhalten.

Den 10t

Es war gestern so kalt, daß ich lieber nicht nach Rostock ging. Ich muß mich jetzt auch für meine Marianne sparen. Da werde ich viel vorsichtiger. Was machst Du denn dort und wie lebt Ihr? Ich bin sehr begierig auf einige Nachrichten von dort. Lebe recht wohl und sei der Himmel mit Dir Dein J. G.

19.01.1811, Klein Siemen. An Marianne Wienholt, Bremen

Ich hatte Dir mancherley zu erzählen: Zu Deinem herannahenden Geburtstage wollte ich Dir recht viel schreiben, aber ich konnte nicht dazu kommen. Ich mußte erst den Brief mit der gefürchteten Nachricht, die ich beide am Donnerstag erhielt, erwarten. Unerwartet kam mir die Nachricht nicht mehr, da mir Martin schon vorige Post schrieb, es sei keine Hoffnung mehr. Sie hat mich weniger betrübt als erbittert. Mir hat Bremen um die Hälfte verloren. Solch einen Menschen hat es im buchstäblichen Sinne todt hungern lassen.[295]

Oh, daß es mir vergönnt wäre, einmal dem Dr. Rohde[296] so recht ins Gewissen zu donnern. Ist es nicht eine Schande? Solch einen Menschen haben sie untergehen lassen. Einen Menschen, der aus so reinen Absichten handelte, nur anderen geben will, ihn, der gewiß auch vom Kopf der ersten seines Fachs war und mithin am ersten zu der Mithülfe der anderen berechtigt, die ihn ganz gelassen zugrunde gehen sahen. Daß sie nie, nie wieder einen geschickten Arzt bekämen, nie einen, auf den sie ihre Hoffnung setzen könn-

295 Die Rede ist von Phillipp Johann Wichelhausen (1756 – 1811) – er war er im Januar „ertrunken", wobei er sich laut Marianne „höchst" wahrscheinlich „selbst ins Wasser gestürzt" hatte.

296 Dr. Michael Rhode (1782 – 1812) war ein botanisch interessierter Arzt in Bremen.

ten, damit sie fühlten, wen sie verloren. Welche fürchterlichen Tage hat der arme Mensch wohl unverschuldet gelitten und kräftig den nagenden bitteren Kummer in sich verschlossen. Der Zustand ist wohl der gräßlichste, wenn man sich gern das Leben nehmen möchte und es nur um derer willen, die einem lieber sind als sich selbst, es nicht darf. Du sagst, er habe sich doch unglücklich gefühlt, wir sollten ihn darum nicht beweinen. Aber das ist es eben, was mich erbittert, daß man so wenig für ihn tat, daß er sich unglücklich fühlen mußte. Da man ihn doch leicht hier schon hätte glücklich machen können. Man ahndet oft nicht, wie schwer der Kräftige leidet, weil er stark genug ist, es zu verbergen oder wenigstens nicht zur Schau zu tragen. Dem Jammernden und Winselnden, dem Elenden und Schwachen hilft man. Er erregt das Mitleid und den anderen läßt man sich selbst in Gram verzehren.

Ich möchte auch des Vaters erzegoistische Genußphilosophie versuchen, litte er jetzt nicht selbst so schmerzlich dadurch. Hätte er diese unglückliche Ansicht nicht gehabt, hätte er im Leben mehr auf den Genuß resignirt und seinen Kindern gespart, er hätte fast ein reicher Mann seyn und seinen Kindern jetzt eine sichere Lage gründen können, was ihm als Vater ja als Pflicht oblag. Adolph[297] ist das Opfer davon geworden. Er war doch ein ganz herrlicher Mensch. Herz und Kopf so gesund, dabei eine Kraft, etwas so festes Männliches, eine Ruhe und Besonnenheit, eine Hoheit, die etwas Ehrfurchtgebietendes hatte und oft meine Bewunderung erregte. Seyn Blick war so äußerst richtig und seyn Urtheil so unbefangen und dabei soviel Milde und Güte. Er schien phlegmatisch, aber es war die Ruhe des Wissens, die seine Tiefe anzeigt. Es war viel und tiefes Feuer in ihm, aber kein sprudelndes, leidenschaftliches, das mit dem Kopf davonläuft, sondern ein höheres, das tief im Innern wärmt, erhält, zu Kraft befeuert und als Begeisterung hervorbricht, wenn es überwallt. Es war in ihm ein schönes herrliches Ganzes und diesen Menschen haben sie zertreten.

297 Dr. med. Adolph Wilhelm Müller verstarb 1811.

Für den armen Müller[298], die arme Elise[299] ist es nach ihrer individuellen Lage ein ganz schrecklicher Verlust. Alle Hoffnungen, auf die sie selbst resigniren mußte, und die ihr schöner in ihm erblühten, wodurch sie eigentlich nur und nur in ihm lebte, sind dahin. Das Leben hat für sie seinen Sinn verloren. Es ist nur Kohle noch. Ich fürchte, das wird sie ganz mitnehmen, sie wird nicht lange mehr vegetiren und dem armen Müller nichts mehr bleiben. Auch seyn Schmerz muß fressend seyn. Er war immer so ein äußerst zärtlicher Vater. Hing so mit ganzer Seele an A[dolph]. Er war ihm so durchaus alles. Er war fast alles durch ihn. Er war ihm mehr als selten ein Vater, auch wenn er will, seyn kann. Er war ihm ganz Erzieher und Lehrer gewesen. A[dolph] war so ganz seyn Werk und ein so herrlich gelungenes Werk, in das er seyn ganzes Ich übertrug. Seyn Verlust ist unbeschreiblich groß. Und das schreckliche Gefühl dieser Leere. Der Gegenstand, der in seiner warmen Nähe uns eine ganze Welt schien, weil er sie uns bedeckte. Nun, vom Herzen abgerissen und statt seiner die kalte Leere in ihrer weiten öden Unendlichkeit. Oh, sie ist schrecklich.

Du sagst, Du würdest mich nicht überleben können. Ich hoffe, das sollst Du auch nicht. Ich wünsche und hoffe, Dich zu überleben.[300] Ist das nicht ein sonderbarer Wunsch. Und noch dazu, bei Gelegenheit dieses Tages geäußert? Aber er ist natürlicher, als er scheint, denn nicht der Sterbende stirbt, sondern der Zurückgelassene. Sollten wir nicht gerade den Schmerz vom Geliebten ab auf uns selbst zurückwälzen? Jetzt reut es mich wirklich, Dich noch nicht zu besitzen. Daß jetzt die Mutter nicht hier ist, so hat der arme Müller, der sich meines Vaters in Eilsen so liebenswürdig angenommen, doch ein Herz, das mit ihm leidet und seinen Schmerz zu lindern vermag. Und so vermag ich es ihm durch Entbehrung einigermaßen zu entgelten.

298 Der Vater von Adolph (und Elise) war der Bremer Domkantor, Musikschriftsteller und Pädagoge Wilhelm Christian Müller (1752 – 1831).

299 Elise Müller (1782 – 1849) war Adolphs Schwester. Die Pianistin, Klavierlehrerin und Komponistin prägte das bremische Musikleben entscheidend mit.

300 Johann starb zwölf Jahre früher als Marianne.

Den 20t Januar

Ich habe zu Deinem Geburtstage[301] Dir gern eine Freude machen wollen, eine ähnliche, wie Du mir mit dem Stammbuch gemacht. Dazu bin ich nicht imstande. Ich habe Friederike die Besorgung einiger Kleinigkeiten aufgetragen. Ich weiß aber nicht, ob sie es gehörig ausgerichtet. Doch mochte ich sie nicht gern so leer lassen ohne die eigene Mitwirkung. Es sollte sie etwas Selbstgemachtes begleiten. Das geschieht nun freilich in dem Einliegenden, aber die Ähnlichkeit hat mir nicht gelingen wollen. Du mußt den guten Willen für die Tat annehmen.

Durch eine Nachricht aber hoffe ich, Dir Freude zu machen, die nemlich, daß mein Vater wahrscheinlich an der Branntweinbrennerey theilnehmen wird. Natürlich ist er mir lieber wie jeder andere. Aber vorzüglich angenehm ist es mir darum, weil durch die jetzige Veränderung wahrscheinlich eine Lücke in seinen Einnahmen entstehen wird[302], die dadurch einigermaßen ausgefüllt wird, denn die Brennerey ist von größerer Wichtigkeit, als ich selbst anfangs glaubte. Aus meiner Hälfte werde ich fast die Zinsen für mein ganzes Gut bezahlen können. Die unendlichen Vortheile des Düngers ungerechnet. Der Vater soll nur seine Einnahme als Ratsherr dazugeben, freilich schwankend zwischen 500 und 1 000 Thl.[303]

Eine Freude, die ich habe und die Dich interessirt, ist die, daß ich das Glück gehabt habe, ein sehr gutes Mädchen als Hausmädchen zu bekommen. Sie soll an Dorthens Platz treten. Sie ist noch jung und muß von Mamsell erst angelernt werden, aber gewiß unverdorben von guten ehrlichen Eltern. Es ist hierum so sehr ein Schatz, da das Gesinde sehr selten ist. Um der großen Schwierigkeit, gutes Gesinde zu bekommen und es sich zu erhalten, einiger-

301 Mariannes Geburtstag war der 26. Januar.

302 In der „Franzosenzeit" blieben die Geschäftseinnahmen aus der Tuchhandlung des Seniors bei Barkhausen et Garlichs deutlich unter den Erwartungen.

303 Der Bremer Rat war durch ein kaiserliches décret vom 18. Dezember 1810 aufgelöst worden, zugleich verloren die Ratsherren – und damit auch Johann Gildemeister sen. – die mit dem Amt verbundenen Einkünfte.

maßen zu begegnen, habe ich die Idee hier, Rousseaus Vorschlag auszuführen, der darin besteht, den Leuten einen wachsenden Lohn zu geben. Nemlich, daß sie mit jedem Jahr ihres Längerbleibens stets eine Zulage erhalten. So ist meine Idee, daß die Knechte jedes Jahr einen ½ Thaler und die Mägde ⅓ Thaler mehr bekommen sollen. Ich kenne kein besseres Mittel, sie durch das Interesse festzuknüpfen. Das ist freilich wahr, es macht mit der Zeit ein Bedeutendes. Und bei einem Knecht, der 20 Jahre gedient hat, 10 Thaler über seinen Lohn.[304] Aber ich glaube, man gewinnt es reichlich wieder, denn das Theuerste ist doch die Beköstigung.

Ist ein Knecht so lange bei Einem gewesen, so ist er ganz anders eingelebt, und er wird von nun an nicht wünschen, seinen Herrn zu verlassen und ist daher mit einem Worte zu lenken. Er hat dann bei dem Tausch des Herrn Schaden, während es ihm jetzt gleichgültig ist und es ihm weniger darum zu thun ist, sich die Zufriedenheit seines Herrn zu erhalten. Besonders möchte ich so den einen Knecht an mich binden, der von unbezahlbarem Werthe ist, und den ich so leicht so gut nicht wieder bekomme. Würde ich ihm einen höheren Lohn geben, so würde ich es mit der Gegend hier ganz verderben. Und mir selber auch, denn die Erhöhung des Lohns schadet nur. Ich habe es bisher nicht vor meinem Kopf thun wollen, ohne andere um ihre Meinung zu fragen. Theile mir Deine und die Deiner Mutter mit.

Den 21t

Da die Briefe jetzt so unordentlich gehen, fürchte ich, auch dieser wird nicht zur rechten Zeit ankommen, und das sollte mir sehr unangenehm seyn. Aber ich habe das nicht gewußt, und so habe ich es nicht ändern können. Möchte Dir doch dieser Tag zur Vergütung des Neujahrstages recht viel unerwartete Freude bringen. Sie ist eine kapriziöse Göttin, die Freude. Sie bleibt oft aus, wo man so sicher auf sie rechnet und tritt auf ein andermal unerwar-

304 Der Jahreslohn eines Knechts betrug in Form von Bargeld durchschnittl. 16 Taler.

tet her und mit ihrem Glanze ein. Möchte sie auch diesmal froh, meine liebe Marianne, überraschen, damit das glückliche Jahr von 1811 sich ihr früh befreunde und sie nicht durch seine rauhe Außenseite zurückstoße. Das glückliche Jahr, das mir meine Marianne geben wird. Oh, laß mich Dir mit einem herzlichen Kuß sagen, wie glücklich ich mich fühle, und wie lieb ich mein liebes, liebes Weibchen habe.

Das Käppchen, wenn es vielleicht nicht Deinen Beifall hätte, muß Dir als etwas Mecklenburgisches einigermaßen interessant seyn. Es ist eine Landtracht, die gegen das böse Zahnweh, hoffe ich, schützen soll. Ich komme immer mehr zu der Ueberzeugung, daß es sehr zweckmäßig ist, sich warmzuhalten, wenigstens für meine Individualität und immer mehr von der Abhärtungstheorie zurück. Denn der Mensch ist doch im Grunde ein weichliches Thier. So habe ich mir eine warme Pelzkappe angeschafft. Auch schlafe ich jetzt unter Federn und befinde mich sehr wohl dabei. Ich ahme hierin die gemeinen Leute nach, die doch gegen Kälte ziemlich abgehärtet sind und sehr warm schlafen. Ich habe gefunden, daß zum Schlaf Wärme ein besonderes Requisit ist, wenn er erquickend seyn soll. Ich finde, daß man weniger Schlaf bedarf und gestärkter aufsteht und auch des Tages weniger empfindlich gegen Kälte und weniger frostig ist, besonders am Morgen. Ich habe Dir noch die *Levana*[305] zugedacht. Sie ist aber diesen Augenblick nicht zu haben. Du wirst es nicht Uebel nehmen, wenn sie noch kommt.

Ich bin diesen Augenblick und seit einer Woche ohne Einquartirung und hoffe, es wenigstens 6 Wochen lang zu bleiben. Wie die letzten Soldaten weg gegangen sind, haben sie geweint. Der Mensch bleibt doch immer ein höchst gesellschaftliches Thier. Mir scheint es ein höchst bedauernswerther Zustand, so heimathlos zu seyn. Nun habe ich noch zu erzählen, daß mir neulich der Marder in den Taubenschlag gekommen ist und mir ein Dutzend Tauben ge-

305 Jean Paul: Levana oder Erziehungslehre, Braunschweig 1807. Das Werk ist ein Zeugnis für die erzieherischen Werte und Ideen im frühen 19. Jahrhundert. Es enthält auch Elemente von Rousseaus Bildungstheorien.

würgt hat. Mergeln kann ich noch nicht wieder, aber es wird gemoddet. Und so lebe nochmals recht wohl und bleibe heiter bis zur Zeit, da ich Dich holen darf. Ewig Dein J. G.

27.01.1811, Klein Siemen. An Marianne Wienholt, Bremen

Der vorige Posttag, meine liebe Marianne, brachte mir nur traurige Nachrichten, die keinen guten Eindruck auf mich machen konnten. Es sollte einen das alles fast muthlos machen und man hat alle Kraft nöthig, um sich nicht davon niederschlagen zu lassen. Du krank, dabei so vieles Unangenehme, das auf Dich eindrang und an Deinem Geburtstage wahrscheinlich kein Brief von mir. Dies zusammen lag mir recht auf dem Herzen. Auch sollte ich jetzt noch ein wenig ängstlich seyn, da Du in dem Briefe mir auf nächsten Posttag einen wieder versprichst und diesmal keiner gekommen ist. Hätte ich nicht das Talent, immer das Beste zu hoffen, und mich zu überreden, Du habest damit nicht bestimmt den wirklich nächsten, nur Deinen nächsten Posttag gemeint.

Die heutige Post bringt mir angenehme Nachrichten, die die trüben Wolken etwas wieder verscheucht haben. Einen Brief von Kapff[306], der die Stelle bei mir annimmt. Einen anderen von dem ehrlichen Cornelius[307], in seiner Art ganz zärtlich und mit einem herzlichen Glückwunsch begleitet. Ich hatte mit ihm noch eine Parthie Koka in Amsterdam lagern, worauf ich mich schon längst auf einen derben Verlust gefaßt gemacht hatte. Um die Freude voll zu machen, zeigte er mir dabei ihren Verkauf an, demzufolge noch zu meinem Antheil 300 Thl. gewonnen sind.

Ich war gestern an Deinem Geburtstage nach Rostock, ungeachtet der vorigen trüben Eindrücke, der starken Kälte, die doch die Sonne nicht hinderte,

306 Friedrich Christian Eduard von Kapff (*1790) stammte aus der Bremer Weinhändlerdynastie und hatte von 1809 bis 1810 auf dem Gut Möglin von Albrecht Daniel Thaer Methoden „zur rationellen Landwirthschaft“ kennengelernt.

307 Caspar Cornelius, Buchhalter in Bremen.

purpurroth aufzusteigen, um mir den Feiertag meiner theuren lieben Marianne zu vergolden, war ich überaus heiter gestimmt und es war mir doch, als müßte es Dir, ungeachtet, daß mein Brief wahrscheinlich nicht zur rechten Zeit angekommen, viel Freude unerwartet gebracht haben. Möchte ich doch von Dir die Bestätigung hören, daß er Dir die vorigen bitteren Tage etwas versüßt habe.

Den 28t Januar

Ich habe heute wieder einen Abstecher gemacht, um Rohr zu kaufen. Die Kälte hat mich doppelt müde gemacht. Heute habe ich meinen Commerz hauptsächlich nur mit Bauern. Du hättest mich da fidel mitten zwischen ihnen um einen Tisch sitzen sehen können. Da es den Leuten eine so große Freude machte, haute ich fröhlich in das mit gutem Herzen mir vorgesetzte ein und kein Ekel, in der nicht reinlichen Küche und kein Mangel an Appetit durfte mich stören. Ebenso ward das kreisende Fuselglas, das schon den größten Theil der Runde gemacht hatte, mit einem herzhaften Schluck beehrt. Einer fragte mich, ob ich adelig sei. Ich antwortete, ich sei nur wohlgeboren. Er meint, die hätten dann meistens den vollsten Beutel. Von ihm, der es darauf angelegt hatte, mir etwas Angenehmes sagen zu wollen, fand ich die Art, wie er die beiden Stände nahm, verzweifelt treffend. Man halte doch ja die gemeinen Leute nicht so einfältig, wenn man nicht ihr Dutsbruder werden will. Sie sprachen von einem sehr reichen Müller, der plötzlich gestorben ist. Dem Freund Hein ist niemand zu groß, wenn er kommt, bemerkte die Frau.

In der Wohnstube eines andern Bauern war eine veränderte Scene. Hinter dem Ofen saß ein alter Mann, der schon auf dem Wege aus dem Leben hinaus sich befand. Ein dürrer Husten, ein fieberhaftes Auge, Mißmuth seyn Begleiter. Im Kontrast dagegen kreischte lebensfroh ein rothbäckiger Knabe, mit dem die Mutter schäkerte, ins junge Leben hinein, das ihm unbewußt in dem vollen Glanze der Liebe beschienen und erwärmt wird. In den Augen der Mutter spiegelte sich das Freude glänzende des Kindes ab. Es schien ihr nicht unangenehm, daß ich an diesem Interesse nahm. Noch saß ein Mädchen mit dem Spinnrad in der Stube, das mich, der sich ganz ungenirt in die Scene hineingeworfen hatte, aufmerksam beobachtete, nicht selten den Rocken vergaß, um ein wenig über mich zu lächeln. Und eine ältere Frau war bei dem Alten beschäftigt, der seinen nahen Heimgang prophezeite und dem sie Muth einzusprechen suchte.

Ich kann nicht sagen, daß ich es mir unter den Leuten nur hätte gefallen lassen. Es hat mir unter ihnen behagt und mit großem Wohlgefallen saß ich bei jenen um den Tisch und schwatzte mit ihnen. Sie gaben einem Gelegenheit zu so mancherley Bemerkungen. Sie sprachen sich viel deutlicher aus und lassen manchmal Blicke in den Menschen thun, wo die, die mehr in der Gesellschaft die Kunst gelernt haben, sich zu verschließen, es meistens mehr zu übertünchen verstehen. Und wenn es auch nur seiner Neuheit wegen wäre, so amüsirt das. Nur muß man, wenn man das will, die Rolle des Beobachters ganz ablegen und gleich als Mithandelnder mit auftreten.

Den 30t Januar

Ich habe einige Geschäftsbriefe zuerst beendet und gehöre nun Dir an. Du willst, ich soll an Elise einige Zeilen schreiben. Du raubst mir meine eigene Idee. Es war meine Absicht, aber jetzt, da ich soll, bin ich es nicht imstande und verschiebe es lieber auf ein Andermal. Ähnlich ging es mir mit Adolphs Brief. Als ich den folgenden Posttag durch Dich seinen Wunsch erfuhr, war es mir wirklich unangenehm, weil es nun schien, er nur sei die Veranlassung davon. Es ist mir hernach leid gewesen, daß er ihn nicht früher bekommen hat. In dem Zeitpunkte war es freilich zu spät.

Du sagst, es sei Dir beim Kranzbinden gar nicht so gewesen, als sei er todt. Ich finde das Gefühl außerordentlich natürlich, das sich uns einschmeichelt und überredet, er schläft. Man stellt sich, ehe man es selbst erlebt, das Gefühl des Scheidens viel bitterer vor. Auch kann ich es nicht begreifen, wie Einige die Stelle, wo ein geliebter Todter starb oder wo er eigentlich lebte, fliehen können wie ein Schreckbild. Mich dünkt, gerade diese Stellen ziehen uns am meisten an. Sie werden einem recht innig lieb. Und man kann sich hier nicht bloß der Vergangenheit, sondern auch der Gegenwart recht leicht freuen. Mir wenigstens ist an ihnen recht wohl, nicht schwer zumuthe gewesen.

Warum verbrennen wir die Todten nicht? Alles, was uns den Tod scheußlich macht, ist nur die Verwesung, die widerlich häßliche, die über den Schlaf das gräßlichste Gemälde ausbreitet. Welch schönes Bild würde der zum Himmel emporschwebende Rauch des Entfesselten unserem Auge darbieten. Nie würde dann die zurückgelassene Hülle eines Geliebten einen widerlichen Eindruck auf den Zurückgebliebenen machen. Es ist das, was man mit Recht am meisten scheut, und das will man selbst nach dem Tode nicht. Und es bleibt immer ein höchst unangenehmes Gefühl, daß man das werde. Die Verwesung ist allein todt und selbst nach der langsamen Verkohlung bleibt uns das häßliche Knochengerippe noch über. Sondernbar, daß die rohen Völker das mehr fühlen als die zivilisierten und darin mehr Freyheit beweisen.

Ich kann es doch nicht anders als bedauern, daß so viele mühsam ausgebildete Talente so ungenützt verloren sind, daß sie nur entwickelt wurden, um sich nicht aufzulösen. Was ich ehemals nie ganz billigen konnte, Adolphs[308] theils sehr kostbare Reisen, sie freuen mich jetzt. Er hat doch wenigstens das Leben genossen. Und mich dünkt, es ist nicht unrecht, wenn ein Vater in diesen Jahren des Genusses dieses seinem Sohne zu erringen strebt. Rauschende Freuden muß man in der Jugend genießen und sie nicht dem Alter aufsparen wollen, das für sie den Sinn verloren, der zu ihrem Genusse unumgänglich erforderlich ist. Und dann gewöhnt man sich an das Entbehren leichter, wenn man einst genossen hat, als wenn der Durst nie gestillt worden, so paradox das auch klingen mag. Das aber dünkt mich ein wenig hart, daß man Elisens eigene Musik ihm zum Grabgesang gewählt hat. Das ahndete sie damals wohl von fern nicht, wenn sie sie komponirte.

308 Der Arzt war schwer erkrankt.

Den 31t Januar

Sobald die Witterung etwas gelinder wird, werde ich Schreebs einen Besuch abstatten, die nun doch zu Hause seyn müssen. Von ihm werde ich dann wohl manches erfahren. Daß ich von Kapff[309] auf den Hof bekomme, ist mir eine große Freude. Er ist ebenfalls ein enthusiastischer Anhänger Thaers und wird daher ganz anders in meine Pläne eingehen und mit mir harmonieren. Da er ohnedem manches praktisch bei ihm gelernt hat, was sich nur so erlernen läßt, ist es mir von großem Werthe, einen Menschen zu haben, auf den ich unbedingt das Vertrauen setzen kann. Er selbst ist ein ganz artiger Mensch, mit dem man ganz gerne unter einem Dache wohnt und das freut mich Deinetwegen, denn immer bleibt es nicht angenehm, mit Menschen zusammen zu wohnen, die uns anstoßen.

Auch an dem neuen Mädchen, scheint es, habe ich eine gute Aquisition gemacht. Mir gefällt der hiesige Gebrauch, das Gesinde zu dutzen, sehr wohl. Es ist nicht so fremd, als wenn man sie in der dritten Person anredet. Doch Zeit und Raum gebieten zu schließen und mich nach einer herzlichen Umarmung von Dir zu trennen. Von ganzem Herzen Dein J. G.

06.02.1811, Klein Siemen. An Marianne Wienholt, Bremen

Ich habe neulich durch Schreeb Deinen Brief erhalten, aber nicht persönlich durch ihn selbst, sondern durch Einschluß. Ich gedenke am Sonnabend zu ihnen zu reisen, und da ich ein wenig viel um die Ohren habe, muß ich kurz seyn für diesmal. [...?]

Den 7t

Ich habe nun wegen der Uebernahme der Holländerey, liebe Marianne, meine Einrichtungen gemacht und so, wie es jetzt ist, paßt es mir vortreff-

309 Friedrich Christian Eduard von Kapff (1790 – ?).

lich. Als Meiersche habe ich die Frau des Mannes angenommen, den ich zum Vogt erwählt und der, wie ich Dir schon einmal geschrieben zu haben glaube, ein zurückgekommener Holländer ist.[310] Nach allem bin ich fest überzeugt, an ihnen ein paar treue und ehrliche Leute zu haben. Sie ist besonders eine gute sanfte Frau, und sie soll unter Oberaufsicht von Mamsell dem Wesen vorstehen. Da ich in diesem Jahr die Kühe noch nicht vorzüglich viel besser zu füttern imstande bin, erwarte ich auch keine großen Vortheile. Indeß zweifle ich nicht, mich immer besser dabei als bei der Verpachtung zu stehen. Nächsten Winter aber sollen sie schon ganz anders gefüttert werden als diesen, wo sie sich zum Theil nur mit Stroh und wenig Heu behelfen müssen. Das schlimmste ist jetzt nur noch der Mangel an Gesinde dazu. Es fehlen mir noch zwei Mädchen, die ich nicht zu bekommen weiß, da ich unglücklicherweise um zwei sehr gute, die Dienst suchten, umgekommen bin. Doch habe ich auf jeden Fall Auswege, um mir zu helfen.

Du fragst wegen des Lohnes an. Er ist für ein Mädchen gewöhnlich 10 Thaler nebst 24 Ellen Leinen[311], für ein Stubenmädchen einige Thaler mehr und für einen Knecht 16 Thaler und das doppelte an Leinen.[312] Die Ursache, warum das mit dem steigenden Lohn nicht glücken wollte, liegt ohne Zweifel in den Trinkgeldern, die in der Stadt das meiste ausmachen. Deswegen beachtet das Gesinde den Lohn so sehr nicht und rechnet sich den Thaler Erhöhung als Trinkgeld an. Hier aber, wo sie ganz wegfallen, ist das ein anderes. Deswegen ist ihnen eine solche Erhöhung schon eine wichtige Sache. Mehr als ⅓ und ½ Thaler aber darf sie nicht seyn. Es würde sonst nur schädlich werden.

---

310 Die Rede ist wohl von Johann Heinrich Christian Winkenwerder (1764 – 1826) und seiner Frau Wilhelmina Margaretha Friederike Sophia, geb. Behrens (1770 – 1852).

311 1 Elle in Mecklenburg = 57,54 cm (in Bremen = 69,44 cm).

312 Angaben per anno plus Kost und Logis. Laut einem zeitg. Experten erhielt ein Knecht zwischen 1810 und 1820 „an Lohn 16 Rthlr., Sensengeld 16 Schilling, Mietgeld 32 Schilling, 24 Ellen flächsene Leinwand, 14 Ellen Federleinwand, 1 Pfund Wolle". Die „Kosten der Speisung, der Aufwartung, des Kochens, der ärztlichen Hülfe in Krankheiten, der Unterhaltung von Betten und Hausgeräth, und der Feuerung zum Kochen und Einheizen, berechne ich für einen Knecht jährlich auf 48 Rthlr." – die Jahreskosten für einen Knecht betrugen für den Gutsherrn rund 70 Rthlr. Vgl. Lengerke: Darstellung der Landwirthschaft a. a. O., S. 415f.

Nicht, daß Rousseau aber mich in einen großen Enthusiasmus gesetzt, denn ich kenne ein noch viel wirksameres Mittel, das, die Leute dahin zu bringen, ein kleines Kapital zu sparen und dafür zu sorgen, daß sie Zinsen davon genießen. Aber das ist nach örtlichen Verhältnissen nicht gut anwendbar, und deswegen bin ich zu jenem zurückgekehrt, das mir unter den hiesigen Verhältnissen am Zweckmäßigsten scheint. Denn es bedarf hier eines Reizes für das Gesinde, das so selten ist, um es sich anzuziehen.

Mit von Kapff denke ich, ist es im Reinen. Das wird mir in meiner Wirthschaft in mancher Hinsicht bedeutend vorwärts helfen. Doch darin eben nicht, daß ich nun in völliger Ruhe nach dort[313] reisen kann. Im Gegentheil wird es mich eher etwas zurückhalten, denn wenn er auch seine Sachen praktisch und theoretisch versteht, so fehlt ihm noch, was Buschmann in hohem Grade besitzt, die Kenntnis der Geschäfte, insofern sie ein Gewerbe sind. Von einem jungen Menschen, der nur die Kenntnisse dabei im Auge hat, ist es nicht anders zu erwarten, daß ihm dieser Gesichtspunkt noch fremd ist. Und da ist es, wo ich ja berichtigen muß, und in vielen Punkten werde ich auch eher seyn Meister bleiben und anfangs unentbehrlich seyn, die auch in den Punkten der Lokalität, die mir natürlich schon besser bekannt seyn muß.

Mit der Brennerey geht es auch schon vorwärts. In Hamburg wird schon tüchtig an der Blase und Schlampe gehämmert. Hier habe ich schon Bäume gekauft, die unter dem Beil haben stürzen müssen und die jetzt angefahren werden. Meine Mergelkuhle ist noch immer zugefroren. Ich habe statt dessen modden lassen, und die schwarzen Haufen bedecken schon eine ziemliche Strecke.

Den 8t Februar

Das Siegel Deines Briefes fiel mir zwar gleich auf, doch dachte ich, Du möchtest es wohl von meinem Bruder geliehen haben. Bei dem künftigen Tausch der Namen gewinnst Du aber nicht sehr, denn man kann nicht sa-

313 Gemeint ist Bremen.

gen, daß Du einen hübschen wiederbekommst. Dafür aber wird mein trautes Weibchen in den Orden der Meisterschaft aufgenommen. Und mag sie schon was damit wissen, denn was es damit noch für eine Bewandtnis hat, werde ich Dir erzählen, wenn Du ihn trägst. Das tut mir aber leid, daß die Kappe nicht kleidet. Kannst Du sie denn nicht vielleicht etwas ändern lassen? Es hat mein ganzes Mitleid rege gemacht.

Abends

Morgen früh geht es nach Boldebuck: Das Wetter ist nicht ganz angenehm, auch bin ich nicht recht dafür gestimmt. Am Dienstag Abend werde ich zurück seyn. Dann geht es wieder an die Brennerey, das heißt mit Vorbereitungen dazu. Auch werde ich mir einigen neuen Stoff zum Studiren mitbringen. Für heute nur noch ein herzliches Lebewohl Dein J. G.

13.02.1811, Klein Siemen. An Marianne Wienholt, Bremen

Ich bin gestern Abend, liebe Marianne, von Boldebuck zurückgekommen. Es war schlechtes Wetter, als ich hinritt. Es regnete bei trüben Winternebel. Doch begrüßte mich schon die Lerche, die Verkünderin des Frühlings. Ich kam erst in der Dämmerung an. Man hatte Reinmachefest gefeiert, und ich kam wohl etwas ungelegen. Schreeb kam mir entgegen, begrüßte mich und führte mich auf seyn Zimmer, wo die Bewohner noch ohne Licht sich um den warmen Ofen gedrängt hatten. Frau von S[chreeb] sah ich daher nicht und hörte nur ihre Begrüßung. Bei S[chreeb] war, wie ich sehr bald gewahr wurde, die übelste Laune. Ueber die Kinder, die sich freudig um mich herdrängten, ging es gewaltig her. Sie wurden alle Augenblicke auf die ungerechteste Weise gewaltig gefinstert, was mir doppelt peinlich war, da es immer ein Eingreifen war, während ich mich mit ihnen abgab. So fiel der Besuch nicht sehr angenehm aus.

Den folgenden Tag war die Laune besser, auch hatte er verschiedene Geschäfte. Zu Mittag kamen Nachbarn zu Gast, die eben nicht interessant waren. Am Montag ließ er mich eine unangenehme Parthie, eine Grenzberichtigung mitmachen, die im Regen mehr als den halben Tag dauerte und wobei wir tüchtig naß geregnet waren. Die alte Liebenswürdigkeit war zurückgekehrt, nur war er am Abend schläfrig und ging früh zu Bett. Ich folgte bald. Viele Grüße trug mir Frau von S[chreeb] auf. Ich ward freilich gestern Morgen noch zum Bleiben genöthigt, ich hatte aber meine großen Ursachen, um das nicht zu wollen, denn ich werde mich sehr hüten, lästig zu werden. Und darum schlug ich es ihr ab, was mich heute umsomehr freut, da es den ganzen Tag gestürmt hat und das Wetter gestern noch erträglich war.

Den 19t

Ich hatte den gestrigen Abend zum Schreiben an Dich angesetzt, meine Marianne. Vorher hatte ich aber einen Pflichtgang für Schreeb zum Pastoren wegen eines Hofmeisters.[314] Ich fand die Familie in so heiterer geselliger Stimmung, daß es mir unmöglich war, ihre freundliche Einladung auszuschlagen, und so blieb ich und brachte einen recht heiteren Abend bei ihnen zu.

Diesen Morgen bin ich schon in Cröplin gewesen. Diesen Nachmittag habe ich eine nothwendige Visiste bei Wachenhusens abgestattet. Die Vorbereitungen zur Brennerey fangen an, mich immer mehr zu beschäftigen. Ich achte es nicht, daß ich vorhersehe, daß sie mich hier etwas länger noch zurückhalten werden. In Gedanken, daß die Zeit der Erfüllung meines sehnlichsten Wunschen im Fluge herannaht, daß, noch ehe das Jahr geschlossen ist, ich Dich als mein liebes Weib in den Armen habe, bin ich noch nicht imstande, ganz zu fassen. Augenblicke, wo ich mich in künftige Seligkeit hineinversetze und wo die Sehnsucht gern die Zeit vernichtete und den Zwischenraum durchbräche, giebt es wohl, aber auch andere, wo die Furcht vor einem ausbrechenden Kriege oder andere Ängstlichkeiten ihn erweitert.

---

314 Hofmeister = Hauslehrer.

Den 20t Februar

Stelle Dir mal vor, liebe Marianne, jetzt, da die Erbsen alle gedroschen sind, finde ich, daß sie, sie standen aber auch auf gemergeltem Lande, das 12te Korn gegeben haben. Ungeachtet mir Buschmann einen Bock gemacht und sie zu spät hat mähen lassen und sie dadurch schon auf dem Acker bedeutend ausgefallen waren. Ich sehe doch daraus, was mir der Boden über Jahre tragen wird, wenn er da ist, wo ich ihn haben will. Von von Kapff habe ich noch keine Antwort. Ich weiß also noch nicht, wann er kommt. Es freut mich sehr zu hören, daß er selbst sehr vergnügt darüber ist. Mit dem Gesinde und den Leuten werde ich nun wohl mehr zu thun bekommen, und in mancher Hinsicht wird er mir Buschmann nicht ersetzen können.

Darüber kannst Du unbesorgt seyn, daß Mamsell das neue Mädchen schon zur Ordnung und Reinlichkeit anhalten wird. In diesem Punkte ist sie exemplarisch. Ich habe eher dagegen zu thun, daß sie in mein Zimmer mir nicht so oft poltert und unter meine Sachen geräth. Sie hat auch, ehe sie zu mir gekommen, in Lübeck in einem der ersten Häuser gedient. Das neue Mädchen liegt in diesem Augenblick sehr schwer an Krämpfen krank. Mamsell pflegt sie recht liebenswürdig. Auch für ihr geistiges Heil ist sie besorgt. Ich höre wenigstens des Sonntags Abends, wie sie ihr aus F[eddersen]s Betrachtung[315] vorliest. Zu meiner Ordnungsliebe scheinst Du keine große Idee zu haben. Doch kann ich Dir sagen, daß ich in meinem Wohnzimmer, obgleich es zugleich Arbeitszimmer ist, jeden Augenblick einen Fremden einführen darf. Ich muß also feierlichst gegen dergleichen böse Meinungen protestiren. Ich glaube nicht, daß Mamsell von ihrer künftigen Gebieterin etwas weiß. Aber Wachenhusens haben es vom Obristleutnant erfahren, und so zweifle ich nicht, daß auch meine übrigen Nachbarn es wissen.

Wenn ich nach Bremen reise, bringe ich Pferde mit. Ich stehe mich dabei

315 Jakob Friederich Feddersen: Betrachtungen und Gebete, über das wahre Christenthum … Erster Theil, Franckfurt und Leipzig: bey Heinrich Ludwig Brönner, 1777.

besser als bei Extrapost[316] und kann bei Euch noch Gebrauch davon machen. Ueberhaupt dünkt mich ein Countrygentleman ohne Pferde habe so recht gar keine Art. Nur bin ich in Verlegenheit, da ich nicht viel aufs Aeußere gesehen, zwei gleiche Pferde zu nehmen.

Abends

Die Tage werden schon immer länger und leider die Abende kürzer. Mein Nachbar Kleinworth kann gar nicht begreifen, wie ich die Zeit vertreibe. Ich war vor einiger Zeit mal bei ihm. Es wurde erst eine Stunde nach Sonnenuntergang Licht gebracht, damit, wie er mir sagte, die Abende nicht so höllisch lang blieben. Zu der Tour nach Boldebuck habe ich noch sehr glücklich das weiche Wetter benutzt. Es ist seitdem ein scharfer Frost eingefallen. Am Freitag muß ich nach Wismar wegen verschiedener Erkundigungen wegen der Brennerey. Ich will bei der Kälte und den holprigen Wegen die Tour zu Fuß machen. Das will Buschmann gar nicht einsehen, der das unbegreiflich findet. Die Leute sind hier gar zu sehr an Reiten und Fahren gewöhnt. Auf meinen Böden sammeln sich jetzt ganz artige Haufen Getreide, da ich noch nicht verkauft habe und für die Brennerey noch ein Quantum zukaufen werde. Die Preise müßten nur besser seyn. Schlafe recht wohl und träume von mir.

Den 21t Februar

Ich muß Dir auch mal eine Trauerpost bringen. Vor einigen Tagen wurden mir zu meiner Freude 4 Ferkel geboren. Nun hat sie die zärtliche Mutter aufgefressen. Mit dergleichen Nachrichten werde ich denn des Morgens begrüßt. Da heißt es denn: „Herr, de gelle Osse ist disse Nacht krank worden“, oder: „Marke liegt to Bedde, se is gor nich recht.“ Freilich bedauere ich es,

316 Die wohlhabenderen Leute zogen die – teurere – Extrapost der ordinären Post vor; vgl. Carl Moeller: Geschichte des Landes-Postwesens in Mecklenburg-Schwerin, in: Jahrbücher des Vereins für Mecklenburgische Geschichte und Altertumskunde, Band 62 (1897), S. 1 – 360, hier S. 240 – 291.

daß Adolphs[317] Kenntnisse, die für diese Erde berechnet waren, nicht in Ausübung gekommen sind, wo sie soviel Nutzen hätten schaffen können.

Es fiel mir neulich auf der Tour nach Boldebuck, wo unterwegs in einem Wirthshause zwei musizirten, das schreckliche Gefühl ein, daß Elise[318] beim ersten Wiedersehen seiner Violine mag gehabt haben. Mich dünkt, nichts mahnt so sehr an einen Verlorenen als das stumme Instrument, dem er einst Leben einhauchte, und womit er so lebendig das unsrige berührte, das jetzt in lautloser Trauer ihn schmerzlich zu entbehren scheint. Und es dünkt mich, seyn verstummtes Instrument sei das rührendste Denkmal eines Künstlers, das man ihm aufrichten kann.

Das war freilich Mitfreude im schönsten Sinn des Worts bei Julchen E.[319] Aber muß ich darum so ganz Unrecht haben? Erinnere Dich einer Äußerung, die Du mir neulich mitgetheilt. Scheint es doch, als können Frauenzimmer eigenes Unglück nicht in dem Glück eines recht nahen Freundes vergessen. Natürlich, daß es hier einen bedeutenden Unterschied macht, wie nahe uns das Interesse und die Liebe an den Glücklichen ketten, oder ob wir uns gar nicht für ihn interessiren. Ueberhaupt scheint es mir, der Glückliche spricht mehr die Männer, der Leidende die Weiber an und das entspricht Deiner eigenen Äußerung. Grüße an die drei Geschwister und nun noch ein herzliches Lebewohl mit innigem Kusse Dein J. G.

01.03.1811, Klein Siemen. An Marianne Wienholt, Bremen

Meine liebe Marianne, auch in Deinem Briefe bemerke ich eine wehmüthige Stimmung. Ist es doch, ob das der Jahreszeit eigen sei und in unserem Körper selbst seinen Grund habe, mir wenigstens geht es immer so. Und je-

317 Adolph Wilhelm Müller war inzwischen seiner Krankheit erlegen.

318 Elise Müller (1782 – 1849) war die Schwester von Adolph. Sie galt als sozial stark engagierte Musikerin und Komponistin.

319 Nicht ermittelt.

des Frühjahr mahnt es mich an die Vergangenheit zurück, wo sie mich beim schmelzenden Schnee ins Freie trieb und wo ich als Knabe auf den wenigst ungangbaren Wegen das Wasser, die eben entkeimende Wintersaat aufsuchte, und wo der Gesang der Lerche ein seltsames Sehnen in mir aufregte und wehmüthige frohe Empfindungen, denen ich mit besonderer Wonne nachhing. Auch späterhin hat es mich oft übermannt, besonders an dunklen Tagen bei schlechtem Wetter, wo ich mich aufs Pferd warf und dem Freien zueilte und mit ausgefüllter Leere zurückkam.

Fern von der Heimath will es sich gern in Heimweh umwandeln. So wie es sich überhaupt gern an einen Schmerz anschließt, um eine Ursache zu entlehnen. So ging mir`s neulich auf meiner Tour nach Wismar. Die schöne Zeit der Fußreisen mit ihren eigenthümlichen Empfindungen lag wieder vor mir und an sie reihte sich eine Vergangenheit mit ihren Freuden und Leiden, die dem Gedächtnis fast entschwunden waren, weil wir in der Gegenwart fast nur in der Zukunft leben und auf sie unseren Blick richten. So manche getäuschte Erwartung trat wieder lebendig hervor und auch die, die noch nicht zur Erfüllung gekommen, wollten mich fast schwermüthig machen. Doch eine halbe Heimath ist mir Siemen schon. So wie ich mich ihm näherte, schwanden die Grillen immer mehr und in dem heimischen Zimmer beim Schein des Ofens erwärmte das Herz wieder der Hoffnung und einer schönen Zukunft. Auch heute bei dem stürmischen Wetter hat mich das Frühlingsweh hinausgetrieben auf den nahen Berg[320], wo eine weite Aussicht und freie Luft und Licht die drückende Enge erweitern.

Das Licht hat wohl mehr Einfluß auf unsere Stimmung, als wir es gemeiniglich denken. Ich bin davon sehr überzeugt und fühle dessen ein großes Bedürfniß. Ich glaube, in Eurem Hause könnte ich nicht leben, ohne fast melancholisch zu werden. Und ich glaube daher, daß das helle, heitere Land ei-

320 Der heutige, 74 Meter hohe Klein Siemer Sinnberg.

nen wohlthätigen Einfluß auf mein geliebtes Weibchen äußern wird, ihm die manchmal düstere Stimmung zu bannen. Mich dünkt nicht, liebe Marianne, daß Du mich wegen des Familientages befragt hast, aber mir ist es sicher sehr recht, daß Du nicht hingegangen, denn unheimlich darfst Du Dich nicht in unserem Hause fühlen. Einen Ausschlag hätte ich darüber nicht gern geben mögen. Mir ist recht, was Du bei solchen Gelegenheiten selbst erwählst. Nie möchte ich Dir darin Deine Freyheit beschränken. Ich kann es nicht gut leiden, wenn Männer darin bei ihren Frauen eingreifen und diese von jenen abhängig werden. Aber Ihr Weiber sollt auch nicht gar zu sehr Euren Willen dem unsrigen aufopfern wollen und ja keine Gewohnheit daraus werden lassen, weil sie dann ganz ihren Werth verliert. Fügt Ihr Euch hernach aus Liebe in eine unserer Launen, um so lieber haben wir Euch dafür und um so zärtlicher drücken wir Euch an unser Herz. Jetzt, da meine Meinung keinen Ausschlag mehr giebt, kann ich Dir sagen, es ist mir wirklich lieb, daß Du nicht hingegangen bist. Es hätte Dich in unangenehme Verhältnisse versetzt, die mir Deinetwillen hätten doppelt unangenehm seyn müssen. Das glaube ich nicht, liebe Marianne, daß ich Dinge in Deinen Briefen übersehe, worauf Du Antwort gewünscht. Wenigstens wäre es sehr gegen meinen Willen geschehen.

Für die Freude, die Dir Deine beiden Freundinnen gemacht haben, drücke ich Ihnen recht herzlich die Hand. Aber sage mir, ist das Tuch auch recht einfach? Ich möchte Dich an dem Tage gern hübsch gekleidet, aber nicht geputzt sehen. Ja nicht in Atlas. Ich muß Dich von ganzem Herzen an die Brust drücken können, Dir zu sagen, wie glücklich ich bin.

Den 2t März

Diese Tage haben mir die Pferde Holz für die Brennerey fahren müssen. Bald aber wird es mit dem Mergeln wieder losgehen. Für die Holländerey bleibt neben der Brennerey Platz im Holländer Hause übrig. Und dazu fürs erste der Molkenkeller ganz frei. Den Menschen, den ich als Aufseher über die anderen und als Vormäher habe, weiß ich nicht anders als Vogt zu benennen, obgleich er nicht eigentlicher Vogt oder Statthalter ist. Dazu ist er mir unentbehrlich, und er bekommt etwas dafür.

Wismar, den 3t März 1811

Ich bin Dir nun einige Meilen näher. Ob Du wohl eine Ahndung davon hast? Ich bin hier, um Morgen zu schachern. Ein Pferd will ich verkaufen und ein anderes wieder einhandeln. Es ist hier Markt. Morgen ist Maskerade. Vielleicht mache ich die Tollheit einmal mit. Die Märkte sind in Mecklenburg immer große Feste. Zu ihnen strömt alles zusammen und man reist ein halbdutzend Meilen weit darum. Für einen Countrygentleman, der unter seinesgleichen nicht viele Bekannte hat, mag es ganz angenehm seyn, sich so zu treffen und bald an dem einen Orte und bald unter jener Umgebung sich zu sehen. Zu ihnen strömt alles zusammen und man reist ein halbdutzend Meilen weit darum.

Mit Einquartirung bin ich noch glücklich verschont und hoffe es wenigstens, eine Zeit noch zu bleiben. Es ist eine gute Sache, daß Siemen so ein wenig versteckt liegt. Für die Brennerey ist es so übel nicht, daß Truppen im Lande liegen. Sie bringen mir dadurch sehr reichlich wieder ein, was sie kosten. Und darum habe ich für meine Person fast Ursache zu wünschen, daß sie wenigstens für erste noch bleiben.

Den 4t

Nach einem genauen Ueberschlag komme mit der Fütterung für mein Vieh reichlich aus und das will in der Koppelwirthschaft schon was sagen. Der Holländer ist mit dem Milchertrag der Kühe zufrieden und auch das ist viel, weil dergleichen Leute es nie sind. Es ist lauter junges Vieh und das frißt wie der Henker. Es wurde einem anfangs fast schwül dabei. Wenn sie einmal einen Augenblick pausiren, so giebt es ein ordentliches Orgelkonzert. Und wenn dann der Hirte Futter zuträgt, so sind alle Köpfe begierig nach ihm gerichtet. Meine Kühe werden gut auf die Weide kommen. Es freut mich nun doppelt, dem Holländer 10 Kühe weniger als bisher gegeben zu haben. Freilich hat er eigentlich den Vortheil davon, aber er hat auch ein schlechtes Jahr gehabt, weil dieses Jahr eine Art Pocken unter der Herde war. Und nun lebe wohl. Herzlich Dein J. G.

11.03.1811, Klein Siemen. An Marianne Wienholt, Bremen

Ich habe gestern keinen Brief von Dir bekommen, meine liebe Marianne. Gewiß hast Du diese Zeit her recht traurige Tage verlebt und meine schwermüthige Stimmung, wozu ich nicht den mindesten Grund hatte, und die ich doch nicht bekämpfen konnte, war eine Ahndung davon. Mit rechter Sehnsucht habe ich einem Briefe von Dir entgegengesehen. Ich war am Sonnabend in Cröplin und hatte Mühe genug, dem Zuge nach dem Posthause zu widerstehen und nach Briefen zu fragen. Ungeachtet ich recht wohl weiß, daß keine da seyn konnten, weil die Post erst den folgenden Tag kam. Auch von meinem Bruder habe ich lange keine Briefe. Ursache genug, mich fast ein wenig ängstlich zu machen. Ich habe nun auf den Donnerstag meine Hoffnung gesetzt, wo ich gewiß Briefe erwarte. Ich kann ihnen oft mit rechter Sehnsucht entgegensehen und die Zeit kaum erwarten und ungeduldig Stunden und Minuten zählen.

Den 13t März

Es ist ein ganz herrlicher Morgen, Geliebte. Wir haben unseren zweiten Frühlingstag, alles lachend und die Stimmung heiter: Ihr hat eine düstere Platz gemacht, die mit den letzten enteilenden Wolken schwand. Ich bin schon ziemlich früh aufgestanden, obgleich zum Genuß des schönen Tages auf keine ganz angenehme Weise geweckt. Buschmann übernahm die Mühe und die Veranlassung war eine Fehde, die er mit dem einen Knecht gehabt.[321]

Gestern besuchte mich Kleinworth mit einem Rostocker Kaufmann. Ich war hinten auf meinem Felde, das schöne Wetter zu genießen, als ich eingeholt wurde. Diesem gefiel Siemen ganz außerordentlich, besonders der Garten mit seiner Aussicht, was mich nicht wenig kitzelte. Ich bin nicht weniger von meinem Gute eingenommen und glaube, Ursache zu haben. Ich denke, binnen ein paar Jahren soll etwas ganz anderes daraus gemacht seyn. Zu Kleinworth gehe ich zuweilen, ein paar recht niedliche Kinder ziehen mich dahin, ein kleines Mädchen von einem und eins von sechs Jahren.[322] Verzogen werden sie nicht und in dieser Hinsicht kann ich nicht viel aussetzen. Aber es ist doch vorherzusehen, daß aus ihnen dort nicht werden wird, was aus ihnen werden könnte.

Bald geht es wieder an die Ackerarbeit, dann noch einige recht arbeitsvolle Monate und dann meine liebe Braut im Arm. Ich will versuchen, mir diese Zeit im voraus recht frei zu arbeiten, um sie ganz genießen zu können und auch in vollem Maße. Einige Monate wird es darüber später werden, als ich anfangs dachte, aber gern unterwerfe ich mich dem Muß, der Lohn ist um so schöner. Oh, die schöne Zeit, ich mag mir kaum die Muße nehmen, mir sie ganz auszumalen.

Binnen 14 Tagen, denke ich, wird von Kapff schon hier seyn. Ich freue mich ordentlich auf ihn, dann erst soll es recht mit Eifer losgehen. Buschmann ist doch gar nicht imstande, in meinen Gesichtspunkt zu treten. Jener wird mit mir gewißermaßen gemeinschaftliche Sache machen. Dann wird es einen ganz anderen Nachdruck haben. Bis dahin mag ich mir nicht recht mehr die Mühe geben, es mehr durchzusetzen. Er begreift mich zu wenig.

---

321 Der Knecht mußte Buschmann zwar um Vergebung bitten, die der aber nur widerwillig aufnahm.

322 Die Rede ist von den Mädchen Emilie (1805 – 1872) von der ersten Ehefrau Catherine, geb. Lohmann (1771 – 1805), und Charlotte (1810 – 1863), von der zweiten Gattin Wilhelmina, geb. von Hövell (1765 – 1846).

Den 14t

Einen Theil der Zeit gestern Abend hat mir der Pastor geraubt, der mich besuchte. Er kam zu Wagen, war aber im dicken Morast umgeworfen worden. Die Wege sind diese Zeit hier ganz über alle Beschreibung schlecht gewesen. Er selbst erinnert sich nicht, sie je so gekannt zu haben. Es kam davon her, daß der Frost sehr tief eingedrungen war – er ist noch in den Wiesen – und es stark regnete, wobei alles zu einem Brei aufweichte. Das Fahren zu Wagen war wie eine Art Schiffahrt. Man hörte stets Neuigkeiten von Schiffbrüchigen. Wie bald ein lediger Wagen mit vier Pferden gar steckengeblieben und er noch Vorspann bedurfte, um wieder flott zu werden und dergleichen. Auf meinem Felde sind viele steckengeblieben und man hatte in der Ferne den Anblick eines Wracks, das von den Leuten verlassen war. Der Pastor war ziemlich glücklich weggekommen. Er hatte mit seinen Söhnen recht weich gelegen.

Es wäre mir nicht angenehm gewesen, wäre meine neuliche Entdeckung richtig gewesen – Anzeichen von sehr kaltem Boden, ein böser Fehler. Es erwies sich bald, daß es einen anderen Grund hatte. So hätte ich auf spanische Schafe verzichten müssen, was mir sehr unangenehm gewesen wäre, da nichts größeren Gewinn in jetzigen Zeiten verspricht als gerade sie. Der Boden ist ohnedem schon nicht ganz für sie und es bedarf vieler Kunst, um sie hierzuhalten. Viehzucht ist hier der viel wichtigere Zweig, nach dem jetzt hingestrebt werden muß. Stelle Dir mal vor, ich habe Rocken, zwar nicht beste Waare, für 27 Gulden die Brennerlast gekauft und guten zu 30 Gulden.[323]

Es ist heute wieder ein schöner Tag. Im Garten ist es des Morgens ganz herrlich. Ich habe ein eigenes Sonnenplätzchen, wo man recht behaglich vom Winde nichts spürt. Der Gesang der Vögel belebt die Gegend und an der Seite ist der grüne Teppich der Wintersaat ausgebreitet. Ich habe es mir immer gedacht, daß man auf dem Lande, weil der Uebergang zum Frühling

323 Mecklenburg prägte den Gulden (neues Zweidrittel) von 1789 bis 1830 – er entsprach ca. zwei Dritteln eines Talers.

allmählicher und unmerkbarer ist, ihn weniger genießen müsse. Aber ich finde, daß er nicht weniger Freude macht. Freilich, das hohe Wonnegefühl, mit dem ich als Kind den Frühling zu begrüßen pflegte, das in den Mauern als Gefangener so lange eingeschlossen war, bis der Frühling in seiner ganzen Schönheit da war und erst dann hinausgeführt wurde in den Sonnenglanz, ein Entzücken, wie es nur Maria Stuart nach jahrelanger Gefangenschaft so fühlen mochte, das giebt er mir nicht mehr, aber er bleibt mir immer neu. Ich schließe jetzt, um bald Briefe zu bekommen, auf die ich heute mit Sicherheit rechne. Herzlich Dein G.

16.03.1811, Klein Siemen. An Marianne Wienholt, Bremen

Ein himmlischer Abend, liebe Marianne, die Luft so rein, die Natur in feierlicher Stille. Nicht das Regen eines Lüftchens, nur hin und wieder die ferne Stimme eines Menschen und das Hallen aus dem Gebüsch eines jagenden Hundes. Ein schönerer Sonnabend Abend läßt sich nicht denken. Die Natur in erhabener Ruhe, die wunderbar das Herz anschwellt, das sich überfüllt fühlt und mit einem seltsamen Gefühle über den Strudel des Lebens von seiner Müdigkeit ausruht und zu neuen Kämpfen stärkt. Nein, so kann der Städter doch die Natur nicht genießen. Dem Landbewohner sind doch die schönsten, reinsten Freuden aufgespart und doppelt glücklich, wenn er sie am Arme eines innigst geliebten Weibes genießt. Ich habe mich recht vollgesogen von Wonne und bin langsam über die Flur geschwenkt, als wenn ich die heilige Ruhe nicht stören wollte. Oh, liebe Marianne, es sind uns noch recht viele viele Freuden aufgespart. Mögen wir nie die Stimmung verlieren, sie ganz zu genießen.

Ich kann nicht umhin, Dir hier eine schöne Stelle aus Thaers neuem Werke abzuschreiben: „Das Landleben hat bei allen Annehmlichkeiten soviel Einförmiges und bei aller Geschäftigkeit doch solche Stunden der Langeweile, das dem lebhaften Kopfe solches kaum genügen kann, wenn er sich nicht mit einem andern Studium beschäftigt. Unter allen aber ist keins angemessener für ihn, wie das der Natur. Er kann der glücklichen Neigung, in der Naturwelt zu leben und ihre erhabenen Gesetze zu erforschen, sich mehr wie jeder andere hingeben, indem er sie, ohne seinen Geschäften Abbruch zu thun, immer befriedigen und fast in jedem Augenblik damit vereinigen kann.

Wenn uns die moralische Welt und die gesellschaftlichen Verhältnisse fast nur den widrigen Anblick des Widerstrebens gegen die ewig beseeligenden Gesetze der Vernunft darbieten, wodurch sich Schmerz und Elend über die Erde verbreitet, so zeigt uns die Natur nur umsomehr Ordnung und Einheit, je tiefer wir eindringen.

Das Beeseligende dieses Anblicks genügt nicht nur dem Gemüthe, sondern erweckt auch den Glauben, die ewige Weisheit, welche ihr Werk in der materiellen Welt unserem Auge offen darlegt, und die Materie in immer neuen Gebilden erscheinen läßt, werde auch in der geistigen Welt alles nach einem Plane, zu einem harmonischen Ganzen geordnet haben, dessen Vollendung der Ewigkeit vorbehalten ist. Dies Gefühl wird, wenn gleich nur dunkel, beim Landmanne lebhafter als wie beim Städter erregt, weshalb man auch beobachtet hat, daß bei ackerbauenden Nationen und Ständen immer mehrere und reinere Religiosität herrschte, wie bei denen, die Krieg und Handel zu ihren Geschäften machten.“[324]

Den 17t März

Endlich zwei Briefe auf einmal. Ob vielleicht Euer gnädiger Kaiser zuvor den einen gelesen hat (geöffnet schien er nicht), weiß ich nicht. Aber er fordert umgehende Antwort, die ich nicht versäumen will und ihn mit zwei anderen wohlbeleibten Briefen, jedoch jeden besonders abschicken, da ich sie ohne den Wink vielleicht ineinander eingeschachtelt hätte. Um zu beurtheilen, wie Du mich in dem Punkt meines Fortkommens hast mißverstehen

324 Albrecht Thaer: Grundsätze der rationellen Landwirthschaft, a. a. O., Bd. 1, §. 37, S. 15.

können, müßte ich meinen Brief selbst vor mir haben. Es kann seyn, daß eine augenblickliche Laune sehr auf mich eingewirkt hat, denn ich erkenne als meinen Fehler, gegen den ich mich zu verteidigen suche, daß etwas Unangenehmes oder eine düstere Stimmung meinen Muth zu sehr niederschlägt und das Gegentheil ihn in die Luft erhebt.

Du irrst, wenn Du glaubst, ich hielte in diesem Punkt gegen Dich zurück und verbürge Dir etwas, das ist nicht der Fall. Daß die Macht der Zeitumstände auch hier ihren Einfluß äußert, daß ich dies erste Jahr bei diesen Preisen Schaden habe, und daß dieses auch bei der nächsten Ernte der Fall seyn werde, habe ich Dir nicht verhehlt. Bei düsterer Stimmung und wenn die Ausgaben sich häufen, will es mich dann manchmal bange machen und Furcht sich auf mancherley Weise einschleichen. Aber ist das vorbei, so hat die ruhige Vernunft wieder die Oberhand, und ich sehe ein, daß jenes unvermeidlich ist, kümmere mich auch nicht viel darum, denn ich bin bei meiner Wirthschaftsänderung meiner Sache zu gewiß und überdem kommen mir die niedrigen Preise im Gegentheil bei meiner Brennerey zugute. Ohne diese würde ich mich freilich ein wenig fürchten. Und Frau von S[chröder] vermied sorgfältig, mich zu fragen, ob ich Dich bald hole. So aber brauche ich mich nicht einmal ganz auf die Änderung zu stützen, und ich würde keinen Augenblick anstehen, Dich gleich zu holen, wenn ich es könnte. Wenn ich diesen Zeitpunkt etwas aufs Ungewisse hinausschob, so war das die Ursache davon, daß es ja nicht allein von mir abhängt, und ich nicht ganz den Willen unserer Mutter kannte, die mir einmal schrieb, in Hinsicht des Krieges müßte es nicht übel aussehen und dieses als Bedingung machte und hier viele kriegerische Gerüchte und besonders das, daß 5 Meilen von hier ein Lager von 40 Mann errichtet werde, zirkulirten, die wieder verschwunden sind.

Die Ursache, warum ich vor Johannes[325] nicht zu kommen wünsche, ist die, außer daß die Anlegung der Brennerey meine Gegenwart erfordert, daß ich

325 Johannes = 24. Juni.

den Termin erst vom Hals zu haben wünsche. Wo eigentlich der beste Zeitpunkt her soll, weiß ich eigentlich noch nicht. Dergleichen, Dir eine Brennerey zuerst in Gang zu bringen, ist eine wichtige Sache. Es kommt sehr viel auf den ersten Anfang an. Das liegt mir nun ganz ob, von von Kapff kann ich in der Hinsicht wenig erwarten. Die größte Geschicklichkeit ersetzt das Auge des Herrn nicht. Der Absatz für den Branntwein, das Allerwichtigste bei dem Geschäft, erfordert viele kleine Touren. Und ich möchte auch besonders, da es mich nun nicht allein angeht, nicht gern was darin versäumen. So kommt, daß ich noch eine Scheune umzubauen habe. Ich werde freilich soviel wie möglich in Verding[326] geben, aber ganz abwesend bei der Arbeit möchte ich auch nicht taugen. Mit der Brennerey, fürchte ich, wird es noch etwas zögern, sonst könnte ich, sobald sie eben im Gange, geschwind herüberreisen und Dich holen, das würde ungefähr Johannes seyn. Und der Termin ist schon Anfang Junius. In vieler Hinsicht wäre mir das bequem.

Die Feldarbeiten sind vollendet. Es ist gerade der geschäftsloseste Zeitpunkt. Ich könnte es aber nur dann, wenn Eduard hier wäre. Und doch könnte ich kaum 3 Wochen abwesend seyn. Wollte ich aber warten, bis dies alles beseitigt ist, so könnte ich wohl bis tief in die Ernte zurückgehalten werden und vielleicht noch länger. Dann aber würde ich mit Muße dort seyn können. Jetzt entscheide, mir wäre Heute lieber als Morgen.

Den 18t März

Ich habe mir diese Nacht noch einmal alles recht überlegt und glaube doch, daß nach Mitte Junius wohl der beste Zeitpunkt ist und ich dann noch vor der Ernte zurück seyn kann. Wenn ich es nur dahin brächte, daß vor meiner Abreise noch die Brennerey so ziemlich im Gange wäre, so ginge es noch. Aber ich fürchte nur Zögerungen. Wenn denn auch der Absatz nicht sogleich da wäre, so schadet das soviel nicht, ob auf einige Wochen sich der Brannt-

---

326 In Verding = fremd vergeben.

wein sammelte. Er kann so lange lagern und wer weiß, ob ich späterhin nicht noch viel weniger abkann. Ich bin zwar in diesem Punkte, wo ich entscheiden soll, ein wenig bestochen, indeß ich glaube, bloß nach den Gründen der Vernunft entschieden zu haben. Dann hätte ich mein liebes Weibchen schon binnen drei Monaten im Arm. Amen!

Aber ist es denn ernst, daß Deine Mutter erst nach Eilsen will? Ich habe immer gedacht und gehofft, wir würden sie gleich mitnehmen.[327] Die Antwort auf die übrigen Punkte verspare ich auf das nächste Mal. Für heute finde ich auf die Zeilen unserer Mutter nur das zu wichtig, um es nicht gleich unerwidert zu lassen. Daß, wo die große Distel wächst, Waizenboden ist, wo man ihn unbedenklich säen kann, und daß, wo Dornen recht üppig wachsen, Mergel steht, besonders unter Brombeeren. Ich bin daher recht neugierig, ob ich nicht auf der Brombeerweide welchen entdecke. Und nun noch einen recht herzlichen Kuß und lebe wohl Dein G.

20.03.1811, Klein Siemen. An Marianne Wienholt, Bremen

Meine liebe Marianne! Ich war heute, um einen Handel zu schließen beim Major. Ich wurde in ein Zimmer geführt, aus dessen Nebenzimmer eine Kinderstimme ertönte. Gegen Siemen war mir das etwas ungewohnt und plötzlich fiel es mir ein, wie wenn es auch dort kein ungewohnter Schall mehr ist. Ich fühlte mich in dem Gedanken, der mich überraschte, angenehm erschüttert wie einer, dem sich die Ansicht in eine frohe Ferne eröffnet. Gern verweilte ich bei ihm, mich in die herrliche Zukunft zu versetzen, verherrlicht durch Kinder, die eines innig geliebten Wesens Kinder sind.

Oh, sollte ich ihm nicht gern alles opfern, sollte mir ein Opfer zu schwer werden, der ich künftig nur ihnen und ihrer süßen Mutter leben werde? Nimm die Hand darauf, Dir und ihnen werde ich künftig ganz allein leben,

327 Die „Mutter“ Johanne Wienholt sollte mit auf dem Gutshof leben und tat das dann auch.

auch sei mein ganzes Streben allein geweiht wie meine Liebe, für Euch wird mir nichts zu schwer seyn.

Den 21t

Mich dünkt, bei Eurem neulichen Disput ist es hergegangen wie beim Turmbau zu Babel. Jeder sprach seine eigene Sprache, was so sehr natürlich ist, da unsere Begriffe meistens sehr relativ sind. Dr. Müller[328] unterschied nicht zwischen sittlicher und wissenschaftlicher Bildung, aber Ihr wie mich dünkt, ebensowenig zwischen wissenschaftlicher und gelehrter, und das mag ich zur Entschuldigung der anwesenden Herren wohl anführen, daß die Bedeutung gründlich mehr auf diese als auf jene zielt. Will man die Ansicht eines anderen billigen und richtiger beurtheilen, so muß man in seinen Gesichtspunkt treten. Zwei der Herren hatten ihre Rechtsgelehrsamkeit im Auge und davon abstrahierten sie, daß eine gründliche Bildung für Frauenzimmer nicht passe. Der Mann betreibt Wissenschaft immer zu einem bestimmten Zweck. Dieser fehlt dem Weibe und daher schlossen sie, sie seien dem Weibe zwecklos.

Es ist ein Trugschluß, denn wenn die Weiber auch nicht gerade denselben Zweck haben, so können sie sie doch aus einem anderen Zweck betreiben, und dann sind sie nicht mehr zwecklos. Die Männer fochten eigentlich gegen Gelehrsamkeit, sie hatten Betty Gleim[329] im Auge; und darin theile ich ihren Geschmack, daß ich nicht gern eine B[etty] G[leim], ein Frauenzimmer, das aus Gelehrsamkeit fait macht,[330] zum Weibe haben möchte, weil das doch wohl nie als auf Kosten der Weiblichkeit der Fall ist. Das Gefühl, das sie leitete, es war wohl sehr richtig und deutlich, nur ihnen selbst nicht klar genug, um es richtig zu entziffern, und daher verfielen sie auf falsche Sätze, weil sie von einzelnen allgemeine Grundsätze abzogen.

---

328 Der verstorbene Dr. med. Adolph Wilhelm Müller (1784 – 1811).

329 Die Pädagogin, Schulgründerin und Schriftstellerin Betty Gleim (1781 – 1827) war eine bedeutende Streiterin der Bremer Frauenbewegung.

330 fait = gemeint ist wohl: Ereignis.

Dich, dünkt mich, hat aber sowohl eine irrige Idee irregeleitet, nemlich die, daß die Männer darum bei ihren Frauen nicht gern Ueberlegenheit von Kenntnissen sähen, weil sie fürchteten, es geschähe dadurch ihrer usurpirten Herrschaft Eintrag und Dein Urtheil befangen. Ebensowenig bin ich Deiner Meinung, wissenschaftliche Bildung werde die sittliche vervollkommnen und heben. Die Erfahrung bestätigt das doch nicht immer. Auch glaube ich nicht, daß Gründlichkeit grade Ordnung in den Haufen gesammelter Kenntnisse zu bringen vermag, aber von Wissenschaft darf man es erwarten.

Den 22t März

Mit meiner Erzählung von Schreebs habe ich viel irrige Ansichten veranlaßt, liebe Marianne, die ich zu berichtigen mich verpflichtet fühle. Frau von Schreeb hat mir allerdings von Bremen und Euch manches erzählt, aber nur anfangs nicht. Wenn sie von mir gegen Dich frank und frei gesprochen, so hast Du ihr auch wohl nicht so ein albernes Gesicht dabei gemacht wie ich. Du irrst, wenn Du glaubst, Du habest ihr nicht gefallen. Ich kenne ihren Geschmack und wußte schon vorher, daß Du ihr gefallen müßtest. Sie gratuliere nicht nur, sagte sie mir, sondern sehr herzlich, nun sie Dich kenne. Zurückhaltend war sie etwas in einem Punkt, nemlich dem über Dein Herüberholen. Sie vermied ihn, während Schreeb mir gleich erzählte, ich sei Dir je eher je lieber willkommen, habest Du ihm gesagt. Es war natürlich, daß sie nach ihren Ansichten einen Punkt nicht zu berühren wünschte, wo sie mich nicht ermuntern zu dürfen glaubte. Sie kennt die jetzigen niedrigen Preise und dazu eine Brennerey gar nicht, und will Dich nicht gern in Sorgen eingeführt seh`n, wie sie es doch nicht anders einzusehen glaubt, als daß das geschehen werde. Eins hat sie gegen Dich, sie glaubt, Du seiest die auf Kosten Bettys Vorgezogene. Diese hat ihr gefallen. Sie hat sich nemlich vorher sehr genau nach Euch allen erkundigt, nur eine Stimme zu Deinem Lobe gehört, dagegen ist ihr Betty aber als verschroben beschrieben worden. Nach der Vorstellung, die sie sich von ihr gemacht, hat sie sich sehr getäuscht gefunden, sie hat ihr so sehr natürlich und ganz anders geschienen, als sie erwartete. Sie meint, es sei nicht unnatürlich, daß Deine Mutter sie zurücksetze. Du kannst denken, daß die Versicherung, daß das nicht der Fall sei, nicht viel Glauben fand, aus meinem Munde ebensowenig wie das, was ich ihr sagte, um es richtiger zu beurtheilen.

Die Pferde, die ich mitbringe, werden wohl die beiden gelben seyn, jetzt umso mehr, da sie durchaus nicht ungleich seyn dürfen. Ich fürchtete anfangs, sie wären mir hier zu schwach, und ich hatte sie schon auf dem Markt, sie zu verkaufen. Der Mecklenburgische Hafer aber hat sie so herausgefüttert, daß es mich freut, daß sich damals kein Käufer fand. Ich gäbe sie jetzt um alles nicht weg.

Den 23t März

Ehegestern Nacht wurde ich aus dem Schlafe gepocht, es war Mitternacht. Auf mein „Wer da?" ertönte: „Sind Sie es, Herr Gildemeister, ich bin es – von Kapff!" Er war ein wenig in die Irre gefahren und kam deswegen so spät. Er hat sich, seit ich ihn zuletzt gesehen, sehr verändert. Ich hoffe wenigstens, er wird sich bei den Leuten schon in Respect setzen und das wird mir sehr lieb seyn. Auch scheint er viel Routine zu haben und auch praktisch, ich glaube, ich habe eine sehr gute Aquisition gemacht.

Für meine Bäume, liebende Braut, habe ich jetzt mit meinem Hof eine bedeutende Veränderung gemacht. Ich habe an dem Steinweg herunter welche pflanzen lassen, die hoffentlich gut ankommen werden. Wir sind im Garten besonders schon ziemlich an der Arbeit. Es ist mir eine große Erleichterung, daß Mamsell die Gärtnerei so gut versteht, ich kann ihr das alles überlassen, es ist ihre Liebhaberei. Wenn es sonst nicht immer so ganz ist, wie es sollte, so freue ich mich, Dich bald hier zu haben.

Die Einlage an meinen Bruder besorgst Du wohl, die andere ist unserer Mutter zu ihrem Geburtstag bestimmt. Warum willst Du mir verhehlen, was Dich drückt? Du machst mich mit den Worten, ich möge so lange in seliger

Blindheit hinleben als ich kann, bange. Weißt Du aber auch, daß eine solche Ungewißheit sehr peinlich ist? Ich habe vergebens zu erraten versucht, was das wohl seyn mag und halb auf B[etty] gerathen, die ich in diesem Punkt in einem bösen Kieker habe. Oh, daß ich doch bei Dir wäre, wenn es möglich ist, das Uebel zu bannen. Und nun mit einer innigen Umarmung ein herzliches Lebewohl Dein J. G.

01.04.1811, Klein Siemen. An Marianne Wienholt, Bremen

Meine gestrenge Gebieterin, die ich in Demuth und recht herzlich küsse, verlangt von mir umgehend Antwort über einige Punkte von großer Wichtigkeit. Was die Wagenanfrage betrifft, so möchte ich der Mutter wohl raten, keine Reisechaise zu kaufen, hier wüßte ich keine Gelegenheit dazu, sondern den Stuhlwagen zu behalten und einen Chaisenstuhl dazu zu kaufen. Ein solcher Wagen hat eben die und noch mehr Bequemlichkeiten wie eine Chaise, ist leichter, schlägt nicht so leicht um und man ist damit weniger den Prellereien der Postmeister ausgesetzt. Meinen Wagen kann ich hier nicht gut verkaufen, weil ich noch die Reise damit nach dort[331] machen muß. Er ist zwar nicht sehr elegant, aber von großer Tugend, und er läßt sich wieder herstellen. Da Eurer mehr Äußeres hat, so glaube ich, ist es am besten, wenn einer verkauft werden soll, daß es der Ewige sei. Behält die Mutter den ihrigen, so habe ich große Lust, ihn gegen einen 3-stühligen zu vertauschen. Will sie aber lieber ihn nicht behalten, und Du wünschest ihn zu behalten, so ist es mir auch ganz recht, und Du hast darüber zu entscheiden. Was sind das: Streicheleisen? Dergleichen Dinge kennen wir in Mecklenburg nicht, aber wohl Plattkolben. Es sind schon zwei neue in Arbeit. Eine Rolle, die ich mit bar 9 Thalern bezahlt, habe ich nicht nur, sondern ein eigenes Zimmer dafür, was sagst Du dazu? Von Kapff und ich haben es jetzt mit dem Rapsbau vor. Ganz nur Dein Giovanni

331 dort = Bremen.

05.04.1811, Klein Siemen. An Marianne Wienholt, Bremen

Heute ist unserer Mutter[332] Geburtstag, liebe Marianne. Mich dünkt, vor vier Jahren war das Wetter angenehm, heute ist es es nicht, der Himmel ist bedeckt, aber ich hoffe, die Cour wird doch heiter seyn. Hier habe ich viele Kranke, was mich etwas genirt. Das neue Mädchen hat schon wieder ihre Krämpfekrankheit gehabt und diesmal stärker als vorher. Es scheint ein sehr gutes Mädchen zu seyn, wenn das aber so bleibt, kann ich sie unmöglich behalten. Mit von Kapff, denke ich, wird es sehr gut gehen, und ich glaube, er wird es mir eher möglich machen, eine Zeitlang abwesend zu seyn. Er ist keineswegs wie einer, der von Möglin[333] kommt, vielleicht seyn könnte, durch Theorie exaltirt; er kennt die Bedingungen und Schwierigkeiten und scheint mir ein besserer Praktiker als ich erwarten mochte. Im Lippischen hat er ganz einen Boden gehabt wie diesen, er kennt also seine Eigenheiten und das ist mir viel werth. Er hat es gewaltig mit dem Bau von Winterrübsen vor.[334]

Es versteht sich, daß Branntweinbrennerey und spanische Schafe wichtige Momente der neuen Wirthschaft sind. So viel wie möglich werde ich es suchen, es dahin zu bringen, daß er sie mit als seyn Werk ansieht, damit er sich mehr darin attachirt. Ob er für meine Unterhaltung, die Du ihm zum Theil auftragen willst, sorgen wird, weiß ich nicht. Schade nur, daß mir bis jetzt nicht viel leere Zeit bleibt, und ich fürchte, später möchte ich die lieber in den Armen meines lieben Weibes zubringen. Er kriegt zwar ein ziemlich hohes Gehalt, das aber kann und wird er mir sehr bald einbringen. Er spielt ganz hübsch die Flöte, da kann er Dich künftig begleiten, und unsere Mutter, Eduard und ich können dazu singen. Mamsell ist sehr höflich gegen ihn. Ich glaube, sie hält ihn für redlich. Er ist übrigens ein stiller bescheidener

332 Von Johanne Wienholt, geb. Misler, geben verfügbare Quellen das Geburtsdatum allerdings mit dem 1. Januar 1761 an. Gildemeisters 1808 verstorbene Mutter hatte am 24. November Geburtstag.

333 Von Thaers Landwirthschaftlicher Akademie.

334 Winterrübsen (Brassica rapa L. silvestris) eignen sich je nach Sorte als Winter- oder Sommerzwischenfrucht und dienen zur Gründüngung oder zur Futternutzung. Winterrübsen sind spätsaatverträglicher und haben geringere Standortansprüche als Raps.

Mensch. Ein wenig kräftiger mit den hiesigen Leuten zu seyn, werde ich ihn noch lehren.

Den 6t April

Ich hatte Buschmann gestern nach Rostock geschickt, von wo er mir die Nachricht mitbringt, daß alle Franzosen plötzlich Order bekommen haben, aufzubrechen. Sie gehen nach Danzig, ein Krieg scheint wohl nicht mehr zweifelhaft zu seyn. Es soll ihnen gut dabei zu Muthe seyn und vor Polen haben sie überhaupt eine große Aversion. Was für Einfluß das auf unser Schicksal haben wird? Ich hoffe einen guten, ich habe einen Aberglauben an das Jahr 1811. Ruhiger werde ich seyn, wenn der Kriegsschauplatz sich uns nähern sollte, wenn ich Dich in Bremen weiß, obgleich Mecklenburg nicht viel zu fürchten hat, und besonders Siemen sehr glücklich liegt. Doch würde ich Dich bitten, wärest Du hier, so lange in eine Stadt zu ziehen. Wenn nur Mecklenburg jetzt nicht französisch bei der Gelegenheit wird, lieber wollen wir dann doch in Bremen die elenden Franzosen behalten.

Den 7t April

Kaum acht Uhr, ich hatte mich eben Dir zu schreiben gesetzt, kam schon der Major, und ich mußte, eine Besichtigung mit ihm zu halten, mit zum Felde hinaus. Nun zur Beantwortung Deines Briefes. Ueber mein Kommen? Wenn ich nur nicht selbst so abhängig von den Umständen wäre und auch diese weniger ungewiß wären, so könnte ich wohl etwas festes bestimmen. Aber so, liebe Marianne, wie sollte ich es da schon jetzt können? Die Ernte soll mich übrigens nicht abhalten, ich kann zu der Zeit wohl zwei Pferde entbehren, da hier vorher nicht mehr gehalten sind. Da unserer Mutter Reise davon abhängt, so ist es mir höchst unangenehm, daß ich nichts Bestimmtes darüber sagen kann. Aber Du siehst es wohl selbst ein, daß es mir noch möglich ist, weil sich auch in politischer Hinsicht neue Wolken auftürmen. Ohne

Eduard sehe ich ja nicht, wie ich hier fortkommen will. Von Kapff kann unmöglich allein die Aufsicht über alles haben, wenn er nicht einen hat, den er nach Gefallen als Aufseher hinstellen kann. Ich sehe gar nicht ein, warum er nicht die kleine Reise soll machen können, in seinem Alter haben andere schon ganz anders durch die Welt müssen. Mich dünkt, man ist in Bremen mit den großen Jungens viel zu hibbelig.

Daß unsere Mutter so sehr auf der Besserung ist, hat mich sehr gefreut. Ich hoffe, Siemen soll das Letzte zur Genesung thun. Auf jeden Fall sind wir hier nicht ohne Arzt. In zwei Meilen haben wir einen sehr geschickten praktischen Arzt in der Nähe, nemlich Dr. Fabricius[335] in Bützow, der sehr gerühmt wird, des Sommers ist noch näher der Leibarzt Vogel[336] in Doberan.

Abends

Du hast mich innig gerührt mit Deinem Briefe, meine Marianne. Ich habe an Deinem Herzen gelegen und Dich innig fest an mich gedrückt. Oh, es ist eine so leidenvolle Zeit, so drückend schwer, aber wenn solche Herzen leiden, dann dünkt mich, kann Hülfe nicht fern mehr seyn. Aber es wird alles von einem Druck gleich gedrückt, daß es nicht möglich ist, daß es so bleiben kann. Wie viele Ressourcen hatte ich, die mir alle durch die unglücksschwangere Zeit abgeschnitten werden. Doch ich darf nicht klagen, dem ein mäßiges Loos zutheil geworden, dem eine bessere Zukunft bevorsteht. Manchmal denke ich mir, daß ich die böse Zeit und meine Kinder dafür die gute erleben sollen, und damit wäre ich zufrieden. Manchmal aber denke ich mir Möglichkeiten, wie manches tief Schmerzende wir noch erleben könnten, auf wie mancherley Weise das Herz verwundbar ist, und dann sehe ich es nicht so ruhig an. Oh, ich kann gewiß gewaltig, fast möchte ich sagen alles tragen, wenn

---

335 Obermedizinalrat Friedrich Adolph Fabricius (1766 – 1827).

336 Prof. Dr. Samuel Gottlieb von Vogel (1750 – 1837) gilt als Vater des deutschen Seebades. 1793 überzeugte er den Herzog Friedrich Franz I. von Mecklenburg-Schwerin von der Heilkraft eines Seebades, woraufhin Heiligendamm gegründet wurde. Er war dort bis zu seinem Tod Badearzt.

es nur mich betrifft. Aber Dich leiden zu sehen oder andere durch mich, und wäre ich noch so schuldlos daran, das wäre mir nicht möglich.

So, wie Du es mit den Zimmern zu haben wünschest, so sei es, Dein Wille geschehe. Es ist mir lieb, daß Du mir das jetzt geschrieben, da ich die Absicht habe, sie in einigen Wochen etwas anpinseln zu lassen, und ich sonst den Geschmack darin verfehlt hätte. Nur darin bin ich mit Dir nicht einig, in den Zimmern, die Du von Kapff und Eduard anweisest. Beide bekommen ihre Zimmer im Holländerhause, die eigens dazu bestimmt sind. Auch mit dem Ringe will ich`s besorgen, nur weiß ich nicht, auf welche Weise ich ihn Dir zuschicken soll. In einem Briefe geht es wohl nicht.

Den 8t April

Gestern war es ein schönes warmes Wetter. Diesen Morgen beim Aufstehen finde ich alles weiß mit Schnee bedeckt. Ich höre gestern, daß die Franzosen nach Hamburg über Schwerin marschieren. Der Krieg ist dem ungeachtet wohl nicht zu bezweifeln. Wie mir von Kapff sagt, war vor vierzehn Tagen der Herzog von Oldenburg in Berlin.

Du sagst, Du seiest an manche Einschränkung gewöhnt, und Liebe macht selbst Entbehrungen zu Genüssen. Es tut mir weh, daß es nicht ist, wie es sollte. Aber der Himmel weiß, ich bin nicht schuld daran, ich habe das meinige gethan. Die ersten Jahre werden freilich die sauersten werden, aber ich hoffe auch, daß Mamsell besser anschlagen wird, als man es jetzt erwarten darf. Ich mag nur im Voraus auf nichts mehr Rechnung machen, ehe ich es gewiß habe, seit ich manchmal so sehr getäuscht bin. Nur den einzigen Wunsch habe ich, daß es mir dereinst gelingen möge, für meine Kinder zurückzulegen, damit sie nicht dereinst den so sauren Weg zu gehen brauchen, den ich ihnen so gern abnehmen möchte. Nun noch die Fragen, die ich Dir beantworten soll. Das Theeservice ist von Mamsell höchst sorgfältig aufgehoben. Es besteht aus zwanzig Tassen und aus Caffe- und Milchkannen, Theetöpfen und Zuckerdosen, von jedem ein Paar. Wegen der Rolle habe ich Dir ja schon geschrieben, daß sie hier ist. Ich habe zwei englische und ein französisches Lexikon, sämmtlich dem Hofmeister Giovanni bestimmt.

Noch eine Frage an Dich. Mamsell läßt bei der Wäsche das Zeug vorher einweichen, ist das richtig? Ich habe immer das Gegentheil behaupten hören. Man treibt mich zu schließen. Nur noch ein Lebewohl Dein J. G.

16.04.1811, Klein Siemen. An Marianne Wienholt, Bremen

Erst nach Abgang der Post werde ich am Donnerstag einen Brief von Dir bekommen, meine liebe Marianne. Ich werde daher diesmal nur kurz seyn. Ich kehre zu dem letzten Briefe zurück, wo ich noch einige Punkte, wie mich dünkt, unbeantwortet gelassen. Zum Ehepaar von Schreeb und die Art, wie sie ihre Kinder erziehen. Eine sehr große Kunst, glaube ich, ist Erziehung dem Verstand, dem Herzen nicht so sehr. Innige Liebe, dünkt mich, muß bei Kindern, die nicht ungewöhnlich sind, ausreichen. Ob die Weiber mehr Gefühl für Recht und Unrecht haben, will ich nicht entscheiden. Nur dünkt mich, der Mann ergiebt sich leichter in Dinge, die nicht zu ändern sind, seien sie auch ungerecht. Das Weib nicht, mehr nur gezwungen und vielleicht ist es darum religiöser, weil ihnen das Gefühl, sich einem höheren Schutz in die Arme zu werfen, dringender ist.

Die ersten Ostertage – wir haben beiläufig diese Zeit ein scheußliches Regenwetter gehabt – war hier die Zeit der Kündigung der Leute. Siemen wird im Herbst zur Hälfte neue Bewohner bekommen. Was mich besonders freut ist, daß ich den ehemaligen Kuhhirten wiederbekomme. Mit den Tagelöhnern wird es nicht schwer werden, selbst gute Leute zu kriegen, aber mit den Mädchen und besonders den Knechten werde ich es schwer haben. Das sonderbarste ist eigentlich, daß der Mangel an Mädchen groß ist. Ungeachtet der schlechten Zeiten sind fremde Arbeiter fast nicht zu haben. Ich habe, es daher für`s erste mit dem Mergeln anstehen lassen müssen, da andere Arbeiten nothwendiger sind.

Die Landwirthe klagen jetzt gewaltig. Rocken kostet 14, das sind 21 Schilling die Bremer Last. Man kann es ihnen nicht verdenken, wenn sie bange dabei werden, besonders weil sie so streng an der jetzigen Wirthschaftsverfassung kleben, die gar keinen anderen Ausweg als Korn erlaubt. Franzosen liegen jetzt viel im Lande. Wenn meine Brennerey doch schon in Ordnung wäre, welch ein günstiger Zeitpunkt, sie in Aufnahme zu bringen. Die zwei Mann, die ich jetzt in Quartier habe, sind höchst ordentlich. Sie sind in forcierten Märschen von Frankfurt am Main gekommen. Die anderen, für die sie in die Ställe gekommen sind, waren sehr unzufrieden mit dem Krieg mit Rußland. Er wollte, daß er schon aus wäre, sagte einer. So hätten sie doch endlich Ruhe. Auch die erst gekommenen Truppen sollen nicht in bester Stimmung seyn.

Den 17t April

Von Kapff spaziert schon in seinem neuen Amte einher. Mit Buschmann hatte ich vor seiner Abreise am 2. Festtage noch einigen Verdruß. Es war am Morgen ein dunkler Tag gewesen, und so wie ich in den Garten trat, theilten sich die Wolken. Die Sonne brach durch, Freude und Leben verbreiteten sich mit einem Male. Vor dem Bienenkorbe war alles fleißiges, frohes Regen, das sympatisch mit in die Stimmung hineinzog. Der blaue Himmel öffnete sich immer mehr, ich konnte nur in ihn hineinblicken. Es war mir, als senke unter mir die Erde immer tiefer und tiefer, und alles Kleinliche war meinem Blicke entschwunden. Warum können wir nicht mehr ihr entfliehen? Warum zieht uns das Irdische immer wieder auf sie zurück? Du sagst, die Geschwister hätten Dir eine Menge alte Tröster aufdividirt unter dem Vorwand, Du könntest sie in der Einsamkeit gebrauchen. Aber die Einsamkeit scheint mir eine recht städtische Idee. Ich glaube, Du wirst es auch einst mit mir empfinden, daß das ganz anders ist, als man es sich anfangs denkt. Mir wenigstens ist es ganz anders, als ich es mir dachte.

Den 18t

Wenn Du hier wärest und hörtest, wenn Leute Mädchen oder Weiber zum Dienst empfehlen, es würde Dich sehr ergötzen. Die größte Anpreisung des schönen Geschlechts ist hier: `n groot vullkommen Fruunsminsch (ein großer vollkommener Frauenmensch). Dabei muß ich Dir zugleich erzählen, Madam Gildemeister hat, wie man hier sagt, sich nicht gut geschickt. Sie hat früherhin etwas lange Finger gemacht. –

Diesen Nachmittag gehe ich zu Kleinworth zur Taufe seines neugeborenen Sohnes. Er hat mich gebeten, als Taufzeuge des kleinen Prinzen gegenwärtig zu seyn.[337] Vom alten Corporal habe ich neulich sehr zärtliche Grüße bekommen. Als er wegging, bat er mich um ein Lettre de conduite.[338] Er war die Hauptursache, daß seine beiden Cameraden sich hatten gut aufführen müssen. Er selbst war ein stiller bescheidener guter Mensch. Ich konnte ihnen also gern ein gutes Zeugnis geben, worin ich ihn ganz besonders im Guten erwähnte. Das hat ihm sehr geschmeichelt, und er hat es anderwärts mit großem Triumph gezeigt und mir viele Grüße zugeschickt. Der arme Mensch hat schon zwanzig Jahre Soldat seyn müssen. Den Anfang seiner Laufbahn hat er im Département Vendée gemacht. Nur auf paar Stunden hat er während der Zeit ein einziges Mal seine Heimath wiedergesehen. Er hat eine sechzehnjährige Schwester, die er gar nicht kennt und nur ein einziges Mal sie gesehen. Es ist doch wahrlich ein hartes Loos. Ist es nicht wahr, daß nicht fast alle Leiden von Menschen herrühren? Und daß es wenig andere giebt, woran sie unschuldig sind? Wenn nicht die Menschen die Teufel der Menschen wären, es würde hier ganz anders seyn.

Du meinst, wenn ein Despot wüßte, wie schmerzlich er auf andere wirkt, er müßte anders werden. Schwerlich, Marianne, er sucht gerade darin Befriedigung seines Hasses und seiner wilden Leidenschaften. Willst Du so gut

---

337 Hermann Kleinworth (1811 – 1874). Die Mutter war Wilhelmine Maria Dorothea Sophia Friederica Kleinworth, geb. von Hovell. Eine Kopie des Taufregisters liegt auf www.Ancestry.de.

338 Lettre de conduite = Führungszeugnis.

seyn, meinen Bruder Nachricht geben, daß das Geld angekommen. Möge Dich, liebe Marianne, dieses in recht heiterer Stimmung treffen. Ganz der Deinige J. G.

27.04.1811, Klein Siemen. An Marianne Wienholt, Bremen

Wir haben jetzt eine gewaltig volle Zeit. Früherhin war der Acker lange naß und man konnte nicht viel anfangen. Jetzt müssen daher alle Kräfte doppelt angespannt werden, um die Saat in den Boden zu bringen. Mit von Kapff bin ich über alle Maßen zufrieden. Ich brauche ihn zu nichts anzutreiben. Es freut mich sehr zu bemerken, daß gerade darin, wo Buschmann seine größte Stärke hatte, in der Bestellung, ihn von Kapff noch um vieles übertrifft. Er betreibt alles gewaltig und hat nicht geruht, bis ich ein paar Walzen habe machen lassen, die nun schon in Thätigkeit sind. Ich habe zwei Briefe von Dir, meine liebe Marianne, der erste mit der Einlage von unserer Mutter. Meine süße Braut hat mich innig ergriffen. Der andere ist in sehr trauriger Stimmung geschrieben und leider nur mit zuviel Ursache, doch nichts weiter davon. Hier schmeichelt man sich, daß es Frieden bleiben wird. Wer weiß, ob es gut ist.

Die Posten haben Dir schon ein paarmal einen Querstrich gemacht. Aber diesmal ist es recht gut, ich hatte gerade im Fest mit B[uschmann] noch einiges Unangenehmes und Dein Brief hätte mich nicht in der Stimmung gelassen, als in der er mich traf, und das Unangenehme hätte mir den freudigen Eindruck zu bald verwischt. Ich wollte Dir gestern noch einiges schreiben, aber ich war zu müde. Ich war am Morgen wie so ein Ochsenbauer zum Markt gewesen, um Vieh zu handeln. Ich habe jetzt überhaupt bis über die Ohren zu thun. Es liegt ein Berg Arbeit vor mir, daß ich nicht weiß, wie ich durchkommen soll. Das muß ich diesmal auch Dich und unsere Mutter, deren Brief mir große Freude gemacht hat, entgelten lassen. Viel theil nehme ich an Walters[339] Glück, und Du mußt mir ja der glücklichen Mutter und dem glücklichen Vater in meinem Namen gratulieren.

Ich habe mir diesen Morgen einen Theil Arbeit vom Halse geschafft. Jetzt ist mir schon etwas leichter. Ich werde mich schon tüchtig zusammennehmen, wenn ich im Juli herüberzukommen durchsetzen soll. Aber wie wird das gehen? Ich bin jetzt schon wieder wie ein gesottener Krebs. Darf ich mich so der freien Städterwelt zeigen? Ehe ich es vergesse. Soeben erhalte ich die Nachricht von der Ankunft des Geldes von Schramm[340].

Morgen ist Conscription in Wismar. Ich habe auch einen Knecht dazu hinzuschicken. Wenn ihn das Loos träfe, so wäre ich übel daran, da ich ohne ihn noch zwei Knechte haben muß, da mir zwei aufgesagt haben.[341] Es ist hier jetzt ganz herrlich. Die Wiesen vom übergelassenen Wasser so grün und mit einem gelben Blumenteppich bedeckt. Die Bäume blühen zwar noch nicht, aber nur wenige Tage noch, so werden sie in die Blüte treten. Ich habe es neulich lebhaft gefühlt, daß es doch keinen froheren Stand giebt als den des Landmannes. Aber es fielen mir bald die vielen mit Sorgen Belasteten in Mecklenburg ein, denen durch sie der Genuß der schönen Natur verbittert wird. Sie, die noch Landgüter zu alten Preisen haben, und denen die niedrigen Kornpreise alle frohen Aussichten rauben. Bei den meisten hier sieht es sehr düster aus. Sie legen keine Brennerey an, sie bauen keinen Raps und keinen Cleesaamen.

Den 29t

Du fragst wegen Deines Zimmers an. Ich gedachte es, nach Deinem Wunsche grün malen zu lassen mit violetter Borte. Wenn die Stühle dann weiß mit violetter Verzierung werden, so würden sie gut dazu passen. Mit den Bettgardinen, liebe Marianne, tätest Du wohl am besten, es bis auf weiteres anstehen zu lassen wie Du wolltest, bis Du hier bist. Den Ring habe ich in

339 Nicht ermittelt
340 Nicht ermittelt.
341 … aufgesagt = gekündigt.

Wismar nicht gemacht bekommen. Ich komme wohl aber binnen 14 Tagen nach Rostock, wo ich ihn gewiß besorgen werde. Schreibe mir doch, wie sieht denn der kleine Prinz[342] eigentlich aus? Wem gleicht er, was hat er für Augen? Ich erwarte ausführlichen Bericht. Es ist ein unvergleichlicher Morgen. Ich muß abbrechen, denn ich muß durchaus aufs Feld. Mit inniger Liebe Dein G.

08.05.1811, Klein Siemen. An Marianne Wienholt, Bremen

Einen bedeutenden Theil meiner Arbeit, meine liebe Marianne, habe ich mir wieder vom Halse geschafft. Nur bleibt immer noch ein Bedeutendes zurück, und man hat seine Noth, über das eine nicht das andere zu versäumen. Ich habe wieder einen Brief von Dir empfangen, den ich beantworten will. Zu einem Kriege scheint es freilich nicht zu kommen. Ich sehe es als ganz gewiß, daß ich Dich diesen Sommer hole, denn ich wüßte nicht, was jetzt dazwischen kommen könnte, obgleich immer mit einiger Unruhe der kommenden Zeiten zu rechnen ist. Doch der Himmel wird es ja zum Besten lenken. Meine glückliche Lage hier kann ich nicht genug preisen. An den Seeküsten liegt alles gedrängt voll von Truppen. Hier haben wir jetzt nichts. In vielen Gütern haben sie alle Tage mehrere Male Boten zu liefern, so wie ein Soldat kommt und einen verlangt. Ich, der ich durchaus an gar keiner Straße liege, bin zum Glück ganz verschont damit. Es würde auch in der Arbeit, da mir ohnedem die Menschen schwach sind, gewaltig geniren.

Den 9t May

Wir sind jetzt stark beim Kartoffelpflanzen, was uns sehr beschäftigt. Ueberhaupt ist das Frühjahr die eiligste Zeit. Von Kapff zu Gefallen ließ ich auf die Walzen ein paar Stühle machen. Das sieht verzweifelt närrisch aus. Die Knechte aber schämen sich und sind nicht hinaufzubringen.

---

342 Der neugeborene Knabe einer Freundin Mariannes in Bremen.

Warum, liebe Marianne, sollte es Dir so schrecklich seyn, wenn ich gerade zu einer Leidenszeit[343] nach Bremen käme. Ich bin gefaßt darauf eher mitzuleiden als mich zu freuen, denn leider ist das jetzt nicht anders. Die jungen Drosten[344] haben mir sehr leid gethan. Gegen den gewaltigen Strom der Zeit konnten sie nicht anschwimmen, sonst hätten sie sich vielleicht noch oben gehalten. Ach, wer jetzt helfen könnte. Die Zeit ist mir kurz, um mich über Musik weiläufig auszulassen. Ach, liebe Marianne, quäle Dich nicht darum. Es war mehr Scherz, was ich Dir neulich schrieb. Ich werde sie bei Dir nie entbehren. Den Tod der Encken[345] habe ich mit Theilnahme gelesen, und möge unsere Mutter ganz auf uns bauen. In ihren Kindern soll sie sich nicht getäuscht finden und möchte es erst soweit seyn, wo wir hier eng zusammen wohnen und zusammen nur eins ausmachen.

Die Plathen[346] haben einen hübschen Aufenthaltsort erwählt. Aber warum sollte ihnen der Schritt soviel gekostet haben? Sollten sie sich nicht gern der Nothwendigkeit beugen? Ich denke doch, daß es in Ratzeburg nicht so theuer seyn wird vorausgesetzt, daß sie die Vorsicht genommen, sich mit einem Garten zu versehen. Denn in kleinen Städten ist das Gemüse gar nicht oder nur sehr theuer zu kaufen. Zu dem Transport des Tisches möchte ich Dir wohl nicht raten. Es wird sehr schwierig und kostspielig seyn. Auch diesmal fehlt mir die Zeit, liebe Marianne, also nun noch einen herzlichen Händedruck und lebe wohl Dein G.

343 In den folgenden Sätzen geht Johann auf Mariannes Anmerkungen vom 29. April 1811 ein, in denen sie über die Schicksale von Verwandten und Bekannten berichtet.

344 Es ging um den Bankrott des 1787 geborenen Bremer Kaufmanns Georg Droste, einem der Söhne des Juristen und Bremer Senators Franz Friedrich Droste (1753 - 1817), der gerade mit Maria Christiane eine geborene Hünerkoch gehelicht hatte.

345 Die Schwester von Johanne Wienholt: Maria (1755 - 1811), verh. mit August Johann Michael Encke.

346 Die Schwester von Johanne Wienholt: Christiane (1759 - 1850), verh. mit Johann Christian Plath. Das Paar bereitete gerade den Umzug nach Ratzeburg vor.

Den 18t May

Ich war neulich in Rostock, liebe Marianne. Es war ein recht warmer Tag. Ein Weg führte mich gegen Mittag nach dem Wall, der mich an den unsrigen [in Bremen] in seiner vorigen Gestalt erinnerte. Eine Aussicht von oben auf die Warnow hatte viel Heimisches. Es gingen am Fluß mehrere Damen spazieren. Die Frühlingsluft, die Umgebung versetzte mich lebendig nach Hause, daß es mir war, als erblickte ich Dich unten und müßte auf Dich zueilen, Dich zu begrüßen.

Ich hatte in der Stadt ziemlich viel zu laufen, die Sonne brannte, und ich suchte die Schattenseite der Straße, wo die Häuser ihn nur sehr kurz werfen. Wie oft bin ich in früheren Jahren so die Gassen durchstrichen mit dem Kassierbeutel oder nach der Post. Es versetzte mich so lebendig in vergangene Zeiten. Ich war daran wie gegenwärtig. Einen seltsamen Kontrast dagegen machte die Gegenwart. Es wird mir immer ganz eigenthümlich zumuthe, wenn ich einmal recht lebendig wieder in die Vergangenheit zurückversetzt werde. Meine Blicke sind selten dahin, meistens in die Zukunft gerichtet. Und schwindelnd hat sich fast immer nur die Gegenwart um mich gedreht. Ich bin daher nie recht einheimisch in der Vergangenheit.

Eine wichtige Arbeit ist wieder vollendet. Nun laß mich einmal ein wenig wieder mit dem Bräutchen schwatzen. Die Störche sind dieses Jahr sehr spät bei mir angekommen. Anfangs saß immer ein ganz erbärmlich Verlassener allein und schien mir hier zu essen. Endlich aber hat sich ein Paar des Nestes bemächtigt, und das Weibchen scheint zu brüten. Wären sie ganz ausgeblieben, so würde es mir wirklich wehgethan haben. Bisweilen scheinen sie Fehden zu haben. Diesen Mittag waren drei Paare auf dem Hofe, die sich bekriegten. Muß denn auch der Fluch des Krieges auf Thieren ruhen? Tapferkeit, die sich verteidigt, ist doch eine Tugend, die in unseren Zeiten leider ganz übersehen wird. Man will die Kinder lehren zu leiden, man sollte sie lieber vorher lehren, sich zu wehren.

Heute vor acht Tagen hatten wir ein kleines Fest auf dem Hofe. Das Vieh wurde zum ersten Male auf die Weide getrieben. Das dumme Vieh war anfangs gar nicht vom Hofe zu kriegen, obgleich halb Siemen mit großem Geschrei und Stöcken darüber her war, es zu treiben und zu überschreien. Wie es erst im Gehen war und merkte, was die Absicht, so dauerte es nicht lange, und die ganze Herde eilte im vollen Galopp dem Grünen zu. Die Weiden sind ausgezeichnet grasreich, vorzüglich die meinigen. Ich hätte mir das voriges Jahr nie träumen lassen. Neulich habe ich zum ersten Male Butter aus der Holländerey zum Markt geschickt und für das Pfund 7½ ßl. bekommen. Die Blütezeit ist zum Theil schon vorüber. Wenn die vielen Maykäfer nicht zu viel Schaden thun, so wird es viel Obst geben. Es ist, als ob die Natur sich recht bemühen wollte, das Unrecht der Menschen wieder zu vergüten. Vor acht Tagen ungefähr war die vollste Blüte. Jetzt stehen spätere Aepfel in der einzigsten Blüte. Bei Euch ist sie gewiß schon vorbei, denn um acht bis zehn Tage, denke ich, wird es in Bremen noch früher seyn.

Den 19t May

Ich habe heute die Freude gehabt, einen Knecht zu bekommen und wie es scheint, einen tüchtigen Kerl, und wahrscheinlich bekomme ich noch einen dazu und bin dann aller Sorgen darum quitt. Du begreifst nicht recht das „Aufsagen“ der Leute, besonders der Knechte?[347] Ich will Dir`s erklären. Die Leute sind hier derart, daß nicht gute Behandlung, nur das bloße Interesse sie festhält. Anhänglichkeit haben sie selten an die Herrschaft, die Kluft ist hier zu weit und kann es auf den großen Gütern, wo so viele Menschen sind, daß sich der einzelne verliert, auch nicht gut anders seyn. Ueberhaupt ist man mit den Leuten von je her nie gut umgegangen. Die Herren und ihr Interesse sind ihnen dadurch fremd geworden und noch mehr die, wo die Güter oft den Herrn gewechselt haben. Das Verhältnis zwischen Herrn

347 Marianne reagierte auf Johanns Kritik an seinen Leuten und die Entlassungspläne am 6. Mai 1811 mit der Anspielung, sie dächte, er sei ein so „vortrefflicher Herr“, dass sich die „Dienerschaft um ihn reißen“ würde.

und Dienenden ist daher ein Zwangsverhältnis geworden. Das hat die Leute verdorben, denn man muß sie mit Zwang regieren. Sie stehen auf einer zu niedrigen Stufe, und Güte nehmen sie für Schwäche. Die Knechte gehen mit derselben Gleichgültigkeit aus ihrem Dienst wie sie eingetreten sind. Näher können sie dem Herrn auch nicht gleich kommen, der nur als gebietender Herr ihnen erscheint. Gewöhnlich kündigen sie alle Jahre um den Gulden Mietsgeld ihren Herrn. Und dieser Gulden ist ihnen mehr werth als die beste Behandlung. Auch machen sie in der Regel in der Wahl des Herrn fast keinen Unterschied. Diejenigen, die Ausnahmen machen, sind gewiß auch bessere Leute.

Der eine Knecht ist hier unterthänig, hat schon immer gern wegwollen, schon oft das Versprechen bekommen, aber ist nie losgelassen worden. Er ist ein fatales, heimtückisches Subjekt, dem ich aufsagen wollte, wenn er nicht zuerst mit der Bitte gekommen wäre. Der andere Knecht, von dem ich Dir schon geschrieben, sah, daß ich was auf ihn hielt. Er wird anderswärts vielleicht nicht so gut behandelt, aber dem ungeachtet, sagte er auch auf. Er verlangte eine Zulage zum Lohn von 4 Gulden, 2 bot ich ihm. Mehr aber dürfte ich vor meinen Nachbarn nicht geben. Mich wundert, daß ihn die Pferde – um die er schon mehrmals, wenn er sie überladen glaubte oder in anderen Fällen, geweint hat – nicht gehalten haben.

Die Pferde sind, woran sich die Menschen am ersten attachiren.[348] So ist der Knecht, den ich bekomme, hauptsächlich von dem anderen Gute weggezogen, weil die Pferde nach seiner Meinung nicht bekamen, was ihnen zukommt. Und meine jungen Pferde haben ihn angelockt. So ganz viel ist mir an dem vorigen Knecht auch nicht mehr gelegen. Er ist in der Arbeit gar zu langsam und scheut sie ein wenig.

Die drei Katenleute, die verziehen, sind lauter Langfinger. Herr Gildemeister ist mit darunter, zweien davon hätte ich ohnedem aufgesagt. Sie ziehen

348 attachieren = beigesellen.

um das Mergeln weg, das ihren Weibern mißfällt, obgleich ich für diesen Winter einen jungen dazu habe. Die Stellen sind sämmtlich schon durch gute Leute wieder besetzt. Hier zeigt es sich, daß sie doch den guten Herrn vorziehen. Mein Nachbar, der Major Wachenhusen, der einige seiner Leute abscheulich behandelt hat, und dem alle seine Leute aufgesagt haben, kann keine wieder bekommen.

Den 20t May

Diesen Morgen ganz früh kam mir schon der unangenehme Major. Ich mußte mit ihm einen Gang auf den Acker machen und konnte nicht wieder von ihm loskommen. Er zeigt immer soviel von seinen Sachen und selten taugt was darunter, sodaß man seyn Urtheil immer zurückhalten muß. Als ich endlich nach Hause komme, haben sich ein paar Franzosen in mein Zimmer begeben. Der eine ganz im Negligé saß an meinem Tische und schrieb und ließ sich gar nicht stören, es schien ein Officir zu seyn, obgleich ich wie ein Kiebitz ums Nest um meinen Schreibtisch herumtrippelte.

Ich wollte gestern noch hinzufügen, daß es mit Leuten auch viel daran liegt, wenn keine Frau im Hause ist. Es ist dann gar keine rechte Wirthschaft. An die Frau sollen sich die Knechte am meisten attachiren. Was sie tut, das ist ihnen recht. Aber gegen die Einrichtung der Haushälterin sind sie immer eingenommen. Zudem ist Mamsell gar nicht dazu gemacht, in ihre Wirthschaft eine rechte Ordnung zu bringen, daß es ein ganzes macht. Sie hat gar keine Autorität, und die Mädchen sind gar nicht in Zucht. Müßte ich noch länger allein wirthschaften, so sollte sie mir nicht bleiben. Unter Aufsicht, denke ich, wird es eher gehen, und Du kannst hernach über sie selbst verfügen.

Es ist sonst gebräuchlich, daß uns an unserem Geburtstage andere eine Freude machen. Diesmal habe ich mir vorgenommen, mir selbst eine Freude zu machen und habe diesen Tag[349] ausgewählt, Dir den Ring überreichen zu lassen. Recht lange wird er Deinen Brautstand nicht mehr zieren, dann wirst Du ganz die Meinige. Dein G.

29.05.1811, Klein Siemen. An Marianne Wienholt, Bremen

Ich habe den gestrigen Tag, liebe Marianne, ein wenig in geschäftigem Müßiggange zugebracht. Und dieser wichtige Götzendienst hat mich den ganzen Tag vom Schreiben, wozu ich mich vorbereitet hatte, abgehalten. Eigentlich war die Ursache die, es wurde eine neue Maschine zum Buttern gemacht, und ich konnte nicht erwarten, bis sie fertig war. Ich habe zwar die Buttermühle, aber die hat viele Unbequemlichkeiten, es muß dazu ein Pferd genommen werden, was mich mit der übrigen Arbeit genirt und das Pferd, weil die Einrichtung schlecht ist, sehr angreift. Diese dagegen ist sehr einfach wie eine Pumpe, nur daß der Schwengel, an dem unten ein ungeheurer Klotz befestigt ist, hin- und herspringt, und ein Mensch kann sie leicht treiben.

Es war gestern gewaltig schwül, und wir hatten bisher noch kein Gewitter, und Du schreibst von einem Gewitter dort. Es war seit längerer Zeit eine schreckliche Dürre, die schon schädlich zu werden drohte und es war Zeit, daß etwas Regen kam, ehe unsere Weiden zu sehr litten. Gestern war es eine solche Hitze, daß alles welk die Blätter hängen ließ.

Beiläufig gesagt, die Hitze ist mein Feind eben nicht, ich kann mich ganz gut mir ihr vertragen und befinde mich in ihr recht wohl und besser als bei der Kälte. Endlich zogen Gewitterwolken, die sich bisher immer wieder vertheilt hatten oder beiseite weggezogen waren, auf. Ich stand mit von Kapff auf einer Anhöhe, und wir sahen sehnlich dem Zuge jeder Wolke entgegen, ob nicht endlich eine kommen wollte, uns ein wenig zu begießen. Wir wogten lange zwischen Hoffnung und Furcht. Endlich kam ein ziemlicher Guß, der

---

349 Johanns Geburtstag am 23. Mai.

die Flur ganz augenscheinig erfrischte und heute schickt es sich noch mehr zum Regnen an, was dem ganzen Felde über die Maßen wohl thun wird.

Die Post macht es immer recht gut. Dein liebes Geschenk zu meinem Geburtstage habe ich erst ehegestern erhalten. Ich hatte an dem Tage einiges Unangenehmes und weit besser ist es, daß es später kam. Wäre es auch früher gekommen, so hätte ich es doch an dem Tage wohl nicht erhalten, mein Bruder hatte die Zahlen etwas undeutlich geschrieben, und von Kapff las den 25ten heraus. Was soll ich aber von dem zu schönen Geschenk für den täglichen Gebrauch sagen? Reicht ein bloßer Dank bei der gütigen Geberin hin? Daß ich die Kette gleich anmachen mußte, um sie wenigstens für einige Zeit zu tragen, kannst Du denken.

Ich habe über Martin seinen Brief lächeln müssen, über das stolze Wohlbehagen, womit er die Schwester nennt und worin er sich so sehr gefällt, daß er es noch einmal wiederholt. Wo die Kette noch mehr paradiren soll, das will ich Dir unten sagen, hier nur noch etwas von unserer Wirthschaft erzählen.

Diesen Augenblick sind wir, das Wetter nach dem Regen zu benutzen, sehr darüber aus, Brachfrüchte zu pflanzen, nemlich weißen Kohl, Runkelrüben und Rothe Beeten. Kartoffeln sind schon eine bedeutende Menge in der Erde, und so werde ich für die Kühe diesen Winter Futter genug haben. Sie sind mir jetzt noch nicht so imstande, wie sie sollten. Vergebens habe ich sie zuletzt mit Hafer gefüttert. Sie verdauen ihn nicht. Und zur Schrotfütterung sind meine Ställe noch nicht eingerichtet. Nicht nur aus meinem Interesse, auch als Ehrensache werde ich suchen, meine Holländerey recht eklatant emporzubringen, da man hier – unter anderen mein Nachbar Kleinworth – behauptet, bei der Selbstbetreibung komme kein Vortheil heraus. Das mag vielleicht wahr seyn, wenn man bei der gewöhnlichen Fütterung bleibt und nicht auf gute Kühe sieht. Durch eine gute Winterfütterung bin ich sicher, sie sehr hochzutreiben. Denn gerade um die Zeit ist Butter sehr theuer. Ich habe für die Franzosen zukaufen müssen und das Pfund mit mit 14 ßl. bezahlt. Auf gute Kühe werde ich künftig noch mehr sehen und suchen, recht ausgezeichnete zu bekommen. Die Race, die man in Oberneuland und den Gegenden hat, scheint mir für unsere Gegend vortrefflich. Ich werde es versuchen, diesen Sommer einige davon zu bekommen, um sie hierher kommen zu lassen.

Von meinem Getreide steht der Rocken nur mittelmäßig, aber Waizen vortrefflich. Ich habe mit diesem das von meinen Nachbarn höchst kritisirte Experiment, ihn zu eggen, machen lassen. Und mit seiner dunklen Farbe beweißt er die Richtigkeit desselben. Wir ziehen uns hier manchen scharfen Tadel zu, indeß die Zeit wird lehren, wer recht hat. Wenn vor allem nur die Brennerey schon imstande wäre, aber die letzte Aussicht zu einem Brenner ist wieder verschwunden. Das hält mich auf einige Zeit länger zurück. Schwerlich werde ich schon im Julius kommen können, und ich habe es daher unserer Mutter sagen lassen, damit sie danach ihre Zeit bequem einrichten kann. Ich kann es kaum erwarten, bis ich wirklich Feuer unter der Blase habe. Bis dahin habe ich keine Ruhe.

Im Garten sieht es noch ein wenig rauh aus. Es ist viel Unklarheit darin, aber das Gebüsch wächst schon ziemlich heran, die Erbsen blühen. Eduard werde ich nun bald bekommen. Der Schneider hat ihn festgehalten. Ich hätte ihn jetzt recht gut gebrauchen können in dieser Zeit. Hoffentlich ist er, wenn dies in Deine Hände kommt, schon weg oder wenigstens auf dem Sprunge.

Recht viele Grüße hat mir Schreeb an Dich aufgetragen. Ich sprach ihn neulich in Rostock, wo er zum Landtag war. Es tat mir recht wohl, als ich die befreundete Gestalt durch das Fenster erblickte. Er war höchst liebenswürdig und speiste meinetwegen in einem anderen Wirthshaus, als wo er gewöhnlich speist. Ich habe ihn genau beobachtet, ob er in der Gesellschaft des hochadeligen Barons und Grafen wohl anders gegen mich seyn würde als gewöhnlich. Aber nein, er war gegen mich ganz der Alte und gegen mich wie gegen einen vertrauten Freund. Auf das Fest, um es mit ihm zuzubringen, hat er mich zu sich eingeladen, und ich habe, wie Du Dir denken kannst, die Einladung gern angenommen. Am Sonnabend Abend werde ich bei ihm eintreffen, und da werde ich die Freude haben, mit den Ketten, womit Du mich umwunden hast, ein wenig zu prahlen.

Den 30t May

Nun noch zu der Frage wegen des jungen Hünerkochs.[350] Ich würde wohl einen jungen Menschen als Lehrling nehmen, es dann aber nur wegen des Kostgeldes, das sie gewöhnlich zu zahlen haben. Geld aber mag ich den Leuten nicht abnehmen, und so kann ich es auch nicht gut, da ich ihn nicht eigentlich gebrauchen kann, da ich Eduard bekomme. Ueberhaupt möchte ich, wenn ich einen Menschen nähme, auch gern einen ordentlichen haben. Ich habe vielleicht Gelegenheit, ihn bei einem guten Pächter, wo er es aber ein wenig sauer haben wird, wohlfeil unterzubringen. Ich werde das meinige dabei thun, es zu befragen und das Nähere schreiben. Und nun nur noch einen Guten Morgen, damit der Brief wegkommt. Ganz der Deine J. G.

09.06.1811, Klein Siemen. An Marianne Wienholt, Bremen

Einen recht herzlichen Guten Morgen, meine liebe Marianne, dem ich gleich die vielen freundlichen Grüße anhänge, die mir in Boldebuck an Dich und Deine Mutter aufgetragen sind. Ich habe das Fest dort recht vergnügt zugebracht. Große Gesellschaft war diesmal nicht da, nur der jüngste Bruder der Frau von S[chreeb], ein Oberforstmeister im Gothaischen, der sehr schwer hört.[351] Er ist ihr Liebling unter den Brüdern und soll ein vortrefflicher Mensch seyn. Sehr interessant war er aber eben nicht. Frau von S[chreeb] ist schon seit längerer Zeit krank, sie leidet an Brustkrämpfen und prophezeit, daß sie nicht wieder besser werde. Nun wird der Himmel die wirklich guten Menschen von manchem schweren Kummer bewahren, den ich für sie fürchte.

350 Marianne hatte Johann am 20. Mai 1811 auf den Bruder von Maria Droste, geb. Hünerkoch, hingewiesen, der beim Konkurs von Georg Droste entlassen worden war. Der 19-Jährige Johann Wilhelm Ludewig Hünerkoch war angeblich von „ein wenig dummer simpler Natur“ und sollte in der Landwirtschaft unterkommen.

351 Die Rede ist von Barthold Johann von Bassewitz (1782 – 1827), Herzoglich sachsen-gothaischer Kammerherr und Oberforstmeister.

Als ich am Sonnabend ankam, war ich wieder ein wenig aufs Neue geschlagen. Ich glaube die Ermüdung der Reise war schuld daran, daß ich mich nicht gegen die Güte, womit man mich gleich überhäufte, verteidigen konnte. Das machte mich anfangs still und ein wenig verlegen. Schreeb war sehr liebenswürdig und in guter Laune, obgleich ein wenig unpäßlich. Ich kann es nicht helfen, mich an so gute Menschen wie sie zu hängen und mit ihrer Seele zu leiden, wenn ich schmerzliche Stunden für sie voraussehe.

Gestern hatte ich einen Besuch bei Frau von Schröder zu machen. Es ist wirklich eine ganz allerliebste Frau von einer großen Güte, die etwas sehr Einnehmendes hat. Sie ist so äußerst anspruchslos und etwas leidend. Sie ist in keiner Umgebung, in die sie paßt. Sie klagt mir, sie lebe auf Gr[oß] Nienhagen so einsam, und sie scheint sich verlassen zu fühlen. Ich glaube, wenn ich erst meine beiden Lieben[352] bei mir habe, wird sie sich schon an sie hängen. Noch habe ich hier jetzt einen anderen erbarmungswürdigen Gegenstand. Meine Diana[353] hat Junge bekommen. Sie sind ihr weggenommen und abgetränkt. Nun heult sie in größter Betrübnis und Angst allenthalben herum. Wäre ich zu Hause gewesen, es wäre wohl nicht dazu gekommen, und die Kleinen würden gewiß begnadigt seyn. Es hat das Muttergefühl doch eine eigene Heiligkeit, ihr Schmerz hat mich sehr gejammert.

Diesen Morgen bei einer schwülen Hitze habe ich den ersten Bienenschwarm eingefangen. Diesen Mittag hat ein starkes Gewitter uns ziemlich Regen gebracht, der nach der Dürre nicht wenig erquickend ist, im Garten war er sehr nothwendig. Vieles welkte und hing die Köpfe. Es hat einige Male zwischendurch diese Zeit hier geregnet, aber der böse Wind hat die Feuchtigkeit bald wieder aufgetrocknet. Die Walzen haben uns dieses Jahr vortreffliche Dienste gethan. Auf den benachbarten Gütern haben sie immerfort eine große Anzahl Menschen zum Klütenklopfen[354] anstellen müssen, die ich da-

352 Mutter und Tochter Wienholt.

353 Gildemeisters Hündin.

354 Klütenklopfen = Klumpen zerkleinern.

durch ganz erspart habe, was kein geringer Vortheil für mich gewesen ist, da ich sie so nothwendig brauchte. Du fragst mich, ob die Dürre hier auch Schaden gethan. Auf einem so schweren Boden wie der meinige ist, kann man sie ziemlich viel länger aushalten. Für das Sommerkorn, das erst keimen soll, ist sie doch recht nachtheilig. Hätte ich sandigen Boden, so möchte es wohl übel aussehen. Jetzt aber stehen Waizen und Clee, der schon gemäht ist, weit und breit nicht so schön wie hier. In Boldebuck stand das Korn vortrefflich. Zu meiner Freude habe ich bemerkt, daß der Boden selbst in den Fehlern ganz dem meinigen gleicht, nur ist der Unterschied, daß jener in Kultur ist, dieser noch nicht. Aber ich sehe daraus umso deutlicher, was aus meinem Boden, der für Dünger so dankbar ist, werden muß und werden wird.

Ich hörte gestern vom Major von Boddin, einem Bruder der Frau von Schröder, ein mir sehr unerwartetes Urtheil über meine Wirthschaft.[355] Er sähe immer mehr ein, meinte er, daß ich mit der Wirthschaft, die ich einführte, recht habe, daß das aber auch nur auf Siemen ausführbar sei. Darin hat er nicht unrecht, auf Gr[oß] Nienhagen müßte ich es ganz anders anfangen und nur dann ist die Wirthschaft richtig, wenn sie dem Lokalen angepaßt. Laßt mich nur erst eine gewinnen und laßt den guten Erfolg meinen Nachbarn zeigen, daß das, was ich tue, durchaus nicht verloren, sondern vorausberechnet wurde. So werden ihre Urtheile sehr bald zu meinen Gunsten seyn. So hatte mir anfangs das Eggen des Waizens sehr scharfe Kritik zugezogen. Nun aber, da er so ausgezeichnet vortrefflich steht und eine so besonders schöne Farbe angenommen hat, sprechen sie schon anders und gestehen, daß die Operation doch wohl nicht nachtheilig gewesen seyn kann. Das Urtheil war mir von einem Mecklenburger umso unerwarteter, da ihnen die Mecklenburger Wirthschaft immer ihr höchstes Ideal ist. Er fügte hernach hinzu, wenn ich auch auf Stallfütterung hinausarbeite, so würde er das für Siemen sehr richtig halten. Obgleich das meine feste Absicht ist, so leugnete ich es, denn ich

355 Der Offizier und spätere Mecklenburg-schwerinsche Generalmajor Johann Caspar von Boddin (1772 – 1845).

werde es eher ausführen als ankündigen. Er sagte mir hernach, er habe sich über meinen Clee gefreut. Siemen bleibe doch immer Siemen. Und Frau von Schröder sagte mir, ihr Mann habe immer gesagt, mit Siemen könne man Gr[oß] Nienhagen ausdüngen. Ihr Mann hat, wie Du weißt, Siemen früherhin besessen, und sie sind immer noch außerordentlich dafür eingenommen.

Wegen des jungen Hünerkochs habe ich Dir neulich geschrieben. Da ich Eduard habe, weiß ich ihn wirklich nicht hinreichend zu beschäftigen, und ihn mit zum Markt zu schicken und dergleichen Arbeit ist er nicht zu gebrauchen. Und zu gröberen Arbeiten, das möchte ich nicht. Ich weiß also nicht, was ich eigentlich dazu sagen soll. Das große Zutrauen des Vaters zu mir beschränkt sich wohl eigentlich auf meine liebe Braut. Und darin kann ich ihn nicht verdenken, möchte ich doch selbst niemanden lieber meine Kinder anvertrauen. Ich will erwarten, was Du mir auf meinen vorigen Brief anwortest.

Ach, mit dem Brenner, das wird eine unangenehme zögernde Geschichte. Ich sehe leider die Zurückhaltung schon im voraus. Ueberdem werden wir eine ungewöhnlich frühe Ernte haben. Ich möchte gern wenigstens Anfang August kommen, aber ich fürchte, es kommt nicht dazu. Ich sollte denken, dem Schicksal müssen ein paar so alte Liebhaber herzlich ennuyant[356] seyn, sie noch länger zu quälen und zurückzuhalten. Wie kommt es denn, daß der Ring zu weit ist? Er paßte doch ganz genau nach den eingeschickten Maßen.

Abends

Der heutige Tag soll Dir ganz geweiht seyn, meine liebe Marianne. Morgen früh gehe ich sehr früh zum Markt nach Rostock. Daher kann ich nur heute noch Dein seyn. Ich habe nach dem Regen einen Spaziergang aufs Feld gemacht und komme in ein wenig ärgerlicher Laune zurück, da ist manches noch sehr zurück, was schon viel weiter seyn könnte. Theils hat uns das Wetter, das den Boden so hart macht wie eine Diele, gehindert, theils haben mir

356 ennuyant = ärgerlich, unangenehm.

die Leute, da wir sie nicht genug unter Aufsicht haben konnten, nicht genug gethan. Hier wäre mir nun Eduard sehr nützlich geworden. Es ist gerade die Zeit, wo ich ihn recht gebrauchen könnte, die des Frühlings, und nun ist er noch nicht da. Dann liegt noch so manche andere Arbeit vor, daß ich nicht weiß, wie ich durchkommen soll. Dann ärgert es mich, daß es mit Mamsell nicht in der Haushaltung alles so ist, wie es sollte, und ich beseufze, daß sie noch keine Aufseherin hat, die ihr sehr nöthig ist. Und daß um des leidigen Brenners die beste Zeit verstreicht, was dergleichen unangenehme Sachen mehr sind, worum man vor Ungeduld aus der Haut fahren möchte. Doch genug davon. Vieles Disharmonirende in der Wirthschaft wird durch die Frau und mit ihr die Ursache mancherley Unanehmlichkeiten verschwinden.

Deine mir geschenkte Mütze hat gestern großen Beifall eingeerntet und man bejam-mert, daß man hier solche Sachen gar nicht haben kann, wenn nicht gut gearbeitet.

Du arme Kranke, wie geht es Dir. Bist Du ganz wieder hergestellt? Das sollst Du noch erfahren, daß das Siemensche Klima höchst gesund ist. Heute ist der Tauftag des Königs von Rom.[357] Die Art, wie er hier gefeiert wird, ist höchst seltsam. Man soll den Einquartirten von allem doppelte Portionen geben. Meine haben sie nicht gefordert, wenn meine Ahndung nicht tröge, und er uns ein Tag wäre, der eine neue Katastrophe anknüpft. Aber es ist Zeit zu schließen. Gute Nacht und herzlichen Gruß Dein J. G.

18.06.1811, Klein Siemen. An Marianne Wienholt, Bremen

Deine Bemerkung, liebe Marianne, das Schrecklichste bei den jetzigen unglücklichen Zeitumständen dort sei die lähmende Unthätigkeit, worin so viele versinken müßten, und ich in dieser Hinsicht glücklich zu preisen sei, habe ich sehr wahr gefunden. Oft fühle ich es lebendig gegen vorige Zeiten, wie glücklich ich mich in dieser Hinsicht zu schätzen habe. Aber oft raubt es

357 Gemeint ist der am 20. März 1811 geborene Napoleon Francois Joseph Charles.

mir auch die Zeit ein wenig zu sehr und das ist auch heute der Fall, weshalb auch diesmal mein Brief nur kurz seyn wird, denn am

Donnerstag muß ich zum Markt, um Ochsen zu kaufen. Ich bin jetzt sehr beschäftigt, da es mit aller Gewalt auf die Brennerey losgeht. Am Montag kommt der Maurer, um die Blase einzumauern. Und wenn der fertig ist, kann mit dem Brennen gleich ein Anfang gemacht werden. Ich habe jetzt einige Aussicht, hier einen guten Brenner zu bekommen. Dann würde es an nichts mehr fehlen.

Daß Martin mich besuchen will, wirst Du gehört haben. Vielleicht ist er mir schon ziemlich nahe und kommt dieser Tage an. Daß mir das ein rechtes Fest ist, kannst Du Dir denken. Wir haben dieser Tage etwas Regen gehabt, der durchgedrungen ist. Er wird hier alles im schönsten Flor finden, denn gerade jetzt ist der schönste Zeitpunkt, weil alle Felder grün sind.

Am Montag vor acht Tagen war ich zum Markt nach Rostock. Es war sehr lebendig da, und ich habe mich auf mancherley Weise sehr gut divertirt.[358] Vorzüglich waren Marionetten da, die in ihrer Art sehr gut waren, theils ergötzten sie mich selbst, denn sie waren schnurrig. Das Ende einer jeden Scene war eine Prügelei, theils das Gaudium der Umstehenden. Unter ihnen fiel mir ein älterer Franzose auf mit einer sehr einnehmenden Physiognomie, seyn Auge hatte einen sehr angenehmen Ausdruck von Güte. Und er hatte dabei etwas sehr Feines in seinem Wesen. Die Nation hat wirklich einige sehr liebenswürdige Seiten. Warum muß sie sich bloß zum Werkzeug gebrauchen lassen? Ich denke mir, es war einer von denen, die die Revolution im Anfang enthusiasmierte, einer von den recht guten, so daß das lange Kriegsleben die natürliche Milde seines Charakters nicht verwischen konnte.

Auf dem Markt hörte ich unerwartet Englisch sprechen. Es waren amerikanische Matrosen. Der ungewohnte Klang war mir Musik im Ohr und gern hätte ich mich mit ihnen in ein Gespräch eingelassen. Es muß einem ja durchaus immer lieber das Land werden, wo man das Ideal einer vortreffli-

358 divertiert = belustigt.

chen Staatsverwaltung realisirt findet, je mehr man diesseits der Willkür und dem Zwang ein Opfer wird und je mehr der deutsche Charakter mit jenem, dem er so ähnelt, ein gleiches Bedürfniß fühlt.

Den 19t

Wegen des jungen Hünerkochs: Arbeit könnte ich ihm immer geben, und wäre er mir hernach im Wege, wenn ich statt seiner vielleicht einen anderen annehmen möchte, so wird es mir wohl nicht fehlen, ihm eine Stelle zu verschaffen, wo er nicht mehr zuzuzahlen braucht. Ganz frei kann ich ihn aber nicht nehmen, aber ich will auch nicht mehr, als er mich kostet. Nur bin ich verlegen darüber, was ich fordern soll. Für eine Einquartirung wird das hier mit 8 Groschen[359] vergütet, das wären 60 Thaler. Aber man kommt bei weitem nicht damit aus, denn ist das Getreide gleich wohlfeil, so sind andere Sachen doch im alten Preise. Was meinst Du von 75 Thalern oder scheint Dir das zuviel? Mehr als es wirklich kostet, möchte ich den Leuten auch nicht gern abnehmen.

Einen Zeitpunkt für mein Dortkommen[360] kann ich noch nicht genau bestimmen. Ich denke, ich muß mir vorher alles Nothwendige vom Halse schaffen, damit ich mit mehr Ruhe abwesend seyn kann. Und damit so wenig als möglich versäumt wird, besonders da es jetzt so wichtig ist, sich so viel als möglich von dem Druck der Zeit unabhängig zu machen. Die Ernte, die dieses Jahr früh einfallen wird, über werde ich wohl noch hier seyn. Gleich nach ihrer Beendigung, denke ich, am besten abkommen zu können. Ich denke, es wird auch Dir so am meisten recht seyn, nicht wahr, liebe Marianne?

Den 20t Morgens

Da die Einquartirung, die ich hier habe, mir nicht viel Unruhe macht, so lebe ich so ziemlich in Ruhe außer, daß mir ziemlich viel auf dem Halse liegt. Mamsell ist etwas unpäßlich und ist in ihrer Krankheit nicht wenig albern.

359 1812 mit 12 Schilling pro Tag.
360 Gemeint ist Bremen.

Ich fürchte, sie bringt sich um allen Respect bei dem Gesinde. Sie verdirbt mir manchmal meine gute Laune. Außerdem kann sie nichts so verderben als das Geld auszugeben, das seitdem zu fliegen scheint. Wie ein Drache liege ich über meinem Geldbeutel, das Geld zu hüten und mit jedem Gulden geht ein Stückchen meines Herzens mit. Dagegen lächle ich bei den Einnahmen selbstgefällig, die aber bis jetzt mir die Freude nicht oft machen, wenn nur an Hineinstecken zu denken ist.

Unsere Mutter ist nun schon in Eilsen. Oh, möge ihr das Bad dort recht gut bekommen, damit wir sie froh bei uns sehen und Dir, meine liebe Marianne, Oberneuland, damit die böse Unpäßlichkeit Dich recht bald verlasse. So kurz der Zwischenraum bis zum Wiederhaben ist, so wenig kann ich mich noch in die Zeit hineindenken. Und nun noch einen herzlichen Guten Morgen. Ich muß schließen, um zum Markt zu eilen. Vielleicht kann mein Bruder schon heute eintreffen. Herzlich der Deinige J. G.

01.07.1811, Klein Siemen. An Marianne Wienholt, Oberneuland

Diesmal, meine liebe Marianne, mußt Du Dich mit ein paar Worten begnügen. Siemen ist mit vielen fremden Arbeitern bevölkert, die die Blase in Ordnung bringen. Die Feldgeschäfte sind überhäuft. Dazu kommt die Gesellschaft, die ich hier habe und mir mehr als zuviel Zeit raubt, da ich mich etwas um sie bekümmern muß und für ihre Unterhaltung sorgen. Ich kann daher kaum noch einige Augenblicke für mich erübrigen. Es geht zu sehr hitzig zu, weil ich es dahin zu bringen suche, in 14 Tagen mit dem Brennen anzufangen. Ich weiß kaum, wo mir der Kopf steht. Mit dem Brenner hat es sich wieder zerschlagen. Dagegen habe ich einen anderen, der für's erste aushelfen soll.

Deinen Brief hat Martin mir mitgebracht so wie mehrere andere. Ein Billet von Dr. Müller[361] ist in einer feinen, freudvollen, heiteren Laune geschrieben,

361 Der Bremer Domkantor, Musikschriftsteller und Pädagoge Wilhelm Christian Müller.

die etwas Eisiges hat, der arme Mensch. An unsere Mutter viele Grüße, möge ihr das Bad gut bekommen. Daß Betty gut platzirt ist, hat mir viel Freude gemacht. Sie sind in unserem Hause sehr gut damit zufrieden.

Die Zahngeschichte kann doch keine üblen Folgen haben? Bist Du ganz wieder hergestellt? Noch eine herzliche Umarmung. Mein nächster Brief soll, wenn ich nur irgend kann, länger werden. Mit ganzer Liebe Dein J. G.

10.07.1811, Klein Siemen. An Marianne Wienholt, Oberneuland

Ein wenig bin ich wieder zur Ruhe gekommen, liebe Marianne. Meine Gäste überraschten mich gerade in einer sehr beschäftigten Zeit, und überdem hatte mich der Maler aus meinem Zimmer vertrieben, so daß ich weder eine bleibende Stätte hatte noch zu mir selbst kommen konnte. Doch jetzt geht es mir nicht viel besser. Ich wollte so gerne in Kürze einen Anfang mit dem Brennen machen und mir Freyheit verschaffen, um bald herrüberkommen zu können. Es sieht aber so bunt noch aus, daß ich meine Noth haben werde. Das schlimmste ist, daß ich nicht Leute genug bekommen kann.

Du fragst, wann die Ernte beendet seyn wird. Ich denke, etwa nach Mitte August. Und dann gedenke ich gleich abzureisen. Ich habe in dieser eiligen Zeit meine Gäste nicht so amüsiren können, wie ich es wohl wünschte. Indeß denke ich, bleiben sie noch eine Zeitlang bei mir, und ich hoffe, es nachholen zu können, wenn nur die Heuernte, die durch das unbeständige Wetter sehr verzögert wird, beendet ist. Wilmanns[362] hat den Hof recht hübsch gemalt.

362 Vermutlich der Bremer Heinrich Johann Christian Wilmans (1788 – 1854), Bruder des bedeutenden Verlegers Friedrich Wilmans (1764 – 1830), an dessen Frankfurter Verlag er sich 1815 beteiligte und u. a. als Litograph mitarbeitete. Es handelte sich bei den Bildern um Zeichnungen. Vgl. Johann Gildemeister, 2.7.1811: „Er hat hier viel gezeichnet und so seine Zeit recht gut hingebracht. Drei recht wohlgerathene Ansichten werden an unser Haus kommen, obwohl er es noch nicht bestimmt hat." Und in Mariannes Brief vom 18. August 1811 heißt es: „Die Zeichnungen von Wilmanns sind jetzt vollendet. Er hat sie Friederiken geschenkt […]. Den Hof dachte ich mir lange nicht so freundlich, und auch die Aussichten aus dem Garten überraschten mich sehr. Am meisten aber der sinnige Schäfer auf der Bank, ich hätte ihn erkannt auch in der fremdesten Umgebung."

Es ist ein sehr genaues Portrait, nur nimmt er sich im Bilde hübscher als in Natur. Ich habe ihn darum gebeten, und ich hoffe, er wird es auch thun, es seinem Vater zu schenken. Nun zuvor den Punkt wegen Hünerkoch, damit ich es nicht versäume, wenn mir die Zeit danach vielleicht zu kurz würde. Ich denke, ich will ihn nur nehmen, dann aber wäre er mir die Zeit meiner Abwesenheit gerade am nützlichsten. Auch kann ich ihn sehr gut in der Ernte gebrauchen, und er müßte dann sobald wie möglich herüberkommen. Ich wünschte aber, daß er sich ein Bett selbst mitbrächte. Mehr als schadenfrei verlange ich nicht zu seyn. Besonders heizen werde ich seinetwegen nicht lassen. Er muß mit von Kapff und Eduard in ihrem Zimmer seyn und auch das Licht theilen.

Recht große Freude hat mir der heitere Ton Deines Briefes gemacht. Es scheint die trübe Stimmung verflogen zu seyn. Ach, liebe Marianne, warum müssen wir auch gerade in Zeiten wie den jetzigen leben? Warum muß es alles so bitter schwer gemacht werden? Wie gern hätte ich Dich schon früher herrübergeholt, und doch will Vorsicht, daß ich nur sie höre, und sie zwingt mich, daß Unangenehme vorzuziehen Dir, der ich nur Freude bereiten möchte. Wie wird es uns einst nach allen diesen Quälereien zumuthe seyn, wenn wir endlich einmal die ersehnte Ruhe schmecken. Martin hat mich freilich darum angegangen, mit ihm zurückzukommen. Aber er sieht es selbst, daß es unmöglich ist, und so muß ich leider wieder Deinen Wünschen entgegenhalten.

Abends

Mit Bruder Eduard, den ich zu von Kapff quartirt habe, geht es recht gut. Er scheint sich für die Sache zu interessiren. Ich glaube, daß für ihn Oekonomie das ansprechendste Fach ist, das er ergreifen könnte. Er kann recht gut die Zeit ein wenig in geschäftigem Nichtsthun hinbringen, und das gehört nothwendig mit dazu, um mit Geduld bei den Leuten bei ihrer Arbeit aufzupassen. Das ist mir durchaus unmöglich, ich kann keine fünf Minuten dabei aushalten und statt, daß das besser werden sollte, wird es schlimmer und es geht in eine peinliche Unruhe über, die mich jetzt zu manchen Beschäftigungen, die ich ehemals mit Geduld trieb, zum Beipiel das Malen, ganz unfähig machen würden. Am wohlsten ist mir bei recht heißer Arbeit, wo Späne fallen und man sieht, daß man fortkommt.

Mit Mamsell geht es so ziemlich. Der Mangel des Zutrauens setzt mich oft vielleicht mit Unrecht in ärgerliche Stimmung. Dann tröste ich mich zuletzt damit, daß sie eine Aufseherin bekommen wird, die das besser beurtheilen und der ich alles werde überlassen können. Aber ich glaube noch immer, daß wir sie hernach nicht lange behalten werden, denn hier wird uns eine Haushälterin unentbehrlich seyn, die bei dem Gesinde Furcht und Respect hat, und die es einem abnimmt, so streng den Zügel zu halten. Ich sehe doch, wieviel besser es in anderen Wirthschaften geht. Solch eine Junggesellenwirthschaft taugt doch den Henker nicht. Im October bekomme ich lauter neue Mädchen. Ich werde mich freuen, wenn ich diese abscheulichen, hier von Mamsell nun einmal ganz verdorbenen Geschöpfe los bin.

Den 11t

Ich hatte Wilmanns aufgetragen, er sollte in meinem Namen an Dich schreiben, aber er wagte es nicht. Es würde mir viel Spaß gemacht haben, wie er mich wohl genommen hätte. Ich zweifle nicht, daß er sich ein wenig pedantisch ausgedrückt hätte. Es ist schon etwas Rocken reif, doch werden wir die Ernte so lange wie möglich hinziehen, vielleicht Montag über acht Tage. Ganz Dein J. G.

21.07.1811, Klein Siemen. An Marianne Wienholt, Oberneuland

Für meine Gäste ist heute der Tag der Abreise. Ich werde sie bis Wismar begleiten. Diesen Brief aber nicht ihnen mit, sondern auf die Post geben. Ich habe heute einen Brief von Dir, liebe Marianne, empfangen und noch einen von voriger Post zu beantworten. Am Freitag haben wir mit der Ernte einen

Anfang gemacht. Gestern war ich mit ihnen nach Warnemünde, wo sie sich sehr gut divertirt[363] haben. Ungeachtet es so ungeheuer heiß war, was es auch noch ist. Ich denke, sie werden sich mit Freuden einst an ihren hiesigen Aufenthalt zurückerinnern. Die erfreuliche Nachricht, daß ich durch Barkhausen[364] höchstwahrscheinlich einen der Hastedter Brenner[365] bekomme, hat lange gewährt und alle Geduld ist mir ausgegangen. Nun scheint es aber dafür umso besser zu werden. Auch hat man hier die Erlaubniß der freien Ausfuhr des Getreides. Ein großes Glück für Mecklenburg. Die Preise von Getreide werden sich dann wieder heben, und ich umso weniger Einbruch durch eine anzulegende Brennerey zu fürchten haben. Auch einen Krieg mit Rußland sehe ich als gutes Zeichen an. Er kann in dieser drückenden Stille nichts verschlimmern, aber vieles kann besser werden.

Wismar, den 22t Julius

Ich habe gestern meine Gäste glücklich hierher gebracht. Eduard begleitete sie noch eine Strecke zu Pferde. Nun kurz zur Beantwortung Deiner Briefe.[366] Wegen Feuer bei der Brennerey ist nach der Art, wie meine Blase gemauert ist, nichts zu fürchten. Es ist beinah nicht möglich, das Feuer entstehen kann. Wenigstens ist es nicht gefährlicher als bei jedem Windofen. Das Holländerhaus ist mit Ziegeln, nicht mit Stroh eingedeckt. Außerdem ist die Entfernung vom Wohnhause und Scheuer groß genug, daß selbst bei einem Brande nichts sehr zu fürchten ist.

Von der schönen Jahreszeit wirst Du freilich nur noch wenig genießen,

363 divertirt = belustigt.

364 Die Rede ist vom Partner der Firma Barkhausen et Garlichs, in der die „Tuchhandlung des Herrn Senator Gildemeister" ansässig war: Albrecht Friedrich Barkhausen (1768 – 1846).

365 Hastedt bei Bremen (heute ein Stadtteil).

366 Marianne hatte Johann am 12. Juli 1811 geschrieben: „Mir fiel ein, ob Deine Leute in der Brennerey auch wohl vorsichtig genug mit dem Feuer sind, da Du doch nicht immer dabei sein kannst. Es soll ja sehr gefährlich sein, und die Häuser, die Brenner zum Nachbarn haben, müssen ja immer eine höhere Assecuranz bezahlen. Dazu meine ich, von Friederike gehört zu haben, daß das Holländerhaus mit Stroh gedeckt ist, und so wäre es doppelt gefährlich ..."

wenn ich Dich diesen Herbst hole. Aber ich glaube auch fast, daß es so ebenso gut ist, wenn Du vorher das Angenehme hast, daß Dir das Unangenehme des Winters weniger dagegen abstechen wirst, als wenn Du jenes noch eine kurze Zeit genossen. Lieb würde es mir immer seyn, wenn unsere Mutter gleich mitreiste. Nicht wegen der kurzen Trennung, aber weil ich sorge, daß sie bei ihrer Reise später Schwierigkeiten haben wird, und sie nicht so gut reist, als unter der Pflege ihrer Tochter. Mir aber wird ganz recht seyn, was sie beschließt.

Wegen der Geschenke ans Gesinde werde ich mich erkundigen.[367] Bei denen für meine Geschwister habe ich nur bei den silbernen Uhren für August und Hermann zu erinneren, daß Du ihnen lieber keine so kostbaren Geschenke machen solltest. Ich glaube, es würde meinem Vater nicht ganz recht seyn. Daß Hünerkoch wahrscheinlich heute anreiset, bemerke ich nur. Ich will ihn nach Deinem Wunsche auf`s freundlichste aufnehmen. Freude hat mir die Nachricht von der Mutter gemacht. Bei Empfang dieses Briefs wird sie wohl schon zurück seyn. An sie meine herzlichen Grüße. Gleich nach Tisch reisen die beiden Jünglinge mit der Post nach Lübeck ab, und ich kehre nach Siemen zurück. Ich bin sehr eilig, daher nur noch die Versicherung meiner herzlichen Liebe. Ganz Dein J. G.

Wilmanns habe ich zum Briefschreiben nicht bereden können.

31.07.1811, Klein Siemen. An Marianne Wienholt, Oberneuland

Ich war gestern in Rostock, liebe Marianne, und fand bei meiner Zurückkunft Hünerkoch[368] mit Deinem Briefe vor. Ich habe mir den Menschen ganz anders vorgestellt, und so schlimm finde ich ihn nicht, als ich ihn erwartete, durchaus nicht blöde, doch sehr beachtsam. Er scheint ein denkender Philosoph zu seyn. Ich nehme mich sehr (bis soweit hat Eduard eingeplirt, er lacht und schämt sich)

367 Marianne hatte am 12. Juli 1811 geraten, sich „bei der Pastorin oder sonst“ zu erkundigen, ob es Sitte sei, dass die Braut „dem Gesinde etwas schenkt“.

368 Johann Wilhelm Ludewig Hünerkoch (1792 – ?).

in Acht, nicht über ihn zu lachen. Und hoffe, seine Verblüfftheit wird sich schon verlieren. Er ist schon ehe gestern abend hier in der Nähe gewesen, hat aber so spät nicht mehr herkommen mögen und ist die Nacht bei einem Bauern geblieben. Ich werde anfänglich verlegen seyn, ihm Anstellung zu geben. Ich habe ihn für's Erste mit dabei gekriegt, Grassaamen einzusammeln.

Recht viel zu thun habe ich diesen Augenblick eigentlich nicht, aber ich habe ein gewaltig faules Scheuen und kann mich nicht überwinden, einiges Aufgeschobenes, und das beim schwersten Ende anzugreifen. Eigentlich bin ich noch in Unruhe der Erwartung wegen des Brenners und hoffe, Morgen früh darüber einen Brief zu erhalten, den ich deswegen ausdrücklich früh holen lasse, um ihn gleich zu beantworten. Ich wollte deswegen diesen Abend meine Zeit wahrnehmen, an Dich zu schreiben, um Morgen nicht darin durch Störung abgehalten zu werden. Es lachte aber ein so vortrefflicher Abend ins Fenster hinein, daß ich im Zimmer nicht dauern kann.

Abends

Wir haben eine vortreffliche Heuernte, die dieses Jahr durch den schönen Clee und die Wicken sehr reichlich wird und die der Holländerey vortrefflich zupaß kommen wird. Mit dieser sind in mancher Hinsicht einige Änderungen nothwendig, aber ich warte damit, bis sie unter Deiner Aufsicht steht. Es ist das Departement der Frauen, und unmöglich kann ich mich so sehr darum bekümmern. Die Butter ist wieder ziemlich gestiegen, sie steht an zehn Groschen und war schon auf sechs herunter. Es freut mich, daß ich damals nicht verkauft habe. Soeben bekomme ich zu meiner Freude Rapssaat, die schon bald gesäet wird.

Den 10t August

Eine große Last ist mir vom Herzen, liebe Marianne. Mit dem Brenner ist es in Ordung und leichteren Herzens eile ich jetzt zu Dir, der ich zuletzt nur bedrückt schreiben konnte, weil die Ungewißheit mich marterte, und ich ahndend voraussah, daß sich alles zerschlagen würde. Du glaubst nicht, mit welcher peinlichen Unruhe ich von Donnerstag den Briefen entgegensah. Wie mein Herz schlug, als ihn mir Eduard endlich brachte, und wie meine Ungeduld noch die schwere Probe bestehen mußte, daß er sie nicht zugleich hervorziehen konnte, und wie hastig ich sie endlich aufriß und die fröhliche Nachricht las. Ich fürchtete nur zu sehr einen neuen Aufschub unserer Vereinigung. Denn ehe ich es mit der Brennerey nicht in Ordnung gebracht, hätte ich doch nicht von hier dürfen. Man hat mich diesmal auch so lange in der bangen Erwartung ohne Nachricht gelassen.

Es ist ein abscheuliches Wetter geworden, das uns in der Ernte recht stört, dunkel und melancholisch, aber es wirkt jetzt nur wenig auf mich ein. Wie anders wäre es bei einer ungünstigen Nachricht gewesen. Jetzt bin ich heiter, ich wage es, mich in künftige Zeiten zu träumen. Ich arbeite fleißig, um mir das Nothwendige und jedes Hindernis noch aus dem Wege zu räumen. Und vor meiner Abreise alle Arbeiten zu beendigen, damit nichts versäumt wird.

Am Montag erwarte ich den Brenner, dann giebt es vorerst noch tüchtig Arbeit, um die letzte Hand an die Brennerey zu legen und dann endlich mit dem Brennen einen Anfang zu machen. So nahe ich jetzt dem Ziel unserer Wünsche bin, so wenig kann ich mich noch lebhaft darin versetzen, noch nicht recht darin finden, und ungeachtet ich mich schon so oft so nahe glaubte, so ist es mir doch, als überraschte es mich und doch ist es wahr. Ich soll Dich bald bald ganz die meine nennen.

Den 11t August

Ich war neulich geschäftehalber in Doberan, und da ich bis drei Uhr warten mußte und gerade Faustus gegeben wurde, ging ich ins Schauspiel.[369] Es

369 Doberan, das älteste Seebad Deutschlands, zählte um 1810 gut 1 400 Einwohner und verfügte seit 1806 über ein eigenes Schauspielhaus, in dem auch Opernvorstellungen gegeben wurden. Das von Carl Theodor Severin entworfene zweistöckige Gebäude am Kamp, in dem rund 300 Personen Platz fanden, wurde 1898 abgerissen.

war noch früh, und ich hatte einen Platz, wo sich dicht vor mir die vornehmsten Damen setzten, lauter Adelige, wie es mir schien, und die ich hier recht beobachtete. Es ist nicht meine Schuld, wenn mein Urtheil nicht sehr günstig über sie ausfällt. Vorzüglich fielen mir die fast ohne Ausnahme geschmacklosen Anzüge auf. Zuerst traten drei Frauenzimmer ein, aber nicht mit einem anspruchsvollen Äußeren, die sich still nebeneinander hinsetzten. Dann kamen Mutter und Tochter, beide gleich gekleidet, gleich abscheulich, in einem bunten Madras, dessen breite Streifen lang herunterwallten mit einer Art Knöpfe von demselben Zeug, dabei dickgebauschte lange Ärmel. Das Zeug mag vielleicht ebenso theuer seyn als es häßlich ist, aber Dich möchte ich wenigstens nicht darin sehen. Die Mutter, häßlich und höchst fatal, spielte die Lebhafte, lief von der einen zur anderen, wippte dann wieder auf; um einer dritten etwas Pikant seyn sollendes zu sagen, womit sie satisfait[370] zurückkehrte, was aber, nach dem Eindruck zu schließen, den es machte, höchst fade war. Als mehr Gesellschaft kam, zog sie sich mehr zurück. Die Tochter war still und unbedeutend und es schien, als sähe man die Narben von der Mutter Fangzähnen, vor deren Pantoffel sie wohl nicht viel aufducken darf.

Dann traten ein ein junges Mädchen, phantastisch, etwas türkenartig gekleidet, bei sich ein Frauenzimmer, unter derem großen Schäferhut ein altes, jung seyn sollendes Gesicht hervorblickte, das mit spitzem Munde sehr zierlich französisch lispelte und einen französischen Officir festhielt, der sich, wie es schien, gern losreißen wollte. Noch kam mit einer Gouvernante das bestgekleidete Frauenzimmer, aber ich mochte in ihrem Gesicht nicht gern lesen. Interessant war von allen keine einzige, als etwa ein schon etwas ältliches Fräulein, das klug aussah, und die anderen bei weitem, wie es schien, übersah, aber etwas herzlich Kaltes dabei hatte.

Lustig war es zu beobachten, wie die Menschen miteinander umgehen, mit welcher Katzenfreundlichkeit sie sich umarmen und sich ins Gesicht

370 satisfait = zufrieden.

schmeicheln und wie hämisch sie sich hinter dem Rücken bestichel̈n. Ein Herr schien zur großen Freude der drei witzige Anmerkungen über die Türkin, die Ansprüche machte, hübsch zu seyn, zu machen und man mußte sie beneiden über die Freude, die auf ihrem Gesicht schwebte. Das adelige Volk scheint hierin sich allenthalben ähnlich zu seyn. Wo ein kleines Theater ist, da will das Publikum gewöhnlich seinen Geschmack damit documentiren, daß es alles tadelt und das höchst unwilliger Weise so auch hier.

Ueber eine Sängerin, die freilich sehr erbärmlich krähte und das kluge Fräulein den Stab brach, wurde mit so viel Ostentation[371] gelacht, daß man es zu deutlich sah, daß jede nur zeigen wollte, daß sie zu viel Kenntnis von Musik habe, sie gut zu finden, da jene den Ton angab. Die Musik selbst zog mich nicht genug an, um mich darin zu verlieren, aber jede Musik schlägt immer irgendeine verklungene Saite in mir an und weckt freundliche oder wehmüthige Erinnerungen, und da wollte es mir scheinen, als sei ich in meiner Empfindungsweise in mancher Hinsicht sehr gealtert. Mach Dich nur darauf gefaßt, einen jungen Greis zum Manne zu bekommen. Eduard und Hünerkoch sind ausgeritten. Es war diesem sichtbar eine große unerwartete Freude, als ich es ihm anbot. Der Mensch ist gar nicht übel. Ich bin recht gut mit ihm zufrieden, und ich glaube, es soll mit ihm schon gehen. Er hat einige Jungen unter seinem Commando, mit denen er bald Gras sammelt, bald Steine zusammenliest. Unsere Tafel ist jetzt ziemlich ansehnlich und Morgen wird sie noch um einen vermehrt, denn da, wie ich höre, der Brenner ein sehr ordentlicher Mensch ist, so habe ich beschlossen, ihn mit an den Tisch zu nehmen. Künftig wird sie gar acht stark, wirklich eine ganz ansehnliche Tischgesellschaft. Eduard nimmt sich der Sachen recht gut an und ist auch für sich fleißig. Ich lasse ihn ganz seinen Gang gehen, denn ich glaube, es ist am besten, wenn es von innen austreibt, als daß man von außen einwirkt. Genug, wenn er nur Geschmack an den Wissenschaften bekommt.

371 Ostentation = Zurschaustellung.

Den 12t

Diesen Abend erwarte ich den Brenner. Wie ich ihn treiben werde, damit die Brennerey bald in Gang kommt, dann geht es nach Bremen. Jetzt sind wir noch stark dabei beschäftigt, einen Brunnen zu graben. Der böse Mergel, der an 30 Fuß dick liegt, tut uns dabei viel Schaden. Daß Aeltermann K[ulenkamp][372] sich so sehr für die Wirthschaft hier interessirt, freut mich sehr. Ich muß ihm nur ein ganzes Mergelkabinett und dergleichen mitbringen. Wie sonderbar sind doch die Menschen, daß sie viel bereitwilliger sind, bei einem glücklichen Erfolge zu helfen als dann, wenn ihre Hülfe weit nothwendiger wäre, und daß dagegen ein glückliches allmähliches Fortkommen sie so sehr interessirt. Das Wetter ist fatal und dabei kalt. Ich habe noch meinen Waizen nicht hereinkriegen können. Obst, besonders Birnen, giebt es hier dieses Jahr viel, wenn das Volk sie nur sitzen läßt. Adieu, liebe Braut, bald ganz Dein G.

19.08.1811, Klein Siemen. An Marianne Wienholt, Oberneuland

Endlich, meine liebe beste Marianne, endlich nach so vielen Prüfungen naht sich nun der Tag unserer Vereinigung. Auch die letzte, die schmerzlich war, die, daß unsere Hochzeit nicht in Bremen seyn sollte, scheint jetzt zu verschwinden. Und es bleibt von ihr nur das über, daß ich nur eine ganze kurze kurze Zeit dort seyn kann. Es ist wieder ein heiteres Wetter, auch ich bin heiter und es freut mich, daß ich Dir gestern nicht geschrieben, wo ich sehr verstimmt war. Heute erhältst Du nur wenige Zeilen. Wenn ich aber nur irgend kann, schreibe ich Dir nächste Post wieder, da in Deinem Brief einige Punkte zu beantworten sind. Diese Zeilen nur, weil Du sie gewünscht hast, obgleich die Ursache wegfällt.

---

372 Nikolaus Kulenkamp (1750 – 1815), dessen Vater sehr erfolgreich die Färbemethoden verbessert hatte, war mit Mariannes Vater Arnold Wienholt befreundet gewesen. Er war 1788 zum Bremer Aeltermann erwählt worden.

Eisenhardt[373] ist gestern angekommen. Nun geht die meiste Arbeit an, um es bis dahin zu bringen, daß mit dem Brennen ein Anfang gemacht werde. Mit dem Brunnen ist es eine üble Sache. Ich kann gar nicht durch den Mergel durchkommen, und er hält noch nicht genug Wasser. Das wird mich noch etwas zurückhalten, sowie die Ernte, die noch nicht soweit ist. Sobald ich nun irgend kann, komme ich nach Bremen, aber vor 14 Tagen komme ich durchaus nicht weg. Ich hätte außerordentlich viel darum gegeben, daß es mit der Brennerey nicht so gezögert hätte. Nicht nur, weil die schöne gelegene Zeit verschwendet ist, aber weil es mein Hauptwunsch war, vorher das völlige Gelingen abzuwarten und umso beruhigter seyn zu können. Auch hätte ich gewünscht, Dich nicht so ganz in die Unruhe mit hineinzuversetzen, wie es jetzt der Fall wird, da ich kaum weiß, wo mir der Kopf steht. Hilf Himmel, nun gar Störung durch einen Besuch. Ich muß geschwind schließen. Mit der herzlichsten Liebe Dein J. G.

23.08.1811, Klein Siemen. An Marianne Wienholt, Bremen

Ich bin sehr lustig, meine liebe Braut. Hindernisse, um bald mit der Arbeit hier zum Zweck zu kommen, und die ich fast erwartete, sind ausgeblieben und theils überwunden. Es naht sich mit unseren Anlagen einem schleunigen Ende. Und dann eile ich in die Arme meiner Braut. Mitte nächster Woche wird mit dem Brennen ein Anfang gemacht, dann muß ich ein paar Tage noch hier seyn und dann geht`s nach Bremen. Denn an unsere Verheirathung in Ratzeburg[374] denke ich nicht mehr. Es lag ein ungeheurer Wust von Geschäften vor mir, aber es hilft, wenn man alles selbst anfaßt, alles selbst beläuft und betreibt, und das kann man gut, wenn die Aussicht, seine Braut in die Arme zu schließen, so nahe vor einem liegt. Ich habe mich bisher meiner Freude noch

373 Die Rede ist wohl vom Brenner Samuel K. Eisenhardt, einem Bremer Juden.

374 Es gab zur Abkürzung der Wege die Überlegung, bei der Schwester der Mutter in Ratzeburg zu heiraten.

nicht überlassen mögen. Einige Sorgen, die jetzt verschwunden sind, drückten mich. Dem Glück, dem ich alles streng abverdienen mußte, möchte ich mich nicht gern übergeben, noch weniger, ihm das Deinige anvertrauen. Jetzt bin ich endlich, wo ich seyn wollte, dahin, wohin ich mit Angst so sehr wünschte, noch vor unserer Vereinigung zu seyn. Ich habe ein sicheres Auskommen und die besten Aussichten in die Zukunft und reise nun froh und heiter nach dort.

Nach so vielen Täuschungen kann ich mich noch gar nicht in die Zukunft versetzen, kann mir Dich noch gar nicht lebhaft hier denken. Ich sehe Dich noch nicht ins Zimmer treten, noch nicht auf dem Sopha bei mir oder an meinem Arme im Garten. Es gelingt mir nur, mich in die Zeit meines Dortkommens und meines ersten Aufenthalts dort zu versetzen, wo ich in Gedanken in Küssen schwelge. Ich habe neulich dem kleinen Wilhelm[375], einem netten Jungen, auf den ich viel halte, angekündigt, daß ich ihn mitnehmen werde. Die Ueberraschung schien ihm nicht unangenehm. Gern nähme ich noch eine andere Freundin mit, meine zärtliche Diana, aber mein Vater hat sie sich verbeten. Ich habe mich an das Thier sehr attachirt. Es macht einem eine so große Freude, wenn man nach Hause kommt und ein Wesen da ist, das sich darüber freut und seine Freude äußert, besonders wenn man etwas melancholisch gestimmt ist. „Dis-moi, mon ami, mon doux ami! sens-tu combien un cœur languissant est tendre, et combien la tristesse fait fermenter l'amour?“[376] sagt Rousseau sehr schön, und wenn man dann kein weibliches Herz hat, an das man sich werfen kann, so ist es doch einiger Ersatz, wenn man wenigstens einen Hund hat, der sich schmeichelnd an einen schmiegt.

Den 24t

Ich mußte ehegestern zu Kleinworth zum Mittagessen. Es war seyn Geburtstag und es wurde auf seine Gesundheit getrunken. Das Hamburger We-

---

375 Womöglich Friedrich Georg Wilhelm Vick (*1798) oder Friederich Wilhelm Jürgen Winkenwerder (1800 – 1863).

376 Jean-Jacques Rousseau: La Nouvelle Héloïse, Bd. I, Paris 1767, S. 25.

sen, wo die Gäste nur um des Wirths willen da zu seyn scheinen, er sich nicht darum bemüht, daß sie sich bei ihm wohlfühlen, ist bei ihm ganz zu Hause. Und wenn es den Gästen so ganz überlassen wird, selbst für ihr Amüsement zu sorgen, so ist es gewöhnlich, daß man sich auch ziemlich fremd fühlt. Die französische Höflichkeit, wenn sie auch ebenso wenig Wirkliches zum Grunde hat als die hamburgische, will doch wenigstens dem anderen etwas Angenehmes verursachen. Diese will nur sich selbst in ein gutes Licht setzen, so daß ewige Anerbieten von Diensten, von denen vorausgesetzt wird, daß man sie nicht annehme und sie sich höflichst verbitten. Wenn ich von Kleinworth gehe und es ist etwas dunkel geworden, so bietet er mir Leute zur Begleitung an, und ich scheide nicht ein einziges Mal von ihm, daß er mir nicht sagt, besuchen sie mich doch bald. Als Nachbar und um des eigenen Vortheils willen suche ich, ihn zum Freunde zu behalten. Aber recht viel Umgang, denke ich, werden wir nicht zusammen haben. Die Frau ist fade, sie kann es nicht verbergen, daß meine Brennerey ihr sehr zuwider ist. Neulich äußerte sie, wenn mich ihr Müller nur aufkommen ließe.

Ich glaube noch immer, den meisten Umgang werdet Ihr mit Frau von Schröder haben. Ich machte ihr neulich die Höflichkeitsvisite, ihr meine Verheirathung anzukündigen. Sie war sehr traurig und weich gestimmt und klagte mir über die Einquartirung, und daß sie ihrige, sie hat sieben Mann, sehr drücke. Es traten mir die Thränen in die Augen. Die Frau hat jetzt viele Leiden, einen Bruder hat sie bei sich, den sie ernähren muß, einen anderen in Holland, der sehr dürftig ist, wovon sie in Rostock einen Sohn auf ihre Kosten erziehen läßt. Die Kosten fallen ihr jetzt sehr schwer, da sie auf dem von ihrem Manne zurückgelassenen Gute, worauf sie Pächterin ist, es ganz bedeutend zusetzen muß. Sie bleibt darauf, um ihres Mannes Wunsch zu erfüllen. Sie sagte mir aber, wenn es bei diesen Preisen bliebe, so müßte sie es aufgeben, sie könne unmöglich ihr Vermögen zusetzen, um in ihrem Alter hernach nichts zu haben.

Der Boden von Gr[oß] Nienhagen ist gar nicht schlecht. Seyn Fehler ist die böse Säure, die hier ganz im Uebermaß ist. Wenn wir sie erst näher kennen, dann will ich ihr einmal alles detailliren und sie zum Mergeln überreden, wo dessen Wirkung für unseren Boden so außerordentlich ist, wie die Erfahrung lehrt. Martin weiß, wie sehr sich hier noch jetzt das Land auszeichnet, das schon vor neun Jahren gemergelt ist. Den Strich habe ich jetzt selbst ebenso wohl gesehen und von Kapff sagte mir, es sei ihm schon aufgefallen, als das Korn noch auf dem Halme stand. Es war hier fast einen Fuß höher, und er habe sich den Kopf darüber zerbrochen, was wohl die Ursache davon seyn möge. Diesen Winter aber soll nun auch gemergelt werden, daß kein Fuß übrig bleibt.

Mit Eisenhardt[377] bin ich überzeugt, eine vortreffliche Akquisition gemacht zu haben. Er ist zwar nur Empiriker, aber er ist vortrefflich eingelehrt und hat sehr gute Lehrer gehabt, die es aus dem Grunde verstanden. Seyn Verfahren ist ganz nach chemischen Grundsätzen und sehr genau, es geht alles nach dem Thermometer. Er selbst ist ein bescheidener stiller Mensch, der alles meinem Willen unterwirft, und wenn er es auch besser versteht, man hat bei ihm nicht nöthig, den seinigen unterzuhalten. Und hierin ist er ganz von Kapff unähnlich, der oft gern seinen Willen durchsetzte, wenn er auch Unrecht hat. Ich habe schon mehrere Male mit ihm Verdruß darüber gehabt.

Es ist durchaus meine Maxime, wenn man im Großen Änderungen vorhat, durchaus nichts in unbedeutenden Sachen und Gebräuchen zu ändern, damit die Leute so wenig wie möglich aus ihrem Gleise herauskommen. Von Kapff ist der Leute wegen sehr übel, so ging es auch in der Ernte. Es ist Regel, daß den nöthigsten Arbeiten die anderen weichen, und daß man bei Arbeiten, wo viele Hände erforderlich sind, sie so viel wie möglich auf einen Platz zusammenstelle. Nun wollte er mir in der Ernte andere, ganz andere unnöthige Arbeiten vornehmen, und die Leute auf mehrere Plätze vertheilen, wo

377 Wohl der jüdische Brenner aus Bremen.

die Arbeit weit schneller geschah, wenn die ganze Mannschaft von einem Platz zum anderen ging. Er hat noch nicht recht gehorchen gelernt und einige Male geradezu nicht gethan, was ich ihm geheißen. Am Verdrießlichsten war mir das mit einem Buche, das er von Anfang Julius an führen sollte, worin täglich die Arbeiten und was sie gearbeitet, verzeichnet werden sollten. Er sah den Zweck nicht ein, weil er meinen Gesichtspunkt nicht hatte. Ich, da ich mich darauf verlasse, daß es geschehen sei, unterlasse ganz, es auszuzeichnen. Nach einem Monat will ich mir das Buch geben lassen und siehe da, es ist gar nicht geschrieben. Ich war sehr ärgerlich und gab ihm eine ziemliche Nase. Ich lasse es seitdem von Eduard schreiben, und das ist in vieler Hinsicht besser.

Eduard weiß, daß es mir hauptsächlich darauf ankommt, die Arbeiter für die Brennerey verzeichnet zu bekommen, was ich von Kapff nicht sagen kann. Zweitens wird er dadurch gezwungen, weit mehr auf die Wirthschaft Achtung zu geben und sie dadurch kennenzulernen. Wenn mir daher von Kapff, wie es immer seyn könne, bald abginge, so kann ich mit Hülfe von Eduard künftig recht gut die Wirthschaft selbst führen. Die Handgriffe, die ich von ihm lernen wollte, kenne ich jetzt so ziemlich. In der Hinsicht erleichtert mir Eisenhardt meine Abwesenheit sehr, er kennt das weit besser, ein Gewerbe als Gewerbe zu betreiben, wozu von Kapff noch zu jung ist.

Sonntag, 25t August

Der Proklamationsschein[378] von Pastor M[enken][379] ist ausgeblieben, aber ich empfing einen Brief von Dir, in dem ein Punkt, den ich schon in Antwort Deines vorigen berühren wollte, besonderer Erwiderung bedarf. Du sagst schon: „Dein Weib muß ich nun doch einmal binnen acht Wochen werden,

378 Proklamation = öffentlicher Aufruf. Die Ehe musste dreimal proklamiert werden, damit Leute, die Einwände hatten, diese vorbringen konnten.

379 Der Bremer Pfarrer Gottfried Menken (1768 – 1831).

davon ist kein Abkommen." Es liegt halb ein Sinn darin, der mich schmerzte. Oh, liebe Marianne, sollte es möglich seyn, daß Du mir diese Frage im Ernst vorlegtest oder ist es nicht lieber eine melancholische Grille, wozu Dir freilich wohl die letzte Zeit Grund gab? Das ewige Aufschieben, wovon Du die Gründe nicht erfuhrst, hat mich manchen Kampf gekostet, aber es geschah aus Liebe zu Dir. Mit wahrer Angst hing ich zwischen zwei Uebeln, unter denen ich wählen mußte. Ich sah voraus den Eindruck, den das Aufschieben auf Dich machen würde. Und doch hattest Du mir geschrieben, Du könntest alles ertragen nur nicht Nahrungssorgen, und wie konnte ich Dich ihrer überheben, wenn ich Dich in mein Haus führte, ehe ich hierin ganz im Reinen war?

Noch auf einen anderen Punkt. Du sagtest neulich, Du werdest eine sparsame Ehefrau werden. Oh, liebe Marianne, glaube nicht, daß, wenn ich sparsam bin, ich es aus Neigung sei. Wie oft hat mir meine Mutter vorhergesagt, ich werde einst anders sprechen, wenn sie mir zu oft zu sparen schien und ich das nicht leiden konnte. Sie hat recht gehabt, ich denke jetzt anders, denn ich sehe es besonders in jetzigen Zeiten als Nothsache an. Ich, der wie ich glaube, recht dazu gemacht wäre, um im Ueberfluß zu leben. Das bringt mich gleich auf das Kapitel von Mamsell. In dem angeschuldigten Punkte ist sie unschuldig [380]. Die Milchspeisen sind nur Milch, die von kleinen Kühen immer fetter ist, und nicht Rahm, wie ich es meinen Gästen angeschwatzt. Daß nicht mancher Mißbrauch eingerissen ist, daran zweifle ich gar nicht, ich fürchte es nur zu sehr, doch glaube ich, daß dieser Theil der Haushaltung der weniger schlecht verwaltete ist.

Am meisten habe ich immer Aerger von der ungeheuren Feuerverschwendung und davon, daß sie nicht im mindesten sich in die Zeiten zu schicken und gerade in den Artikeln, die jetzt so enorm theuer sind, zu ersparen sucht. Auch darin, daß sie das Gesinde nicht mehr in Respect hat. Daß sie nur ihren

380 Marianne hatte am 20. August 1811 geschrieben, es sei „schlimm", dass Mamsell mit Rahm „Deine Herren verwöhnt" habe.

Leib zu pflegen sucht, kann ich ihr bis auf das Caffetrinken, worüber von Kapff seinen Aerger hat, eben nicht zur Last legen. Sie liebt mehr die Quantität als die Qualität zu sich zu nehmen. In Mecklenburg und vielleicht immer auf dem Lande pflegt man etwas besser, besonders des Abends warm zu essen. Aber das ist allgemeiner Landesgebrauch und man raisonirt so, daß der Landwirth das, was das Land biete, wenigstens gut haben müsse.

Frau von Schröder fragte mich neulich um meine Ausgeberin. Ich klagte ihr mein Leid, aber sie sagte mir, daß sie bei zwei so vorzüglichen Eigenschaften: Reinlichkeit und gut zu kochen gern das übrige übersehen würde. So oft ist Mamsell ihrer Willkür auch nicht überlassen gewesen, ich habe ihr oft meine Unzufriedenheit geäußert und sie in Schock gesetzt, daß sie nicht wagt, etwas zu thun, worüber sie meinen Willen noch nicht kennt. Um die übrigen Aufträge zu beantworten, so will ich ein Verzeichnis des Steinzeuges mitbringen. Es wird aber sehr kläglich ausfallen. Meine Gebäude sind allerdings und namentlich zu 17 000 Rthl. versichert.[381] Bei der Art, wie meine Brennerey angelegt ist, fällt die gewöhnliche Gefahr weg. Du kannst darüber ruhig seyn.

Den großen Schrank, der statt des Kleiderschranks dient, hat der Tischler schon fertig. Jetzt ist er bei den Eckschränken und wird vor unserer Hierkunft von den anderen Sachen auch manches fertig kriegen. Vielleicht werden bei dem Transport Deiner Sachen die gefürchteten Schwierigkeiten wegfallen, wenn sie mein Vater abschickt. Nach den Geschenken für die Domestiken will ich mich erkundigen. Das alte Gesinde geht den 24. October ab. Einen Knecht, wie die Mutter wünscht, kann ich nicht mitbringen. Ich denke aber, sie vertraut sich darum keinem schlechteren Fuhrmann an. Es ist seltsam, daß die Frauenzimmer ruhig sind, wenn nur ein Knecht sie fährt. Er mag das Fahren verstehen oder nicht. Nur zu oft ist dieses der Fall und überdem sind sie unachtsam

381 Marianne hatte ihn nach einem Feuerausbruch in Bremen am 10. August 1811 gebeten: „Schreibe mir doch, ob Deine Gebäude in der Brandkasse versichert sind."

und oft besessen. Mein Junge[382] soll sich ganz unbändig auf die Reise freuen.

Den Tag meiner Abreise kann ich noch nicht genau bestimmen. Es kommt auch auf einen Paß an, um den ich an die Regierung geschrieben. Doch denke ich, wird es weder so spät noch so früh, wie Deiner Mutter die Grenzen gesetzt werden. Der Plan mit Ratzeburg bestach mich anfangs, weil er mir wenig Zeit wegnahm, es geht aber jetzt mit allem über Erwarten gut vorwärts, gerade als wenn es mich recht begünstigen will, und so ist es mir doch so lieber, obgleich ein Wiedersehen in Bremen in diesen Verhältnissen nicht angenehm ist.

Den 26t August

Ich habe mir eine Parthie Geschäftsbriefe vom Halse gemacht und eile nun wieder zu Dir, beste Marianne. Eduard ruft: „Herr, Jeses" und hält sich über mein Schreiben auf. Er meint, Du würdest Dich sehr ennuiren, wenn Du dieses durchlesen müßtest. Ich muß Dir noch ein wenig von meiner Wirthschaft erzählen. Heute lasse ich den Anfang machen, eine Scheune zum Viehhause umzubauen und es zur Stallfütterung einzurichten. Dahin muß ich mit meiner Wirthschaft durchaus kommen, um sie in den höchsten Flor zu bringen und ihr die Krone aufzusetzen. Ich kann jetzt mit Gewißheit versprechen, daß in vier Jahren die Leute staunen werden, die Siemen vorher gekannt haben. Ich verspreche dieses fest, seit ich mich noch mehr von der großen Wirkung des Mergelns hier überzeugt habe. Ganz besonders auffallend ist das im Rapslande, wo derselbe auf der einen Seite dicke Stengel getrieben hat, während der auf der anderen von Unkraut beinahe unterdrückt und die Stoppeln kaum noch zu finden ist.

Ehegestern ließ ich mit dem Einfahren einen Anfang machen. Es wird eine ziemliche Fuderanzahl bringen. Martin würde sich gefreut haben, wenn er die mit Tüchern belegten Wagen gesehen hätte. Ich habe dieses Jahr einen bedeutenden Strich zu Cleesaamen stehenlassen, der mir ziemlich was einbrin-

382 Friedrich Georg Wilhelm Vick (*1798) oder Friederich Wilhelm Jürgen Winkenwerder (1800 – 1863).

gen wird. Sonst ist im Ganzen, Waizen ausgenommen, die Ernte dieses Jahr nur mittelmäßig und hat bei Weitem nicht gebracht, wie es den Anschein hatte, daß sie bringen würde. Der in diesem Jahr gesäete Clee ist unter dem Waizen vortrefflich aufgelaufen. Ich werde im nächsten Jahr ganz ausgezeichneten Clee und im Ueberfluß haben.

An unsere Mutter meine wärmsten Grüße. Die Nachricht, daß es mit dem Bein so gut geht, hat mir viel Freude gemacht. Für die jetzige nachgebliebene kleine Unpäßlichkeit sowie für die Deinige soll, denke ich, die reine Siemensche Luft und der Eisenhardt`sche Lebensbalsam die beste Arznei seyn. Wenigstens einen Brief bekommst Du noch vor mir. Jetzt eine herzliche Umarmung. Ganz der Deinige G.

31.08.1811, Klein Siemen. An Marianne Wienholt, Bremen

Es ist ein unvergleichlich schöner Morgen, an dem ich mich zum Schreiben an Dich niedersetze und das mir eine rechte Lust zur Reise macht. Wäre es doch nur so weit, daß der Brenner hier wäre und die Brennerey eingerichtet. Soeben bekam ich eine Parthie Bretter zu Mobilien, damit wird es aber ein wenig hinzögern, der Tischler[383] kann dem nicht allein vorkommen, und doch wollte ich auch gerne ihn, weil er hier wohnt und dazu seine Sachen sehr gut macht, so werden wir uns wohl damit begnügen müssen, daß zuerst nur das Nothwendigste gemacht ist.

Einen Triumph, den ich hier gestern hatte, muß ich noch erzählen. Ich hatte neue Einquartirung bekommen. Die Kerls machen mehr Lärm, gehen zum Officir und lügen ihm allerlei vor. Jener, mir nichts dir nichts, schreibt mir ein drohendes Billet in einem impertinenten Ton. Ich war sehr aufgebracht und schrieb ziemlich derb wieder. Ich wollte einmal sehen, was daraus käme, wenn man sich auf die Hinterfüße setzte. Am anderen Tag ist er in meiner

383 Wohl der – laut Kirchenbuch – 1811 in Klein Siemen lebende Zimmergesell Georg Johann Ahrens.

Abwesenheit, weil ich nach Rostock war, hier gewesen ganz deutlich in großer Verlegenheit und Angst, daß ich ihn verklagt hätte. Er hat dann die Kerls wegen ihrer Lügen in Prison[384] geworfen, und ich habe Ruhe.

Hafer und Waizen sind jetzt auch reif und Morgen wird es wieder ans Mähen mit dem letzten gehen. Rocken ist sämmtlich in der Scheuer, die Ernte davon aber fällt dieses Jahr schlecht aus. Auf dem Dache sitzen jetzt unsere Störche. Ich fürchtete anfangs, gar keine zu sehen zu bekommen, weil die Alten so schwere Kämpfe zu bestehen hatten. Daß doch welche da sind, macht mir viel Freude. Nur ist das andere Nest, welches ich noch dazu bauen ließ, leer geblieben. Der ersehnte Brief wegen des Brennens ist ausgeblieben. Dagegen empfing ich einen Brief von Dir, über dessen Stimmung ich mich freue. Ich hoffe, aus Deinem nächsten die Ankunft unserer Mutter zu hören, und daß die Reise ihr wohlthätig gewesen ist. Es ist spät, ich muß schließen. Und für diesmal nur noch eine herzliche Umarmung. Ganz Dein J. G.

01.09.1811, Klein Siemen. An Marianne Wienholt, Bremen

Der erste Tag, meine Marianne, in dem Monat, in dem Du mein werden sollst. Wie mir jetzt die Erde unter den Füßen brennt. Es ist gestern nemlich zum ersten Male eingemaischt worden und da findet es sich, daß die Maischkösen nur halb groß genug sind. Aller Wahrscheinlichkeit nach hat Barkhausen[385] mit Fleiß die Maße unrichtig angegeben. Ist es das, so ist es ein elender Streich, wovon er nicht den geringsten Nutzen hat. Es ist nun zum Glück ziemlich leicht abzuhelfen, der eine Kösen wird verworfen und zu den beiden anderen noch zwei doppelt so große gemacht. Diese muß ich nun noch in Arbeit geben und bestellen. Die einzige Folge davon ist, daß einige Wochen hindurch nur die Hälfte gebrannt wird. Zum Glück habe ich noch nicht zuviel Vieh gekauft und das schadet in dieser Hinsicht nicht. Es ist nur gut, daß

384 Prison = Kerker.

385 Der Bremer Albrecht Friedrich Barkhausen (1768 – 1846).

ich noch hier bin, und ich sehe doppelt darauf, wie nothwendig es war, vorher abzuwarten bis alles in Gang sei. Ich bin kaum zwei Tage abwesend gewesen und es war mir doch schon allerlei unrecht gemacht.

Ich kam gestern von Boldebuck zurück, wo ich, so beschränkt mir auch die Zeit war, nothwendig einen Besuch machen mußte. Ich wurde sehr freundschaftlich aufgenommen, habe das Haus aber recht traurig gestimmt verlassen. Frau von S[chreeb] war nicht wohl, wie sie mir sagte, und ihr elendes Aussehen zeigte das nur zu sehr. Ich sagte ihr: Ich habe erwartet, Sie durch diesen Sommer wieder hergestellt zu finden. „Ich habe vielen Kummer gehabt," antwortete sie mir. Ich wagte nicht zu fragen. Nach einer Pause fuhr sie fort. „Sie erinnern sich des kleinsten Knabens, den sie hier gesehen haben. Es war zwar keiner ihrer Lieblinge, aber sie werden gestehen, daß es ein kräftiger gesunder Knabe war." Ich schwieg. „Er ist kurz nachher, als sie zum letzten Male hier waren, gestorben."

Sie haben Pfingsten eine Reise nach Rostock zum Markt gemacht, und als sie zurückkamen finden sie ihn krank und binnen 24 Stunden stirbt er an einer Art Bräune.[386]

Frau von S[chreeb] suchte hernach mehrmals das Gespräch darauf zurückzuleiten. Ich aber, soviel wie möglich, mich nicht darin einzulassen. Ich sprach aber hernach mit ihm allein darüber. Er war noch außerordentlich wund und traurig.

Ihrer Krankheit traue ich gar nicht. Sie hatte schon seit vier Tagen keinen Bissen Speise bei sich behalten können und war daher sehr matt. Gestern Morgen, als ich zum Frühstück ins Zimmer trat, hörte ich, sie habe von Morgen an schon drei Ohnmachten gehabt. Sie kam hernach auf ihren Mann und ihre Schwester gestützt doch noch herein, war aber sehr elend und sah wie ausgelöscht aus. Sie könne es im Bette wegen schrecklicher Luftbeängstigung nicht aushalten. Sie sagte mir, sie ließe es den ihrigen, wenn sie es nur eben

386 Wohl der 1802 geborene Heinrich Carl.

aushalten könne, nicht halb merken, wie sehr sie litte. Sie sprach bei Gelegenheiten mehrmals von ihrem Tode, an den sie fest glaubt. Ich äußerte ihr, es sei eine melancholische Stimmung, eine Folge der Krankheit. Ich sollte nur bei meiner Rückkunft nach dem *Intelligenzblatt* sehen, was darin stände, antwortete sie mir. Ein andermal fragte sie mich, wann ich wieder zurück zu seyn gedächte. Ich gab ihr Antwort und rechnete nur noch einmal nach. Die Luft, ach die Luft war ihre einzige Klage von Zeit zu Zeit.

Schreeb hat sich mit seiner liebevollen Besorglichkeit recht bei mir insinuirt. Es scheint mir ein schönes liebendes Verhältnis unter ihnen zu seyn. Schrecklich, wenn das so bald zerrissen werden sollte. Recht sehr hat mich die brüderliche Liebe ihres Bruders, des Oberforstmeisters, berührt. Mit unermüdlicher Geduld saß er bei ihr, ihr die Fliegen abzuwehren, während sie auf eine halbe Stunde eingeschlafen. Der Mann war mir wenig interessant, aber seyn Gesicht wird es sehr, wenn seyn Auge die Liebe für seine Schwester, die sich darin so lebhaft äußert, überglänzt. Endlich war die Zeit des Aufbruchs da. Ich war schon länger in einiger Verlegenheit gewesen. Ich fürchtete, in dem Augenblick beschwerlich zu seyn, und doch wollte ich auch nicht wegzueilen scheinen, als wollte ich nur der traurigen Anblicke entfliehen. Wie ich von ihr Abschied nahm, stand sie, so schwach sie war, vor mir auf – in diesem Zustande ein so unzweideutiger Beweis von Achtung, der mich tief ergriff. Ich sagte ihr einige wenige Worte, daß ich hoffte, sie hergestellt wiederzufinden. Sie antwortete nur wenig, ihre ganze Gestalt hatte den Ausdruck von Traurigkeit und in ihren niedergesenkten Augen las ich nur zu deutlich, Sie sehen mich nicht wieder. Ich war verlegen und einsilbig geworden und konnte kein Ende finden, daß ich gewaltsam abschneiden mußte. Ich machte ihr noch einen Bückling, empfahl mich dann den übrigen Personen im Zimmer, wandte mich in der Tür noch gegen alle und sah, daß sie noch in ihrer leidenden Stellung dastand.

Oh, liebe Marianne, wie erhebend ist das Gefühl sich von den achtungswürdigsten, edelsten Menschen geachtet zu wissen. Es ist, als bekomme man rechte Hochachtung vor sich selbst. Die arme S[chreeb] hat die letzte Zeit auch recht viel Schmerzliches gehabt. Ein Mädchen verloren, auf das sie so unendlich viel hielt, nun den kleinen zärtlichen Knaben, der nun, da er 7¼ Jahr alt ist, seine frühere Kränklichkeit ganz überstanden zu haben scheint, so pötzlich hingerafft wird.[387] Er habe ihr ihre Gesundheit gekostet, sagte sie, aber sie habe das gern vergessen, wenn sie ihn nur gesehen. Jetzt habe sie nichts zum Ersatz dafür. Ich fürchte nur zu sehr, daß ihre Prophezeiungen eintreffen werden. Er war außerordentlich freundschaftlich und herzlich gegen mich. Alle haben mir an Dich die allerherzlichsten Grüße zur mündlichen Bestellung aufgetragen.

Sei so gut, an Martin gelegentlich das obige wegen der Brennerey zu erzählen. Ich habe nicht die Zeit, auch ihm noch zu schreiben. Doch sage ihm, daß in Rostock die Preise von Branntwein bedeutend gestiegen sind. Mamsell kehrt eben von der Kirche zurück, wo wir heute zum letzten Male aufgeboten sind.

Den 2t September 1811

Ich komme aus der Brennerey. Wir haben diesen Morgen mit dem Brennen angefangen. In manchen Stücken geht es sehr nach Wunsch. Der Branntwein scheint von Güte vortrefflich zu werden. Die Blase hat einen sehr guten Zug und verzehrt ausnehmend wenig Feuerung. Ein paarmal schoß die Maische durch, weil sie nicht ganz flügge war und das wenige Feuer noch zu viel war. Womit es nicht nach Wunsch geht, ist das Wasser, das in dieser dürren Zeit den beiden Brunnen sehr knapp zufließt. Es wird dazu unumgänglich noch eine neue Anlage erfordern. In dieser Hinsicht ist es so schlimm nicht, daß wir jetzt nur halbe Portionen brennen können. Der Kühlapparat ist vortrefflich und überhaupt die Anlage gut zu nennen.[388] Es freut mich doch, daß ich

387 Die verstorbene Tochter war Friederique Sophie Ernestine.

388 Die Kühlanlage bestand vermutlich aus einem gewundenen kupfernen Kanal, der sich vom Bottich herunter und wieder heraufwand.

bis zur Beendigung derselben hiergeblieben bin. Es hätte gewiß allerlei Kohl gegeben. Es ist doch ein ganz anderes, wenn das Auge des Herrn da ist. Selbst dann, wenn dieser auch wenig von der Sache versteht. Es freut mich, weil es durchaus nothwendig ist, denn sonst ist es mir wegen des eingefallenen, abscheulichen Wetters sehr unangenehm.

Butter soll in Rostock noch 13 Groschen kosten. Morgen werde ich welche hinschicken. Wegen der Geschenke der Domestiken hatte ich Gelegenheit, mich bei Kleinworths zu erkundigen. Er sagte mir, man sei in Mecklenburg nicht sehr Freund vom Schenken und es sei nicht Gebrauch. Man käme damit ab, daß man den Leuten eine Tonne Bier und Tanz gäbe. Seine Frau habe dem Hausgesinde eine Kleinigkeit geschenkt. Ich bin sehr eilig, darum schließe ich mit der herzlichsten Liebe Dein J. G.

In meiner Abwesenheit wird keine Einquartirung hier seyn, was mir sehr lieb ist.

Als Strohwitwer den Gutshof voranbringen

Briefe von 1816 und 1817

1816: Nicht zu strenger Winter. Frühjahr und Sommer sehr naß, noch mehr als 1805. Sommerkorn mißrathen, noch schlechter, als in vorhergehenden nassen und trocknen Jahren. In der Rostocker Gegend fiel den 13ten, 14ten und 15ten May schauerweise so viel Schnee, daß man hätte auf Schlitten fahren können. Kornpreise stiegen.

1817: Um Antoni die höchsten Kornpreise; 3 Thl. 6 ßl. Der Scheffel Waitzen, 2 Thl. 4 ßl. Der Rocken. Vor Johannis trocknes Wetter. Im Sommer viel Regen, doch weniger als 1816. Drittes nasses Jahr. Geringer Strohertrag. Ziemlich guter Ausdrusch. Kornpreise wichen

(Helmut Petersen zu Panzow)[389]

389 Aus: Neue Annalen der Mecklenburgischen Landwirthschafts-Gesellschaft. Zuerst herausgegeben von Franz Christian Lorenz Karsten, 21. Jg., erste Hälfte, Rostock 1837, S. 66 – 67.

14.10.1816, Klein Siemen. An Marianne Gildemeister, Bremen

Am Sonntag Mittag, liebe Marianne, bin ich wieder eingetroffen. Als ich auf den Hof fuhr, stand Eduard mit zwei fremden Gesichtern, die zusammen dem Decken der Mieten zusahen. Ich definirte mir gleich richtig, daß es die beiden Schweizer seien. Dieses und ein derber Aerger, den ich kurz nach meiner Ankunft hatte, haben die letzten Eindrücke meiner Reise so verwischt, daß ich wenig davon zu sagen weiß und von dem Augenblick, wo ich die kleine Edu-Stimme noch zuletzt über das Wasser her hörte und Ihr bald darauf verschwandet, liegt alles bei mir in einem dunklen Nebel. Sehr gut taten mir die freundlichen Gesichter, die mich empfingen und doppelt wohl in der Stimmung der wirklich liebevolle Blick, womit mich auch Sellschopp begrüßte.

Soeben erst fahren die beiden Schweizer wieder weg, und ich ergreife nun den ersten freien Augenblick zum Schreiben. Es sind ein paar sehr nette Leute und außer, daß sie mir sehr die Zeit raubten, haben sie mich wenig genirt. Als sie gekommen sind, war niemand zu Hause, Sellschopp zu Markte, Eduard nach der Schafauction und ich noch nicht zurück. Mamsell hat, da man sich das nicht gedacht hatte, von ihrem Kommen nichts gewußt, und so sind sie leider nun sehr unerwartet angekommen und sind auf dem Punkt gewesen, nach Cröplin zurückzukehren, als Eduard zum Glück nach Hause kommt. Sie wollten erst nur einen Tag bleiben, als ich mich darüber gegen Eduard wunderte und er meine Meinung kennenlernte, fragte er mich sehr vergnügt, ob er sie demnach bitten sollte. In seiner Bescheidenheit hatte er dies von selbst nicht thun mögen. Ich kann es nicht helfen, liebe Marianne, daß ich für meine Geschwister eine große Vorliebe habe, die immer mehr Nahrung bekommt, je mehr mir Erfahrung Vergleiche aufdringt, weil sie anspruchsloser und weitherziger und ohne Prätention sind, und darum nur desto mehr sind, als sie scheinen. So sind die beiden nun bis heute geblieben und es scheint ihnen hier recht gut gefallen zu haben. Am Sonnabend wollte ich mit ihnen nach Mechelstorff. Ich hatte mich aber ganz in der Zeit verirrt und glaubte, es wäre Sonntag, den ich dazu bestimmt hatte. Eduard machte daher am Morgen mit ihnen eine Wagenfahrt. Nachmittags kam Onkel Pavenstedt[390] mit seinem Bruder Georg[391] auf ein paar Stunden zum Caffe. Bis auf die Noth, daß ich mit dem Caffemachen für so viele Menschen nicht zurecht kommen konnte, indem ich auch zugleich für die Unterhaltung sorgen mußte, ging es recht gut. Gestern sind wir zusammen in Mechelstorff[392] gewesen, wo die Leute sogleich ein Bier bekamen. Die Hungersnoth daselbst hat nicht viel mehr zu sagen, da der Himmel eine Menge Krammetsvögel beschert, wovon wir auch schon partizipirt.[393] Ich habe gestern bei den bestellten Braachen Gelegenheit gehabt, den Boden recht kennenzulernen und ich überzeuge mich mehr und mehr, daß es ein ganz ausgezeichneter Kauf ist. Onkel Pavenstedt gefällt es daselbst über die Maßen wohl, er stiefelt den ganzen Tag herum und macht viel Pläne zur Verschönerung, besonders des Gartens. Ob es aber rathsam ist, soviel mit Mergeln hineinzustecken, darüber ist er noch ungewiß und er meint bei allem, es wäre besser ganz allmählich vorwärtszugehn, weshalb ihn Georg und Eduard sehr in die Bearbeitung nehmen.

Doch es ist wohl Zeit, daß ich Dich von unseren eigenen Angelegenheiten unterhalte. Unser Korn ist, bis auf die Bohnen, sämmtlich drin; es ist noch in den beiden letzten Tagen der vorigen Woche eingekommen. Als sie am Freitag mit dem Einfahren beschäftigt sind, kommt Ludwig zu Sellschopp herüber und als er sieht, daß wir einen Wagen von Altenhagen haben, sagt er zu ihm: „O mein Gott, warum hast Du mir das nich segg, eck hadde se jo eben so good enen schicken konnt; na jo eck kann se jo ook nog gliek enen schicken."[394] Darauf geht er nach Hause und schickt 3 Wagen her auch

390 Der Bremer Bierbrauer und Aeltermann Dr. Johann Georg Eberhard Pavenstedt (1747 – 1823) war mit Sarah Friederike, geb. Gildemeister (1793 – 1827), verheiratet und besaß seit 1815 das Gut Mechelstorff.

391 Georg Heinrich Pavenstedt (1776 – ?)

392 Heute: Mechelsdorf.

393 Liegt in Skandinavien tiefer Schnee, kommen die Krammetsvögel, sprich Wacholderdrosseln, und plündern letzte im Baum hängende Früchte.

394 Nicht ermittelt, bei Ludwig muss es sich um den Inspektor eines nahegelegenen Gutes gehandelt haben.

mit Helfern darin. So ist das Korn sehr leicht eingebracht worden. Ich muß gestehn, obgleich das ja nichts Außergewöhnliches ist, da ich ihm schon so manches geliehen und er mir verpflichtet ist, so hat es mir doch außerordentlich wohlgethan, umsomehr da ich sonst lieber weniger als mehr noch auf Gefälligkeiten Ansprüche mache. Die Miete, die ziemlich groß geworden ist, wird jetzt nach Eduard seiner Angabe gedeckt, eine Methode, die hier großen Beifall erhält, und wirklich ganz vortrefflich ist. Das Korn ist gewiß ebenso sicher wie in der Scheune und gar keiner Gefahr der Witterung ausgesetzt. Der Rocken ist sämmtlich in der Erde und zum Theil schon grün, auch ist schon ein Theil Waizen gesäet und der größte Theil des Clees schon glücklich bestellt. Der Raps steht unvergleichlich, man sieht recht was da die Düngung tut an den Stellen, die ungedüngt geblieben, und wo doch auch so schöner Acker ist.

E[duard] hat bei der Auktion 12 Schafe gekauft, die im Durchschnitt über 4 Thaler kosten, sie sind weiß, vielleicht nicht ganz so fein, dafür aber meistens noch jung. Es ist hier jetzt eine gewaltige Jagd nach feinen Schafen. Unsere Kranken sind in der Besserung. Gestern hatte sich auch die liebenswürdige Dorthe[395] gelegt, die schwitzend mit dickem Kopfe und Plusterhaaren überaus reizend dalag. Du kannst denken, daß dies Mamsell sehr mal à propos kam, indeß ist sie schon wieder aufgestanden und es scheint, als ob ihr die Schwitzkur geholfen. Winkenwerdersche[396] soll sehr elend aussehen, will aber eigensinniger Weise nichts gebrauchen. Sie hat auch bei ihren Kindern, die übrigens sich stark bessern, das Einnehmen eingestellt.

Ich denke mir Dich, liebe Marianne, dort sehr vergnügt, wenigstens hoffe ich, daß Du es bist. Die beiden Jungen werden wohl ganz selig seyn und wenig an mich zurückdenken. Nun aber im ganzen Ernst die Bitte, daß Du mir nicht schreibst und die Kur nicht verdirbst. Wenn ich Dir heute nicht ganz leserlich geschrieben und mich immer wieder vergessen, so mußt Du das

395 Wohl die Magd Maria Dorothea Winter (1786 – 1826).
396 Die Rede ist von M. Sophie F. Winkenwerder, geb. Behrens (1770 in Roggow).

auch der Eile zuschreiben, worin ich versetzt bin, da ich doch gern wollte, daß der Brief sicher fortkäme. Viele Küsse an Dich und die Kleinen[397] und viele Grüße an alle anderen. Mit herzlicher Liebe Dein G

15.10.1816, Klein Siemen. An Marianne Gildemeister, Bremen

Liebe Marianne, ich schreibe an Martin und ich kann daher noch ein paar Worte an Dich anschließen. Am Montag Morgen hatte ich die beiden Schweizer wegfahren lassen. Am Abend als es schon dunkel war und ich saß und schrieb, wurde geklopft. Bohm[398] trat ganz unbefangen und vegnügt herein mit der Anzeige, es wären da ein paar Herren und hervortraten 2 junge Leute mit ihren Ranzen auf dem Rücken. Ich holte E[duard] der oben saß, aber es waren keine von seinen Lieblingen. Er war ganz böse und wollte nicht herunterkommen und ich hatte genug mit ihm zu kapituliren. Sie sind gestern wieder abgefahren. So ohne Stubenmädchen geht es doch ganz passabel, da Dorthe wiederhergestellt ist. Von unsern Kranken zu referiren, so kann ich Dir sagen, daß Winkenwerdersche schon wieder auf ist und daß sie sich alle zusehends bessern. Seitdem haben sich aber wieder Wilhelm Hamann, Fritz Fick und die Hamannsche[399] gelegt, mit denen es aber hoffentlich auch bald wieder übergehen wird. Wir haben jetzt im Ganzen nur 3 Frauen in Betrieb. Es ist ein Glück, daß wir nicht viel Kartoffeln auszunehmen haben. Stell Dir mal vor, mit den Augen von Wilhelm seiner Schwester ist es gut gegangen und sie sind vollkommen wiederhergestellt. Als ich es zu meinem Erstaunen sah, brach ich unwillkürlich in die Worte aus: Nun ihr könnt euch freuen, daß das so glücklich abgegangen ist. Es machte einen solchen Eindruck auf sie, daß in freudigem Dankgefühle mir beide, Mutter und Tochter, die Hände

397 Der 1812 geborene Sohn Johann Gustav und der 1814 geborene Sohn Martin Wilhelm Eduard.

398 Wohl Knecht, nicht ermittelt.

399 Der Pferdeknecht Wilhelm Hamann (*1799), der Ochsenknecht Fritz Georg Fick (*1798) und die mit dem Kuhhirten Hinrich verheiratete Catharina Dorothea Hamann (*1768).

ergriffen und sie küssen wollten, daß ich nur geschwind eine strenge Miene annehmen mußte um mich nicht einer albernen Rührung ergreifen zu lassen.

Grüße Wilhelm von mir und sage ihm noch meinen besonderen Dank. Du weißt wohl nicht, daß er eigentlich gar nicht gut hat abkommen können. Ich hoffe er wird aber nichts darüber versäumt haben. In Hamburg hat mir Gottfried Plath[400] 1 Rthl. 16 ßl. gegeben, die noch aus dem Kartoffelhafer mir wieder zukämen. Mama hat mir noch nicht gesagt, wieviel sie dafür ausgelegt. Für das Mahagonyfilz bin ich ihm schuldig geblieben. Wahrscheinlich beträgt es 3 Louis d'or doch bin ich darüber noch nicht gewiß. Ich gab ihm 1 Louis d'or, daß er mir das Uebrige wiedergeben sollte. Aber unter dem Vorwand, er könne ihm nicht wechseln, gab er ihn mir zurück und sagte, er wolle es mir schon beechnen.

Pavenstedt hat Bartels[401] neulich schon mit einem Mädchen attrapirt[402]. Er saß im Wagen vor dem Hofe und dabei steht ein Sack mit Erbsen, der darauf geladen werden soll. Wie er es näher nachfragt, so soll der Sack nach Cröplin geschickt werden. [...?][403] Mamsell hat 2 Tonnen Oleum gekauft.[404] Es kommt mir doch sonderbar vor, wenn ich hier auf die leeren Nester stoße. Sei Du nur dort recht vergnügt und vergiss mich nicht. Dein J. G.

400 Gottfried Heinrich Plath (1782 – 1840) war der Sohn von Christiane und Johann Christian Plath.
401 Nicht ermittelt.
402 attrapiert = überrascht.
403 Zwei Sätze nicht zu entziffern.
404 Wohl das Fett Oleum pedum tauri, das früher auch als Schmierfett diente.

22.10.1816, Klein Siemen. An Marianne Gildemeister, Bremen

Deinen Brief, liebe Frau, habe ich erhalten. Ich sehe doch daraus, daß Du glücklich angekommen bist und daß Dir M[eyerhoff][405] Hoffnung zu Deiner Cur gemacht hat. Ich bin nun recht begierig bald etwas über den Anfang derselben zu hören. Mir kommt hier die Leerheit bisweilen ganz sonderbar vor, besonders wenn ich in die Kinderstube trete und auf die leeren Betten stoße. In mancher Hinsicht mahnt es mich oft an die erste Zeit meines Hierseins. Doch bin ich eigentlich in einem ziemlichen Tumult.

Am Sonntag waren wir in dem abscheulichsten Wetter mit Rathlev[406] nach Mechelstorff. Deiner Ermahnung zufolge mich nicht allein zu lassen, bekam ich, ohne daß ich meine Rückkehr angezeigt und bloß da sie zufällig durch einen Zettel der Zeitung bemerkt, gleich auf diesen Sonntag eine Einladung. Da Pavenstedt mich ohnehin gebeten, ihn einen der Tage zu besuchen und dann Rathlev mitzubringen, so schien mir das das beste Auskunftsmittel, ihn zu bitten mit nach M[echelstorff] zu fahren.

Wir trafen es nicht sehr glücklich. Außer daß das Wetter so schlecht war, waren sie nach der Kirche gefahren. Die Oefen wurden umgesetzt und sie wohnten daher in der Gartenstube. Das Essen dauerte gewaltig lange, so daß

405 Der Bremer Arzt Dr. Jacob Meyerhoff, auch Augen-Operateur, residierte in der Altstadt an der Domsheide. Am 27.10.2016 berichtet Marianne über die Behandlung: „Vier oder fünf Tage hatte mich Dr. M. im Kreise berührt, – d.h. die Kranken schließen einen Zirkel um ihn, er steht gleich einem Zauberer mit einem Metallstabe in der Mitte und bestreicht sie bald im allgemeinen, bald jeden besonders damit, ohne daß ich irgendeine Wirkung davon empfand. Vor 8 Tagen ließ er mich an seiner Maschine sitzen [...], ein großer viereckiger Kasten, aus dem viel Metallstäbe herausgehen, wo in der Mitte ein Pfeiler ist, an dem viel rothe und grüne Stricke befestigt sind. Hiervon macht man sich einen um den Leib und reibt dann eine von den Stangen. Dieses ist die ganze Procedur und wahrscheinlich hat er mich dieser zum ersten Male zu lange unterworfen, da ich des Magnetismus sehr unempfänglich scheine. Genug, ich bekam Schlaflosigkeit und Fieber danach und große Ermattung, so daß ich mehrere Tage ganz still zu Bett liegen mußte und jetzt wieder auf die Beine komme. Der Herr Doctor nennt diese Krankheit ein Gesundheitsbehälterfieber, so heißt seine Maschine, und er ist als Wirkung davon sehr damit zufrieden. Ich möchte es eher eine nervöse Erkältung nennen, da ich viel an Hals- und Zahnschmerzen gelitten habe und eigenthlich seit meines Hierseins aus meiner Erkältung noch nicht herausgekommen bin."

406 Ernst Friedrich Rathlev (1778 – 1857), Gutsherr auf dem Allodialgut Miekenhagen, das seine Frau „Christina Dorothea, vereheliche Rathlev" (geb. Sengbusch), gerade geerbt hatte.

ich auf das, was da kommen würde, sehr gespannt wurde. Das Tischtuch, das noch klamm war, schien das Räthsel etwas zu lösen, denn wahrscheinlich hatte es während der Zeit noch trocknen müssen. Da ich Dir immer den Küchenzettel mittheilen muß, so will ich auch diesmal nicht verzichten. Zuerst erschien Suppe mit süßen Klumpen durch Cardamon gewürzt. Da ich den Inhalt der Terrine nicht recht ermessen, so verbat ich die zweite Portion, bereute aber meine Bescheidenheit als ich sah, daß aus ihr gleich dem Oelkrüglein der Witwe noch sämmtliche Teller wieder gefüllt wurden ohne sie zu leeren. Darauf erschienen 3 gebratene Enten, die ihr junges Leben wahrscheinlich erst kurz zuvor hatten einbüßen müssen, mit Rüben. Die lange Zeit, die wir hatten warten müssen berechnend, war ich sehr begierig auf die Lösung des Wartens. Aber es erschienen nur noch 2 stattliche Rettiche und Pflaumen, die in Ermangelung der Reife von der alten Miß weich gewalkt waren.

Es scheint, die Gute weiß sich zu helfen, so bemerkte ich zum Beispiel neulich, daß sie die Krammetsvögel in Speck gebraten hatte. Ueberhaupt ist ihr wohl ein Genie zum Haushalten nicht abzusprechen, denn für die größere Haushaltung hat sie Pavenstedt nur 30 Gänse kaufen lassen. Bei Tische kam das Gespräch auf Johanne[407], die nach Lübeck kommt. Die Jüngste strich Onkel Pavenstedt gewaltig heraus. Sie sei die schönste von Allen und er bemerkte, es sei sonderbar, daß alle Pavenstedts so auswärts verstreut würden, ohne Zweifel sie in seinem Geiste schon nach M[echelstorff] versetzt sehend.

Als Rathlev mich hier abholte und ich ihm ein wenig Frühstück vorsetzen ließ, hatte ich den Aerger, daß ungeachtet ich alles vorher bestellt, die Aufwartung in 3 Reprisen so langsam ging, daß ich, da wir eilig waren, auf dem Punkt war, darauf verzichten zu müssen. Zum Glück hatte Eduard unterwegs noch 2 Invaliden von Schnapsgläsern aufgefangen und damit verhindert, daß nicht eine Musterkarte von dreierlei Gläsern zum Vorschein gekommen.

Daß Onkel mir für den einjährigen Aufenthalt 250 Gulden geschickt, wirst

407 Johanne Pauline Pavenstedt (1809 – 1889).

Du schon gehört haben. Es kam mir in der Einsicht sehr gelegen, als ich nun im Stande gewesen bin, Martin[408] den größeren Theil einzuschicken, wenn ihm etwa bei dem Geldmangel einige Zahlungen für mich hätten sehr ungelegen kommen können. Die Aussichten bleiben für die diesjährigen Getreidepreise ganz vortrefflich. Unser Winterschlag ist bis auf 10 Scheffel Waizen, die Morgen eingeeggt werden, ganz bestellt und der Rocken sämmtlich grün und schwertragend. Eduard meint, nächstes Jahr müssten wir doch ganz und gar zu viel Korn bekommen.

Heute ist Bukowischer[409] Markt gewesen. Ich bin zu Hause geblieben, habe aber Mamsell dahin fahren lassen. Wir hatten das Vergnügen sie in vollem Staate mit einem enormen Tuch und mit einem übergroßen Hute bewaffnet auf den kleinen Reisewagen aufsteigen zu sehn, wo ein Sack noch für sie gepolstert war. Beim Anziehen der Pferde hatte sie das Malheur umzukegeln und hintenüber zu purzeln und in ihrem vollen Staate im Stroh liegend abzufahren. Ihre Versuche sich wieder emporzuschwingen waren vergebens. Sie mußte halten lassen, aber noch gelang es nicht und sie mußte dazu die hilfreichen Hände des lächelnden Fritz Hamann[410] requiriren, der nun auch den verfänglichen Sack niederklopfen mußte. Soviel wir aus unserm Hinterhalt bemerken konnten, schien der große Hut zum Glück keinen Schaden genommen haben.

An Fata sind wir überhaupt ziemlich reich gewesen. Gestern hatte ich das Unglück, daß mir ein Schwein an der Bräune (ob's die häutige ist, weiß ich nicht) oder dem sogenannten Feuer plötzlich gestorben.[411] Als Präservativ

---

408 Sein Bruder Martin Gildemeister (1788 – 1871).

409 Die heutige „Schliemannstadt" Neubukow liegt westlich von Kröpelin.

410 Gemeint ist der Pferdeknecht Georg Fritz Hamann (*1799).

411 Bräune – laut einem zeitgenössischen Lexikon „eine Krankheit des Halses bey Menschen und Thieren, welche sich durch die Entzündung der Theile der Luftröhre und des Magenschlundes äußert, und diese Theile braunroth färbet; die Kehlsucht, Halssucht, Angina. Unter den Thieren sind besonders die Pferde, das Rindvieh und die Schweine dieser Krankheit ausgesetzet. Eine gefährliche Art derselben bey den letztern, wo der Tod in vier und zwanzig Stunden erfolget, wird im gemeinen Leben das wilde Feuer genannt".

mußte nun die sämmtliche Schweinegenossenschaft heute brechen. Eduard meinte, das wäre was für den Weinkotz.[412] Die Brechparthie ist nun ohne Nachtrinken glücklich überstanden. Einige, denen wir das Brechmittel nicht einkriegen konnten, waren so gut, aufzufressen was die Andern ausgebrochen und so auch an deren allgemeiner himmlischer Empfindung mit theilzunehmen. Wahrlich eine ganze Gesellschaft von mehr als 30 Personen so brechen, hintaumeln und hinfallen zu sehen, ist den Anblick eines Weinkotz würdig. Doch erholten sich die Guten sehr bald wieder und wir hatten sie nun nur zu hüten, daß sie beim Ausgespieenen nicht eine neue Mahlzeit machten und so das Brechfest wieder erneuerten. Der alte Eber hat am allerärgsten gebrochen. Ich habe nun der Schweine wegen nichts mehr zu besorgen.

Morgen haben wir Erntefest. Es sind dazu gestern schon 6 alte Schafe von verschiedenem Kaliber geschlachtet. Wahrscheinlich wird Onkel P[avenstedt] Morgen dazu kommen. Wie das mit der wirklich sehr ländlichen Bedienung abgehn wird, mag die Zeit lehren. Ich meines Theils werde ein sehr dickes Fell anziehen müssen. Morgen werde ich des Näheren darüber zu berichten haben. Diesen Morgen kam Wilh[elm] Fick zu mir: er müsse mich damit beleidigen, mich um ein paar Pferde nach Satow anzusprechen. Die weise Frau ward demnach geholt und diesen Abend bringt mir der glückliche Vater die Nachricht, daß seine Frau von einem Kinde[413] ist entbunden. Fr[iederich] Fick hat dagegen seyn Töchterlein[414], womit ihn gestern seine liebe Frau beschenkt, taufen lassen. Beiden habe ich den für Jeden von Mama bestimmten Gulden gegeben, worüber sie sehr erfreut waren und mir ihren Dank aufgetragen. Ich hatte mich auf die Ehre gespitzt, von letzterem zum Gevatter gebeten zu werden, um ihnen ein paar Thaler Beihülfe geben zu

412 Dazu das überlieferte Sprichwort: „Kinder, es ist ein Weinkotz, sagte der Pfaffe, da er spie." Vgl. Karl Friedrich Wilhelm Wander (Hrsg.): Deutsches Sprichwörter-Lexikon, Bd. 5, Leipzig 1880.

413 Gemeint ist wohl Maria Sophia Dorothea Fick, die 1816 geboren wurde; der Vater war Johann Friedrich Wilhelm Fick, mehr ist nicht überliefert.

414 Maria Sophia Dorothea Fick kam am 21. Oktober 1816 in Klein Siemen zur Welt. Ihre Mutter Maria Sophia Fick und ihr Vater Friederich Fick ließen sie am 22. Oktober 1816 in der Kirche zu Alt Karin taufen.

können. Sie ist mir aber nicht geworden und so habe ich mir vorgenommen, das ihm bestimmte unter beide zu vertheilen, was sonst jedem nicht mal apropos kommen wird.

An Neuigkeiten bin ich diesmal überhaupt nicht arm. Es wird Dich aber überraschen, daß gestern Abend das kleinste Kind von Joh[ann] Fick schon gestorben ist. Es war neulich krank und hatte dabei etwas Husten, es schien mir aber nicht von Bedeutung zu seyn und es kam mir daher sehr unerwartet. Ich glaubte daher auch, es habe vielleicht die häutige Bräune gehabt, es scheint aber nicht, daß der Husten das Wesentliche der Krankheit gewesen. Joh[ann] Fick ist noch sehr von Kräften.[415] Winkenwerder aber scheint mir sehr bedenklich, sie wollen aber nicht die Hülfe des Arztes. Auch Winkenwerdersche ist etwas unpäßlich, es ist aber nicht von Bedeutung.

Hannemann[416] ist gestorben, wie ich aus dem *Intelligenzblatte*[417] ersehe und Treviranus[418] ist auf seyn Gesuch seiner Stelle entlassen und schon ein anderer Professor an seiner Stelle gewählt. Was meinst Du wohl, was ich ihm schicken soll und wieviel hat er voriges Jahr bekommen? Wenn er bald reist, so muß ich doch wohl bald meine Schuld berichtigen.

Mittwoch Abends

Da Onkel P[avenstedt] hier ist, so fürchte ich, daß es mir Morgen vielleicht an Zeit fehlt, Dir zu schreiben. Ich benutze daher den freien Augenblick, da er schon zu Bette gegangen ist. Der halbe Morgen ging ziemlich mit Vorbereitungen zu Onkels Kommen hin. Da ich die beschäftigten Mädchen nicht gerne abrufen mochte, so ging ich selbst dabei eine anständige Ordnung

---

415 Name des Kindes nicht ermittelt.

416 Nicht ermittelt.

417 Es handelte sich um Mitteilungsblätter mit Bekanntmachungen wie Gerichtsterminen, Ausschreibungen, Konkursen, Anzeigen etc. Das Intelligenzblatt war die erste Form späterer Anzeigenblätter; welches genau Gildemeister las, ist nicht bekannt.

418 Im Jahr 1816 erhielt der Bremer Arzt und Biologe Ludolph Christian Treviranus (1779 – 1864), der bis dahin an der Universität Rostock als Professor für Naturgeschichte tätig gewesen war, den Ruf an die Königliche Universität Breslau und wirkte als Professor der Botanik.

in den Zimmern herzustellen. Zuerst fing ich mit Eduard dabei an, in der braunen Stube mit trocknem Holz einzuheizen, da sie in Mechelstorff schon vor 8 Tagen eingeheizt haben. Der Ofen rauchte, er mußte also verschmiert werden, dann wurden die Türen aufgesperrt und dann geräuchert. Nun ging es an ein Aufräumen. Zuerst in der rothen Stube, wo eine Parthie Wäsche lag, die in die Betten gesteckt wurde. Dann wurden die Stühle symmetrisch zusammengereiht, die Fensterläden geöffnet, von dem Umgange das weiße Tuch fortgenommen, dann ging`s in die braune Stube. Auch hier ward Ordnung hergestellt, von den Tischen die Decken genommen, auf den einen zierlich die Tabacksdose auf den anderen das blinkende Tintenfaß und vor den Spiegel der gesäuberte Pfeifenhalter aufgestellt.

Das Ueberflüssige ward von mir verwiesen und dann ließ ich den reinigenden Besen noch einmal in Bewegung setzen. Ordnend ergriff meine Hand auf der Diele den Ordnung störenden Feuereimer. Heftig ward der Hammer geschwungen, der ihm und dem Löschwisch[419] ihren künftigen Wohnort angab. Mit dem Flederwisch[420] ward der bestäubte Rand des Kamins gesäubert, alles Herumtreibende verbannt und nur dem Schaukelpferd und der Mütze künftig noch der Aufenthalt vergönnt. Säubernd ergriff sodann die mächtige Rechte die schweinsgeborstene Bürste und wacker ward nun von dem anklebenden Staub das zierlich gebogene Sopha befreit. Auch hier ward gute Ordnung sowie auch in dem daranstoßenden Gemache hergestellt.

Ob der Arbeit war die Zeit verstrichen und eilig ward dann der Leib in zierlich Gewand gehüllt und erst dann ruhig dem Kommen der Gäste entgegengeharrt. Vergebens! Niemand kam, und da auch die glückliche Braut mit ihren Geschichten ausblieb, so setzten wir uns an die Tafel dem grimmigen Hunger zu wehren und erhoben die Hände zur lecker bereiteten Tafel. Aber längst schon hatten wir abgespeist, ehe die harrende Braut erschien, die Zeit des Bratens war darüber verflossen und die Leute hatten das Tempo zum

419 Löschwisch = Feuerpatsche.

420 Flederwisch = Flügel einer Gans.

Bringen des Erntekonzert verloren. Lange noch blieben wir sitzen in steter Erwartung und E[duard] meinte, es möchte wohl ein Mix danseant[421] daraus werden. Aber es blieb aus und so mußten wir uns endlich entschließen, unverrichteter Dinge zum Caffe zu schreiten.

Höre, wie ich zur Bewirthung der Gäste die Tafel geordnet hatte. Zuerst sollte Milchsuppe das Entree machen, dann ein Pudding von Mamsells wohlbekannter Meisterhand verfertigt als Zwischenspeise dienen. Diesem sollte der Braten folgen, wozu, da das Schaffleisch für zu alt und zäh geschätzt wurde, ein Puter gewählt ward, dem ich Blumenkohl beizugeben rieth, was Miß nicht einleuchten wollte, die diesen mit Hering und Schinken zu paaren verlangte, was ich jedoch verbat. Ich wollte den Blumenkohl nicht gern missen, ich bestand also darauf diesen zum Braten zu haben. Ob das der Regel gemäß war, weiß ich nicht, gab aber dafür nach, daß Miß auch noch Apfelmus und Gurken hinzusetzen durfte. Meiner Anordnung ungeachtet ist doch zu meinem Schaden der Blumenkohl weggeblieben, was uns jedoch noch gut zustatten kam, denn kaum hatten wir uns mit Caffe gelabt, als ein Wagen auf den Hof rollte aus dem Onkel Pavenstedt jedoch ohne Georg ausstieg. Es war schrecklich und also wollte er bleiben. Das Abendessen lief ziemlich gut ab. Zuerst der erwähnte Blumenkohl auf Schinken und Wurst, dann zähes Schaffleisch geschmort und Gurken und zuletzt beschloss ein kalter Apfelkuchen das Mahl, das wir so eben bestanden.

24 Uhr

Glücklich ist das Caffemachen bestanden. Es hat eine gewaltige Jagd im Hause veranlasst, denn jede Kleinigkeit war zusammen zu suchen. Ein Theebrett war zu erobern als unser tägliches. Auf die weiße Kanne, worauf ein brauner Deckel ist, habe ich glücklich den Deckel des Theetopfes appliziert, der aber nicht paßte, sondern sich nur schwebend oben erhält. Doch Alles

421 Mix danseant = Tanzmix.

ist überstanden. Nun nur noch soviel Zeit, um Dir einen guten Morgen zu bieten. Mit herzlichem Gruß Dein J. G.

Soeben fällt mir unglücklicherweise ein, daß, wenn Onkel raucht, es kein Taback als Virginia seyn muß, den ich oben auf der Abseite entdeckt. Den Uebrigen haben die Schweizer verschmaucht. Ich denke, ich ziehe mich am besten aus der Affäre, wenn ich ihm gar keinen anbiete. Ach, verzeih das Geschmir. Du mußt Dir den Brief vorlesen lassen. Ich habe ganz vergessen, Dir auf eine Frage, nemlich auf die wegen Gesundheit zu antworten und das aus der Ursache, weil es mir nicht daran fehlt. Ich bin flink wie ein Vogel. Genieße nun auch Deinen dortigen Aufenthalt recht und sei mir recht vergnügt. Viele Küsse an Dich und die Kleinen und viele Grüße an alle Anderen. Mit herzlicher Liebe Dein J. G.

27.10.1816, Klein Siemen. An Marianne Wienholt, Bremen

Da ich heute an Gottfried[422] schreibe, so benutze ich die Gelegenheit, ein paar Zeilen an Dich einzuschließen. Ne, alte Frau, Du mußt mir nicht gleich den Muth verlieren, wenn es nicht sogleich gehen will. Deine traurige Stimmung hat mich recht traurig gemacht. Hoffentlich hängt dies nur mit dem kleinen Erkältungsfieber zusammen, und Du wirst nun den Aufenthalt dort[423] zu genießen anfangen. Das Kranken geht hier noch immer fort. Du wirst Dich wundern, wenn ich Dir schreibe, daß Anna[424] die Masern hat. Ihre Schwester war recht krank daran, da die Masern nicht heraus wollten. Ich ließ heute Schmidt[425] kommen. Ich fürchte, die ganze Mädchenschar wird nach der Reihe drankommen. Es ist recht gut, daß die beiden Jungen nicht hier sind, die gewiß nicht von den Masern verschont geblieben wären.

422 Gottfried Plath.

423 Also in Bremen, wo sie zunächst im Haus der Gildemeisters am Markt wohnt und die Tanten die beiden Söhne betreuen.

424 Wohl die am 3. Juni 1813 geborene Anna Maria Fick.

425 Wohl der „Chirurgus Adjunct N. N. Schmidt“ im „Seebad zu Doberan“.

Es war heute ein unvergleichlich schöner Tag. Ob Ihr es so schön gehabt, ist die Frage, da es im Westen dunstig war. Ein wahrer Feiertag. Als Schmidt, der hier zu Tisch gewesen, weg war, bin ich nach einer Kanne Bier für mich allein herumgestiefelt. Eduard und Sellschopp waren zur Jagd. Ich habe mich über die schöne Saat gefreut. Der Waizen ist aber noch nicht heraus, desto weiter aber der Raps. Von unseren Kranken ist Johann Fick[426] der schlimmste, der mir zu viel Kräfte verliert. Seit acht Tagen ist auch Johann Gesche[427] krank. Andere sind auf guter Besserung. Soeben kommen die Jäger in vollem Jubel nach Hause. Sie haben zwei Rehe und Hasen und einen Fuchs geschossen. Onkel Pavenstedt nimmt Morgen ein Reh mit nach Bremen.

Sonnabend Abend 9t November

Liebe Marianne, soeben verläßt mich Schröder[428], der mir diesen Nachmittag in meinem Witwerstande einen Besuch abgestattet, der mir sehr angenehm war. Er hat mir im Vertrauen als Geheimnis die angenehme Nachricht mitgetheilt, daß er Groß Nienhagen so gut wie gewiß verkauft hat, und das zu dem schönen Preise von 42 000 Rthl. mit Einschluß des Inventariums.[429] In dem Verhältnisse hätte Mechelstorff das Doppelte gelten müssen, was ganz unstreitig ein ausgezeichneter Handel bleibt. Hüte Dich aber an Onkel P[avenstedt] davon zu erzählen, denn es darf noch nicht verlautbaren.

426 Gemeint ist der Hirtenjunge Friederich Fick (*1800).

427 Womöglich Johann Jacob Christoph Gesche (*1800).

428 Joachim Matthies Friedrich Schröder (1779 – 1854) führte eine kinderlose Ehe mit Elisabeth, geb. Evert. 1851 vererbte er Groß Nienhagen seinem Neffen Karl Georg Friedrich Schröder (1816 – 1901).

429 Der Verkauf des Gutes durch Schröders erfolgte erst 1872.

Dein letzter Brief gab mir bei dem heftigen Sturm den Trost, daß Wilhelm[430] noch nicht in See war. Ich fuhr die Nacht bei dem heftigen Pfeifen mit Schreck aus dem Schlaf und Wilhelms düsteres Auge, mit dem er aus der Kajüte nach dem Sturm hinausblickt, stand mir lebendig vor. Es schien mir unmöglich, daß mir der Wind keinen Schaden gethan haben sollte, ich fürchtete für das schlechte Dach des Schafstalls und glaubte, er müsse die Miete ganz auseinander gestöbert haben. Ich scheuete mich daher am Morgen sehr, mich in Gewißheit zu setzen. Wie erstaunt war ich aber, daß der Wind auch nicht eine Flocke ausgerissen, was ich bei den anderen Gebäuden dem zu danken, daß ich eben damit fertig geworden war sie wieder zu versehn und daß sie jetzt in gutem Stande sind.

Ueberhaupt wirst Du, wenn Du wiederkommst, denke ich Deine Freude daran haben, wie es hier in mancher Hinsicht äußerlich gewonnen. Der kleine Katen gegenüber dem Hofe hat ein neues Dach bekommen, ebenso der größte Theil des Uebrigen von Winkenwerdermamsells ihrem Katen. An dem Schafstall ist die Türe weit herausgerückt, und das Uebrige dicht gemacht, wodurch ich erreiche, daß er wärmer und gegen Diebe gesichert wird, indem er nun verschlossen werden kann. Der neue Katen hat leider noch kein Dach, aber das Holzwerk zum Dach ist darauf, es fehlt nur noch an Stroh. An dem Thor sind die Thorpfeiler wieder aufgerichtet und die Vasen darauf gesetzt und die Türen wieder eingehängt, wodurch es ein ganz anderes Ansehen bekommen hat.

430 Die Rede ist von Johanns Bruder August Wilhelm Gildemeister (1791 – 1866), der kurz vor dem Einschiffen zur Überfahrt in die Vereinigten Staaten stand. In der Gildemeister-Chronik heißt es: „Wilhelm hat von den Geschwistern wohl das bewegteste Leben geführt: zuerst als Ehrengardist von den Franzosen nach Frankreich geschleppt, war er dort entflohen und der Lützower Cavallerie beigetreten." Der Historiker Marc Jarzebowski hat die Tagebuchaufzeichnungen von Johanns Bruder bearbeitet: https://www.jarzebowski.de/gildemeister-erlebnisse/. 1816 reisten Wilhelm Gildemeister und der aus Marburg gebürtige Wulf Ludwig Ries (+ 1868) mit dem Schiff in die USA. 1817 gründen sie in New Orleans die Handelsfirma Gildemeister & Ries.

Sonntag Morgens

Das ist gewiß übel, kleine Frau, daß das mit Deiner Gesundheit noch gar nicht recht fort will. Die Cur von M[ama] will mir aber nicht sehr gefallen und mich dünkt, ich würde mich dem so blindlings nicht unterwerfen. Das ist ja Nonsens mit dem vielen magnetisierten Wasser, von dem ich behaupten möchte: man könne das nicht in den Schuhen vertragen, viel weniger noch im Magen. Das muß ja den Magen verschlappen. Ich wollte wohlmeinend raten davon lieber Caffe zu machen, da es noch sehr die Frage ist, ob der Magnetismus nicht vielleicht gekocht verdaulicher ist, ungleich dem Eiweißstoff, der im Kochen erhärtet. Laß Du Dir nur eine gute Bouteille Madeira und eine starke Tasse Caffe magnetisiren und ich bin überzeugt, die Wirkung wird viel kräftiger seyn. Im Ganzen wird es nur daran liegen, daß der gute Mann darauf noch nicht verfallen ist und nur darumso an seinem übelen Wasser klebt.

Ungeachtet der Masern grassirt hier daneben noch ein Husten, indem von den Leuten alles keucht und bölkt. Doch ist es hier keineswegs ein Lazareth und es geht alles seinen guten Gang. Die Masern, von denen Fried[erike] W[inkenwerder] noch nicht wieder hergestellt ist, haben heute den Hinrich W[inkenwerder] und die beiden Jungen von Joach[im] Sick[431] befallen, unsere Mägde sind noch verschont geblieben. Den einen von den Jungen, dessen Augen leiden, treffe ich neulich ein großes Stück Gänsefleisch mit vielem Appetit verzehrend, und der von Erichson, der von seinem Wurmfieber in der Genesung ist, an einer rohen Wurzel kauend.[432]

Höre nun, was sich seit meinem letzten Briefe auf Kl. Siemen begeben: Kaum hatte ich ihn abgeschickt, als ich an einem leisen Kopfschmerz verspürte, daß ich eigentlich nichts essen dürfe, weil ich schon vor meiner Hamburger Reise mit meinem Magen derangiert war und seitdem ist meine Zunge noch immer belegt gewesen. Ich ließ mich dem ungeachtet durch den

431 Wohl Joachim Christian Sick (*1788).

432 Die Rede ist vom Tagelöhner Hinrich Erichson (*1772), von dem zwei Söhne in Klein Siemen aufwuchsen: Johann Joachim (*1809) und Johann Hinrich (*1814).

schönen Blumenkohl und Hering verführen, zwar nur wenig, aber ich hatte mich doch gleich ganz verdorben und bekam heftigen Kopfschmerz. Ich hatte mir Wasser zum Caffe bestellt, aber Unzer[433] consultirend, entschloß ich mich Knall und Fall, incognito ein Brechmittel zu nehmen. Ich traf dazu die Vorbereitungen, um auf dem Sopha der braunen Stube, wo ich noch meinen Wohnplatz aufgeschlagen habe, das Werk zu bestehen. Nachdem ich dann mir alles geholt und zusammengestellt, erhob ich also die Hände zum wohlbereiteten Trunke. Nunmehr setzte ich mich, und eingedenk der Lehren der wackeren Schwester[434] ergriff ich eine Schrift und fing an einen Aufsatz zu lesen, der mich sehr interessirte. Eine Stunde war verflossen, das ganze Brechmittel längst verschluckt, aber noch tiefe Meeresstille und nah und fern nicht ein leises Wogen, den nahen Sturm verkündend. Ich war unentschlossen, ob ich noch zu einem zweiten Pulver greifen sollte. Zum Glück tat ich es nicht, weil sich allmählich an der neulich bekrittelen Zunge die Vorboten zu äußern anfingen. Nun aber schickte mir die Nemesis an S[ellschopp] einen ungebetenen Augenzeugen her, den ich aber dessen Drucksen fürchtend, so bald wie möglich deplazirte, um ganz den Eingebungen meines Brechgottes zu folgen.

Eduard, der nachher während des Opfers erschien und die Bemerkung, daß ich schon recht zu dem Odem der Wienholts käme, nicht unterdrücken konnte, war anständig genug, mir nicht die Scene in der Buttermühle zu vergelten. Aber er hätte es ungefragt thun können, denn mein Gott stieß mich so herzhaft in den Hacken, daß ich für die Pfeile seines Spottes ganz unempfänglich gewesen wäre. Desto empfänglicher aber nach überstandener Arbeit, für den Trank der braunen Indischen Bohne, den er mir credenzte und zu meiner Labung bereitete und den ich unter einer Plaiddecke, dem Schauder des Fröstelns zu wehren, auf dem Sopha gestreckt, einnahm. Eigentlich war das Brechmittel zu stark gewesen, dazu kam, daß, weil ich alles incognito getrieben, ich keinen Kamillenthee hatte und ich mich zu dem

433 Gildemeister zog wohl *Johann August Unzers medicinisches Handbuch*, Leipzig 1789, heran.

434 Gemeint dürfte die Schwester des Ratgeber-Verfassers sein.

Ueberschlucken des flauen Wassers nicht gehörig entschließen konnte und es mir dadurch erschwerthe.

Genug, die Cur hat eigentlich nicht gut gethan, denn obgleich ich unbestellt am folgenden Mittag ein Kümpchen mit Fleischsuppe für mich vorfand, eine Aufmerksamkeit der emsigen Schaffnerin, so hatte ihr dagegen ihr böser Genius oder meiner eingegeben, am darauf folgenden Abende eine Rockenbrotsuppe zu bereiten, die mir eigentlich den Damno[435] angethan. Denn als ich mit S[ellschopp] vis-à-vis saß (Eduard war zum Erntefest nach Mechelstorff), die Unglücksschale zwischen uns, so war ich, um ihm nicht jeden Bissen zum Munde zu zählen, gezwungen selbst welche dahin zuführen. Dies bewog mich dann noch einmal ernstlicher den Unger nachzusehn und da fand ich, daß ich nur ein schwaches Brechmittel hätte gebrauchen sollen oder müssen, also eine salzige Purganz einnehmen (nach Boernhave[436]) oder das Wiener Laxiertränklein (nach Schmucker[437]), auch mir eine mäßige Leibesbewegung machen (nach Tissot[438]) und mäßig speisen und zur Mittagsmahlzeit ein Glas guten rothen Wein trinken. An das erste Mittel halte ich mich hauptsächlich und habe zu dem Zweck mir einen Trunk von Seignettesalz und Rhabarber verordnet und zusammengebraut, diese guten Wirkungen hervorzubringen. Ich hoffe, daß trotz der interessanten Krankheitsgeschichte der weiland Frau Magisterin, meine es noch mit ihnen aufnimmt und also genug davon.

Eduard ist allein zum Erntefeste bei P[avenstedt] gewesen, mir nahm es zuviel Zeit weg und S[ellschopp] hatte wahrscheinlich keine Lust dazu. Er

---

435 Damno = Schaden.

436 1724 diagnostizierte der Mediziner, Botaniker und Chemiker Herman Boerhaave (1668 – 1738) als Erster eine spontane Ruptur der Wandschichten der Speiseröhre infolge massiven Erbrechens und benannte die bis dato unbekannte Krankheit nach sich.

437 Johann Leberecht Schmucker (1712 – 1786) war ein berühmter preussischer Militärarzt, der die Behandlung entzündeter Wunden mit getränkten Umschlägen empfahl.

438 Samuel Auguste Tissot schrieb über „Leibesübungen" in seinem Werk: Die Onanie, oder Abhandlung über die Krankheiten die von der Selbstbefleckung herrühren. Nach der beträchtlich vermehrten sechsten Originalausgabe aus dem Französischen neu übersetzt, Lausanne 1774.

hat auch ein Brautpaar gehabt. Der Bräutigam hat an den guten Georg[439] ein seltsames Ansinnen gehabt: wo dat denn wurt, wer denn nu de Bruht glatt makde? G[eorg] hat ihm demonstriert, daß er weder Böttiger: *Sabina*[440] noch ähnliche Werke studirt, er für seine Person ihm also nicht darunter dienen könne. Darauf hat er verneint, dann müßte es wohl Madam Gildemeister doon. Da er aber vernommen, daß die weit von hier sei, ist er ratlos von dannen geschritten. G[eorg] ist in großer Angst gewesen, er hat durch Crull dem alten Drachen stecken lassen, daß sie nur bis Weihnachten bleibe, und hat mit Zagen dem Ausbruch ihres Zorns entgegengesehen. Diese Auseinandersetzung ist wegen Verhinderungen noch nicht gewesen und steht also auf die kommende Woche bevor.

Ich habe diese Woche drei schöne Ochsen gekauft, 2 zu 40 Rthl. und einen zu 36, und einen muß ich noch nachkaufen. Ich habe mit Eduard und Sellschopp einen Kampf zu bestehen gehabt, die es beide auf Deinen Stier gemünzt hatten. Ich habe mich aber stramm gehalten, mich davor gestellt und ihn wieder beschirmt. Eduard hatte vor, ihn auf folgende Art anzuschwärzen: er wollte sagen, wir hätten einen jungen Ochsen (den 9jährigen, den ich jetzt fett mache und zu schlachten versprochen), der nicht gut ziehen wollte. Diesen wollten wir Dir gegen den Stier austauschen und Du würdest auf einen so fein angelegten Plan nicht verfehlen können mit Deiner Einwilligung herauszurücken. Zu seinem Schrecken offenbarte ich ihm, daß ich Dir schon geschrieben, daß dieser geschlachtet würde. Auf Requisition von Mamsell soll auch ein alter Absetzer von Kuh geschlachtet werden um einer zu starken Stallkonsumption zuvorzukommen. Denn sonst sagt man mir, Talg werde sie wohl nicht haben und es scheint ihre Haut wohl ihre größte Tugend zu seyn. Daß aber wird Dich interessiren, daß wir schon ein nettes Lamm be-

439 Georg Pavenstedt (1793 – 1827), der das Gut Mechelsdorf verwaltete.

440 Karl A. Böttiger: Sabina oder Morgenscenen im Putzzimmer einer reichen Römerin. Ein Beitrag zur richtigen Beurtheilung des Privatlebens der Römer und zum besseren Verständnis der römischen Schriftsteller, Leipzig 1806.

kommen haben von einem alten Schaf, das schon dem Messer bestimmt war, und von dem wir ein zweites erwarten. Auch ein Kalb ist dieser Tage gefallen, und das draußen auf dem Felde, wo Sellschopp die göttliche Neuheit schier zur Verwunderung der Kuh in einen Sack packte und nach Hause trug von der liebenden Mutter begleitet. Es ist dieses ebenfalls eine alte Kuh, die ich auf die Weise, so wie auch eine andere, die bald kalben wird, vortheilhaft anzubringen hoffe, da die Brennereyen in den Städten ungeachtet der hohen Kornpreise stark im Gange sind.

Morgen soll Sellschopp nach Rostock um einen Transport Waizen und Gerste zu versorgen. Schröder hat neulich für seinen Winterwaizen von seinem Saatkorn 2 Rthl. 20 ßl. bekommen und er hatte gehört, er gelte jetzt 2 Rthl. 36, doch werde ich mit 2 Rthl. 20 ßl. dick zufrieden seyn. Das bringt dies Jahr mehr Geld als im vorigen Jahr, wo ich einmal für 2 Wagen Waizen nur 60 Rthl. einnahm, wovon ehedem noch der dritte Theil ausgesiebt war. Morgen lasse ich 6 beim Waizendreschen anstellen, um die guten Preise zu benutzen.[441] Rocken kostet in Rostock weiter über 1 Rthl. 20 ßl.

Diesen Brief, den ich eben von Wismar erhalte, hat keinen anderen Zweck als an Pavenstedt seiner Apotheke zu verhandeln, die er zu 20 Rthl. anbietet. „Es ist mir noch jetzt“, so schreibt er, „ein recht angenehmes Gefühl, so manchem armen Menschen dadurch geholfen zu haben, wofür freilich die meisten Landleute keinen Sinn haben, indeß ein so gebildeter als P[avenstedt] denkt gewiss anders darüber. Und wenn er nicht schon mit etwas Ähnlichen versehn ist, so wird ihm der Besitz desselben sehr lieb seyn usw.“ So der edle Mann. Ich denke mir die Schrödern wie sie, wenn der gute Mensch sich selbst so unverdiente Komplimente macht, ihm wohlgefällig seine Gutheit angepriesen hätte. Es ist närrisch, daß die Leute glauben, mit uns in einer so tugendhaften Manier reden zu müssen.

441 Vgl. Albrecht Ludwig von Seutter: Über die allgemeine Getreide-Theurung im Jahre 1816, Regensburg 1817.

Martinstag[442]

Ich war diesen Morgen überrascht, alles weiß beschneit zu finden, doch hoffe ich, soll das nicht anhalten. Heute ist kleinen süßen Edus Geburtstag, dem Du einen Kuss von mir geben sollst. Heute vor 10 Jahren kam ich in Bremen von meiner Schlesischen Reise wieder an. Das war eine trübe Zeit. Kurz nach meiner Rückkunft rückten die Franzosen ein und wurde Bremen zum erstenmal für Französisch erklärt. Und nun, wie ist es so ganz anders!

Für Martin folgende Stelle aus Kleinworths Brief: „Ein hiesiges Haus läßt alles Korn, was hier und in Neustadt zu Markte kommt, auskaufen. Die Preise steigen fast täglich. Mit Rocken, der auch hier herum viel gebaut ist, scheint dieser Tage, wie ich höre, nicht so wild zu seyn und ist zu 1 Rthl. 8 ßl. wieder zu haben, der schon mit 1 Rthl. 12 bezahlt worden. In Hamburg ist Waizen schon mit 2 Rthl. 50 ßl. bezahlt. H[amburg] wird die Kornpreise vorläufig in der Höhe halten. Ich habe vorgestern mehr darüber von einem Freund erfahren. Es hat seinen Grund auch in der Aergerniß wegen der Bankgeschäfte durch Hamburger Abgeordnete in Paris, was übrigens zu weitläufig zu schreiben ist. Die 16 Millionen, die Davoust[443] aus der Bank genommen, werden mit franz[ösischen] Staatspapieren bezahlt, die [...?][444] doch einen schönen Posten in Umlauf bringen und mit den Kornpreisen den Englischen Kurs herunterbringen werden.“

Das habe ich auch vergessen beizufügen, daß aus der Malchiner Gegend, was für uns ein großer Vortheil ist, kein Waizen nach Rostock kommt, sondern alles nach Berlin geht. Für Eduard möchte eine Nägelknipsschere ein passendes Geschenk seyn.

---

442 Der Martinstag liegt auf dem 11. November.

443 Die Rede ist von Louis-Nicolas d'Avoût, auch Davoust geschrieben (1770 – 1823), der am 30. Mai 1813 in die bis dahin von General Tettenborn besetzte Stadt Hamburg eingerückt war und ihr zur Strafe für ihren Abfall von Frankreich eine Geldbuße auferlegt hatte. Vgl. Gabriele Hoffmann: Die Eisfestung. Hamburg im kalten Griff Napoleons, München 2013.

444 Halbsatz nicht entzifferbar.

Ehe ich es vergesse, mache Du doch, daß Vater sich von Schönert[445] malen läßt.

Da das andere Papier so durchschlug, habe ich mir dieses aus Cröplin holen lassen. Lasse Dir aber doch meine Briefe immer vorlesen. Wenn ich mir auch noch so viel vornehme, groß und deutlich zu schreiben, so ist das doch gleich wieder in der Suade des Schreibens vergessen. Wenn ich Dir was en particulis zu schreiben habe, will ich es Dir besonders schreiben. Und nun, liebe kleine Frau, noch einen herzlichen guten Morgen mit dem Wunsche baldigen Besserbefindens. Dein G.

17.11.1816, Klein Siemen. An Marianne Gildemeister, Bremen

Liebe Marianne, ich muß diesmal meine Nachrichten wieder mit einer beginnen, die Dir so unerwartet kommen wird wie mir neulich auch: der eines neuen Todesfalles, und das ist nun mit Einschluss des todtgeborenen Kindes binnen kurzem der vierte, Du weißt, daß von den Kranken Jule W.[446] die letzte war, die noch lag. Als ich neulich dahin kam, hatten sie Hanning, der die Masern hatte, zu ihr ins Bett gelegt. Ich sagte das der einfältigen W[inkenwerder] gleich, daß das dummes Zeug sei und nicht gehe. Demungeachtet fand ich ihn beim nächsten Besuche noch in dem Bette. Die natürliche Folge war, daß sie angesteckt wurde. In dem schwachen Zustand worin sie war, hat der Erreger wahrscheinlich nicht heraustreiben können, und so ist sie plötzlich am Freitag gestorben als ich gerade zu Mechelstorff war, wohin ich am Donnerstag mit Schröder[447] hingefahren war und woher ich erst gestern Abend zurückgekehrt bin. Hanning[448] und Frau W[inkenwerder] klagen sehr über die Brust. Ich hatte dem ersten ein Senfpflaster verordnet und bekam die Nachricht es hätte gezogen und es bessere sich. Hernach findet es sich,

445 Nicht ermittelt.

446 Jule war die elfjährige Juliana Winkenwerder. Sie verstarb am 15. November 1816 in Klein Siemen an Masern und wurde am 17. November 1816 auf dem Friedhof von Alt Karin begraben.

447 Dem Gutsherrn von Groß Nienhagen, Joachim Matthias Friedrich Schröder (1779 – 1854).

448 Hanning war der fünfjährige Friederich Winkenwerder.

daß es gar nicht gezogen hat. Die Masern haben seitdem auch die Kinder von Wilhelm F[ick][449] befallen, die aber nicht sehr krank seyn sollen.

Am Donnerstage habe ich keinen Brief von Dir bekommen, weil Du wieder mit Zahnschmerz geplagt gewesen bist. Wenn ich Dich dort doch recht vergnügt wüßte, kleine Frau! Wenn ich Deine Einwilligung bekomme, will ich eine Dreschmaschine anschaffen. Ich wäre deshalb Morgen nach Wismar gegangen, aber es ist so viel Schnee gefallen und die Wege sind darunter noch weich. Sie werden daher sehr schlecht seyn und so werde ich es noch ein wenig aufschieben, da es vielleicht nicht Schneebahn geben möchte. Mir dazu Geld zu schicken, wie Du mir schreiben läßt, ist nicht nöthig. Ungeachtet ich Manches anschaffe – meine Kasse recht gut geflickt ist und ich ohnehin Korn zu verschicken habe.

Ich habe neulich Waizen zur Stadt geschickt. Es war von dem Stoppelwaizen nach Wicken, der sehr schrumpflich und dazu etwas befallen war. Ich habe dafür 2 Rthl. 14 ßl. bekommen, während extraschöner Waizen mit 2 Rthl. 19 ßl. bezahlt ist. Waizen ist eigentlich noch nicht über 2 Rthl. 20 ßl. gewesen, und nur einen Tag ist beste Waare mit 2 Rthl. 24 ßl. als das höchste bezahlt. Von Rocken ist 1 Rthl. 20 ßl. der höchste Preis gewesen. Ich schickte zugleich Gerste mit und kriegt dafür [...?].[450] Die reiche Kuchenspende ist glücklich bei uns angelangt. Wäre desgleichen auch Friederike ihr Ohr, daß wir es ergötzen könnten mit dem Slickern und Verschnuppern des leckeren Honigkuchens. Wir werden ihn der Bestimmung gemäß ad depositum nehmen und uns gelegentlich zu Gemüthe führen. Ich muß mich hier noch einen Augenblick erboßen über die erwartungsvollen Blicke, daß auch ihnen ein Brosaamen abfalle und über das Ansinnen ich solle so launige Briefe schreiben wie Philipp H.[451], da ich mich durchaus nicht dazu zwingen lasse, launig zu seyn. Ich brauchte nur die fata meiner Reise nach Mechelstorff zu erzäh-

449 Georg Wilhelm Ficks Sohn Heinrich verstarb am 13. Januar 1817 im Alter vor acht Jahren.
450 Zwei Sätze nicht enttzifferbar.
451 Wohl ein Bremer, nicht ermittelt.

len. So könnte ich zum Beispiel beschreiben, wie ich bei Schröder in meinen Fußsack gefahren wo ich auf etwas Hartes gestoßen, und wo ich nun herunterfühlend und vermeinend, es möge ein Striegel seyn, den ich lächelnd hervorziehen und damit überraschen wollte und ausrufen: Ei was zum Teufel steckt denn da? mich selbst mit der mystischen Form einer alten verrosteten Kuchenform überraschte, den mir mein böser Genius, nemlich ich selbst, in Hamburg hineinpmarkticirt, weil ich nicht anders damit zu bleiben wußte und ihn so darin begraben und vergessen.

Oder wie ich in Erwägung des niedrigen Verdeckes in ungewißer Erwartung, ob Schröder zum Hute oder zur Mütze greifen wird, die Entscheidung ängstlich erlauert. Wie er endlich den unglücklichen Hut ergriffen und sich kerzengrade zu mir gesetzt, während ich mich weidlich in die Ecke gedrückt und mit Furcht den ersten Stößen des holprigen Weges entgegengesehn. Wie S[ellschopp] sich dann einige Male verdächtig umgeschaut, ich mir aber nichts merken lassen, wie er sich endlich gezwungen gesehen Hut ab und ich davon Notiz zu nehmen und mit der Bemerkung hervorzukommen, das Verdeck sei sehr niedrig. Und wie das Schaukeln des Wagens uns gezwungen unhöflich aufeinander zu fallen, wie wir uns vergebens entgegengestemmt und uns gegenseitig wie auf geheime Verabredung von einander abgezogen und so nur Uebel ärger gemacht.

Ich könnte mich mokiren über das Frühstück zu Mechelstorff wo wir uns förmlich zur Tafel setzten und statt kalten Bratens warmen aufschnitten, über das Stocken der Unterhaltung bei Tisch, wo die Stille so ängstlich lange dauerte, daß keiner sie fast mit leisem Kauen zu unterbrechen wagte, wie Pavenstedt den Faden endlich mit der Bemerkung aufnahm, es sei doch ein rechter Novembertag und ein Anderer sie gleich mit einem blassen Ja abblitzte, wie nun aufs neue Stille erfolgte, bis ein Dritter ihn unbeholfen mit der Bemerkung: das Wetter scheine sich zu ändern wieder anknüpfte. Wie die alte Sibyll immer wieder ihr muddiges Bier herumschickte, wovon – wahrscheinlich weil man es für den bewußten Trunk von Manna und Sennesblättern[452] hält – niemand abnahm als ich, um ihm die Ehre anzuthun und keinen anderen Nachfolger hatte als Crull.

Ich könnte mich über den guten P[avenstedt] aufhalten, wie er so in Haushaltssorgen steckte und wie er in Pein kam, wenn es mit dem Anfang des Essens über Gebühr hinausdauerte, wahrscheinlich weil ihm seyn altes Dorchen[453] hält – niemand abnahm als ich, um ihm die Ehre anzuthun und keinen anderen Nachfolger hatte als Crull.

Ich könnte mich über den guten P[avenstedt] aufhalten, wie er so in Haushaltssorgen steckte und wie er in Pein kam, wenn es mit dem Anfang des Essens über Gebühr hinausdauerte, wahrscheinlich weil ihm seyn altes Dorchen wegen des Verbratens stark einheizte und scharf zusetzte. Ich hätte nur von den Katzbalgereien mit unsern Gegnern erzählen dürfen und wie wir sie geschlagen und so gänzlich déroute[454] gebracht. Ich hätte noch besondere Mißverständnisse mit der Kuchenform erdichten können. Alles das hätte ich leicht anführen können, aber wie gesagt, ich schreibe nur launig wenn ich in Laune bin und wenn ich will, und lasse mir das nicht vorschreiben. Warum jagen sie mich aus einer guten Laune in eine böse, daß ich nun lieber schweige, um sie nicht an ihnen auszuüben.

Darum lieber zu Haushaltssachen. Da kann ich erzählen, welch ein Glücksstern über mich gewaltet, die Kuh zu schlachten, die Sachverständige nur 5 Thaler Werth schätzen wollten. Zwar hat sie, wie mir schon richtig prophezeit, gar keinen Talg gegeben, dafür aber eine Haut, die mit 3 ½ Rthl. bezahlt wird und 170 Pfund Fleisch, das so zart ist, wie es nur das von einem Jüdischen Ochsen seyn kann. Rechne ich nun, daß die übrigbleibenden 1 ½ Rthl. durch das zweimalige vortreffliche Beefsteak bezahlt seyn möchten, so haben wir all das übrige Fleisch umsonst und es ist klar, was für ein Segen dadurch unserer Wirthschaft erwachsen ist.

---

452 Sennes: Ein pflanzliches Abführmittel.

453 Wohl die Mamsell.

454 déroute = zum Fallen.

Peters[455] ist nun längst zugezogen und ich bin mit dem Kerl sehr zufrieden. Der Statthalter ist ein fleißiger Kerl, der jeden Augenblick benutzt und keinen einzigen verklönt. Das hat mir sehr gut gefallen, daß er neulich, als es beim Ausmisten an Frauen fehlte, gleich die seinige dazu angeboten. Sellschopp meinte, mit dem Säen sollte es auch schon mit ihm gehen, umso mehr, da er so guten Willen hat. Ich habe neulich mit Eduard überlegt, da wir noch so manches Andere einführen, es gerathen seyn würde, um die Leute nicht mit zu viel auf einmal zu verdutzen, lieber die Saemaschine fürs erste noch zurückzustellen.

Hamann habe ich bei Joh[ann] Ficks Stelle beim Vieh angenommen, da er danach lange geangelt hat. Demungeachtet meldete er sich nicht dazu, als Joh[ann] Fick[456] gestorben war. Anfänglich hielt ich das für Dezenz[457] und dachte, er würde so lange warten bis seyn Schwager begraben sei. Als er aber auch dann nicht erschien, so merkte ich wohl, daß er sich nur theuer machen wollte, um mit seinen Forderungen höher zu kommen. Das bestätigte sich dann, als ich ihn paar Tage darauf im Viehhause traf, wo er dann auch ankam, wie es denn werden sollte, er habe es so sauer, für 8 Thaler könnte er doch diesem Posten nicht vorstehen. Wenn ich es verlange, müsse er dabei bleiben, ihm wäre es aber ebenso lieb, wenn ich einen anderen dazu nehme. Ich ließ ihn ein wenig ablaufen, bedeutete ihm, daß ich auch Andere gern nehmen würde und daß sich unter anderen Erichson[458] schon dazu gemeldet. Ich gab dann Sellschopp den Auftrag, es den Sonntag darauf mit ihm ins Reine zu bringen, der es dann abgemacht, daß er nun kriegt, was Jo[hann] Fick bisher bekommen. Damit ist er dick zufrieden und wie ich aus seinem Zuvorkommen merkte, als ich das nächste Mal ins Viehhaus kam, sehr vergnügt, daß ihm der Posten sicher ist.

---

455 Johann Hinrich Peters (*1784), der neue Statthalter, war verheiratet mit Maria Dorothea Peters, geb. Helms (*1779).

456 Johann Fick war am 7. November 1816 im Alter von 40 Jahren verstorben. Welcher der Hamanns sein Nachfolger war, ist nicht ermittelt.

457 Dezenz = Taktgefühl.

458 Hinrich Erichson (*1772).

Das ist nun ihre grapsige Natur, wovon Christoffer[459] geerbt zu haben scheint, der mit der Bitte herausrückte, ich solle ihm dann auch, würden große Reisen gemacht, einen Rock und 2 Hosen geben, womit ich ihn aber habe ablaufen lassen und wodurch es verstanden seyn muß, und er es ahnte, daß er um seine Reise nach Bremen quitt geworden ist. Denn Wilhelm[460] ist nicht mit dieser Bitte herausgerückt, vielleicht weil es als ein klügerer Luchs gerade den Dümmeren zum sondieren vorausschickt, und wenn es dann verunglückt, sich im Trocknen ganz ruhig verhält und sich nichts merken läßt. Vielleicht aber machen die großen Reisen, die ich ihm statt eines Nachtheils als einen Vorzug vorhielt, jenen schwindelnd, daß er nun glaubt, er sei mehr als W[ilhelm], und deshalb muß ich ihn ducken. Fritz W[inkenwerder][461] kam mit der freundlichen Bitte, ich möchte ihm seine alte Elisabeth abnehmen, was ich ihm sehr gern zusagte und schon gewährt, da er bei den Pferden eigentlich der Allerbeste ist. Wir haben jetzt auch Deinen kleinen Liebling Friederich F[ick][462] wieder im Dienst. Ich glaube, der Junge wird gut.

Montag

Ich wollte diesen Morgen noch einiges hinzusetzen, aber da giebt`s wieder eine schöne Geschichte. Mamsell kommt mir da eben mit der Nachricht herauf, daß alle Knechte und ein großer Theil der Mägde wieder die Krätze habe. Ich schicke daher gleich zu Schmidt[463]. Weiß der Henker, wer uns dies Jahr die Pandorabüchse mit Krankheiten geschickt hat. Hast Du vielleicht die Ficksche[464] zum Krankenwärter der Winkenwerdersche zugeschickt und vielleicht versprochen, sie zu bezahlen? Sie hat sich neulich von Sellschopp

459 Pferdeknecht Christoph Hamann (*1797).
460 Pferdeknecht Wilhelm Hamann (*1799).
461 Friedrich, gen. Fritz Winkenwerder (*1795).
462 Johann Heinrich Friedrich Fick (*1800).
463 „Chirurgus Adjunct N. N. Schmidt" im „Seebad zu Doberan".
464 Sophia Fick, geb. Möller (*1762).

das Geld für 4 Wochen holen wollen. Wenn das nicht ist, so sehe ich die Verpflichtung nicht ein, warum ich das alles tragen soll. Adieu liebe Marianne. Nächstens mehr Dein J. G.

01.12.1816, Klein Siemen. An Marianne Gildemeister, Bremen

Der liebe Sonntag und mit ihm der Termin zum Schreiben rückt wieder heran und stört mich aus meiner Arbeit auf. Das Angenehmste in meiner Einsamkeit, liebe Marianne, ist mein stilles Arbeitszimmer. Du glaubst nicht, was ich da beschicken kann gegen mein anderes Zimmer, wo ich den Lärm von 3 Seiten habe und wo dann noch oft wie zu der Schulzen Zeiten obendrein ein schmachtender Gesang in lang anhaltenden Dissonanzen zum Tollwerden zu den Lüften herauftönt.

Was das für eine Parthie ist, wenn man gerade den entschlüpfenden Faden festhalten will und er einem immer wieder entrissen wird, wenn man eben glaubt, daß man ihn wieder hat, weil es hier kreischt und knarrt, dort schreit und quiekt und da lärmt und lacht. Wahrlich es gehört mehr als Engelsgeduld dazu, so das Opfer von neckischen Teufelchen zu seyn. Ich habe daher in meinem Sinn und wenn ich die höchste Erlaubniß bekomme, beschlossen, meine Arbeitsstube künftig nach oben zu verlegen, wenn es gleich ein Zimmer mehr zu heizen bedeutet, um künftig recht mein Gemach zu haben.

Zum Glück habe ich Dir diesmal keine Trauerbotschaft zu melden und ich glaube auch nicht, daß wir noch einen Todesfall haben werden, obgleich ich an Masern und Keuchhusten noch eine ganze Schar krank habe. In allem sind hier 29 Personen krank und einige Kinder werden noch nachkommen. Mit Friederike W[inkenwerder][465], wegen der ich etwas besorgt war, weil sie Brustschmerzen hatte, hat es nun auch nichts mehr zu sagen und ich sehe sie als hergestellt an. Sie hatten das arme Ding mit ihren Prophezeiungen, daß sie

465 Margaretha Friederike Winkenwerder (geb. Behrens, 1770 – 1852).

auch dran müsse, nach der gewöhnlichen Art der Leute ganz eingeängstigt. Da sie es sich zu Gemüthe zog, so hatte es sichtbarlich einen nachtheiligen Einfluss auf ihre Gesundheit.

Als ich am Mittwoch Abend, den Tag an dem Hanning[466] begraben wurde – sie hatten ihn, der am Freitag gestorben ist, schon am Sonntag begraben wollen und nur auf mein ausdrückliches Geheiß wurde es bis dahin verschoben –, meine Krankenrunde machte, es war in der Dämmerung, fand ich Friederike statt in der Stube auf der Diele. Sie schaute sehnsüchtig den vom Begräbnis Zurückkehrenden entgegen. Sie hatte es einsam in dem leeren düsteren Zimmer nicht mehr aushalten können. Es war ihr so schauerlich geworden, und wie vor Bangigkeit vollgesogen quollen ihre Augen bei jeder Berührung über. So fand ich sie auch am folgenden Tage wo sie wieder Bruststiche hatte, die sie ängstigten. Jetzt aber, scheint es, haben die Todesgedanken sie verlassen, zumal da zum guten Zeichen diesmal das Grab am Morgen nirgends eingeschurrt gewesen wie es bei der Jule der Fall war. Uebrigens habe ich keine Kranke, die mit lauter Furcht so pünktlich meine Verordnungen befolgt. Der Tod von M.[467] wird für Dich aber die unangenehme Folge haben, daß Du darüber Friederike verlierst. Winkemannsche ist schon mit dieser Bitte gekommen und wie hätte ich ihr das abschlagen und sie in die einsame Leere ihres verödeten Zimmers verweisen mögen. Sie verhieß dabei Friederike sollte nichts desto weniger ebenso bei uns arbeiten, wenn wir sie nöthig haben. Ich habe ihr den Brief von Mama eingehändigt.

Der kleine Hanning[468] ist mir eigentlich recht nahe gegangen. Er hatte ungleich den meisten andern Kindern keine sklavische Furcht, sondern infolge des guten Beistands der Eltern eine gewisse Zuneigung für einen. Ich habe ihn ein paar Tage nach seinem Tode gesehn. Er stand in der Kammer zwischen Vorräten und Geräthschaften seltsam gruppiert, ein sonderbares

466 Hanning bzw. Friederich Winkenwerder wurde am 17. November 1816 in Alt Karin bestattet.
467 Nicht ermittelt.
468 Johann und Eduard Gildemeister waren Hannings Taufpaten.

Bild des Hüttenlebens. An die Wand war der weiße Sargdeckel mit den mit Kohlen in Umrissen darauf gezeichneten Kränzen gelehnt. Er hatte ganz die Farbe des Lebens wiederbekommen und schien zu schlafen wie eine Wachspuppe, der er dadurch umso ähnlicher geworden, daß er ganz hart gefroren war. Eine wahre Himmelsruhe und ein wundersüßer Schlaf! Ich konnte mich lange nicht davon losreißen. Wenn mein Sohn Gustav hier gewesen, er hätte ihn sehen müssen, um ein schönes Bild des Todes, das eines solchen Schlafes statt das der hässlichen Verwesung zu bekommen.

Vorige Woche erhielt ich zugleich mit Deinem Briefe ein Paket. Es war zu meinem Erstaunen das mit Thaers *Englischer Landwirthschaft*[469] das ich früherhin an Georg Bukhahn[470] gesandt und wofür ich dann 35 ½ ßl. Porto ausgelegt. Er schickt es mir zurück, nicht weil er es hat oder schon kennt, sondern weil er, wie er mir schreibt, die Landwirthschaft an den Nagel hängt und wieder studiren will. Was, schreibt er mir nicht. Es scheint ihm die Landwirthschaft in Hinsicht seiner Lage von einer so nachtheiligen Seite geschildert zu seyn, daß Furcht ein Hauptbeweggrund mit zu diesem Entschluss zu seyn scheint. Ob übrigens, wie er glaubt, das Studiren ihn mehr befriedigen wird, ist wohl noch sehr die Frage und kommt dabei sehr darauf an, was er studirt. Ein trockner Rechtsgelehrter darf sich da wohl schwerlich dem Landwirth, einem freien Künstler, mit seiner todten Jurisprudenz gegenüberstellen. Ich fürchte er wird es einst bereuen.

Diese Woche hatte ich auch einen Besuch von Herrn von Hafften zu Alt Poorstorf.[471] Er sagte mir, er habe 15 Pferde verloren. Er hat jetzt nur ein Gespann und will mit dem ersparten Hafer sich die übrigen rekrutiren. Zu Deiner Beruhigung kann ich Dir sagen, daß seine Pferde nicht in meinem Stall gewesen sind. Er ist übrigens sehr dick und fett und ganz guter Dinge. Wegen einer Capriole des W[inkenwerder] und Pastor C[rull] muß ich diese Woche

469 Thaer: Einleitung zur Kenntniss der englischen Landwirthschaft, a. a. O.
470 Nicht ermittelt.
471 Gutsbesitzer Alettus von Hafften (1777 – 1836).

noch einen Gerichtstag halten. Da Euch die Geschichte amüsiren wird, so lege ich eine Abschrift der einschlägigen Papiere bei.[472] W[inkenwerder] hat bei ihm um Verzeihung gebeten und so ist, soweit sie ihn betrifft, die Geschichte abgemacht, es kommt nur noch auf die paar Sechslinge Opfergeld an. Ich werde diese Gelegenheit benutzen, um mich mit den Käthnern auseinanderzusetzen. Ich bin in soweit mit ihnen einig geworden, es bedarf nur noch des Consenses der Regierung, um ihr Land an mich zu ziehen, wodurch das Gut um ein paar Tausend Rthl. besser wird.[473]

Habe ich Dir schon geschrieben, daß der junge Dr. Crull[474] in Wismar Physikus geworden ist? Zu den Neuigkeiten des Tages gehört noch, daß dem Schulmeister[475] seyn ältester Junge sich vor einigen Wochen unverdient das Bein gebrochen hat und Fritz Winkenwerder ein Lamm übergefahren hat – doch ohne seine Schuld, das gleich todt gewesen ist. [...?][476]

16.12.1816, Klein Siemen. An Marianne Gildemeister, Bremen

In Hinsicht des Weihnachtens scheint es, als wolltest Du das weislich verjähren lassen gleich unsern Popen, die eine Gabe in der Länge als ein Recht fordern. Ich dächte Ihr hättet es dies Jahr wohl ausgesetzt. Indeß werden wir, nemlich E[duard] und ich, dabei nicht am schlimmsten fahren. Was das Pferd von E[duard] betrifft, so habe ich deswegen schon vor langer Zeit auf Martin seine Anfrage geschrieben. Mich dünkt, es wäre das Beste, daß es ihm geschenkt werden könnte. Uebrigens rechnet er, da ich ihm versprochen, daß

472 Die Papiere sind nicht überliefert.

473 Die Genehmigung blieb aus.

474 Der Wismarsche Kreis- und Stadtphysikus Franz (Georg Friedrich) Crull (1787 – 1848) war seit 1815 mit Henriette Georgine Franziska, geb. von Trützschler (1789 – 1866), verheiratet. Er war der Enkel des Pastors in Alt-Karin Georg Heinrich Crull (1755 – 1819).

475 Wer 1816 als Schulmeister fungierte, ist nicht überliefert; ab 1818 war Johann Hinrich S. Sass (*1791) zuständig.

476 Drei Sätze nicht lesbar.

er das haben soll, was Sellschopp[477] bekommt, darauf, sich eins zu halten. Als ich ihn vor einiger Zeit fragte wann er sich eins anschaffen werde, sagte er, um Weihnachten, denn er rechnet als wenn von da erst seine Zeit angeht. Die Pferde sind bei den Inspektoren nicht bloß zu ihrem Gebrauch, sondern ja auch ein Theil ihres Einkommens, indem sie damit handeln und sich manchen Thaler verdienen. Dies ist zugleich eine gute Schule um Pferdekenntnis zu bekommen. Es ist obendrein ein Punkt, worauf sie gewaltigen Werth legen. Ich möchte daher sehr dafür seyn, daß Vater ihm eins schenkte.

Daß bei den hohen Preisen des Korns alles auf der Dreschmaschine gedroschen werden sollte, scheint den Leuten nicht einmal einzufallen, und sie sind ganz gut damit zufrieden, daß ihnen der böse Waizen abgenommen wird. Ueber Flecken auf dem schwarzen Sopha brauchst Du nicht bange zu seyn, weil wir noch immer in der braunen Stube wohnen, indem wegen des Frostes der Ofen noch nicht hat eingesetzt werden können. Unsere Gänse sind nur schlecht ausgefallen. Sie haben dies Jahr gar nicht gut fressen wollen. Unsern Ochsen werden wir nun auch bald schlachten müssen. Hast Du dazu auch noch was Besonderes zu beordern? Vielleicht daß viel davon geräuchert werden soll? Pavenstedt hat von seinem Schlachtvieh so viel Talg bekommen, daß er gar keine Lichte zu kaufen braucht.[478] Ich denke unser Ochse soll auch recht gut ausfallen.

Alte kleine Frau werde nur nicht ungeduldig, wenn es sich mit Deiner Krankheit in die Länge zieht. Es ist ja langsam gekommen und hat Dir schon zu lange in den Gliedern gesteckt, als daß es so geschwind wieder übergehen könnte. Wie Du es mit den Kindern machen sollst, im Falle daß sie krank werden, kann ich von hier aus unmöglich etwas sagen. Indeß dünkt mich, könnten wir diesen zwar möglichen Fall so lange der Zukunft überlassen, bis

477 Ab dem 1. Januar 1817 ist Eduard Inspektor auf Klein Siemen, weil Sellschopp zu Pavenstedt auf das Gut Mechelsdorf gewechselt ist.

478 Ein Talglicht konnte die Form einer Kerze haben, aber auch eine mit Talg gefüllte Tonform mit einem Docht sein. Das Licht war schummriger als das einer Wachskerze.

er wirklich da ist. Kommt Zeit kommt Rat. Aber was soll ich dazu sagen, daß ihr zweimal die Miete bekommen? Ich habe vor Verwunderung die Hände schier übern Kopf zusammengeschlagen. Was mag da wohl für ein Pretendent[479] im Anzug seyn, das das Fatum wie ein weißgekleidetes wohlgeputztes Mädchen Blumen entgegenstreut. Sag doch an Martin, daß er mir doch einmal aufgiebt, wie hoch die Preise für Cleesaamen denn in Hamburg sind. Es würde wohl Zeit seyn, sich mit etwas rothem Cleesaamen zu versorgen. Und nun Adieu Du kleine kranke Frau Dein G.

Postscriptum. Was nun in Beantwortung Deines Briefes die Geschichte mit dem Gerichtstag wegen des Opfergeldes betrifft, ma petite precheuse[480], so glaube ich, nimmst Du die Leute viel zu fein – wenigstens die Pastorin, denn ich möchte wohl darauf wetten, daß im Gegentheil, daß es ihnen angenehm gewesen, die Sache auf eine gute Weise beendet zu sehn, und das auch angestrebt, da der kitzliche Punkt auf einigen Schillingen beruht. Unser Zimmermann Ahrens hat wohl nicht ganz unrecht, wenn er behauptet: ja inde Pastors sitt de Düwel. Auch den Dr. Wannow[481] beurtheilt als unrecht; nicht daß er so schreiben mußte, sondern daß so seyn einfältiger stylus, wie auch aus einem Briefe an Pavenstedt gesehn, dem er auf Veranlassung seines Holländers, der ihn bei ihm verklagt hat, geschrieben, und wo er ihn in ganz gleichem Stile mit gutem ungebetenen Rat an die Hand geht. Um W[inkenwerder] braucht es Dir nicht leid zu thun, denn da ihm der Priester großmüthig verziehn, so ist seine Sache abgethan. Die Kosten des Gerichtstages sollen, wie ich hoffe, auf ihn zurückfallen, sonst werde ich sie tragen, wie ich es schon vorher beschlossen.

Die Winkenwerdersche ist wohler, als Du sie Dir vielleicht vorstellst. Die Sorge um Friederike hat sie ihr Geschick so nicht fühlen lassen, so klammert sich der Mensch bis aufs letzte an die Hoffnung und wird von ihr emporgehal-

479 Ein Pretendent bzw. Prätendent nimmt etwas oder ein Recht für sich in Anspruch.

480 ma petite precheuse = meine kleine Predigerin.

481 Evtl. Gustav Wannow (*ca. 1794).

ten, und seit es sich mit Friederike so bessert, lebt sie wieder auf. Ueberhaupt liegt in ihrem Charakter eine gewisse Ergebung in das, was einmal nicht zu ändern ist. Friederike ist wieder ganz kregel[482] und recht gut. Sie denkt von ferne nicht mehr ans Sterben und ist ganz lebenslustig wieder. Sie hat keine Bruststiche mehr und sie scheint mir so gut als hergestellt. Ueberhaupt sind alle unsere Kranken stark auf der Besserung und nur dem kleinen Jungen von Wilhelm geht die Brust noch sehr schwer, die überall nur sehr schwach zu seyn scheint.

Du fragst mich, ob Du mir zu dem nächsten Termin auch Geld schicken sollst. Das Geld liegt neben dem zu einem Pferd bestimmten längst bereit. Auch die Dreschmaschine ist lange bezahlt. Ich hätte es im Gegentheil gern gesehen, wenn Ihr das Geld für das Pferd von E[duard] nicht bar eingeschickt hättet und ich ihm hätte hier auszahlen können, weil ich ja doch Geld hinausschicken muß. Ich habe vom diesjährigen Einschnitt schon für 900 Rthl. eingenommen, obgleich ich noch nicht viel verkauft, nemlich außer dem Raps nur 3 ½ Zentner Korn, neulich 1½ Zent. Waizen, ¾ Zent. Rocken und 1 ¼ Zent. Gerste. Aber das bringt natürlich bei den jetzigen Preisen mehr Geld als voriges Jahr. Und wenn ich bei einem halben Mißraten des Waizens und den niedrigen Preisen selbst voriges Jahr wenig wundgeschossen bin, so muß doch dies Jahr wohl etwas übrig bleiben. Anders als ungefähr vor einem Jahr, als wir für Waizen, aus dem obendrein noch vorher ein Drittel war ausgesiebt worden, nur 40 ßl. bekamen, giebt es jetzt dreimal so viel.

Am vorigen Freitag ist in Rostock für Waizen 2 Rthl. 36 ßl. und für Rocken 1 Rthl. 40 ßl. bezahlt worden und Pavenstedt zufolge soll in Wismar noch sehr viel mehr bezahlt seyn.

Bei solchen Preisen anzuhalten und gewißermaßen mit der Noth anderer Länder zu wuchern, würde mir unrecht scheinen und ich werde daher aus diesem Grunde fortfahren zu verkaufen. Aus einer Probe von unserem Wai-

---

482 kregel = gesund und munter.

zen, die ich Martin schicke, der noch nicht einmal über die Rummel gewesen ist, wirst Du sehn, wie schön er dies Jahr ausfällt. Das danke ich hauptsächlich dem, daß Vater mir zum Ankauf von Saat das Geld lieh, das sich vortrefflich verinteressirt. Schade, daß ich nicht habe von meiner Gerste eine Probe beilegen können. Sie ist ganz ausgezeichnet schön und auf 3 Läden, wohin ich sie geliefert, ist meine jedesmal die beste gewesen.

Der Segen dieses Jahres soll mir aber gut zupaß kommen und wohl benutzt werden. Nicht bloß zum Aufspeichern, sondern doppelt, um ihn in der Wirthschaft wieder anzulegen. Wir sind schon rüstig dabei gewesen, theils beim Mergel und Modder und theils beim Mistauffahren. Den Pferden ist noch wenig Ruhe gegönnt, da wir diesen Sommer schon einen Anfang machen, in die zehnschlägige Wirthschaft überzugehen und demnach 2 Schläge auf einmal, also $^{1}/_{5}$ des Gutes Braache haben. Ich will die Gelegenheit, die ich in diesen Schlägen habe, viel zum Modden nutzen und ich habe daher beschlossen, noch ein theures Pferd mehr anzuschaffen. So wollen wir nun das gute Jahr benutzen. Ich habe es auch mit E[duard] überlegt, statt ein altes Pferd verhältnismäßig theuer zu bezahlen, eins von den ältesten aus den übrigen Pferden auszuschließen und dafür ein junges wieder zu kaufen. Dazu ist nun das oben erwähnte Geld bestimmt. Ich erreiche dadurch zugleich, daß ich nun voraus bin und daß, wenn einmal ein schlechtes Jahr eintritt, ich für das Jahr den gewöhnlichen Einschuss nachlassen kann, was einem dann oft sehr passt.

Unsere festbeschlossene Fruchtfolge ist folgende: 1 Braache, 2 Raps, 3 Winterkorn, 4 u. 5 Wicken, 6 Hülsenfrüchte, 7 Gerste, 8 u. 9 desgl. Zum Herbst 1818 wird schon ein ganzer Schlag mit Raps eingesäet werden. Mit der Dreschmaschine[483] haben wir wegen des eingefallenen Tauwetters eine Zeit lang pausiren müssen. Wir haben nemlich den Stand für die Maschine

483 Es handelte sich um einen Schlagleistendrescher bzw. Breitdrescher (nach dem 1786 von Andrew Meikle erfundenen Prinzip). Da die Dreschmaschine hohe Drehzahlen für die Dreschtrommel benötigte, war der mechanisch aufwendige Göpelantrieb (mit Ochsen oder Pferden) nötig.

der Natur der Sache nach unter der Traufe anlegen müssen. Da das Wasser nicht genug aufgefangen war, so stürzte so viel zusammen, daß der neu gegrabene Boden ein Matsch wurde. Wir haben dem nun abgeholfen. Dazu ist uns nun auch der eingefallene Frost sehr behilflich gewesen.

Seit ein paar Tagen haben wir nun schon tüchtig wieder gedroschen. Daß man ein neues Geräth erst auslernen muß, ist unvermeidlich und es wird schwer, wenn eine Gebrauchsanweisung dabei fehlt. Daher darf es Dich nicht irren, wenn es im Anfange nicht gleich vollkommen gehen will. Es kann da an einer Kleinigkeit liegen, die man nicht kennt. So haben wir jetzt entdeckt, daß es auf das Schmieren ganz außerordentlich viel ankommt. Wir haben zuletzt Ochsen darin gehabt, da wir allmählich dazu lernen müssen. Etwas besser geht es, aber ganz zufrieden sind wir noch nicht, doch hoffen wir damit schon zu Gange zu kommen. Bis jetzt können wir mit dem Stellen noch nicht ganz zurechtkommen, doch allmählich werden wir es schon ausfinden. Das Exemplar ist aber gewiss gut, nur wir haben noch nicht alle kleinen Handgriffe weg. Also sei dieserwegen nur ganz unbesorgt.

Du willst wissen, wie ich es angefangen, daß das Leutevieh auch im Viehhause stehen kann und warum? Ich erreiche es dadurch, daß ich dies Jahr nur zwei Stärken ein- und der alten Kühe mehrere ausschließe, dieses aber aus der Ursache, weil mir alles daran liegt, das nächste Jahr die Stallfütterung sicher durchzusetzen und nun mich daher ja nicht mit zu viel Vieh zu beladen.[484] Das Dorfvieh nehme ich ins Viehhaus, weil es für das Füttern sehr viel weniger beschwerlich ist und weil bei der schlechten Einrichtung des Dorfviehstalls sehr viel Futter vermasselt wird und es den Dreschern den Reiz giebt, das für ihr Vieh bestimmte Stroh, das sie dahin tragen, etwas milder im Dreschen zu behandeln. Mein Handel mit dem alten Vieh ist den Umständen nach wirklich recht gut. Das alte Vieh ist dies Jahr recht gut bezahlt, aber auch nur solches, was gut bei Leibe war. Du hältst meinen Handel mit dem

484 Bis die Tiere ein halbes Jahr alt sind, heißen sie Kälber. Dann werden die weiblichen so lange als Rind bezeichnet, bis sie erstmalig kalben. Ab dann heißen sie Kuh, denn fortan geben sie Milch.

alten Vieh zwar nicht für den besten und doch ist er den Umständen nach wirklich recht gut. Das alte Vieh ist dies Jahr recht gut bezahlt, aber auch nur solches was gut bei Leibe war. Das magere ist sehr wohlfeil gewesen und leider waren die Rippen bei diesem Verräter inneren Vakuums und also habe ich wohl Ursache zufrieden zu seyn. [...?][485]

22.12.1816, Klein Siemen. An Marianne Gildemeister, Bremen

Liebe Marianne, mit Deinem Brief kam vorigen Donnerstag zu Eduard seiner Freude, der schon zweifelhaft war, ob christliche Bücher, wie er sich ausdrückte, vielleicht nicht seyn durften, das Weihnachtspaket an. Wir hatten zum Glück Fritz Fick nach Cröplin geschickt, der damit auf dem Rücken wie ein Schacherjude angeschleppt kam. E[duard] capriolirte hinterher, was ich mit weidlichem Behagen aus dem Fenster mit anschaute. E[duard] brennt vor Begierde zu wissen was in des Kastens tiefster Tiefe schlummert. Bei den 150 entfuhr ihm ein Gottsdonner der Verwunderung. Das soll ihm, der diesen Morgen wieder nach Mechelstorff gesegelt ist, Morgen Abend offenbar werden, wo unser Weihnachten gefeiert werden soll. P[avenstedt] wird nicht dabei seyn und ich werde ihn auch nicht dazu bitten. Die Tasse werde ich ihm wohl nicht schicken. Bei seiner prosaischen Denkungsart würde es ihm nur unangenehm seyn, denn er wird glauben, zu Gegengeschenken verpflichtet zu seyn und so lasse ich es lieber. Daß E[duard] das Pferd bekommt, ist mir übrigens sehr angenehm und gewiss das passendste Geschenk für ihn. Den Zettel habe ich an Mamsell geschickt und sie wird uns sicher mit einer Torte überraschen. Aus lauter Zartheit, und um sie nicht darin zu stören, meide ich dieser Tage ganz die untere Region.[486]

In Beantwortung Deines Briefes muß ich mich schier selbst darüber wundern, nun Du mich darauf aufmerksam machst, welch ein exemplarischer

---

485 Fünf Sätze nicht entzifferbar.

486 Gemeint ist das Souterrain.

Ehemann ich bin. So wahr ist es, daß die unbewußte Tugend doppelt schön kleidet. Aber nun muß ich wohl aus Grundsatz, um die kleine Frau nicht zu verwöhnen, künftig kürzer schreiben? Daß es mit Deiner Besserung nicht recht fort will, ist ja übel. Sollte Daniel[487] vielleicht nicht ganz unrecht haben, wenn er der neumodischen Art des Magnetismus nicht recht traut? Die Sache ist doch wirklich noch zu neu und das macht, daß man nie den Erfolg bestimmt voraus wissen kann.[488] Wo man das nicht kann, da bleibt die Sache immer Versuch, und Versuche mit Dir machen zu lassen, möchte ich doch nicht gern raten. Wenn die Gründe nicht gehörig, kann die Anwendung immer nur unsicher seyn. Es stand vor kurzem im *Morgenblatt* ein Aufsatz über Verbreitung der Anwendung in Rußland, wo speziell eines Falles erwähnt war, wo ein ganz ähnliches Augenübel eines Frauenzimmers glücklich durch M[agnetismus] geheilt war. Es ist darüber auch besonders eine kleine Piece erschienen.

Ich bin der Meinung, daß es viel gerathener und weniger gewagt ist, sich an den gewöhnlichen Magnetismus zu halten, worüber man doch schon mehr Erfahrung und Fälle hat und ich möchte wohl dafür stimmen bei diesem zu bleiben. Zwar sehe ich wohl, daß M[otz][489] durch den Widerspruch der Gegner gereizt nur umso hartnäckiger an seiner Meinung hängen und sehr dagegen seyn wird, aber Du könntest zuvor mal Olbers[490] um seine aufrichtige Meinung fragen lassen und ebenso es auch einmal mit Daniel besprechen. M[otz] wird, um sich kein Dementi zu geben dagegen seyn, aber davon kannst Du kein Opfer seyn und wenn Sachverständige auch beistimmen sollten, so muß er sich fügen. Auch das wird schlimm seyn. Er selbst wird Dich nicht magnetisiren können, aber würdest Du dort nicht wohl einen Magnetiseur auffin-

487 Mariannes Bruder Daniel Wienholt (1792 – 1817).

488 Die Vertreter der damals in Bremen beliebten medizinischen Theorie des Tierischen Magnetismus vertraten die Auffassung, bei Kranken müsse der von einem Fluidum durchströmte menschliche Körper mit magnetischen Strömen wieder in den richtigen Fluss gebracht werden.

489 Der Bremer Arzt Dr. Werner Detthard Motz (1798 – ?) in der Pelzerstraße.

490 Der Bremer Arzt Dr. Heinrich Wilhelm Matthias Olbers (1758 – 1840).

den können, es gab ja sonst mehrere dort? Ueberlege es doch einmal mit Anderen. Ich kann zu den eigentlichen Wunderkuren kein großes Zutrauen fassen.

Die Dreschmaschine hat E[duard] am Mittwoch von Wismar geholt. Sie hat unsern ganzen Beifall und wir versprechen uns viel davon. Gestern habe ich Bretter dazu von Rostock bekommen und Morgen kommt Ahrens sie aufzusetzen, wo dann Sellschopp bei seiner Rückkunft überrascht werden soll. Seit dem Frost war das Korn gefallen, weil die Kaufleute nicht stark bei Kasse sind, und sie, da schon die Schiffahrt gehemmt, nicht das Geld für das Verschiffen einziehen können. Nach dem kurzen Tauwetter, das schon allen Schnee geschmolzen, aber waren sie gleich wieder gestiegen. Waizen hat in Rostock gestern 1 […?], Rocken […?][491] gekostet, Gerste aber nur 40 ß und Hafer 36 ß. Eduard ist gestern beim Bestellen Ernst Friedrich von Rathlev begegnet, der, als er von der Dreschmaschine berichtete, ein ganz besonderes Gesicht gemacht hat.

Da ich Pavenstedt neulich mein Leiden klagte, daß ich den neuen Katen nicht unter Dach kriegen könne, so bot er mir an, er wolle mir Dachstroh, das er liegen habe, dazu leihen, und er hat obendrein die Grace gehabt, es mir mit seinen Pferden, da sie doch im Stall standen, zuzuschicken. Wir haben jetzt 5 Lämmer, die obgleich sie noch vom alten Dock sind, doch meistens recht fein sind. An Vater sage doch, daß ich Eduard mit einem Rock, einer Weste und 9 Paar Stiefeln ausstaffirt habe.

Ich gehe nun zur Beantwortung Deines Briefes über. Sollte ich denn durchaus in diesen sauren Apfel von wegen des Feuerhütens beißen müssen? Auf die Rechnung des guten Jahres werde ich jetzt von allen Seiten angezapft, daß ich fürchte, am Ende stehe ich mich bei den schlechten Jahren besser als bei den guten. Wenn`s aber nicht anders seyn kann und die gestrenge Frau es befiehlt, so beiß ich zu ohne ein Gesicht zu verziehen. Da Schopf mit seiner Kuh das Unglück hatte, daß sie ihm urplötzlich starb, so konnte ich nicht

491 Beide Beträge nicht entzifferbar.

recht umhin, ihm zum Ankauf einer anderen unter die Arme zu greifen. Daß sie bei mir zu lange in der Schuld bleiben werden, hat wohl nicht viel zu sagen, da sie sehr redlich und rechtschaffen scheinen und gern verdienen. Die Schopfsche[492] wird übrigens für die beste Arbeiterin gehalten. Aber viel Kummer ist es, daß die Detlev Ficksche[493], um Schulden zu bezahlen, ihre Kuh verkauft und das Geld schon verquackelt hat, ehe ich recht dahinter gekommen bin. Ich habe sie tüchtig gefilzt und werde nun wohl die Vormundschaft über diesen sauberen Haushalt übernehmen müssen.

Ich freue mich recht darüber, daß Sellschopp bei Pavenstedt dies Jahr ein tüchtiges Extrageld machen wird. Die Kaufleute geben jetzt sehr viel und fast nie unter 3 Thaler. Wenn Eduard erst seyn erstes Extrageld einnimmt, werde ich ihn recht foppen. Das bringt doch dies Jahr glücklich viel Geld ins Land herein. Das ist doch ein Glück wie ein Bein dick! Eduard lässt fragen, ob die Hanseaten Fritz G[ildemeister][494] auch ein Geschenk gemacht. Man sieht doch, daß die Furcht mehr über die Menschen vermag als Liebe. Wahrlich das ist hart, meiner Werke so zu spotten und das unverdient die wichtigen Bücher nur aus der Ursache, weil sie nicht leicht einen Verleger finden möchten. Und doch sitze ich aufs Eifrigste und Fleißigste an meinem Schreibtisch gebannt und rechne und summiere, daß mir der Kopf brummt und wenn man nach der daran gewandten Mühe den Werth berechnen muß, so möchten sie doch öfters über die leicht hingeworfenen Sachen mancher großen Genies zu stehen kommen. Apropos. Wenn ich Euch vielleicht einen jungen Mecklenburger zusenden sollte, dem ich zum Erkennen ein Zeichen auf die Stirne drücken will, so nehmt ihn mit Liebe auf, wenn auch bis zum Auffressen. Wohl den Trojanern, hätte das berühmte Pferd in seinen Landen statt erbarmungsloses, tödtliches Todtes aber Lebenzeugendes umschlossen!

492 Von den Schopfs war nur die Magd Helena Marie Schopf (*1799) ermittelbar.
493 Elise Fick, (geb. Eggers, *1771), Ehefrau des Sauhirten Johann Detlef Fick (*1777).
494 Der Onkel Johann Carl Friedrich Gildemeister (1779 – 1849) wurde 1816 zum Bremer Senator gewählt.

Ich werde ungeachtet des Keuchhustens wohl nicht davonkommen, nach dieses Fest nach Miekenhagen, wo sie Vermehrung erwarten, zu müssen. Die Wahl zwischen 2 unglücklichen Tagen ist mir gelassen und da werde ich wohl aus folgender wichtiger Ursache den letzten wählen. Es haben nemlich neulich beim Durchstreifen des Gestrüpps bei der Untersuchung des Hohen Niendorfer Kalkstein die neidischen Dornen die schwarze Wichse von meinen Stiefeln geleckt, um damit mein Staatsbeinkleid zu schwärzen. Ich habe es also soeben bei beratender Betrachtung zum Waschen verdammt und dazu fürchte ich, es möchte vor dem Termin nicht so leicht wieder trocken werden, so schiebe ich diesen so viel wie möglich hinaus. Und nun einen guten Morgen, Dein G.

12.01.1817, Klein Siemen. An Marianne Gildemeister, Bremen

Liebe kleine Frau, die vorige Post hat mir keinen Brief von Dir gebracht und da sich sehr wenig zugetragen und ich diese Woche mit Schreiben beschäftigt gewesen, so will es mir fast an Stoff gebrechen. Das Schreiben bestand nemlich darin, da Prof. Karstens seyn Neuenwerder im Conkurse verkauft wird und nur wenig darauf geboten ist, einen Versuch zu machen, es dahin zu bringen, daß die landwirthschaftliche Gesellschaft es ankaufte.[495] Da störte mich denn nun Georg Pavenstedt[496], der sich von Rostock kommend auf gestern hier anmeldete und diesen Morgen vor Tisch schon wieder weggefahren ist, umso mehr, da ich nicht damit zögern darf. Wenn ich auf den jungen Mann auch oft recht ergrimmt bin, so ist das bei seiner Gegenwart doch gleich vergessen. Demungeachtet fiel es mit der Unterhaltung sehr schwer, weil ich theils auch nicht recht dazu aufgeräumt war und ich mußte allerlei Mittel zusammensuchen, um die Bahn mir einigermaßen glatt zu er-

495 Die landwirtschaftliche Versuchs- und Lehranstalt Neuenwerder bestand bis 1829.

496 Johann Pavenstedts Sohn Johann Georg Eberhard Pavenstedt (1793 – 1827) erhielt gerade eine landwirtschaftliche Ausbildung.

halten. In einem geselligen Cirkel mag ich mich gern ein wenig in der Unterhaltung berauschen, wenn mir dann aber so ein nüchterner Geselle so kühl gegenüber sitzt und statt mit darin einzutauchen nur den Rausch immer beobachten will, so möchte das Wetter über ihn herfahren und man selbst aus der Haut. Der junge Mann will 10 000 Thaler bar Geld nach Mechelstorff kommen lassen und sie da einige Zeit bewahren, statt daß er sie nach Rostock schickt. Dieses Risiko übernimmt er aus purer Besorgnis, daß ihm in Rostock dafür etwas berechnet werden könne, was doch allerhöchstens 30 Thaler seyn können. Er verdiente doch, daß er ein bißchen daran belehrt würde.

Die Frage von Martin: Ich kann die Versicherung geben, daß diese Witterung dem Winterkorn nicht schadet. Mein Winterkorn ist sämmtlich gelaufen und auch das letzte in den Tagen des Tauwetters noch sehr nachgewachsen. Zwar saß es bei mir im Herbste wegen dünner Saat nie prangend, die Pflanze liegt aber so schön und kräftig, daß ich ganz sicher auf eine vortreffliche Ernte rechne, der Raps steht aber beinahe üppig. Pavenstedt hat von seiner Wintersaat nichts, wieder einmal, geschweige einigemale was umgepflügt. Dies ist, so viel mir bekannt, in ganz Mecklenburg nicht geschehn, das ist auch auf jeden Fall im Herbst zu früh und geschieht wohl fast nie anders als im Frühjahr. Was der gute Onkel da durcheinandergerührt, mag der Himmel wissen. Vermutlich verwechselt er Saat mit Stoppel. So sagte er mir diesen Sommer, daß noch so viel Land da wäre, das noch urbar gemacht werden sollte, bis Georg dann mit „Lieber Vater, das sind ja die Braachen!" ihn wieder auf den rechten Weg führte.

Wobei uns die gelinde Witterung aber sehr konträr kommt, das ist beim Modden, wo wir beim Frost sehr tüchtig was beschicken können. In jedem Moddeloch auf dem Sandberge gerade da, wo es mir am besten passt, steht die Modde über 8 Fuß tief und ich werde damit den ganzen hinteren Theil des Schlages überfahren können. Es ist zum größten Theil vergangenes Holz, aber auch Stämme liegen kreuz und quer darin, darunter ein dicker Eichenbaum, wovon vielleicht inwendig der Kern noch gesund ist. Eine andere Sache, wobei es mir nicht passt, ist bei der Dreschmaschine. Da wir den Grund, weil Mergel da steht, an einer Stelle noch nicht haben festkriegen können, wollen wir ihm durch einen Knüppeldamm abhelfen. Sonst sind wir jetzt sehr damit zufrieden. Wir haben zuletzt schon 5 Scheffel Waizen in einer Stunde, und das sehr rein, darauf abgedroschen. Besonders liegt es daran, daß die Ochsen sehr gut angetrieben werden. Zu Bützow, wo sie mit mir zu gleicher Zeit eine Maschine gekriegt, haben sie, wie Prof. Karsten mir schrieb, in einem Tag damit 56 Scheffel Gerste, so rein, daß nicht ein Korn darin geblieben, damit abgedroschen.

Erichson hat neulich an Eduard vertraut, das hätten sie doch nicht geglaubt, daß das mit der Maschine so gut gehen würde.[497] „Da dägen ja auch 6 Kerls dato so veel afto doheten", worauf Eduard ihm dann gezeigt, „dat da keine 12 Kerls too dägten". Er hat die Gelegenheit benutzt ihnen zu zeigen, welchen Vortheil sie dabei hätten, daß ihnen gerade das beste Korn dadurch verbliebe. Bei diesen Preisen, hat er gemeint, ginge es doch wohl. Nun hat er ihnen aber deutlich gemacht, daß ich ohne sie die beiden Fremden, denen ich das beste Korn geben mußte und auf die sie daher sehr gebissen sind, hätte behalten müssen, worauf er dann gemeint: „Ja dat war man god dat de beiden verfluchten Kerls weg waren." Daß ich bisher so viel gedroschen gekriegt, schadet nichts, da die Preise noch immer steigen. Waizen kostet in Rostock 2 Rthl. 45 ßl und in Wismar schon über 3 Rthl. Rocken in beiden Orten 1 Rthlr. 30 ßl. Ich habe mit dem Kornverkauf angehalten, weil ich dachte der Termin würde einigen Einfluss haben. Indeß das nun nicht der Fall ist, so werde ich nun desto tüchtiger loslegen.

Eis hat uns vom Dreschen und das Einbringen der Miete abgehalten, womit wir die letzten Tage der Woche beschäftigt gewesen. Bis auf eine kleine Stelle, wo es etwas eingeregnet ist, hat sich das Korn ganz vortrefflich darin gehalten, sogar der Sommerwaizen besser als in der Scheune. Zu unserer

497 Wohl der Tagelöhner Hinrich Erichson (*1772).

größten Verwunderung sind fast gar keine Mäuse darin gewesen, sogar einige, weil das Korn sich so zusammengepresst darin todtgedrückt gefunden. Natürlich hat uns das für das Mietensetzen noch mehr eingenommen. Am Montag ist auch der Ochse geschlachtet worden. Er ist zwar sehr schön im Fleisch gewesen, aber sehr viel Talg hat er nicht gebracht. Er hat fast 420 Pfund gewogen. Ich habe Mamsell sehr eingebläut viel zu räuchern, desgleichen mit Salpeter in kleine Tonnen einzupökeln. Da giebt es nun die Fülle von Fleischsuppe und Beefsteak. Neulich Abend ward ein Feuerstübchen auf den Tisch gesetzt. Eduard und ich sahen uns befremdet an, dann kam eine verdeckte Schüssel, wobei sich schon unsere Gesichter erheiterten und als wir sie, nachdem Mamsell wieder heraus war, untersuchten, da wurden wir durch eine vortreffliche Wurst überrascht, wobei ich bemerkte, das wäre wohl eine Speise, die die Götter im Olymp nicht verschmähen würden – und Eduard beteuerte das mit einem wahrhaftig. Mamsell hat auch Lichte davon gegossen, die aber wahrscheinlich wegen des krummen Dochtes so dunkel brennen und zittern, als wenn Salpeter darin wäre, und daß die Leuchter wie berußt sind, daß einem alle Geduld dabei verläßt, und ich sie mir daher auch schon verbeten habe.

Bei Becker[498] sind jetzt 3 Pflüge in Arbeit, zur Saemaschine hat Eduard sich jetzt auch bestimmt, die nun darauf folgen soll. Ich benutzte die Gelegenheit, einen vortrefflichen großen wachsamen Hund – es ist gar noch eine Hündin – zu kaufen. Ich habe zwar 5 ½ Thaler dafür geben müssen, sie sind aber jetzt außerordentlich gesucht. In einem älteren Notizbuch von Sellschopp findet Eduard neulich unter allerlei Notizen: Deputat, Futter für die Schweine usw. Schmidt[499] ist auch mit seiner Rechnung von 19 Thaler angestiegen gekommen. Ich glaube er hat mir 2 Reisen zu viel angerechnet, nemlich 9 statt 7. Er behauptet aber das Gegentheil und so habe ich sie ihm bezahlen müssen. Er berechnet außer diesen für Inokulation und Annas Kur 6 und 2mal Botenlohn nach Rostock.

498 Der Stellmacher Johann Friedrich Becker (*1771).
499 Der Altschuster Christian Friedrich Schmidt (*1759).

Montags

Mein Brief ist wie ich merke ein wahres Quodlibet[500] geworden. Möge er Dich wenigstens in heiterer Stimmung treffen. Und nun noch einen herzlichen guten Morgen! J. G.

18.01.1817, Klein Siemen. An Marianne Gildemeister, Bremen

Ich habe diese Post zwar einen Brief von Dir erhalten, liebe Marianne, aber er ist nicht in heiterer Stimmung geschrieben, so wie ich denn daraus merke, daß Du kränker bist als Du es mich willst wissen lassen. Ich wollte viel darum geben, mich nur auf eine kurze Zeit nach dort versetzen zu können und mich einmal mit eigenen Augen zu überzeugen, wie es denn dort eigentlich steht. Doch das kann ja nicht seyn und so will ich, Deine Zeilen nicht weiter berührend, zu den hiesigen Vorfällen übergehn wenn sie Dich vielleicht auch nicht sehr interessiren.

Am Dienstag war ich gezwungen, wegen einer ärgerlichen Sache einen Gerichtstag zu halten. Fiek, die Schwester von Anna, hatte sich auf diesen Herbst nach Alt Poorstorf vermietet.[501] Als sie abgehen sollte, hatte sie die Masern und mußte deshalb einige Tage länger bleiben. Hernach geht sie nach Gr[oß] Siemen, und als sie ganz hergestellt ist und zu Poorstorf zugehen will, läßt Kehding[502] ihren Eltern drohen, sie nicht gehen zu lassen. Sie solle, da ihre Schwester unfähig sei, den Hofdienst zu thun, ihn für sie thun. Ich weiß, daß er sie selbst durch Schlagen unglücklich gemacht hat, und sie ist jetzt ganz elend. Er würde, wenn sie ginge, ihre Eltern aus dem Hause und auch ihre Sachen auf die Straße werfen lassen. Sie darf es also nicht wagen, ungeachtet Herrn von Hafftens Anforderung zuzuziehen.[503] Dieser fährt also

500 In einem Quodlibet sind ursprünglich voneinander unabhängige Melodien zu einem gemeinsamen Tonsatz kombiniert.

501 Die beiden jungen Frauen ließen sich nicht zuverlässig ermitteln.

502 Johann Friedrich Kehding (*1777) war Pächter vom Gut Groß Siemen.

503 Die Rede ist von Johann Alettus von Hafften (1777 – 1836).

selbst bei Kehding vor, und da er wegen des Scheins einige Einwendungen macht, kommt er zu mir sich deshalb zu befragen, bittet mich, zu erlauben mit Anna einmal über die Sache zu sprechen und nachfragen zu dürfen. Ich lasse sie heraufkommen und sie sagt ihm gesprächsweise, sie würde, wenn ihm das gleich wäre, auch ebenso gern statt ihrer Schwester bei ihm zuziehn, worauf er sagt, das wäre ihm einerlei, wenn er nur eine kriegte. Auf diese Äusserung kommt Anna nachher zu mir und bittet mich, ob nicht statt ihrer mit Fiek tauschen wolle, was ich zugab, da Mamsell es sehr wünscht.

Auf einmal kommt ein Brief von Hafften, worin er schreibt, er höre von Kehding zu seinem großen Erstaunen, daß Fiek hier auf dem Hofe sei, könne das aber nicht glauben und wolle mich deshalb selbst darum befragen. Ich antworte flüchtig wieder: Fiek sei hier auf dem Hofe, da sie sich auf seine Einwilligung berufen. Kehding werde ihm wohl aber dabei verschwiegen haben, daß Anna in ihre Stelle zurückgegangen sei. Darauf schickt er wieder zu mir: das sei eine Lüge von der Dirne und ich solle sie „den Augenblick dem Ueberbringer überliefern". Worauf ich ihm antworte, ich bedauerte, daß es nicht geschehen könnte. Es sei auch nicht eine Lüge, sondern er möge sich erinnern, daß er in meiner Gegenwart Anna den Tausch erlaubt und darauf auch ich ihn zugegeben hätte. Daß Anna nicht kommen könne, liege an Kehding der sie zurückhalte, dort sei das Hindernis aus dem Wege zu schaffen und es sei nicht hier der Ort, sie zu requirieren. Dem ohngeachtet kommt bald darauf eine Klage von ihm ans hiesige Gericht, worin er darauf anträgt, daß die Dirne, die sich ihm vermietet, binnen 3 Tagen ausgeliefert werde. Dadurch wollte er mich fangen, denn er hinderte, daß ich sie nicht wieder gegen Anna, wenn ich das wollte, zurücktauschen konnte bis der Gerichtstag gehalten sei, und von diesem hoffte er, daß sie ihm nach den Gesetzen nicht konnte abgesagt werden. So wollte er seinen Zweck von hier erreichen, da er in Gr[oß] Siemen wegen der zu erwartenden Schikanen schwerlich durchzudringen hoffte. Hafften meinte auch, er könne nicht anders als sie von hier reklamieren, und sie könne ihm nach den Gesetzen nicht widerstehn. Ich sollte es gütlich zu bewirken suchen, daß Anna zuzöge, um so die Sache zu beendigen.

Das konnte ich nicht. Ich schrieb ihm also daher: Des lieben Friedens halber erböte ich mich, wenn ihm seyn Wort leidgeworden, Fick wieder nach Gr[oß] Siemen zurückgehen zu lassen, wo er die Sache dann abmachen möchte. Wollte er das aber nicht, so würde ich mich an den Rechten halten, die mir seyn Wort gegeben. Er antwortete: Die Sache sei ihm schon sehr zuwider, wenn ich ihm die Dirne nicht unverzüglich schickte, müsse die Klage ihren Fortgang haben. Dabei erfolgten zugleich mündlich schwere große Drohungen von der gnädigen Frau, daß wenn sie nicht augenblicklich zuzöge, andere Mittel ergriffen werden sollten.[504] Danach wurde nun der Gerichtstag gehalten, wo Fick sich dann auf die Erlaubniß berief, die von Hafften an Anna gegeben, deren Zeugnis danach aufs bündigste zu Protokoll genommen wurde und das ganz meine Aussage bestätigte. Es ist ihm dies Protokoll nun, um darauf zu antworten, zugeschickt und es ist nun wohl nicht zu zweifeln, daß er damit gegen mich nicht durchkommt. Ich hatte zum Gerichtstag Pavenstedt und Rathlev. Es ging im Ganzen noch so ziemlich, es ist aber ärgerlich, daß Mamsell sich nicht mehr darum bekümmert, das Stubenmädchen ordentlich zuzulernen und auf Kleinigkeiten selbst zu passen, daß man sich nicht selbst darum zu bekümmern braucht. So war das Zimmer am Morgen nicht ordentlich in Ordnung, allenthalben lag Staub. Ich mußte daher erst ganz auskehren lassen und fürs in Ordnung bringen sorgen, daher denn Rathlev ins Zimmer trat als es noch staubte. Die Suppe kam kalt auf den Tisch, es waren keine Weingläser und keine Bouteillen aufgesetzt. Zum Rindfleisch hatte Mamsell ein schlechtes Rind ausgesucht, daß nicht ein bisschen Fett daran war, während das Fleisch sonst so schön ist. In der rothen Stube waren, wie ich hernach fand, die Fensterschläge nicht aufgemacht. Alles was aus der anderen Stube weggebracht war in der schrecklichsten Unordnung herumgeschmissen, ein Tisch schief mitten in die Stube gestellt. Rathlev blieb die Nacht, aber da war nicht für Waschwasser, nicht für Stiefelknecht und

504 Die Rede ist von Friderica Louise von Hafften, geb. Tiede (1778 – 1853), Herrin auf Alt Poorstorf.

nichts gesorgt. Um alle solche Kleinigkeiten muß ich mich selbst bekümmern. So war auch, wie mir eben noch einfällt, das hölzerne Salzfass nicht auf den Tisch gesetzt.

P[avenstedt] hat mit seinen Leuten etwas wegen des Essens gehabt. Sie haben sich über M[amsell] bei Sellschopp über das Essen beklagt. Es ist aber ordentlich gewesen und S[ellschopp] hat sie zur Ordnung verwiesen. P[avenstedt] scheint dies sehr behagt zu haben, er sagte mir, die Mamsell habe ihm gesagt, die Vorgängerin habe den Mißbrauch eingeführt, daß die Leute alle Morgen Butter bekommen haben. Daher habe denn auch außer den 18 Kühen viel Butter zugekauft werden müssen. Ist das wirklich so ein Mißbrauch und wie gehört es sich?

Sonntag Abend

Ich bin mit Eduard zu Mittag bei Rathlevs gewesen, wohin Pav[enstedt] auch gebeten war. Er ist aber ausgeblieben ohne absagen zu lassen und ich weiß daher noch nicht warum. Ich wüsste nichts Besonderes davon zu erzählen als daß ich die Bemerkung gemacht, daß die Leute wahre feine Lebensart nicht besitzen, nur die Lebensart der feinseinwollenden Leute, was doch oft dann heißt eine höfliche Grobheit mit Manier zu seyn. Ohne daß ich gerade sagen könnte, daß sie E[duard] links liegen ließen, was ich durchaus nicht sagen kann, fehlte doch das, daß sie ihn auf eine feine Weise à son aise[505] zu setzen suchten, indeß E[duard] war sehr unbefangen und keineswegs schüchtern und entbehrte es daher nicht.

Am Donnerstag hatte ich eine Ladung Rocken nach Rostock geschickt. Es war die Tage vorher sehr hoch damit gewesen und soll sogar 1 Rthl. 44 ßl. bezahlt seyn. Wir trafen es aber nicht gut, es war auf einmal flau geworden und nur 1 Rthl. 32 ßl. bezahlt worden, wir kriegten jedoch noch 1 Rthl. 34 ßl. Die Kaufleute haben geglaubt, es würde wieder steigen, indeß höre ich von

505 à son aise = zu seiner Leichtigkeit.

Rathlev, daß 60 Schiffe von Riga den Sund passirt seyn sollen, das könnte uns die Preise wohl etwas herunterdrücken. Dagegen haben die Kaufleute von Waizen, der 2 Rthl. 44 ßl gekostet, eine weniger gute Meinung gehabt und geglaubt, es werde wohl nicht über 3Rthl. steigen, wogegen ich diesem Korn am meisten traue.

Montags 20 Uhr

Der kleine Junge von Wilhelm Fick, der eine recht gute Gesundheit gehabt, voriges Jahr immer an Würmern gekränkelt, eine schwache Brust hatte und dem von dem Keuchhusten und den Masern Auszehrung nachgeblieben war, ist vor 8 Tagen gestorben.[506] Das ist wohl der letzte, und sie sind jetzt alle meist wieder hergestellt. Zu Mechelstorff ist auch der Keuchhusten.

Was doch der Dünger vermag! Ein Nachbar, der vorgestern bei mir war um die Dreschmachine zu besehen, erzählte mir, daß von den Klenzer Gütern, die dem Juden gehören und berühmt sind, sie jede Woche zweimal mit Getreide zur Stadt kämen.[507] Schröder scheint dies Jahr ein ausgezeichnetes Jahr zu haben, während Andere von Erbsen 2 ½ bis höchstens das 4te Korn haben, hat er das 10te und er meint mit dem Waizen ebenso hoch zu kommen, darauf mache ich keine Rechnung.

Ist das wirklich so ein Mißbrauch und wie gehört es sich?

Dr. Sengbusch[508] ist ganz aufgebracht. P[avenstedt] hat ihm 20 Louis d`or geschickt. Du weißt, wir hatten 30 als das Wenigste ausgemacht. Da ihm aber Dr. Brandenburg gesagt, jenes sei überreichlich und er käme darauf zu, so hat er das natürlich vorgezogen.

---

506 Der achtjährige Sohn Heinrich von Wilhelm Fick starb am 13. Januar 1817 und wurde fünf Tage später in Alt Karin bestattet.

507 Klenz und das Gut wurden erstmals 1314 erwähnt. 1816 kam das Gut Klenz in den Besitz des Geheimen Finanzrates und Reformers Dr. Israel Jacobson (1768 – 1828), der der erste jüdische Gutsbesitzer in Mecklenburg war. Vgl. Hans-Michael Bernhardt: Bewegung und Beharrung Studien zur Emanzipationsgeschichte der Juden im Großherzogtum Mecklenburg-Schwerin 1813 – 1869, Hannover 1989, insb. S. 69 – 81.

508 Nicht ermittelt.

S[ellschopp] nennt das einen Hungerlohn, womit er nicht seine Kosten bestreiten könne, kaum die Trinkgelder die er in fremden Häusern hatte ausgeben müssen und daß er das Doppelte darüber versäumt. Nun meinte P[avenstedt] dann wolle er ihm die 10 Louisdor noch nachbezahlen als ich ihm in Erinnerung gebracht, daß das immer meine Meinung gewesen. Dagegen habe ich aber sehr protestirt.

Nun lebe wohl, liebe Frau, und möchte ich doch nächste Post die Nachricht erhalten, daß Du Dich viel besser fühlst. Dein J. G.

12.05.1817, Tostedt. An Marianne Gildemeister, Bremen

Montag Abend

Liebe kleine Frau, wir machen hier einen Augenblick Halt …

Hamburg, Dienstag Morgen

Ich hatte mich gestern kaum zum Schreiben gesetzt, als der Fuhrmann auch schon wieder zur Abreise mahnte. Ich wollte Dir gern gleich Nachricht von mir zukommen lassen, darum benutze ich die wenigen Augenblicke, die mir eine günstige Ueberfahrt erübrigt. Ich bin sehr wohl und befinde mich besser als ich mich gewöhnlich am Anfang einer solchen Tour zu befinden pflege. Was machst Du wohl? Ich hoffe Du bist heiter und nach der Trennung heiterer als vorher, da sie noch nicht überstanden war, und machst auch in der Besserung gute Fortschritte.

Von Vater und den Kindern habe ich keinen Abschied genommen und sie nur noch im Schlafe gesehn. Bei ersterem hole es in meinem Namen nach und den letzteren gibst Du wohl in demselben einige Naschereien. Ich wollte ihnen vor meiner Abreise noch so eine kleine Erinnerung kaufen, habe es aber vergessen. Ich will gleich zuerst noch den Brief für Vater besorgen und dann wollen wir uns nach Flottbek aufmachen. Abends bringe ich aber bei

Tante Böhl[509] zu. Lebe wohl, liebe Frau, bald sollst Du mehr von mir hören. Dein J. G.

Da wir unlücklicherweise ein wenig zu lange in Flottbek ausgeblieben sind, so ist es für die heutige Post zu spät geworden. Es ist halb neun, ich gehe auf einen Sprung zu Tante Böhl und will sie bitten diesen Brief Morgen zu besorgen.

21.05.1817, Klein Siemen. An Marianne Gildemeister, Bremen

Liebe Frau, da ich noch über Mancherley zu schreiben habe, so war es meine Absicht diesen Brief schon früher anzufangen und jeden müßigen Augenblick zu benutzen um etwas hinzuzuschreiben. Ich habe aber bisher noch nicht dazu kommen können, was Dir leicht erklärlich ist, wenn Du hörst, daß Onkel Pavenstedt das Pfingstfest bei uns zugebracht hat, was mir in der Hinsicht sehr gut passte, als ich hernach bei den Stuten gehn muß. Es würde später ungelegener gekommen seyn und mir daher besser passte es jetzt gleich abzumachen. Auf Deinen am Sonntag erhaltenen Brief will ich Dir nun gleich Bericht abstatten, wie hier alles steht, um Deinem Wunsche darin nachzukommen und weil ich nicht wissen kann, wie ich vielleicht gestört werden möchte.

Ich erinnere mich nicht, daß der Raps so schön gestanden hätte als dieses Jahr, dicht und geschlossen und in einer Höhe, daß er einem jetzt schon an die Brust reicht. Er bildet einen so glänzend gelben Teppich, daß er das Auge blendet. Besonders gilt das bis jetzt von dem breitwürfig Gesäeten, da der Gedrillte noch nicht so weit in der Blüte ist und sich daher in den Reihen auch noch nicht zugezogen hat. Er steht daher zurück, obgleich ich nicht zweifle, daß er jenen nachher schon überholen wird. Bisher habe ich beim Raps, der sonst für eine unsichere Frucht gehalten wird, noch keine Mißernte

509 Catharina Dorothea Böhl, geb. Misler (1761 – 1830).

gehabt und es scheint, als sei er meinem Boden ganz besonders anpassend. Dieses scheinen folgende sehr merkwürdige Erscheinungen noch mehr zu bestätigen. Ich weiß, daß Sellschopp den vorigjährigen gedrillten Raps sehr stiefmütterlich behandelt und ihm seiner damaligen Laune gemäß eigentlich nur halbe Düngung gegeben hatte. Demungeachtet ist an dem bis jetzt ungleich besseren Stand des Waizens auf ein Haar zu sehn, bis wie weit der Raps gestanden und er steht besser als der zugleich stärker gedüngte Brachwaizen nebenan. Zweitens, indem Clee nach Winterkorn im Ganzen nicht zum Besten steht, steht der Clee nach Rapswaizen auf dem Strich besser als der übrige. Selbst der ungedüngte Raps steht kräftig und gut.

Unser Waizen steht so vorzüglich, daß ich noch keinen besseren dies Jahr gesehen habe. Es ist die Farbe ganz dunkel, der sicherste Beweis seines kräftigen Standes, was besonders auffällt, wenn man ihn mit dem nebenan liegenden Klein Nienhäger vergleicht. Ich habe schon längst die Schafe darauf gehabt, will aber noch die Kühe dazu darauf treiben. Wenn er sich nicht zu sehr lagert, was ich aber auf dem schweren Boden nicht glaube fürchten zu dürfen, werden wir eine außerordentliche Ernte haben. Von dem Rocken kann ich nicht das selbe rühmen. Nur der von Miekenhager Sand und der jüngst gesäete Stundenwerder[510] stehn recht gut. Bei allen anderen ist er durch die starken Regen im Frühjahr, auf die Nachtfröste folgten, stark ausgewintert. Alles was irgend schlecht ist, soll aber umgebrochen und statt dessen kleine Gänse hineingeführt werden.

Der eine Sommerschlag ist schon ganz grün. Du weißt, daß unsere Bohnen ganz weich einkamen und viele davon verdarben. Eduard hat sie deswegen sehr dick einlegen lassen, demungeachtet kommen sie auch sehr dünn. Zum Glück nutzte ich die Gelegenheit im Winter 12 Scheffel gute Saatbohnen zu kaufen. Diese sind sehr gut gelaufen, hoffentlich kommen die anderen auch noch etwas nach. Erbsen stehen gut, aber nicht ausgezeichnet, ebenso Wi-

510 Gemeint ist Stundenwerder Rocken.

cken, aber etwas zu dick. Unter unserm Hafer – er ist leider zu dicht gelaufen – zeichnet sich vor allem und besonders durch seine dunkle Farbe der Cleehafer aus, obwohl er größtentheils aus Schottischem Hafer besteht, der viel heller ist. Unter dem andern steht der exstirpirte[511] viel besser als der untergehackte. Dieser steht in Reihen jener gleich vertheilt. Obgleich der exstirpierte fast 14 Tage später und ¼ dünner gesäet ist als der andere, so ist er schon ebenso weit und ebenso dick. Jetzt da das Korn soweit heraus ist, kann man sehn, wie Peters gesäet.[512] Da findet es sich, daß er besser sät als seyn Vorgänger, der einen Theil meines Clees ganz schändlich versät hat. Nur sät er bis jetzt noch langsam, da es ihm noch an der gehörigen Leichtigkeit fehlt, er giebt sich aber die größte Mühe. Ich hätte nie geglaubt, daß es so gut mit ihm gehen würde und hätte ich das gewusst, so würde ich die Saemaschine nicht so beeilt haben.

Der Hafer ist jetzt alle gesäet aber noch nicht alle unter. Von Gerste steht noch eine Kleinigkeit, die Haupternte geht erst an und da sind uns die starken Platz- und Gewitterregen, die wir seit mehreren Tagen gehabt haben, sehr in die Quere gekommen. Wir haben mehrmals mit der Arbeit ganz aufhören müssen, sollte es aber jetzt nur trocken bleiben, wollen wir schon bald fertig werden. Der Clee nach Gerdeshagen hin auf dem frischen Schlage steht allenthalben vortrefflich, besonders gut, wo er unter Sommerwaizen gesäet war, auf dem kräftigeren Acker nach Winterkorn, wo ich ihn mit Recht sehr gut erwarten durfte, steht er aber unter Erwartung, klumpig und mit vielen Luftstellen, was größtentheils dem schlechten Säen und daß er nicht untergeeggt ist, was künftig nicht wieder unterbleiben soll, zum Theil vielleicht aber auch dem Lagern zugeschrieben werden muß, denn unter dem Lagerwaizen steht er gerade am schlechtesten. Leider hat er bisher noch nicht gegipst werden können, da obgleich der Gips in Rostock ist, er wegen keiner Zeit noch nicht hat geholt werden können.[513]

511 exstirpirte = auf dem durch eine Art Grubber gelockerten Ackerboden.

512 Gemeint ist der Statthalter Johann Hinrich Peters (*1784).

513 Die Düngung mit Gips wird nach wie vor praktiziert; vgl. Christian Graf von Bernstorff: Die Gipsdüngung in Mecklenburg, Maschinenschrift von 1949 im Thünen-Archiv.

Das Vieh ist bis auf das Dorfvieh bei trocken Fütterung noch im Stalle. Die Ochsen sind vortrefflich im Stand und besser als alle der Gegend, da sie anderwärts wegen Mangel an Futter längst haben müssen herausgetrieben werden und sie fast allerwärts wegen der starken Arbeit müde geworden sind. Den Grünfutterraps entbehre ich dies Jahr sehr, da der an der Stelle gesäete Rocken fast ganz ausgewintert ist. Demungeachtet werde ich in kurzem mit der grünen Fütterung einen Anfang machen, da ich Clee sehr kurz mähen und eine Wiese zur Hülfe nehmen will. Wie schön das bißchen Luzerne im Garten steht, besonders da wo sie tiefere Krume hat. Man kann kaum einen so üppigen Wuchs denken, gegen den Clee nichts ist. Sie ist mit den saftigen Blättern über 1 Fuß hoch, und wollte mir auch der Anbau dieser Pflanze so glücken, so dürfte ich wegen der Stallfütterung ganz außer Sorgen seyn. Die Kräuter sind, besonders da wo sie gemergelt sind, sehr schön grün. Und überhaupt ist es Kl. Siemen auffallend anzusehn, daß es jetzt in vorzüglicher Kultur ist, es zeichnet sich durchaus aus. Die Leute prosperieren und das Gut, die große Scheune[514] ist voller Gerste und bisher ist aller Anschein zu einem fruchtbaren Jahre.

Der Garten ist fast ganz bestellt. Die ersten Erbsen sind 1 Fuß hoch und werden gewiss bei dieser Wärme bald Blütenknospen zeigen, die Obstbäume sind über und über voll von Blüten und die sauren Kirschen sehen wie Puderquasten aus. Es ist aller Anschein zu einem sehr gesegneten Obstjahr, besonders in Aepfeln. Die Bäume sind dies Jahr noch nicht ausgeschnitten worden, indeß habe ich für künftiges Jahr einen Gärtner aufgespürt, den Doberaner nemlich, über den ich jetzt Erkundigungen einziehen lasse. Der mittelste Weg ist mit Johannisbeeren besetzt und hat dadurch sehr gewonnen.

Die Saemaschine haben wir, obgleich sie fertig ist, noch nicht gebrauchen können. Als wir sie neulich zum erstenmal hinauszogen, brach gleich ein Eisen daran, das, wie sich hernach zeigte, durch einen unvorsichtigen

514 Sie war ca. 43 Meter lang und 16 breit.

Schlag verletzt worden war. Hernach ist die böse regnerische Witterung eingefallen. Da wir uns jetzt uns zu eilen haben unser Korn einzubringen, so wird dies Frühjahr die Saemaschine wohl nicht viel drankommen und für den Experten nachstehen müssen. Becker hat neulich Eduard erzählt, wie er ein Gespräch der Rederanker Tagelöhner über uns mit angehört hat: De Lütt Siemen Kerl hett Düwels Kräpe im Kopp, wat de nig allens angrifft, hat Einer gesagt. Ja, hat der Andere gemeint, er hätte doch Manches angegeben was ginge und wat se von ihm leert harren.[515] Ich fürchte da wird mehr kommen als uns lieb seyn wird. So hat unter anderen schon der Landrat von Oerzen[516] auf diesen Sommer mit einem Besuch angedroht, um die Stallfütterung hier in Augenschein zu nehmen, der mir sehr ungelegen seyn wird, da es hier auf dem Hofe jetzt gewaltig unrüsch aussieht und noch vieles dazu gethan werden muß, mich kleiderweise, um ihn wieder in erträglich geordneten Stand zu setzen. So ist zum Beispiel der Platz vor dem Hause in dem desolatesten Zustande und aus der Mauer der Treppe ist ein Stück herausgefallen. Durch das Aufsetzen der Dreschmaschine ist der Hof an den Seiten sehr uneben geworden. Aus dem Teich im Garten muß ich aufwendig durch einen Unterdrain das Wasser ableiten, weil es dem Wohnhaus zuviel Schaden tut.

In Betracht von anderen Wirthschaftsangelegenheiten hat es Fritz Hamann in den Kopf gekriegt, daß er gern das Rademacher Handwerk lernen will. Ich muß gestehen, daß mir das gar nicht passt und daß ich mich nicht entschließen kann, so gleich darein zu willigen, da ich gerade von ihm viel erwartet. Wilhelm seine Pferde sind in so schlechtem Stande, daß ich glaube er hat Futter entwandt, da sie doch nicht mehr Arbeit gethan als Christoffer seine.[517] Ich werde suchen einen anderen Knecht zu kriegen und ihn dann

515 Johann Friedrich Becker (*1771).

516 Die Rede ist von Jaspar von Oertzen auf Roggow (1768 – 1835). Er kam zunächst an den Hof von Oldenburg, 1802 wurde er zum Landrat benannt. Am 15. März 1818 schenkte er dem Großherzog Friedrich Franz I. eine Drais'sche Laufmaschine (Vorläuferin des Fahrrads). Das beförderte seine Karriere. Vgl. Fortunatus von Oertzen: Taschenbuch des Geschlechts von Oertzen, Berlin 1899.

517 Christoff konnte nicht ermittelt werden.

schassen. Christoff macht sich jetzt eigendlich am besten und ich werde ihn auf Eduards Vorschlag vielleicht mit einem Rock beglücken. Gestern habe ich zwei Dirnen von Rederank angenommen, die mir aber ihren Erlaubnißschein, da sie untertänig sind, noch bringen müssen.[518] Die eine, die sich in die Küche vermietet hat, scheint eine gute Dirne zu seyn. Somit hätten wir unsern Besatz, da ich von Joh. Ficksche ihre Dirne den Schein in Händen, ohne daß wir der Binsheberschen[519] ihre Tochter brauchen, die da sie bei guter strenger Herrschaft seyn soll immer noch ein Jahr auswärts dienen mag. Es fehlt nur noch das Stubenmädchen, um das ich mir Mühe geben werde.

Den 24t May

Meinen Geburtstag habe ich diesmal nicht vergessen, liebe Marianne. Durch ein Ungefähr wurde ich daran erinnert als ich nach dem Datum zu sehen hatte und es erregte in mir Sehnsucht nach ein paar freundlichen Worten von Dir. Sieh, meine liebe Frau, hast Du mich einmal verwöhnt, ungeachtet meiner Sünde stets den Hochzeitstag zu vergessen, die mir mit Beschämung einfiel. Außer diesem Mahner ans Altwerden, daß ich nunmehr fast ⅓ Jahrhundert auf dem Rücken trage, habe ich noch einen anderen gehabt, nemlich ein graues Haar, das ich eben in aller Eile ausgerauft. Nun einen guten Abend, liebe Frau, Lebe recht wohl, Dein J. G.

27.05.1817, Klein Siemen. An Marianne Gildemeister, Bremen

Liebe Marianne. Ich will Dich heute nicht ganz ohne Brief lassen und da meine Zeit sehr beschränkt, daß ich nur kurz seyn kann. Da noch so mancherley in Ordnung zu bringen war und mir überdas mein Gast viel Zeit raubt und ich gestern die Pferde nutzte, um mich bei Rathlev nach dem Stand der Sache wegen der Streitigkeiten zu erkundigen, so blieb aus diesem mir

---

518 Rederank war von 1812 bis 1839 in Besitz vom „Commerzienrath C. H. Erichson".

519 Nicht ermittelt.

keine Zeit zum Vorausschreiben übrig und in der Absicht es diesen Morgen nachzuholen, hat mir ein Besuch von Pavenstedt einen Querstrich gemacht.

Mit dem guten Herrn B[reuls][520] habe ich mir eine gewaltige Last aufgeladen. Er ist mir hier in dieser Zeit nicht wenig ungelegen und genirt mich gewaltig. Es ist wohl schwer einen langweiligeren und störenderen Menschen zu finden und wenn man den Kopf voll hat und wird dann mit so törichten Fragen und Bemerkungen belästigt, so gehört die äußerste Geduld dazu um sie nicht erschöpfen zu lassen. Ich muß mir den größten Zwang anthun, um nicht zuweilen unartig gegen ihn zu seyn. Die ärgerliche Stimmung, in die mich das versetzt, ist es wohl hauptsächlich, weil in mir ein kleines Heimweh nach Bremen aufwacht und auch meine jetzige Einsamkeit besonders fühlen läßt wie vorher nicht. Ich muß mich ordentlich dagegen ansetzen um mich nicht davon beherrschen zu lassen.

Mit der Sache wegen der Streitigkeit verhält es sich doch ganz anders als anfangs die Rede war. Wie es jetzt herauskommt ist der Liskal[521] ein ganz anderer Mann als Rathlev ihn ausgegeben, sehr gewissenhaft, ängstlich und keineswegs auf dem Wege den R[athlev] bezeichnet, etwas mit ihm anzufangen. Es ist also dies nichts als eine gewöhnliche Miekenhagensche Schnakerei gewesen. Umso eher aber hoffe ich auf geradem Wege durchzudringen, wozu Dr. F[abricius][522] mir durch R[athlev] einige Anleitung gegeben, wenngleich es wohl einige Weitläufigkeiten kosten wird.

Die Rathlev[523] hat eine zu frühe Entbindung gehabt und hat sehr an ihrer Gesundheit gelitten. Sie tut sehr kläglich und plagt sich mit Todesgedanken. Sie will diesen Sommer das Doberaner Bad gebrauchen. Der kleine Ernst wird sehr niedlich.[524] Ich sprach mit ihr über das Tapeziren unserer Zimmer

520 Der Bremer Jurist Dr. Hermann Breuls (1777 – 1858).

521 Nicht ermittelt.

522 Der „Sanitätsrath zu Bützow".

523 Christine Dorothea Rathlev, geb. Sengebusch (1774 –1853). Die Frühgeburt bzw. Geburt oder Tod eines Kindes sind im Kirchenbuch nicht verzeichnet.

524 Ernst von Rathlev (1815 – 1894).

und sie meinte, wir sollten in unserer Wohnstube Leinen daran wenden, weil das die Tapeten so sehr konserviere. Man könne solches Leinen, die Elle zu 3 Rthl. haben. Es ist wahr, bei meiner Rückkunft fiel mir unsere Wohnstube recht unangenehm auf und ich fühlte, daß es wirklich nothwendig ist, sie ein wenig zu erneuern und daß sie Dir mit Recht nicht gefallen konnte. O wenn es Dir doch, wenn Du wiederkommst, recht gefallen wollte. Becker hat den Schrank recht hübsch gemacht und das Mahagonyholz ist recht gut ausgefallen. Wenn die Kommode hübsch wird, so wird die Stube recht nett werden. Es wird gewiß recht gut seyn, wenn wir eine Zeichnung bekommen könnten, wonach wir sie durch Becker machen ließen, weil er sonst vielleicht ein wenig plump arbeiten möchte. Solltest Du die vielleicht doch besorgen können? Die Wand zwischen den beiden Fenstern ist 3½ Fuß breit und das Trumeau[525] 3 Fuß von der Erde. Wenn Gottfried Plath uns wieder ein Fournir besorgen wollte, so kann man ihm die Größe der Kommode aufgeben und damit es in Stücke von dieser Länge ausgeschnitten wird, da er dann in ganzer Breite sich muß legen lassen und so mit der Post schicken.

Wir bekommen die Cousine von Joh. Finkhaber. Sie will aber gern 12 ßl. Lohn haben, weil die Andern es kriegten. Ich meine aber, der Freundin von Mama sind nur 10 versprochen worden. Mamsell sagte mir, ihre Dirne soll sehr gut geworden seyn. Sie wäre bei scharfer Herrschaft gewesen und meinte, wir würden sie wohl recht gut gebrauchen können. Es haben sich schon mehrere Dirnen angetragen, unter andern ein Stubenmädchen A. von Witzendorf[526], wovon Miß aber meinte, ob sie uns auch zu fein seyn würde? Ich will mich näher danach erkundigen lassen. Ach, liebe Frau, wie geht es Dir, ob Du mir auch wohl recht heiter bist? Ich bin so weit von Dir und muß Dich leidend wissen. Die verwöhnten Zöglinge in Bremen wissen nicht was das heißt. Lebe recht wohl Dein G.

525 Trumeau = ein an einem Pfeiler zwischen zwei Wandöffnungen befestigter Wandspiegel.
526 Die Rede ist vom Gutsherren und Domprobst Adolph Friedrich von Witzendorff (1747 – 1818).

02.06.1817, Klein Siemen. An Marianne Gildemeister, Bremen

Liebe Marianne. Wahrscheinlich werden wir zu Johanni K[leinworth] los.[527] Uebrigens stehn wir uns jetzt mit beiden Nachbarn auf einem recht guten Fuße, die beide gegen Eduard äußerst zuvorkommend gewesen sind und uns gewißermaßen zu suchen scheinen. Es ist doch besser als in Zwietracht zu seyn. Es ist ganz herrliches sehr fruchtbares Wetter. Nach Gewitterregen kommt immer wieder warmes Wetter. Peters seine Saat steht recht gut. Wären wir nur noch etwas weiter, man ist noch sehr zurück. Ein Sommerschlag ist hier schon grün und es geht nun mit Macht mit der Hauptsache weiter. Daß ich so schmiere, kleine Frau, mußt Du nicht übelnehmen. Ich wollte gern groß und deutlich schreiben, damit Du es selbst lesen könntest, das würde mir aber allzuviel Zeit nehmen und ins besondere bin ich auch diesmal eilig, da Morgen zeitig zur Post geschickt werden soll.

Ich wollte Dir heute noch wegen des jungen Koepke[528] schreiben. Allerdings würde ich wohl einen solchen jungen Menschen gebrauchen und beschäftigen können, besonders wenn er sich der Sachen annehmen will, das heisst zu seinem eigenen Wohle, denn auf großen Vortheil davon für mich ist in dieser Hinsicht wohl nicht sehr zu rechnen, da man sich überhin mancherley Unannehmlichkeiten aussetzt. So kann, dünkt mich, nur ein etwaiger Vortheil zu dem Entschluß reizen, und nur wenn ich den hatte, würde ich auch geneigt seyn ihn zu nehmen. Man müsste also vorher wissen was sie eigentlich für ihn zu geben denken. Ein junger Mensch, der zu Rathlevs auf diesem Fuße war, giebt 300 Rthl.[529] und das dünkt mich wäre das Allerwenigste gerade unter diesen Verhältnissen, wofür ich es thun möchte. In Berücksichtigung derselben könnten sie immerhin mehr geben. Es wäre also einmal zu hören, was sie eigentlich hinaus denken. Wegen den Büchern habe

527 Johanni = 21. Juni; Heinrich Kleinworth verkaufte Gerdeshagen erst im Dezember 1819 für 66 000 Rthl.

528 Wohl ein Sohn des Bremer Kaufmanns C. H. Koepke.

529 Gemeint ist die Jahressumme.

ich die Nachricht bekommen, daß sie am l. May abgegangen sind und den 8. in Berlin eingetroffen seyn müssen.

Boldebuck muß verkauft seyn.[530] Es hat eine Lüneburgische Kammer einen Verpachtungstermin davon angesetzt. Zu welchem Preis es verkauft ist, habe ich noch nicht in Erfahrung bringen können. Das wäre einmal eine schöne Pachtung gewesen. Die Pachtungen sollen übrigens sehr steigen und stark gesucht seyn. G[eorg] P[avenstedt] hat neulich selbst E[duard] vertraut und gestanden, daß er dies Jahr 500 Reichsthaler über habe.

Am Montag ist schon Termin, gut daß ich in Ordnung bin. Ich werde dann wohl selbst nach Rostock gehn und zugleich einige Kompletten von Zucker und Caffe machen, die ich in Cröplin noch mit 26 ßl. habe bezahlen müssen. Von den Kornpreisen habe ich diesmal nichts erfahren. Wie Vater seine Handschrift hier gestern auf den Hof gekommen ist, ahnt er wohl nicht? Durch einen Gendarmen, der unter der Bremer Cavallerie gedient und die Bremer Denkmütze trug. Was machen die beiden Jungen? Die würden wohl ihre Freude an dem Füllen haben, das ein allerliebstes krägeles Ding ist, und das, wenn man es zerrt, mit seinen Vorderfüßen auf einen zu pauken geht.

Grüße alle lieben Freunde, Verwandte und bekannte und lebe recht wohl Dein J. G.

04.06.1817, Klein Siemen. An Marianne Gildemeister, Bremen

Liebe Marianne, am Sonntag wurde ich in meiner Erwartung einen Brief zu empfangen getäuscht. Hoffentlich wird doch nicht eine Verschlimmerung Deiner Krankheit oder irgendetwas Unangenehmes, sondern nur ein Zufall daran schuld seyn und so will ich denn meine Hoffnung auf Morgen setzen. Am Montag bin ich nach Rostock zu Markt gewesen, um gleich meine Termine abzumachen. Die Tour hat mir Spaß gemacht. Es ist eine so ganz

530 Boldebuck ging 1817 in den Besitz der Familie von Schaumburg-Lippe über.

eigenthümliche Sache um das Gewühl in dem größten Mecklenburgischen Markte. Jetzt, da ich mehr Bekannte habe und mich einheimischer fühle, kann ich es mir recht gut denken, daß sie für den Mecklenburger einen großen Reiz haben müssen. Allein der Haufen von ein paar hundert Menschen, bekannten und unbekannten durcheinander in einem großen Lokale ist sehr unterhaltend, denn durch die Menge ist es sehr ungenirt. Onkel und G[eorg] Pav[enstedt] waren auch da. Ersterer wollte sich ein Paar Kutschpferde kaufen, konnte aber keine kriegen, da sie sehr theuer waren.

Auch traf ich Schreeb daselbst. Er hat für Boldebuck einen schönen Preis bekommen, wie er mir sagte 22 000 Rthl. für die Hufe, was für das Gut über 100 000 machen würde. Bisher waren nur 81 000 geboten. Es wird das wohl ohne Inventarium heißen, in welchem Falle er mehr herauskriegt, als er selbst bezahlt. Er müßte dann so ziemlich mit blauem Auge davonkommen, was mich ihrerwegen freut. Ich sprach ihn nur sehr flüchtig, indem er mir hernach aus dem Gesichte kam. Bis Joh[anni][531], wo er abliefert, bleibt er noch hier. Kleinworth ist mit seinem Sohn, dem jungen Doktor, auch hier.[532] Ich wollte ihn neulich mit Hauck[533] auf ein Stündchen besuchen als ich durch die Nachricht überrascht wurde, er sei nicht da. Er war weggegangen und kam nicht zurück. Sie waren in den Garten gegangen und es war darüber Zeit geworden zur Rückkehr.

Ehrenhalber mußte ich doch wieder ins Haus gehen, um zu sehn ob er zurück war, um ihn zu begrüßen. Der gute Mann saß gravitätisch in seinem Sessel und regte sich nicht von der Stelle, um uns entgegenzukommen. Kaum stand er eben auf, setzte er sich gleich wieder und ließ uns vor sich stehn, weswegen ich dann auch ein wenig kurz ab war. Es sollte dies wahrscheinlich auf meinen hölzernen Gast Hauck gemünzt seyn, und er wollte es ihm entgelten, daß als K[leinworth] uns in Lübeck am Morgen beim Frühstück überraschte,

531 24. Juni.

532 Der Sohn und Doktor war Hinrich Kleinworth (1795 – 1850).

533 Wohl Johann Hinrich Hauck [*1784), der einen „Antheil“ an Gut Detershagen hatte.

er recht tölpelig auf seinem Stuhle wie angenagelt war und sich nicht das Mindeste um ihn bekümmerte. Du räthst wohl schwerlich mit wem K[leinworth] den größten Theil seiner Reise von Lübeck hierher gemacht hat? Mit Herrn und Mad[ame] R[athlev]. Ein starkes Gewitter treibt K[leinworth] in ein Viehhaus oder Scheune, zu dem jene bald darauf auch ihre Zuflucht nehmen. Ein überraschendes Zusammentreffen. Der Himmel muß es fügen, daß sie zugleich ihre Achse gebrochen und sich von Dr. K[leinworth] mitnehmen lassen müssen. Ich denke mir Mad[ame] R[athlev] ganz zerknirscht in dem Gedanken, daß der Himmel diese Versöhnung so sichtbar herbeigeführt.

Anfang voriger Woche haben wir in der Stallfütterung mit jungem Clee angefangen. Der Raps fehlt mir dies Jahr recht, wie lange hätten wir sonst schon füttern können. Indeß werden wir sie dies Jahr schon durchsetzen. Es paßt uns recht, daß der Clee im Durchschnitt so überaus schön steht, daß Du wohl Deine Freude würdest daran gehabt haben. Mit der Saemaschine haben wir vorige Woche Sonnabend auch zuerst gesäet und es ist recht gut damit gegangen. Ich habe dieserwegen mir viel Brummerei von E[duard] anhören müssen. Die Witterung machte Schwierigkeiten und wir hatten allerlei Mackements davon. Becker hatte eine Kleinigkeit nicht genau genug gemacht und doch mußte dies geändert werden. Es wollte nicht gleich gelingen und die Zeit, die zur Arbeit bestimmt war, ging darüber hin. E[duard] wurde ärgerlich, zerklopfte sich dabei die Finger und wurde noch zorniger. Ich fürchtete nur, er werde uns ganz darüber verderben. Doch endlich war dem Schaden geholfen und wir zogen hinaus. Kaum waren wir aber in Arbeit, so kam ein großer Stein davor und es zerbrach etwas, weil ein eiserner Ring, der der Vorsicht halber hätte da seyn müssen, fehlte. Das mußte denn nun auch erst auf der Schmiede wieder hergestellt werden.

Am Nachmittag waren wir erst ganz in Ordnung, und da es denn nun sehr gut ging, versöhnte sich E[duard] wieder damit. Wie oft ließ er sich meist brummend vernehmen, daß ich seinem Rat nicht gefolgt sei, er habe so viel dagegen gehabt mehrerley auf einmal einzuführen, was wir denn nun davon hätten, nun wolle es nicht gehen und wir müßten uns, um sich kein Dementi zu geben und vor den Leuten nicht anrüchig zu werden, und es sich für immer zu verderben usw. Aber so redend bedachte der junge Mann nicht, daß es doch nur ein Glücksfall ist, daß Peters so gut säet und daß wir nicht in Voraus darauf rechnen durften, daß es allerdings raison war auf andere Mittel zu denken. Nun es aber gut damit gegangen ist, ist er damit wieder ganz im Schick und hat seine Vorwürfe vergessen. Es macht ihm im Gegentheil jetzt Vergnügen und daß es zu früh dafür sei, ist keine Einwendung mehr.

Wir haben gestern und vorgestern noch ein ziemlich Stück damit bestellt. Mit dem Exstirpator[534] ist mehr als eine Last untergebracht. Da wir durch ihn den vierten Theil der Saat, die wir sonst hätten haben müssen, erspart haben und er ungefähr 16 Rthl. nur kostet, so hat er sich schon doppelt bezahlt gemacht.

Mit der Saat sind wir jetzt so gut als fertig. Denn da wir jetzt dabei sind, das umgebraachte Rockenland zur Gerstsaat zu haben, so können wir dies nicht eigentlich zur Frühjahrsbestellung mehr rechnen. Es ist dies viel, da wir verhältnismäßig mehr als Andere zu bestellen haben und erst Wenige ganz fertig, viele hingegen noch sehr zurück sind. Die warme Witterung mit abwechselnden Regenschauern ist sehr gedeihlich und fruchtbar. Es kommt alles vortrefflich und ich glaube, daß wir auf eine gute Ernte hoffen dürfen. In Rostock giebt Waizen 3 Rthl. und darüber Rocken 1 Rthl. 32 ßl., Gerste nur 1 Rthl. 4 ßl. Ich werde auch heute meinen letzten Waizen hinschicken. Waizen steht so üppig, daß wir ihn der Vorsicht halber stark behüten lassen, auch zieht sich der Rocken da, wo er gut steht, ziemlich zu. Es scheint, als wenn er sehr schöne Aehren kriegt.

Ich bin jetzt ernsthaft mit den Vorbereitungen, unsere Stuben malen zu lassen, beschäftigt. Ich habe einen Maurer und Becker hier. Gegen die Feuchtigkeit in den beiden Schlafstuben habe ich ein Radikalmittel angewendet.

534 Exstirpator = Vorläufer des Grubbers zur Lockerung des Bodens.

Ich habe an den Außenwänden, wo die Fenster sind, die untersten Tafeln herausnehmen lassen und lasse sie wieder in Kalk aufmauern. Sie kann sich nun nicht mehr so in dem Lehm heraufziehen. Das Holz in der Wand hatte schon etwas gelitten und es tut ihm die Operation sehr gut. Es hat nun noch Zeit auszutrocknen, ehe sie gemalt wird. Das Weißen der bemalten Decken wird sehr schwer, da der Leim der Farbe immer wieder gelb durchschlägt und wir werden noch oft übermalen müssen, ehe wir sie ganz weiß kriegen. Heller wird das Zimmer unstreitig dadurch. Becker macht den Wandschrank und die hintere Stube, in die ich mich geflüchtet und wo ich meine Residenz aufgeschlagen. Wenn Du dafür seyn solltest in der Wohnstube Leinen unter der Tapete zu nehmen, kann er zugleich die Leisten anschlagen.

Ich habe ihm neulich seine Rechnung bezahlt, die wirklich äusserst billig ist. Für den Unterschrank, der recht sauber gearbeitet ist, habe ich ihm doch nicht mehr als 5 Thaler gegeben. Für den Baileyschen Pflügesatz[535] hat er mir nur 4 Thaler das Stück angerechnet, wodurch dies eines der wohlfeilsten Werkzeuge wird, die es geben kann, indem sie mir noch nicht 7 Thaler die Stunde zu stehen kommen. Für die Arbeit an der Saemaschine hat er einen Tagelohn zu 4 Thaler berechnet, wobei er von früh bis in die Nacht gearbeitet hat. Ich habe vorige Woche auch den Teich im Garten, der sehr hoch war, abscheiden lassen, um so von unten der Feuchtigkeit des Wohnhauses zu wehren, und ich hoffe ihr den Garaus zu machen. Von den Schafen habe ich Dir neulich nicht geschrieben. Einige Alte und einige andere habe ich noch verloren, welche letztere zum Glück meistens Hammel sind, wenn gleich von den feineren, die übrigen sind im besten Stande. Mit den Lämmern sind wir dies Jahr nicht glücklich, es sind zu zwei Dritteln weibliche. Man macht sich Hoffnung, daß auch dieses Jahr Wolle recht gut im Preise seyn wird. In Neu-Strelitz ähnlich zu Neu-Brandenburg ist ein Wollmarkt errichtet. Wenn

535 Vgl. zu den Pflügen: Ulrich Bentzien: Haken und Pflug. Eine volkskundliche Untersuchung zur Geschichte der Produktionsinstrumente im Gebiet zwischen unterer Elbe und Oder, Berlin 1969.

wir doch auch erst einen im Lande hätten. Kadow[536], der gern ein wenig mit unseren Schafen dick thun mag – behauptet E[duard] – um zu renommiren, hat die Schafe einige Male sehr schlecht gestreut, damit sie recht schmutzig aussehen sollten, was den sehr feinen Schafen eigen ist.

Das habe ich, glaube ich, Dir noch nicht geschrieben, daß in meiner Abwesenheit die alte Tante von Schröders[537], die bei ihnen wohnte, gestorben ist. Ich war neulich nicht gleich zu Schröders gegangen, sie schickten daher jemand her um sich nach Deinem Befinden erkundigen zu lassen und mich vor dem Feste einzuladen, da S[chröder] dann nicht zu Hause sei. Ich glaubte anfangs nicht zu können, da aber ein Regen einfiel, nahm ich die Gelegenheit wahr, traf S[chröder] aber nicht mehr zu Hause. Sie nimmt weiter Antheil an Dir und hat mir besonders aufgetragen, Dich zu grüßen. Sie sieht jetzt viel wohler aus. Innigeren Antheil an Dir kann aber wohl kein Mensch nehmen als Deine Winkenwerdersche. Man fühlt es, daß ihre Seufzer aus dem Grunde ihres Herzens kommen. Mad[ame] Hauck[538] liegt jetzt immer schon zu Bette und wird es wohl nicht lange mehr machen.

Den 5t Junius

Heute werde ich doch wohl sicher einen Brief bekommen und hoffentlich einen mit guten Nachrichten, wonach mir recht sehr verlangt. Wie ist mir doch eigentlich mein Aufenthalt in Bremen so im Schwunge vorübergeflogen, fast ohne recht zu mir gekommen zu seyn.[539] Als ich nach dort reiste, war ich eigentlich am wenigsten in der Stimmung dazu. Ich war, woran wohl körperliches Uebelbefinden schuld war, eigentlich etwas Hypochonder und in einer Stimmung, wo ich leicht den Entschluß hätte fassen können, Bremen nicht wiederzusehn, hätten die Umstände nicht das Gegentheil geheischt. In

536 Der Schäferknecht Johann Joachim Kadow (*1789).

537 Die Tante des Gutsherrn Johann Matthias Friedrich Schröder (1779 – 1854).

538 Die Frau von Johann Hinrich Hauck, nicht ermittelt.

539 Ende Mai 1817 hielt sich Gildemeister bei seiner Frau und den beiden Söhnen in der Bremer Ellhornstraße auf.

Bremen war mir vieles fremd geworden, ich konnte mich nicht gleich wieder zurückfinden, weil Manches sich subjektiv und Manches sich objektiv verändert hatte und ich erst mit dem Neuen bekannt werden mußte.

Ich weiß nicht, vielleicht habe ich es mir wohl nur eingebildet, Du habest es meinen Freunden gesteckt, mich besonders freundlich zu empfangen, aber diese unglückliche Idee schwebte mir immer bei ihren zuvorkommenden herzlichen Begrüßungen und das je mehr sie es waren. Dies machte mich scheu und verlegen und umso mehr, wenn ich merkte, wie das auf sie zurückwirkte, wo denn noch hinzukam, daß ich mit mir nicht aufs Reine kommen konnte, ob ich wirklich etwas versauert und zurückgeblieben sei. Darüber und über die Unstetigkeit und Unruhe worin ich lebte, daß ich nicht recht zu mir selbst kommen konnte, ist die Zeit verflogen. Als ich anfing mich wieder einzugewöhnen, war die Zeit der Abreise treibend da.

Auf meiner Rückreise habe ich mich mit Plänen angenehm unterhalten, wie es zu machen sei, daß uns die Unsrigen recht oft besuchen. Ich habe dann gefunden, daß um dies zu bewerkstelligen, hauptsächlich auf Einsparung von Zeit und Kosten müsse gedacht werden. Da habe ich mir dann ausgedacht, wie es möglich zu machen sei, daß sie die Herreise in 3 Tagen, die Rückreise etwas länger machten, und ich ihnen dann größtentheils mit meinen Pferden, die, wenn nicht mehr gemergelt wird, nicht so dringend mehr beschäftigt sind, aushelfen könnte. Sie müßten nemlich den ersten Tag mit einem Wagen von Bremen nach Hittfeld reisen, einem Dorf das zwischen Irrstedt und Zollernbrücke liegt, wo ein gutes Wirthshaus ist und das 10 Meilen von Bremen liegt.[540] Hier finden sie 2 Pferde von mir vor, die sie den andern Tag nach Mölln und den dritten nach Mühlen Eichsen[541] brächten, wohin ich gegen die Zeit 2 andere geschickt, die sie denselben Tag noch hierher brächten. Auf diese Weise würde die Reise, besonders weil das theure Hamburg mit

540 Hittfeld ist ein Ort in der heutigen Einheitsgemeinde Seevetal im Landkreis Harburg; 1 meckl. Meile = 7 532 Meter.

541 An der heutigen B 208.

seinem Aufenthalte vermieden wird, sehr wenig kostbar werden.

Mit meinen Arzneien nehme ich es jetzt, da Du solchen Trumpf darauf gesetzt, viel ernstlicher. Ich habe bisher die Bremer Kur noch einmal wiederholt und lasse mir heute die Arznei von Cröplin bringen. Mit meinem Magen geht es so ziemlich, doch bleibt die Zunge noch immer belegt. Driburger Wasser ist in Rostock noch nicht zu haben. Ueber die neulichen guten Nachrichten von Wilhelm habe ich mich sehr gefreut. Wenn etwas Näheres kommt so lasse es mir doch mittheilen. Der kleine Winkenwerder weidet jetzt mit den Dorfkühen, an die er sich so gewöhnt, daß er sich des Abends nicht von ihnen trennen will. Er hat sich schon etwas gebessert sonst macht er nur eine betrübte Figur, da E[duard] ihn ziemlich rauh angegriffen. Es ist heute kein ganz angenehmes Wetter. Wir haben diesen Morgen schon starke Regenschauer gehabt, es ist windig und rauhig. Zum Sonntag sind wir nach Mechelstorff eingeladen. A propos laß Friederike doch mein Exemplar von Dr. Müllers *Reise*[542] nach C. Pavenstedt schicken, da Pav[enstedt] mir indeßen eins gegeben hat, das ihr zugehört.[543] Lebe recht wohl, liebe Frau, küsse die Kleinen von mir und grüße die Unsern. Dein G.

11.06.1817, Klein Siemen. An Marianne Gildemeister, Bremen

Liebe Frau, da ich durch die Arbeiten in den Stuben, die gemalt werden sollen, die mich in die graue Stube vertrieben, wo ich jetzt meinen sehr beschränkten Wohn-, Schlaf- und Arbeits-Sitz habe, auch hier aufgestört bin, weil Becker die fehlenden Wandschränke zuvor machen mußte, ehe sie mit Tapeten beklebt werden können, – so fehlte es mir dieser Tage ganz an dem Platz, wo ich Dir einige Zeilen im Voraus schreiben könnte. Und durch die

542 Wilhelm Christian Müller: Paris im Scheitelpunkte oder flüchtige Reise durch Hospitäler und Schlachtfelder zu den Herrlichkeiten in Frankreichs Herrscherstaat im August 1815, 2 Bde., Bremen 1816 u. 1818.

543 Die Rede ist von Johann Pavenstedts erster Ehefrau Catharina Engel, geb. Retberg (1783 – 1821).

Handwerker fehlt es auch an Zeit dazu. Jetzt aber muß ich diejenige, die ich habe, benutzen, weil ich auf diesen Abend Pavenstedt, der nach der Schafauktion hier Station macht, erwarte und es mir dann daran fehlen möchte. Ich habe Deinen letzten Brief am Donnerstag erhalten. Wie es zugeht, daß der meinige nicht zur rechten Zeit angekommen, weiß ich nicht. Ich hatte ihn den Morgen früh nach Cröplin geschickt. Die Einlage für Besuch aber die zur rechten Zeit angekommen, den Nachmittag von Bukow aus. Ich sehe daraus, daß Du wieder weniger wohl gewesen. Ich möchte Dich gern dem, es mir ankündigen zu müssen überheben, wenn es Dir so unangenehm ist. Das ist aber doch das Wenigste, liebe Marianne, auf mich brauchst Du in dieser Hinsicht keine Rücksicht zu nehmen, wenn Du nur nicht selbst darunter der leidende Theil wärest. Aber erschwere es Dir auch nicht selbst dadurch, daß Du über jeden Rückfall gleich verzagst und suche es womöglich mit Gelassenheit zu ertragen, wie es kommt, Du machst sonst alles übel schlimmer.

Ich beunruhige mich, daß Olbers[544] einen Versuch mit dem Magnetismus machen will. Ist es seine eigene Idee, so wäre es mir recht, wenn aber Mama nur nicht die Gefälligkeit des Arztes gebraucht! Dann könnte ich kein Zutrauen dazu haben und ich wünschte überhaupt, sie überließe es ihm ganz allein. Es kann nichts helfen, daß sie mit ihren Hypothesen und Ansichten dazwischen kommt, als wie ich fürchte bei einem Arzt, der nicht eine feste eigene Ansicht hat, ihn irre zu machen.[545]

Am Sonntag war ich mit meinem theuren Gaste in Mechelstorff.[546] Am Sonnabend konnte ich Asmus[547] nur auf einen Tag kriegen und das zu einer wichtigen Arbeit, die ich gern aus dem Wege haben wollte, nemlich die Stender an der neuen Scheune wieder einzurüsten, besonders da, wo jetzt die Dreschmaschine steht und um diesen Platz, der jetzt sehr unrüsch aussieht,

544 Der Bremer Arzt Dr. Heinrich Wilhelm Matthias Olbers (1758 – 1840).

545 Johanna vertrat wohl von ihrem verstorbenen Ehemann Dr. med. Arnold Wienholt aufgeschnappte Dinge über den tierischen Magnetismus.

546 Die Rede ist von Heinrich Treviranus (*1793) aus Bremen.

547 Vielleicht der Zimmermann Johann Asmus (*1770) aus Bützow.

wieder in Ordnung zu bringen. So wie ich denn mit allen Handwerkern die Sachen die geschehen müssen im Voraus abzufertigen suche – so konnten wir am Sonnabend nicht gleich fahren. Lieb ist es mir gewesen, daß sie uns zu M[echelsdorf] ganz einfach bewirtheten. Onkel zu Ehren hatten wir neulich etwas mehr auftischen müssen, und ich fürchtete daher, er wird glauben, es wiederum zu müssen. Es ist gut, daß er das nicht gethan. Wir brauchen daher künftig auch keine besonderen Umstände zu machen und können in unserer alten Ordnung bleiben.

Treviranus[548] scheint wirklich ein ganz netter Mensch zu seyn. Obgleich er wohl nicht der hellste Kopf ist, so macht er dagegen auch keine Ansprüche darauf (Rathlev störte mich hier, der auf den Hof geritten kam und lange bei mir geblieben ist. Ich fahre jetzt in meinem Konzepte fort.) und weiß es selbst, was gerade meinem theuren Gast gebricht. Erschrecklich aber ist seine Unkunde in den ersten gewöhnlichsten Dingen der Landwirthschaft. Es ist unverantwortlich, wie der Lehrer seine Zöglinge in dieser Hinsicht vernachlässigt hat. Er hat ihnen Vorlesungen aus der höheren Landwirthschaft gehalten. Weil sie ihn nicht verstanden haben, haben sie ihn für eine gewaltige Leuchte gehalten, in der praktischen Anschauung ja, nur Zeigen hat er sie ganz versäumt. Sie haben von Rotationen, Humus usw. gehört, aber Treviranus kann nicht mal eine Buche von einer Eiche unterscheiden, weiß kaum was Eggen ist usw. Für diesen ist es wirklich ein wahres Glück, daß er in diese Schule unter S[ellschopp] gekommen ist, wo er die treffliche Gelegenheit hat, so viel es in seinem Alter von 24 J[ahren] möglich ist, nachzulernen, was ihm bei dem Eifer und der Mühe die er sich giebt, ziemlich gelingen muß. Er hat eine gewaltige Begierde etwas Neues zu lernen und dies treibt ihn zu einer Menge Fragen, die dem guten S[ellschopp] oft großen Anstoß, und zu manchen lächerlichen Scenen Veranlassung geben.

So kündigt S[ellschopp] mit seiner gewöhnlichen trübseligen Miene in

548 Heinrich Treviranus (*1793).

solchen Fällen P[avenstedt] das Crepieren einer alten Kuh an, als sich T[reviranus] gleich höchst theilnehmend und wißbegierig hinzudrängt: „O, mein Gott, woran ist die gestorben?“ Sellschopp ärgerlich ganz kurz angebunden: „an Altersschwäche!“ Bei Tisch fragte er mich neulich während einer Pause auf einmal ganz abrupt: „Wenn man Stallfütterung hat, kann man wohl auch größeres Vieh halten?“ Pavenstedt sagt, er schriebe sich alles auf, da es aber von Verschiedenem ist, werden es oft widersprechende Nachrichten seyn, und so fürchtet er, es möchte oft ein ziemlich verwirrtes Gemisch herauskommen. Uebrigens steht Treviranus sich mit S[ellschopp] sehr gut, der ihn seiner Gutmüthigkeit wegen sehr gern leiden mag. P[avenstedt] fuhr mit uns zurück und blieb die Nacht hier. Mit dem Ausdrusch seines Winterkorns ist er sehr zufrieden und hat wirklich alle Ursache es zu seyn. [...?][549]

Jetzt, da es gut geht und die Aussichten so vortrefflich sind, ist er auch weniger ängstlich etwas anzulegen. Es scheint als hätten wir ihm etwas unrecht gethan und es müsse viel der Abhängigkeit, worin er sich befand, beigeschrieben werden. Für mich hat es wirklich sehr viel Angenehmes jemanden in der Nähe zu haben, der ein gleiches Fach mit Eifer und Interesse betreibt.

P[avenstedt] hat, wie ich Dir neulich schon geschrieben, ausgezeichnet schönen Rocken dies Jahr. Daher war es mir bei unserer Rückfahrt sehr angenehm zu bemerken, daß derjenige, der hier stehen geblieben, sich mit seinen besten Stellen messen kann. Er steht wirklich gut und hat überaus lange Aehren, so daß ich neulich eine gefunden habe, die länger ist als dieser Bogen breit. Was aber wirklich ganz vorzüglich steht, ist unser Sommerkorn. Ich bin gestern noch mit Vergnügen mit E[duard] unsere Schläge durchwandelt. Die Erbsen, obgleich zum Theil auf ungemergeltem Boden, stehen überaus kräftig, etwas weniger gut die Wicken, die aber schon nachkommen werden. Der Hafer hat durchgehend eine so kräftige blaugrüne Farbe, wie ich sie noch nicht gesehn, während er fast allenthalben etwas rötlich geworden. Besonders

549 Zwei nicht korrekt lesbare Sätze mit unleserlichen Zahlenangaben.

kräftig sticht die Gerste hervor, wo ich ein vorzügliches Jahr erwarte. Wir haben uns beide sehr an der mit der Saemaschine gesäeten ergötzt, die fröhlich hervorkommt. Das Korn hat einen ganz eigenen schönen gleichen Stand in Reihen, die eine Handbreit voneinander sind und in diesen wieder die Körner in fast regelmäßiger Entfernung. Der Anblick giebt die Ueberzeugung, daß das Getreide auf diese Art ganz besonderes Gedeihen haben müsse. Es hat in E[duard] den Vorsatz geweckt sie künftig recht sehr zu gebrauchen.

Bei dieser Gelegenheit beantworte ich Martins Anfrage, ob ich durch die späte Gerstensaat auch zu leiden fürchten dürfe? Daß es freilich besser ist, wenn es hätte früher gesäet werden können, daß sie aber nicht zu spät ist. Die Ursache lag in der Witterung, die die Bestellung so beschwerlich gemacht, daß Viele noch diesen Augenblick nicht fertig sind und Einige es auch nicht vor Ende dieser Woche werden, wie z. B. Buchholz zu Radegast.[550] Von Burwitz zu Satow[551] heißt es, daß er einen Schlag unbestellt liegen lasse, weil er sich berechnet daß, wenn er den Saathafer jetzt zu 1 Rthl. kaufte, das 4te Korn gewinne und der Preis dann nur vielleicht 16 Rthl. sei, er sich besser stehe, die Arbeit zu lassen. Wie er dann aber seyn Vieh durchfuttern will, ist eine andere Frage.

Der Raps hat abgeblüht und verspricht eine reiche Ernte. Es wird uns dazu hernach an sicheren Säcken fehlen. Es wäre doch wohl gut, wenn Martin 1 Stück Halblaken zu diesem Gebrauch der Fracht beifügte. Da in der Rapsblütezeit das Wetter den Bienen ziemlich günstig war, so haben sie ihn ziemlich benutzt. Ich habe jetzt 15 Körbe, wovon 5 schon vorliegen, die jeden Tag schwärmen können. Von Ruttack[552] habe ich eine Tonne Lein gekriegt, der anfangs nicht zum Besten lief, jetzt aber auf dem Cleelande gut zu werden scheint. Im Garten blühen die Erdbeeren ganz weiß. Da es in der Kirschblüte viel geregnet, scheint das die Ursache geworden zu seyn, daß sie nicht stark

550 Friedrich Buchholz (*1791) war Pächter vom Gut Radegast.
551 Johann Ernst Burwitz (*1754) war Pächter vom Hof Satow.
552 Ruttack nicht ermittelt.

gesetzt. Pflaumen haben nicht stark geblüht, dagegen hoffe ich wieder auf Aepfel, wenn nur die Blütenraupe nicht zu sehr überhand nimmt.

Da Dir Leinen unter der Tapete lieb zu seyn scheint, so habe ich Becker dabei gekriegt, die Leisten dazu zu machen und hereinzuschlagen. Damit ist er jetzt fertig. Das Zimmer gewinnt dadurch sehr, indem diese dazu dienen, die Wände die nicht ganz eben sind, wo Eduard meint, daß man es nicht sehr sieht, aber doch so daß man es fühlt, so ziemlich auszugleichen und schärfere Ecken zu machen. Das Leinen ist übrigens so grob nicht, wie Du wohl denkst. Ich habe in Rostock ein breites zu 4 Rthl. aufgespürt, wovon eine kleine Probe. Wie kannst Du aber glauben, die Tapete sei mir ein Opfer gewesen oder könntest Du im Ernst meinen, was Dir eine Freude macht, könne mir ein Opfer seyn? Da die Fenster nun doch einmal gemalt werden und ich glaubte, es würde Dir angenehmer seyn, wenn die Rahmen der doppelten Fenster künftig nicht sitzen zu bleiben brauchten, so habe ich bei dieser Gelegenheit die Rahmen wegnehmen und in die Fensterbänke einen Falz, wie bei den Fenstern der hinteren Stuben, einstoßen lassen, worin künftig der Rahmen im Herbst hineingeschoben werden kann. Ich habe auch daran gedacht, dem Rauchen in Miß ihrer Stube gründlich abzuhelfen. Dazu wird wohl eine Röhre durch die graue Stube geführt werden müssen, wozu der Ofen abgenommen werden muß. Da der Ofen daselbst gar nicht gebraucht wird, und um Platz zu gewinnen, brauchten wir ihn dagegen nicht wieder aufzustellen und er kann dagegen, wenn Du es wünschst, in der Stube hinter der braunen, wo Du schon immer gerne einen haben wolltest, aufgerichtet werden, wo er leicht anzubringen ist.

Donnerstag, den 12t

Du fürchtest einen Gutskauf für meinen werthen Gast und hast eine Ahndung, ich werde mir Verdruß dadurch zuziehen, schreibst Du. Fürchte nichts, denn dahin wird es wohl schwerlich kommen, ich habe ihn noch zur rechten Zeit genug kennengelernt, um mich davon abzumachen. Als er mir zuerst schrieb und mir damals die schöne Gelegenheit von Rethwisch[553] bekannt war, antwortete ich ihm, es seien besonders größere Güter vorzüglich zu kaufen, davon sei mir eine vorzügliche Gelegenheit bekannt. Ich machte ihn dabei auf alle Schwierigkeiten aufmerksam, besonders in Hinsicht der Gelder und wie man nicht darauf rechnen dürfe, als Fremder hier was aufzunehmen und wie es besonders in dieser Hinsicht hier beschaffen sei. Es käme daher auf die Verhältnisse eines jeden an, die er selbst beurtheilen müsse, und nur wenn er in diesem Punkte unabhängig sei, wäre darauf zu reflectiren. Ich schrieb ihm ferner, daß man den Leuten nicht gut mit Anfragen kommen dürfe, wenn nicht eine ernstliche Absicht zugrunde läge, und daß man sich nur Unannehmlichkeiten bereitete, weil die Leute in diesem Punkte eigen wären. Er möge sich daher im Voraus wohl bedenken, denn nur wenn es seyn Ernst wäre und nur in besonderem Auftrage möchte ich anfragen. Den gab er mir auf das Bestimmteste und darauf entrirte[554] ich mit P[avenstedt].

Unterwegs aber lernte ich Treviranus als sehr quasselig kennen. Aus Vorsicht also und um einen Weg offen zu behalten, um mit Ehren zurücktreten zu können, bläute ich ihm ein, sich ja auf nichts mehr einzulassen als das Gut zu besehn. Es gefiel ihm aber so sehr, daß er weiter ging und verlangte, man sollte den mindesten Preis stellen, worauf er die natürliche Antwort erhielt, es sei an ihm, ein Angebot zu geben, wogegen er sich verwahrte, da er sich berief, deshalb vorher an seinen Bruder schreiben zu müssen. Nachdem er Antwort von ihm erhalten, kam er mit allerlei Ausflüchten. Der Hauptgrund dagegen war, seyn Bruder könne nicht glauben, daß das Etablissement mehrerer Kinder der wahre Grund sei, warum Vorbeck Rethwisch[555] verkaufen wolle. Dann kam er mit einem selbst verfertigten Gegenanschlag, wonach der Ertrag dieses Gutes, das 4 500 Rthl. Hebungen hat, auf 2 500 zusammenschrumpfte.

---

553 Rethwisch – zwischen Bad Doberan und der Ostsee – besteht seit fast 800 Jahren. Das Lehngut gehörte Gotthard Bernhard Vorbeck (1755 – 1833).

554 entrieren = anbahnen, einfädeln.

555 Das Gut Rethwisch, Amt Grevesmühlen, gehörte Gotthard Bernhard Vorbeck (1755 – 1833).

Endlich rief er mich einmal in seine Stube und legte mir einen Brief zur Beurtheilung vor, den er an Kleinworth geschrieben, folgenden Inhalts: da er seyn Gut verpachtet, so glaube er, daß er es auch wohl verkaufen wolle. Und weil er gern in der Nähe von J[ohann] G[ildemeister] bleiben möchte, so fragte er über Folgendes bei ihm an usw. Dies, daß er unter nichtigen Vorwänden von einem Gut abstand, zu dem ich ihm rieth, und dagegen auf eines reflectirte, wovon ich ihm in bester Absicht abrieth, ärgerte mich sehr und ich nahm daher die Gelegenheit wahr, ihm ziemlich dicke meine Meinung zu sagen, daß er mich vor V[orbeck] prostituirt, und erklärte ihm rund heraus, daß ich damit nichts zu thun hätte. Ich zeigte ihm, daß alle Fragen unwichtig wären, indem ich sie ihm alle beantwortete, und daß er sich gar nicht darauf einzulassen brauche, wenn er nicht im Voraus entschlossen sei, einen hohen Preis anzulegen. (Vorbeck forderte 70 000 Rthl.)

Die ganze Sache war doch nur Quakelei geblieben, und das gerade bei einem Mann, der ihn mit ein paar Blicken durchschaut hatte und mir doch einen Antheil davon zugemessen hätte. Es wäre mir sehr zuwider gewesen. Da kam bei diesen Explikationen denn nun vor den Tag, daß der Schöps[556] [Hammel] mit Rethwisch ein Gut, wovon das Inventarium allein fast 10 000 Rthl. und das Land 100 000 Rthl. werth ist, hatte mit 25 000 Rthl. kaufen wollen, die zudem nur nach und nach ausgezahlt werden können. Wie dies aber möglich ist, da ich sowohl ihn als seinen Bruder bestimmt erklärt, das Gut könne, obgleich darin 70 000 Gulden im Hypothekenbuch stehen, nur angefaßt werden, wenn er über denselben Kaufpreis frei disponiren könne, ist mir unbegreiflich. Was ihn also zu Gerdeshagen bestimmt hat, war die mindere Größe, vorzüglich aber, wie E[duard] meint, die Nähe zu hier, da er doch wohl fühle, einem solchen Werke nicht gewachsen zu seyn. Als ich wußte, wie ich eigentlich dran war, vermochte ich ihn es wegen R[ethwisch] gleich ganz abzuschreiben, und ich werde mich wohl hüten, mich weiter mit

556 Schöps = Hammel.

ihm einzulassen. Du kannst nicht begreifen, was seines Bleibens so lange hier ist. Ich selbst auch nicht, außer daß er durch Sellschopp noch eine Auskunft wegen Gramkow[557] erwartet, denn ich habe eben nicht in ihn gedrungen zu verweilen, kann ich ihm aber doch nicht die Tür weisen. Er läßt es sich hier gut seyn. Uebrigens habe ich mich auf einen ganz ungenirten Fuß gesetzt, ich bekümmere mich wenig um ihn.

Brunnen habe ich bis jetzt noch nicht bekommen können, schicke aber Morgen nach Rostock. Mit dem Ingwersirup ist es recht gut, er ist nicht übelschmeckend, wenn er nur nicht so theuer wäre. Die Ficksche[558] wird wohl bei uns bleiben. Der Bräutigam ist zu Rederank untertänig, will sich aber da gern loskaufen. Deine Ermahnung, nähere Erkundigungen in Hinsicht der Güter einzuziehen, will ich mir zur Warnung dienen lassen. In meiner neuen Schlägeordnung lasse ich mich nicht aufhalten. Martin kann mir gelegentlich wohl mal beifügen, wie es mit der Wolle geworden, mit dem Verkauf des Bagelmann`schen Hauses[559] und der anderen Sache. Hat Joh[ann] Droop[560] die Sonde schon gewechselt? Pavenstedt ist gestern Abend ausgeblieben, wahrscheinlich weil die Auktion nicht zu Ende, ich erwarte ihn daher heute. Und nun genug für heute. Lebe recht wohl, sei vergnügt und küsse die Kinder in meinem Namen. Dein G.

17.06.1817, Klein Siemen. An Marianne Gildemeister, Bremen

Als ich mich eben setzen wollte Dir zu schreiben, liebe Frau, wurde ich durch den Ruf, daß die Bienen geschwärmt, unterbrochen. Es ist dies der erste Schwarm, denn obgleich sie schon lange vorgelegen, konnten sie nicht

557 Das Gut Gramkow im Amt Grevesmühlen.

558 Charlotte Dorothea Fick, geb. Schar (*1772), heiratete am 23. Oktober 1817 in der Kirche von Alt Karin den Tagelöhner C. Christoph Erichson (*1772). Sie brachte ihre Tochter Dorothea Sophie Fick (*1808) in die Ehe ein.

559 Die Rede ist von Albert Bagelmann, Linnen- und Zeugklanderer, dessen Haus in Bremen außer dem Osterthore am Steinwege 71 stand.

560 Johann Abraham Droop (*1781) aus Bremen (keine weiteren Informationen ermittelt).

abziehen, da das Wetter theils bedeckt, theils zu windig war. Jetzt ist es unvergleichlich schön. Kein Wölkchen an dem blauen Himmel und doch ist es nicht zu heiß und auch nicht zu kalt, obgleich es diese Nacht noch Eis gefroren haben soll. Es kommt mir in der Hinsicht überaus gelegen, da wir gestern und heute die Schafe gewaschen haben.

Ueber alle Beschreibung schön war der gestrige Abend. Ein Lüftchen regte sich, die Luft so rein, daß die weiteste Ferne dunstleer war und die Umrisse rein abgeschnitten, dazu das Herübertönen des harmonischen Glockengeläutes der Rederanker[561] Herde aus der Ferne. Für mich kam noch das dazu, daß ich mich wieder frei fühlte, da mein hölzener Gast um Mittag, als sich zugleich die Wolken theilten und die Sonne wie verjüngt hervorbrach, abreiste. Denn obgleich ich mich nicht sehr um ihn bekümmert, so ist doch ein Besuch der Art nicht ohne Gerede. Fast will es mir scheinen, als habest Du noch kein so schönes Jahr hier erlebt und desto schmerzlicher ist es mir, daß Du es nicht mitgenießen kannst.

Das Wetter hat mir recht die Zeit meiner ersten Hierherkunft wieder vergegenwärtigt, die am 20t Junius vor 7 Jahren war, und wo es ganz dem diesjährigen glich. Dies Jahr hat mit jenem viele Ähnlichkeit und erscheint mir ganz, als würde es auch die Fruchtbarkeit bekommen, wodurch sich jenes auszeichnete. So unbeholfen die Gestalt meines werthen Herrn B[reuls] ist, so ein getreuer Abdruck ist er seiner selbst und seines ganzen Wesens. Er fällt immer mit der Türe in das Haus herein. Auf einmal hieß es neulich: „Wollen Sie denn so gut seyn, mich Morgen nach Cröplin fahren zu lassen?“ Ich war ganz erstaunt: Wozu? „Ja, um zu reisen.“ So hätte ich kaum mal die Zeit gehabt, ein kleines Päckchen für Dich zu packen und es wäre mir die Gelegenheit, über die ich mich schon sehr gefreut, beinahe ganz verloren gegangen, die ich durch einen kleinen Aufschub noch gerettet. So erhältst Du also durch ihn, wenn gleich wohl etwas spät, nemlich in ungefähr 3 Wochen ein Päck-

561 Rederank liegt rund 4 km von Klein Siemen entfernt.

chen, worin ich 4 schöne Mettwürste, eine Flasche Himbeeressig, eine mit Johannisbeersaft und ein paar Kruken mit Eingemachtem gepackt.

T[reviranus] habe ich gestern nach Wismar fahren lassen, von wo er nach Gramkow reist, um wie man zu sagen pflegt, wie der Affe ins Zündloch zu gucken. Da ich mit seinen Quakeleien nichts zu thun haben will, so habe ich mich davon abgemacht, ihn zur Besichtigung zu begleiten. Er geht von da nach Holstein, um auch das mit seinem eigenthümlichen Scharfblick ins Auge zu fassen. Von Wismar hat er mir sehr undelikat ein halb Anken rothen Wein geschickt, den ich an Mad[ame] Gahrz[562] bezahlen will mit der Bitte ihm das Geld, weil ich den Wein zurückgeschickt, zurück zu senden.

Diesen Morgen war der Maler hier, der am Montage kommen wird. Die beiden hinteren Stuben sind wieder ganz in Ordnung und das Gemauerte beinah schon trocken. Er scheint mir nicht unbillig zu seyn. Ich habe mich ihm so akkordirt, daß er für jede der beiden Stuben und recht hübsch gemalt 6 Thaler kriegt und für jede Tür und jedes Fenster, wenn von beiden Seiten und einigemale übergesetzt, die Lamperie[563] mit eingeschlossen, einen Gulden. Das hintere Zimmer soll chamois mit hellblau werden und das andere will er, da der Grund einmal roth ist, gern wieder roth malen. Es ist mir aber hernach aufs Herz gefallen, daß das Deinen Augen nicht gutthun möchte, selbst wenn es ein mattes Roth ist. Da es zeitig genug ist, daß wir zuvor Deine Wünsche vernehmen, so schreib mir doch, wie Du es am liebsten hättest. Wie Du aus dem Cabriolet der Frau von Schröder Dich erinnern wirst, marmoriert er auch sehr gut mit harmonierenden Farben, ohne daß es bunt wird. Wenn Dir das gefällt, so kann er es auch so machen.

Morgen soll Becker kommen und die Tapeten einnageln und sie dann zugleich aufkleben helfen, damit auch das in Ordnung kommt. Die braune Stube lasse ich jetzt weißen nebst der dahinter und will diese mit Kupfervitriol hellblau streichen lassen, hoffend, den Wünschen der kleinen Frau zuvorzu-

562 Die Wismarer Gastwirtin und Weinhändlerin Agnes Christ. Hedwig Garz (*1771).

563 Lamperie = Verkleidung des unteren Bereichs der Wand in Innenräumen.

kommen. Das muß ich noch beifügen, daß mir der Maler gesagt, es sei nicht nöthig, die Farbe von den Fenstern herunter zu reinigen, sie sollten ohne das schon weiß bleiben und nicht wieder durchschlagen.

Den 18t Junius

Ich komme eben von Miekenhagen zurück, wo ich zu einem Gerichtstage habe assistiren müssen.[564] Ich will die Zeit, die ich habe, nur benutzen, um Morgen nicht zu spät fertig zu werden, umso eher den Brief zu bekommen den die Post mir Morgen bringen wird. Der Brief mit den so wohl bekannten Zügen war mir neulich eine angenehme Ueberraschung und ein Anklang an vergangene Zeit. Grüße die liebe Schreiberin recht herzlich von mir. Es scheint, als sei Dir das Magnetisiren nicht unangenehm und als wenn es Dir wohltue. Dann will ich mich herzlich darüber freuen und mich damit befreunden.

Deine geäußerten Besorgnisse muß ich Dir benehmen: erstens in Hinsicht des Abjäeten des Waizens ist es damit nicht so stark geworden als wir beabsichtigten, weil es die Witterung nicht erlaubte [...?].[565] Daß es nicht geschehen ist schadet nichts, da die heitere Witterung es unnöthig machte, da sie ihn ein wenig zurückhielt und ich glaube, wir werden außer dem Lagerkorn nicht sehr zu fürchten haben, weil der nasse Winter den Boden sehr festgeschlagen. In Hinsicht des jungen Clees ist er bisher größtentheils mit Stroh zu Häcksel geschnitten worden. Es hat auf die Art so leicht keine Noth damit und jetzt nähert er sich schon der Blütezeit. Dabei ist es aber eigentlich nicht Sellschopps Schuld, daß versäumt ist, Raps zu Grünfutter zu säen, sondern daß er mir in der Döselei den zu diesem Zwecke zurückgelegten Sack von kleinem Raps verkauft. Doch würde uns die vorjährige nasse Witterung, bei der man nur Noth hatte, so fertig zu werden, die Saat kaum erlaubt haben, hätten wir ihn auch gehabt.

564 Mieckenhagen war ein Bauerndorf, das bis 1582 zum Gut Groß Siemen gehörte. Heute ist es ein Ortsteil der Gemeinde Satow.

565 Ein Halbsatz nicht zu entziffern.

Was den jungen K[apff][566] betrifft, so ist mir nicht wahrscheinlich, daß sie ihn gerade mit dem Winter wollen eintreten lassen und ich glaube daher, wir dürfen diesen Zweifelspunkt immerhin unentschieden lassen. Natürlich, daß es auch mir am besten passt, wenn er mit dem Anfang der Arbeit im Frühjahr eintritt, wo ich ihn in die Geschäfte einführen und ihn beschäftigen kann, was mir ja für den ersten Winter schwer werden möchte. Diesen Winter brenne ich bestimmt nicht, weil gute Kornpreise zu erwarten sind, und wohl ebenso wenig den nächsten, weil ich erst in Ordnung seyn und den Uebergang vom Halse los seyn will, ehe ich mich ganz auf die Kartoffelbrennerey lege. Es kommt dabei doch sehr auf das Subjekt an, wie es auszuführen ist. Uebrigens möchte ich wohl doch aus der Ursache, daß es käme, da es vielleicht dereinst für Eduard von Vortheil seyn könnte.

Der Gegenstand des heutigen Gerichtstages war ein böses Hasenjagen des Schusteramtes in Bukow gegen einen Altschuster zu M[iekenhagen], bei dem sie neue Arbeit gefunden, was straffällig ist, weil ein Schuster auf dem Lande keine neue Arbeit machen darf. Der Fall war hart, weil es einen guten Menschen traf, der durch seiner Hände Arbeit seine alten Eltern nährt, und um dies zu können, so gern er heirathete, ledig bleibt. Ursache genug, um ihn so viel als möglich zu schonen zu suchen. Doch ließ es sich nicht vermeiden, daß ihm die Geschichte doch über 8 Thaler zu stehen kam.

Den 19t Junius

Da will ich mich eben beim schönsten Morgen, der ins Fenster lacht, hinsetzen um Dir noch in aller Ruhe zu schreiben, als mir Eduard unerwartet sagt, daß er heute plötzlich die Schafe scheren lasse. Er hatte gestern Abend einen Brumm und mich daher nicht davon prevenirt[567], was mir sehr ärgerlich ist, weil ich gern wieder wie voriges Jahr jedes einzelne Vließ gewogen hätte und ich nun auf gar nichts eingerichtet bin. Ich wollte Dir überdem

566 Johann Carl Ludwig von Kapff (1798 – 1854) aus Bremen.
567 preveniert = vorgewarnt.

doch über mancherley schreiben, woran ich nun gehindert werde. Also nun noch kurz über einiges.

Bald würde uns etwas Regen zuträglich seyn, da der Ostwind das Land sehr ausdörrt. Doch wächst alles ganz vortrefflich heraus. An Martin sage doch, daß Getreidepreise hier aufs Neue gestiegen sind. Ich schickte neulich meinen letzten Waizen, zum Theil Hinterwaizen, nach Rostock und kriegte 3Rthl. Für beste Waare wurde 3 Rthl. 7 ßl. bezahlt, für Rocken 1 Rthl. und Gerste 1 Rthl. In Wismar wird noch höher notirt, weil ein paar Schiffe beim Laden sind. Mein Kornboden ist noch ziemlich gut gefüllt und ich kann das Korn sehr bequem hier loswerden, da es mir abgeholt wird. Becker ist jetzt hier und schlägt das Zimmer mit Leinen aus. Ich hoffe, es solle recht gut werden, wenn die Decke nur ordentlich weiß werden wollte. Driburger Brunnen habe ich bis jetzt noch nicht bekommen. Ich gebrauche die alte Arznei noch fort. Ich meine, daß Gutmanns Wasser dasselbe sei. Wenn ich das gewiß wüßte, so hätte ich das genommen, da das hier zu haben ist.

Die Vorstellung des Stubenmädchens war neulich Sonntag hier. Sie will außerordentlich gern hierher und erbot sich jede Arbeit zu thun. Sie sagte sie könne nähen und habe zu Püschow[568] größtentheils das Kinderzeug gemacht und habe schon 9 Jahre gedient. Sie mißfiel mir auf den ersten Anblick zwar nicht, doch kann ich auch nicht sagen, daß sie mir besonders gefallen hätte. Ich will heute bei der Schrödern noch einmal Erkundigung einziehen und wenn die nicht zum Nachtheil ausfällt, mir noch einmal den Schein, worin ihr ein gutes Zeugnis ausgestellt ist, zeigen lassen.

Wir haben es jetzt tüchtig eilig. Wir haben noch einen Theil der Braache nachzuholen, sind beim Mergeln, Modden, Steineabfahren, haben gestern das Luzernland gedüngt. Die Zeit des Mistfahrens, der Heuernte rückt auch schon heran und so haben wir so ziemlich alle Hände voll. An Grünfutter haben wir jetzt Ueberfluß und erst jetzt fangen die Kühe an, in der Milch zu-

568 Der nicht weit von Klein Siemen entfernte Weiler Püschow ist heute Teil von Reinshagen.

zunehmen. Bis jetzt sind sie noch sehr schlecht darin. Die Butter ist theuer. Es sollen neulich in Fürstenberg über 13 Thaler gezahlt worden seyn. Doch sind sie in Rostock lange nicht so hoch – 10 Thaler und darüber. Es fangen jetzt einige Holländer an, sie ungeschlagen aufzukaufen. Das könnte uns gut passen. Daß sie sich bisher nicht hat halten wollen, behauptet E[duard], liege wohl vorzüglich an dem grobkörnigen Salz, womit sie sie setzen. Dies muß gestoßen werden, wie die Hollsteiner behaupten, und sehr genau darauf halten. Doch ich muß schließen, da zwei Bienenschwärme meiner warten. Lebe recht wohl! Bald mehr von mir. Dein G.

25.06.1817 (abends), Klein Siemen. An Marianne Gildemeister, Bremen

Endlich wird mir einmal ein freier Augenblick zu Dir zu eilen, liebe Marianne. Die beiden letzten Posttage haben mir keinen Brief gebracht. Ich würde mich darüber freuen, wenn ich wüsste, daß Du zu schreiben unterlassen, weil Du vielleicht nicht aufgelegt gewesen und wenn ich nicht fürchten müßte, daß Du wieder weniger wohl bist und Dich leidend zu wissen. Oder hätte vielleicht der Magnetismus eine heilsame Krise herbeigeführt, oder ist gar ein Brief verloren gegangen? Ich hoffe darüber Morgen den näheren Aufschluß. Obgleich ich so beschäftigt war, daß mir nicht ein Augenblick überblieb, Dir zu schreiben, so war ich darum doch nicht weniger mit Dir und für Dich. Ich habe nemlich diese Tage dazu angewandt, mit Becker die beiden Stuben mit Tapeten zu bekleben. Rechne dazu, daß die Bienen mich stark in Arbeit setzten, zumal da es mir an Körben fehlte und sich in dieser geschäftsvollen Zeit so Manches häufte, so kannst Du Dir leicht vorstellen.

Eduard neckt mich eben mit dem Schreckensruf, daß es schon halb elf sei. Ich begreife nicht wie die gewaltige Ermüdung mich es so hat können verschlafen lassen. Eine Auktion in Wakendorf[569], die ich gestern besuchte

569 Wakendorf ist heute ein Ortsteil von Züsow – östlich von Wismar gelegen.

und wo ich ein achtjähriges verwahrlostes blindes Pferd nebst Füllen kaufte, kam mir oben drein noch dazwischen. Da ich früher zurückfahren konnte, so eroberte ich dadurch noch einige Zeit, um Dir zu schreiben, sie wurde mir aber sehr beschränkt, da am Tage wieder zwei Bienenschwärme eingefangen waren, die ich noch in Ordnung bringen mußte, was mir die Zeit bis in die Nacht kostete, da ich erst am Morgen die neuen Körbe dazu bekommen und daher auch vielerlei zurecht gemacht werden mußte. Für dies mal wirst Du also schnell dazu kommen und Dich mit wenigern Zeilen begnügen müssen.

Daher also gleich von dem, was Dich am meisten interessirt, von dem Stande des Getreides, der über alle Maßen vortrefflich ist, nicht nur im Ganzen überhaupt, sondern ganz besonders bei mir. Das schöne warme Wetter, das wir nun schon länger gehabt, ist von dem wohlthätigsten Einflusse gewesen und obgleich man glauben mußte, das Land werde bei dem austrocknenden Ostwinde allmählich des Regen bedürfen, so bewies das immer dunkler werdende Blau der Sommersaaten und ihr fröhlicher Wuchs, wie wohlthätig es für sie sei. Der Waizen fängt an in Aehren zu treten und macht mit seinen breiten Blättern eine wahre Pracht.

Sellschopp, der am Sonntag vor 8 Tagen hier war, war erstaunt, wie durchgängig schön all unser Korn steht, mit Ausnahme des erst gesäeten Grünfutters, das wir aber nicht entbehren, da der zuerst gemähte Clee ganz vortrefflich wieder herauswächst und zur rechten Zeit hoch genug seyn wird, das E[duard] in der Bestellung muß versehn haben, dann hat er wahrscheinlich das etwas nasse, durch die Mistfuhren zugedeckte Land zu früh bearbeiten lassen und selbst der Hafer, der hinterm Garten steht und die 4te Saat ist, steht ganz vortrefflich. Ich habe es selbst gestern erst bestätigt gefunden, da ich auf meiner Tour die Saaten vieler Güter zu sehen kriegte und also vergleichen konnte. Ich habe keine getroffen, die sich mit unserer messen kann.

Im Ganzen scheint dies Jahr nach der allgemeinen Meinung ein sehr reiches Jahr zu werden und selbst der Rocken wird, glaube ich, löhnig, da er ein so unvergleichliches Blüthenwetter gehabt. Gestern hatten wir ein Gewitter, das uns zur rechten Zeit einen kostbaren Regen brachte, der das Land recht erfrischte und heute kommt noch ein wenig nach. Es ist überhaupt eine ganz herrliche Zeit. Das ganze Land duftet von dem weißen Clee, der fast allendhalben die Dreeschen[570] mit seinen Blumen weiß färbt und in dem die Bienen recht üppig schwelgen. Die meinigen haben ganz vorzügliche Art und ich excellire weniger durch die Quantität als Qualität meiner Bienenstöcke, die fast alle übergroß, und davon viele schon so schwer sind, daß man sie mit Mühe hebt. Wegen ihrer Größe habe ich schon im Bienenschauer keinen Platz mehr und ich habe jetzt schon 3 Körbe im Freien stehn, denen sich wohl noch mehrere beigesellen werden, weshalb nächstes Jahr noch ein Bienenschauer dazugebaut werden muß.

Was Sellschopps Neid neulich ganz besonders erregte, ist unser schöner rother Clee, womit wir gestern mit dem Mähen zu Heu schon einen Anfang gemacht und dies umso mehr, da sie ihn in Mechelstorff für die Pferde sehr entbehren. Georg Pavenstedt sagte mir neulich in Doberan, wohin wir eine Tour auf den Sonntag verabredet und wo wir zu Mittag table d'hôte speiseten und uns sämmtlich, Onkel mit eingeschlossen, sehr gut amüsirt, daß ihm seine Pferde, ungeachtet er ihnen 1½ Scheffel Hafer geben lasse, so sehr abfielen.[571] Er giebt ihnen lieber den theuren Hafer und scheut den rothen Clee, den er hat, um nur künftiges Jahr nicht wieder so in Futternoth zu gerathen. Es ist mir daher eine rechte Freude gewesen, ihm ein paar Fuder Heu, die wir bei dem Ueberfluß an Futter über haben, worin wir schwelgen und wobei unsere Pferde sich wieder sehr aufnehmen, anbieten zu können.

Die Tapete in den beiden Zimmern ist jetzt aufgeklebt, sie ist eben und gut geworden und uns ziemlich geglückt. Das Benageln der Stube mit Leinen hat uns doch viele Umstände gemacht, indeß hat Becker seine Sache sehr gut gemacht. Das Zimmer hat sehr dadurch gewonnen, da die kleinen Un-

570 Dreeschen = Brachen.

571 Johann „Georg" Eberhard Pavenstedt (1793 – 1827) war das zwölfte und jüngste Kind von Sara Friederike (geb. Gildemeister, 1755 – 1796) und Johann Eberhard Pavenstedt (1749 – 1823).

ebenheiten der Wand dadurch ausgeglichen sind und ohne das hätten wir die Tapete, deren Streifen diese würden sichtbar gemacht haben, nicht hinein kleben können. Du glaubst nicht mit welcher Freude ich diese Arbeit vollführte, in dem Gedanken, daß es für Dich sei und in der Hoffnung, daß Du Freude daran haben würdest. Zu der hinteren Stube habe ich von Lübeck eine grüne Tapete bekommen, die dem Auge sehr wohlthätig ist und zu der vorderen recht gut harmoniert. Ich lege Dir davon, damit Du weißt wie sie aussieht, eine kleine Probe ein. Zur Wohnstube habe ich von 6 Stück Tapeten noch ung[efähr] ⅓ Stück übrig behalten.

Ehegestern hat uns Mamsellchen mit Erdbeeren überrascht, die es d[ieses] J[ahr] im Ueberfluß giebt. Am Sonntag waren in Doberan schon wilde zu kaufen. Da ich noch keine Brunnen habe, so sündige ich vorläufig noch darin. Es ist die höchste Zeit geworden, zu schließen. Mögte ich doch heute gute Nachrichten von Dir bekommen und das Ausbleiben von Nachrichten nur nicht in irgendetwas Unangenehmen seinen Grund haben. Lebe recht wohl und grüße alle gute Freunde und Bekannte. Dein G.

02.07.1817, Klein Siemen. An Marianne Gildemeister, Bremen

Liebe Marianne, heute muß ich nur gleich damit anfangen zu präpariren, daß ich für dies Mal nur werde kurz seyn können. Die Geschäfte häufen sich sehr und obendrein haben mir die Bienen so viel zu schaffen gemacht, daß mir die Zeit sehr beengt ist.

Donnerstag

Vorigen Posttag erhielt ich zwei Briefe von Dir auf einmal. Der ältere hatte zuvor eine Tour nach Greifswald gemacht und mich dadurch unnöthigerweise etwas beunruhigt. Du scheinst Dich bis auf die Zahnschmerzen etwas besser zu befinden, wenn es gleichwohl nur wenig ist, so will ich wünschen es möge damit fortgefahren seyn und Dein morgender Brief das bestätigen.

Ich will die Briefe kurz durchgehn und darauf beantworten, was zu erwidern seyn möchte. Bei Gelegenheit des Zahngeschwürs von Gustav[572] fällt mir ein, hast Du O[lbers] wegen des Hohlwerdens seiner Zähne consultirt wie Du es wolltest? Ich habe Schreeb, als ich ihn in Rostock traf, zu mir eingeladen, was er mir halb zusagte indem er bestimmt hinzusetzte: „Abschied nähme er nicht." Da er sich nach Tisch so ganz verlor, daß ich ihn nicht wieder zu sehen kriegte, so kam es mir halb vor als ein Meiden, was vielleicht der Bremer wegen, die ich bei mir hatte, seyn konnte.

Die Kartoffeln sind dies Jahr ziemlich zeitig gepflanzt. Im Garten sind sie schon sehr weit, im Felde werden sie zum erstenmal angehäufelt. Sie stehen sämmtlich sehr gut. Mit dem Federvieh scheint Mamsell Glück zu haben, es ist davon ein ziemlicher Segen oder vielmehr Unsegen davon da. Nur mit den Tauben will es nicht recht fort, da das Taubenhaus doch beschädigt ist, was sich jetzt nicht machen läßt. Eduard hat die Kunst entdeckt, wie man es machen muß, daß das Federvieh fleißig legt, er hat nemlich Mamsell in meiner Abwesenheit 4 ßl. für Eier gelöset – welches darin besteht, daß er dem Federvieh außer Hirse kein Korn giebt. Auch die Schweine bekommen nicht das Mindeste, er hat dagegen die gute Methode eingeführt, Kaff[573] anzubrechen und einzusäuern. Wobei sie sich so gut halten, daß Sellschopp, als er sie zu sehen gekriegt, gegen E[duard] geäußert, er würde ihnen wohl ziemlich Korn gefüttert haben, was S[ellschopp] zu Mechelstorff anfangs so tüchtig angefangen, daß, hätte P[avenstedt] ihm nicht das Handwerk ein wenig gelegt, er für ein paar Hundert Thaler hineingefüttert haben würde.

Ueber die Stelle Deines Briefes wo Du sagst: Aber wann bekommt Ihr dort Gemüse? mußte ich lächeln, da wie gerade denselben Tag junge Erbsen hatten, die jetzt beinahe schon ein wenig zu groß sind. Ich trinke jetzt den Dribuger Brunnen seit ein paar Tagen. Die Verhaltungsbefehle in Hinsicht der

572 Der 1812 in Klein Siemen geborene Sohn Johann Gustav sollte zum Arzt Dr. Olbers.

573 Kaff = Spreu bzw. die beim Dreschen von Getreide abfallenden Spelzen und Hülsen, Grannen, Samenhüllen und Stängelteile.

Diät habe ich Mamsell mitgetheilt, die sich danach richten wird. Alle Milch ist mir doch nicht verboten und süße werde ich doch essen dürfen? Der Maler ist noch nicht gekommen, was mir in der Hinsicht nicht unangenehm ist, als die Wände in den Stuben noch Zeit haben etwas mehr auszutrocknen. Frau von Schröder hat ihm für das erwähnte Zimmer, wenn ich nicht irre, 8 Thaler gegeben und von Rathlev hat er für das Gartenzimmer mit Einschluss der Türen und Fenster und des Aufklebens des Papiers 14 Thaler bekommen. Wenn Dir ein Gulden für ein Fenster von beiden Seiten gemalt zu viel scheint, so ist dabei zu bemerken, daß er sich verpflichtet, es dreimal zu übersetzen und daß die sehr breite Lamperie mit einbegriffen ist, die es gewiss um ⅓ herabsetzt. Mir scheint er in Hinsicht auf die schönen Farben und Oel billig, was er natürlich zugiebt.

Was mag man dort[574] wohl dafür bezahlen und was gebe ich ihm wohl für einen Fußboden zu malen? Die Nachricht von G[eorg] P[avenstedt]s Bräutigamschaft war mir sehr überraschend und ich habe mich umso mehr darüber gewundert, da ich geglaubt, er sei schon halb und halb versprochen gewesen. Ich beauftrage Dich hierdurch förmlichst Mama zu bitten, dem jungen Bräutigam in meinem Namen meinen Glückwunsch abzustatten.

Ich habe das Stubenmädchen von Petersdorf[575] fest gemietet, da die Erkundigungen die ich ihrendhalben eingezogen, günstig lauteten. Ich hatte mich dieserhalb an die Schrödern gewandt, die ich schon früher einmal in meiner Verlegenheit um ein gutes Stubenmädchen gebeten, gelegentlich an uns zu denken. Sie antwortete mir sehr artig, sie habe schon im Stillen Sorge getragen, uns ein recht gutes Mädchen zu verschaffen. Umso lieber wolle sie es übernehmen, sich danach zu erkundigen. Frau von Müller[576] ist seit einigen Tagen in Wochen. Da Du Dich für die Leute interessierst, so kann ich

574 In Bremen.

575 Petersdorf gehörte mit den Gütern Bobitz, Groß Krankow, Köchelsdorf und Tressow den Grafen von der Schulenburg.

576 Hedwig von Müller, geb von Prollius, auf Westenbrügge.

Dir zu Deinem Trost sagen, daß zu P[avenstedt] das Korn ausgezeichnet gut steht und da er mergelt und es damit durchzusetzen scheint, so denke ich wird er es schon durchholen. Male und ihrer Frau Mama[577] ist dies ein Strich durch die Rechnung. Die Winkenwerdersche, die beiläufig wohlauf ist, hat mir erzählt, die letztere sei vor einiger Zeit zu ihr gekommen, wahrscheinlich um es wieder anzuknüpfen, und habe ihr gesagt, es sei doch zu wenig Lohn, das Male kriegte, das trüge sie beinah an Schuhen auf. Worauf die ihr, daran ihren blauen Aerger habend, erwiderte, was denn eine Dirne, die erst zugelernt werden müßte, wohl verlangen dürfte? Uebrigens habe sie es, da sie nur einem einzelnen Herrn aufwarte, bequem genug. Daß eine Dirne, die noch nicht einmal zugelernt sei, gleich wieder aufsagen wolle, würde der Herrschaft wohl nicht sehr gefallen. Wie sie sie aus diesem Ton hat sprechen hören, ist sie ganz bedenklich geworden. Es ist nicht lange darauf gewesen, wo sie mir durch Mamsell wieder antragen ließ und wo ich sie zu meiner Freude gleich bestimmt abgewiesen. Sie sind jetzt einigermaßen in Verlegenheit, da an Dienstboten kein Mangel ist, denn wegen der hohen Kornpreise will jetzt Alles dienen.

Der Joh[anne] Fickschen habe ich es neulich gesagt, als ich das Milchgeld gab, ihrer Tochter seien fürs erste Jahr 14 Rthl. bestimmt, was sie sehr vergnügt aufnahm.[578] Die alte Brüshabersche ist unvermuthet zu einem Schatz von 30 Rthl. gekommen, der ihr sehr gut zu statten kommen wird. Es ist nemlich den Erben der in Rußland gebliebenen Krieger, die ihnen für das Jahr ihres Dienstes versprochene Prämie von 10 Thaler ausgezahlt worden. Ich hätte ihr zwar nun gerne dies Geld aufgehoben, da sie aber ein alter mißtrauischer Mensch ist, und sie wohl gar glauben könnte, ich hätte was darunter, habe ich es ihr lieber ausgezahlt. Lückesche[579] hat es ebenso auf das eine Auge gekriegt wie damals Fick seine Tochter. Es sah erschrecklich aus, als ich es zu sehen

577 Ließen sich nicht ermitteln.
578 Dorothea Fick (geb. Kastens, *1767) und Tochter Anna Fick (*1813).
579 Kath. Maria Sophia Lücke (*1788).

kriegte, was schon ein wenig spät war, als ich es erfuhr. Ich habe sie darauf gleich zu Schmidt[580] geschickt, der, wie ich bemerke, sie ebenso behandelt wie Treviranus jun. und das mit Glück. Das Auge ist zu meinem Erstaunen vollkommen auf der Besserung und wird, wie ich es jetzt nicht mehr bezweifle und es vorher kaum für möglich hielt, wieder hergestellt werden.

Wir sind jetzt bei der Clee und Wiesenheu Ernte. Ein Theil des Cleeheus steht schon in kleinen Haufen, da wir die Vorsicht gebraucht zuerst nur einen Theil niederzumähen und später das andere. Eine Sache, die ich dem Hauer nie durchsetzen konnte, der lieber Alles auf einmal herunterschlug und sich hernach bei dem Bearbeiten des Clees so viel Arbeit zusammenhäufte, daß er mit den Frauen nicht dagegen an konnte, geschweige bei ungünstigerer Witterung. Das Uebrige liegt in Schwaden zum Trocknen. Wir werden ungeachtet der Stallfütterung noch einen Segen an Cleeheu ernten. Der Clee steht dies Jahr über die Maßen schön bei uns und hatte sich auf den besten Flächen schon gelagert, er hat den Mähern Mühe gemacht. Ich wünschte Dir, daß Du die dicken Schwaden einmal gesehen hättest.

Ich habe dies Jahr recht Gelegenheit gehabt, die Bemerkung zu machen, daß kein Gewächs mehr als der rothe Clee ansagt, in welchem Kräftezustand der Boden ist. Ich habe Clee gesehn, der ebenso dicht an rothen großen Köpfen war als der unsere und doch kaum mehr als eine Hand hoch während unserer meisten über eine Elle lang ist. Sämmtliches Vieh vorzüglich, die Pferde thun sich auch recht bene[581] darin. Von dem Raps fängt auch der Breitwürfige schon an sich ein wenig zu verfärben. Der Waizen kommt jetzt mit Macht mit den Aehren heraus und steht mit seiner dunklen Farbe überaus kräftig. Ich glaube nicht, daß er sich so leicht legen wird. Unser Sommerkorn steht durchaus vortrefflich, nur zu meiner Verwunderung die Gerste auf einem Theil des Erbslandes am schlechtesten. Unsere schönste Gerste ist die mit der Maschine gesäete, sie hat durchaus den schönsten kräftigsten Stand. Unsere

580 Wohl „Chirurgus Adjunct N. N. Schmidt“ im „Seebad zu Doberan“.
581 bene = gut.

Leute meinen, die stände ja, als wenn sie gepflanzt wäre, und wirklich hat sie einen eigenthümlich schönen ebenen Stand, so daß einem dagegen die sonst gesäete breitwürfige Saat nicht behagen will und klumpig scheint. Sie wollen sich nicht ausreden lassen, daß sie nicht dicker gesäet sei, da sie doch wirklich ⅓ dünner gesäet ist.

Becker hat vor einiger Zeit schon im Kartlower Kruge[582] von unserm schönen Maschinenpark sprechen gehört. E[duard] behauptet, hier müsse stark zugehört worden seyn von einer Menge Fuß und Pferde Leute. Das kann wohl seyn, denn es ist wenigstens ganz Mecklenburgisch dergleichen lieber heimlich ins Auge zu nehmen, so wie dies auch bei der Pumpe der Fall gewesen ist, die viel nachgemacht ist und sich weiter verbreitet, ohne daß, mit Ausnahme einer einzigen bei Pav[enstedt], sich Einer die Erlaubniß erbeten, sie besichtigen zu dürfen. Sie haben es sich lieber heimlich abgucken wollen.

Die Bienen werden mir dieser Tage schon eine Ernte geben, indem ich mehrere Stöcke abtrommeln werde. Die Bienenzucht ist recht im Flor, viele Körbe sind tüchtig schwer. Vor allem bewährte sich die Magazinbienenzucht und ich werde diese daher auch künftig vorzugsweise treiben. Ich kann nächstes Jahr aber nicht umhin, das Bienenschauer noch zu vergrößern. Ein Schwarm mit dem ich ohnehin viel Last gehabt, ist mir unter den Brennhausboden unter die Bretter gezogen und ich weiß nicht, wie ich ihn wieder herauskriegen soll. Bei der Schur ist uns neulich eins der 4 Mögliner Schafe krepiert, zum Glück das schlechteste, aber jüngste. Es hatte sich bei nüchternem Magen aufgebläht und war nicht mehr zu retten. Die Schur ist übrigens recht gut ausgefallen. Wir werden über 300 Pfund Wolle zu verkaufen haben. Sie ist dies Jahr sehr gut gewaschen.

Ich habe jetzt auch über den Liskal[583] nähere Auskunft erhalten und das durch eine sehr sichere Quelle, durch Sellschopp. Sie bestätigt ganz was Rathlev zuletzt

582 Kartlow bei Wismar ist seit 1245 urkundlich erwähnt und gehörte Jahrhunderte zu den Besitzungen des Klosters von Doberan.

583 Nicht ermittelt.

über ihn gesagt. Er hat durchaus den Ruf eines ängstlich rechtlichen Mannes und ich werde danach meine Maßregeln nehmen. Deine Ermahnungen zum Bedenken ungeachtet, werde ich doch das Geld für den Wein zurücksenden lassen. Daß der Wein ein sehr theurer sei, wird nicht zu befürchten seyn. Der junge Mann hat mir, seit er Gramkow besichtigt, nicht eine Zeile darüber geschrieben. Am Sonntag waren wir zu Mechelstorff. Das Korn steht durchaus gut und das wenige gemergelte Sommerkorn ganz überaus schön. Ich bin jetzt fest überzeugt, wenn P[avenstedt] das Gehörige anwendet und es scheint, daß er es nicht daran fehlen lassen will, so würde er es noch dahin bringen, dieses später auf 10 Procent auszubringen. Ich nahm die Gelegenheit wahr ihn darauf aufmerksam zu machen, daß er einen großen Theil davon der guten Bestellung von Sellschopp zu danken habe. Onkel [Pavenstedt], dessen Unterhaltung mir meist zutheil wird und das ist das Unangenehme daran, hat die neuliche Parthie nach Doberan so gut behagt, daß er auf den Sonntag schon wieder eine proponirt. Es behagt ihm hier überhaupt sehr wohl. Soeben kommt endlich der Maler. Ich muß ohnehin schließen. Lebe recht wohl, liebe Frau. Dein G.

07.07.1817, Klein Siemen. An Marianne Gildemeister, Bremen

Liebe Marianne. In Deinem letzten Briefe hast Du durch Martin einige Anfragen wegen des Englischen Geldes hinzufügen lassen, die Du, wie ich vermuthe, gern gleich beantwortet hast. Ich schreibe Dir deshalb lieber gleich darauf und lasse das Uebrige auf ein andermal. Das ist ja ein schöner Kurs, wozu Droop[584] unsere Louis d'or verwechselt hat. Was das Einziehen dieses Geldes betrifft; so dünkt mich lassen wir uns, da Gottfried die Sache gern auf einmal abgemacht wünscht, nur den jetzigen Kurs von 500 gefallen. Es wäre freilich ganz angenehm 600 zu bekommen und er mag auch wohl wieder et-

584 Johann Abraham Droop (*1781) war gebürtiger Bremer.

was später hier so hoch steigen. Der ganze Unterschied macht aber nur 2 Procent und das Droop nur 3 Procent Zinsen vergütet, so könnte durch diesen Zinsenverlust der ungewisse Vortheil eines längeren Wartens großtentheils draufgehen. Ich bin also der Meinung, Du überlässt es Gottfried[585] nach Gutdünken für uns zu handeln.

In Hinsicht der Disposition dieser Gelder so weißt Du, war unsere Abrede, daß Gottfried davon 1 000 Rthl. und ebensoviel Martin bekommen sollte und daß von dem Uebrigen 1 000 Rthl. an Dr. Pavenstedt abbezahlt werden sollten, wie ich ihm vorläufig schon gesagt. Martin schreibt mir in dem letzten Briefe noch Folgendes: „Im fall Du die Englischen Gelder einziehen willst und könntest solche nicht anderswo besser anlegen, so könnte ich recht gut die 1 000 Rthl., die Ihr mir auf Obligation angeboten habt, gebrauchen, da ich Ende Julius und Anfang August ziemlich viel für Getreide zu bezahlen habe. Indeß brauchst Du Dich dieserhalb durchaus nicht zu geniren." Da Martin das Getreide, was er für die Sachsen-Meinungsche Regierung kauft, meistens eher bezahlen muß, als er das Geld dafür wieder kriegt, so vermuthe ich, daß ihm vielleicht ein Gefallen damit geschehen könnte, wenn er auch die 1 000 Rthl. für Dr. P[avenstedt] auf eine kurze Zeit benutzen dürfte und es genügte bei diesem, wenn ihm nur angezeigt wird wann er sie später ausgezahlt erhalten soll. Ich tue Dir diesen Vorschlag nur, weil solide Geschäfte zu Grunde liegen und ich kein Risiko dabei sehe. Solltest Du aber irgend Unannehmlichkeiten darüber haben können, so tue mir den Gefallen nichts davon zu sagen, denn da M[artin] nichts davon ahndet, so kan es ganz ungeschehen bleiben. Um Deine Augen nicht anzugreifen, füge ich nichts Anderes hinzu. Kannst Du mir wohl mal durch Sophie[586] schreiben, wie es wegen Wilhelm steht? Mit alter Liebe, Dein G.

---

585 Gottfried Heinrich Plath (1782 – 1840) war der Sohn von Christiane (Schwester von Johanne Wienholt) und Johann Christian Plath.

586 Mariannes Freundin Sophie Walte.

09.07.1817, Klein Siemen. An Marianne Gildemeister, Bremen

Ehegestern habe ich Dir schon auf einige Punkte Deines Briefes, liebe kleine Frau, geantwortet. Damit unser gewöhnlicher Posttag nicht aus der Reihe kommt, soll er durch jenen Brief nicht behindert werden und ich schreibe Dir deswegen heute, was ich in jenem nicht berührte. Ich sehe, daß einige traurige Eindrücke nachtheilig auf Dein Befinden gewirkt und daß in die Stelle der Zahnschmerzen leider wieder die Melancholie eingetreten ist. In solchen Zeitpunkten fällt mir die Entfernung oft recht schwer, auch die Unmöglichkeit gleich zu Dir eilen zu können. Die beiden Veranlassungen sind wirklich recht traurig und kamen auch mir sehr unerwartet, doch hoffe ich, daß es sich mit der Stute bald ändern wird, wenn eine Milchversetzung die Ursache davon ist. Das schöne Wetter hat sich sehr verändert und es ist seit einiger Zeit regnerisch und unbeständig, was uns bei unserer Heuernte nicht ganz passt, doch geht es noch so ziemlich damit, da der Regen nur schauerweise kommt und der Wind zwischendurch wieder abtrocknet. Bei Euch, denke ich mir, wird es viel ärger damit seyn.

Die Winde die von Euch herkommen sind für uns immer die ärgsten Regenwinde. Ehe dieser sich nicht dreht, fürchte ich, werden wir keine beständige Witterung bekommen. Dagegen sind wir stark beim Mistfahren und die Frauen haben ihre liebe Noth damit, weil er (wie sie klagen) so schwer ist, dies weil die Streu diesen Winter so viel als möglich gestreut war, weshalb unsere Strohvorräte noch sehr ansehnlich sind und wir Ueberfluß daran haben. Gestern konnte ich Pav[enstedt] auch mit einem zweiten Fuder Heu für seine Pferde aushelfen. Es war mir ein ordentliches Gaudium das Riesenfuder anzusehn, das sich die Knechte geladen hatten. Es ragte über die Thorpfeiler weg, als es schwankend zum Hofe herausfuhr.

Martins Mittheilung des Fallens der Kornpreise habe ich benutzt, um noch etwas Sommerwaizen und Gerste anzubringen, ersteres zu 2 Rthl., letzteres zu 4. Was ich außer dem Sommerwaizenrest noch über meinen Bedarf habe, werde ich leicht bei Kleinigkeiten noch anbringen, da fast allendhalben die

Vorräte erschöpft sind, daß nicht einmal das Bedürfniß noch da ist. Das Korn ist von der Reife doch noch sehr zurück. Nur der Raps wird es nicht lange mehr machen. Erbsen und Wicken blühen. Vom Hafer ist nur der zuerst gesäete auf Cleeland in Aehren getreten und die Gerste ist noch weit davon zurück. Der Cleehafer hat durchaus die beste Farbe und er steht im Ganzen vortrefflich, nur will der Schottische demungeachtet auch dies Jahr wieder nicht recht, und da dieser gerade nach vorne hin steht, so werden die Leute seine Vortrefflichkeit nicht einmal gewahr. Er ist wieder zu dick gesäet. Da er voriges Jahr sehr schlecht gerieth, so war zu fürchten von den schlechten Körnern würden viele zurückbleiben und deswegen hat ihn Eduard eben so dick säen lassen, hernach sind sie aber doch alle gelaufen. Wegen des nassen Frühjahrs steht auf den kleinen nassgründigen Stellen der Hafer schlecht, was zwar im Ganzen nicht sehr schadet als nur dem äusseren Anschein, daß er weniger geräth.

Du fragst was der Gerste auch schade. Daß das Wetter in der Saatzeit naß gewesen. Allerdings ist ihr das nicht zuträglich, doch steht sie im Ganzen äußerst ansprechend. Auf der Cleestoppel steht das Lein der Leute ganz vortrefflich, obgleich dies das Einzige war, was Peters nicht grob gesäet hat, wahrscheinlich aus Mangel an Dreistigkeit. Ich schiebe es hauptsächlich, daß er so gut gesäet hat, auf die Zuversicht womit er säte, denn da seyn Vater ein sehr guter Säemann gewesen, so war er der Ueberzeuung, er wird das von ihm geerbt haben und darum hoffte er immer, wie er sich ausdrückte, es sollte schon mit ihm gehn. Das gute Gerathen ist mir der Leute wegen sehr lieb und gerade darum gab ich ihm auch dieses schöne Land dazu her, weil es so ein wichtiger Punkt für sie ist.

Pav[enstedt] und ich wir sind beide mit dem Leinsaamen von Hase[587] betrogen worden, den wir ihm theuer bezahlt. Es scheint verlegene Waare gewesen zu seyn, die nicht gut lief und daher nur dünner steht. Wir zweifeln

587 Vermutlich ein Rostocker oder Wismarer Kornhändler – nicht ermittelt.

noch ob es wirklich Rußische Saat ist. Die Luzerne ist mit dem Buchwaizen, unter den sie gesäet ist, vortrefflich gelaufen und wird wills Gott ein schönes Feld geben. Der Waizen ist jetzt meistens aus den Aehren heraus und steht vortrefflich. Nur ist er auf den allerschwersten Stellen, wo der rechte Picklehm ist, der in den Furchen fingerdicke Risse bekommen hat, etwas zurückgeblieben. Dies ist aber nicht unerklärbar durch das Wetter, was wir seinerzeit bei der Brachbestellung hatten, und das für so ein Stück Acker so ungünstig war wie möglich. Weiter unten, wo der Acker milder wird, steht er über alle Beschreibung schön.

Der Maler ist mit unserer Schlafstube schon fertig. Sie ist wirklich recht hübsch geworden. Die Grundfarbe ist blass roth. Ich hoffe, daß sie Deinen Augen nicht zuwider seyn wird, da die Farben sehr milde gehalten sind. Da das Zimmer roth gewesen und ich ihn einmal darauf angenommen hatte, mußte ich es dabei lassen. Sollte es den Augen nicht gut seyn, so kann sie im Nothfalle immer noch durch eine andere, allenfalls braun, gedeckt werden. Der Maler ist wirklich ein geschickter Kerl und scheint so eine Art Genie zu seyn wie es das Kupfer seines Gesichts nicht widerspricht. Von Sophies Bilde war er ganz entzückt. „Wetter, da ist Forsches darin!" war seyn Ausruf und seyn Lob, was, wie ich meine, Sophie sehr schmeicheln und ergötzen wird, wenn Du es ihr erzählst. „Daran kann ich mich gar nicht satt sehn, das möchte ich küssen", war seyn Ausruf, und damit stellte sich der Begeisterte vor mich hin, mir die posteriora zeigend, wo auf jeden Gesäßknochen ein apfelrunder Flicken aufgenäht war. Die kleine Stube hinter der Wohnstube hat sehr dadurch gewonnen, daß die Wandschränke jetzt das Zimmer der ganzen Länge nach bedecken. Einer der Schränke ist für Dich bestimmt und ich habe ihn inwendig uneingerichtet gelassen, damit er hernach ganz nach Deinen Wünschen kann eingerichtet werden. Ich will noch ein Schloß dazu kommen lassen, das zugleich auch Deinen anderen Schrank schließt.

Den 10t Julius

Diese Abende habe ich eine unangenehme Arbeit gehabt die sie mir ganz ausfüllte, nemlich die Bienenkörbe auszutrommeln. Es stehen jetzt schon 7 ausgetriebene Körbe nebst einem Kasten an dem hölzernen Magazin oben, zu dem noch 2 Körbe hinzukommen sollen, wo dann Mamsell auf einmal die Honigernte abmachen kann. Dies Austreiben ist bei der gewöhnlichen Korbbienenzucht ein verdrießliches Geschäft, das sie mir sehr verleidet und weswegen ich die Magazinzucht vorziehe. Von diesen Magazinkörben, bei denen einige bei einem Durchmesser von 14 Zoll schon die Größe haben. Lebe wohl, liebe Frau. Dein G.

16.07.1817, Klein Siemen. An Marianne Gildemeister, Bremen

Liebe Marianne, ich habe diesmal keinen Brief von Dir zu beantworten, da ich nur einige Zeilen durch Martin habe, die sie nicht heischen. Die böse Schlaflosigkeit hat Dich wieder gehindert, doch hoffentlich darf ich Dich mir im Garten denken, wo die Landluft Dir hoffentlich wohlthätig seyn wird, wenn Ihr nemlich nicht so ein Wetter habt als wir hier heute.

Es ist ein trüber regendichter Tag. Bisher sah die Luft zwar immer regendrohend aus, aber es regnete wenig und daher ist auch die so trocken wie Asche, aus der der Regen, welcher fiel, gleich wieder verwischt war. Fast alle Gräben sind dies Jahr ausgetrocknet. Unser Heu ist gottlob trocken und steht in großen Haufen, wo es bis zur Einfuhr vor der Witterung sicher ist. Der größte Theil des Dungs ist schon ausgefahren und ein Theil schon wieder untergeackert. Du kannst daraus sehen, daß wir in der Arbeit nicht zurück, sondern voraus sind. Der Raps ist noch nicht gemäht, weil er noch nicht ganz so weit ist und uns von einem Tag zum anderen hinhält. Doch wird der Breitwürfige diese Woche noch an die Reihe kommen. Gerste fängt auch an in Aehren zu schießen.

An dem Waizen habe ich die unangenehme Entdeckung gemacht, daß Brand darin ist.[588] Zwar an den kräftigen Stellen wenig und nur an einigen schlechteren ziemlich viel. Aber es macht mir doch, wenn ich gleich hoffe, daß es dem Verkaufe nicht schaden wird, in der Hinsicht einen Strich durch die Rechnung, als ich versuchen wollte Saatwaizen zu verkaufen. Und doch ist mir Brand, der dies Jahr sehr häufig scheint, immer noch lieber als der fatale Rost, gegen den es gar kein Mittel giebt.[589] Leider habe ich einem unglücklichen Geiz oder übel angebrachter Sparsamkeit zu danken. Denn da Eisenvitriol wohlfeil und Kupfervitriol theuer ist und mir die Ursache der Wirkung in dem Vitriol selbst zu liegen schien, so wollte ich das Geld nicht unnöthig für das teure Material wegwerfen. Zu spät aber erfuhr ich durch E[duard], daß Schiebler[590] hierüber viele Versuche gemacht und gefunden, daß gerade nur Kupfervitriol wirkt und das Eisenvitriol ganz ohne Wirkung sei. Für die Zukunft werde ich mich nun freilich besser hüten. Ein Glück, daß der Brand nicht so arg ist als zu Kl[ein] Nienhagen an manchen Stellen, was überhaupt ist, als wenn ein Unsegen auf dem Felde ruhte. Denn der Rocken ist zum Theil knipperig und das Sommerkorn, selbst das gemergelte, nur mittelmäßig. Ein Theil der Braache ist noch nicht aus dem Dreesch gebrochen. [...?][591] Der Rocken ist dies Jahr überaus vollkörnig und wird aus diesem Grunde vortrefflich lohnen. Nur glaube ich, daß man eine Fehlrechnung macht, wenn man bei Rocken dieses Jahr auf eine sehr reiche Ernte hofft. Ich fürchte, er wird bei der Ernte sehr zusammenfallen, da er doch nirgends dick

588 Bevor Saatgutbeizungen zu einer gängigen Praxis wurden, zählte der Steinbrand (Tilletia caries) zu den gefährlichsten Waizenerkrankungen. Es handelt sich um einen parasitischen Pilz; als Befalls-Symptome erscheinen in den Fruchtständen Brandbutten, die aufgrund der enthaltenen Pilzsporen schwarz gefärbt sind.

589 Der Getreideschwarzrost (Puccinia graminis) ist ein Pilz aus der Familie der Rostpilze (Pucciniales). Im Laufe der Geschichte bewirkte er immer wieder enorme Schäden in Weizen-, Roggen- und Gerstebeständen.

590 Johann Ludwig Schiebler (1751 – 1833) war ein berühmter Gartenmeister, der für den Prinzen Ernst zu Mecklenburg-Strelitz den Celler Prinzengarten anlegte und dann einen eigenen Betrieb gründete. Kupfer diente als Fungizid (Mittel zur Bekämpfung von Pilzkrankheiten).

591 Zwei Sätze nicht lesbar.

steht (Lagerkorn habe ich noch nirgends gesehn). Und wenn er auch aus dem Grunde gut lohnen wird, so fürchte ich, wird es nicht die gehörige Bundzahl am Morgen geben. Für den Landmann wird es immer noch eine ganz gute Ernte werden, aber keine so reiche, daß sie die Erwartung niedriger Preise rechtfertigt. Endlich habe ich auch einmal den vorjährigen Ausdrusch aufmachen können, und danach findet es sich, daß wir vom Waizen nicht völlig das 6te Korn gedroschen. Die Ursache, warum es nicht mehr gebracht, liegt theils in dem vielen Lagerkorn, theils in dem schlechten Lohnen des Waizens. Die Ursache davon ist mir nicht ganz klar, vielleicht weil es das Letztgesäete war, da starkgesäeter Waizen überall schlecht ausgefallen ist und theils auch in dem Mäusefraß, den die Dreschmaschine wegen der mancherley Spreu, die wir auch hatten, nicht ganz abhelfen konnte und der dadurch nicht ganz unbedeutend geworden ist.

Rocken hat dagegen über Erwarten gelohnt. Wir haben davon in diesem keineswegs reichen Jahre doch 10 ⅓ Korn gedroschen. Gerste, dieses vortreffliche Korn, hat ungeachtet des Mißwuchses doch noch das 7te Korn gebracht, aber Hafer nicht mal das 4te. Erbsen, die schlecht gerathen waren, das 3te und Wicken etwas über das 4te. Im Ganzen darf ich in Hinsicht des schlechten Jahres mit der Ernte wohl zufrieden seyn, besonders wenn man das Stöhnen anderer über das schlechte Lohnen hört. Zu den schönen Rappen haben sie in Lischow die ganze Hafersaat zukaufen müssen, woran Dr. Jordan[592] doch so viel wendet. Sie haben bis auf 1 Last Hafer den ganzen Schlag mit Gerste besät und doch nicht einen Scheffel zu verkaufen gehabt. Wie das aber möglich ist, begreife ich nicht ganz, es muß damit einen Haken haben. Wahrscheinlich haben die Instleute die Gerste in dem nassen Jahr unterhacken lassen, was in diesem Falle sie begraben heißen würde.

Meine Nachbarn haben sämmtlich Saat und sogar Nackt Hafer zugekauft.[593] Pav[enstedt] hat, obgleich er nichts als Hafer baut und der daselbst

592 Gutsherr Joachim Ernst Jordan (1779 – 1824).

593 Bis in die erste Hälfte des 20. Jahrhunderts war Hafer nach Roggen die wichtigste Getreideart.

dies Jahr im Verhältnis sehr gut stand, im Ganzen nur 7 Sack verkauft. Rathlev sagt selbst, von Waizen nur das 5. Korn zu haben und er hat wahrscheinlich nichtmal so viel. In Vergleichung mit diesem kann ich sehr zufrieden seyn und darf ich erwarten, daß es in guten Jahren recht tüchtig scheffeln wird. Ein Glück, daß die hohen Preise Alles wieder gutmachen, bei niedrigen Preisen aber wäre es ein schlechtes Jahr geworden.

Den 17t Julius

Am Sonntag ist Gustav[594] seyn Geburtstag, wo Du so gut seyn wirst ihm die Einlage zu behändigen. Ich habe soviel gesonnen auf ein Geschenk, aber nichts ausdenken können. Der Junge hat so viele Sachen, daß es schwer wird was für ihn zu finden. Ich muß da Deine Aushülfe in Anspruch nehmen und Dich bitten ihm Etwas neben etwas Genießbaren in meinem Namen zu schenken. Ich werde den Tag wahrscheinlich nach Doberan fahren und will ihn da feiern.

Der Maler ist mit der hinteren Stube nun auch beinahe fertig, die wirklich recht hübsch wird. Die Fächer bestehen aus einem bräunlichen Marmor, den er ganz nett meist auf grünbräunlichem Grunde, die Borte aus einer weißen Arabeske, auf Liliengrund gesetzt hat. Der Mensch ist wirklich geschickt und kann sich gewiss mit Kersting messen, wenn er ihn nicht vielmehr noch übertrifft.[595] Er ist wenigstens ebenfalls auf der Academie zu Kopenhagen gewesen und malt einem Figuren aus freier Hand weg, daß es man so pufft. Ich habe meinen Wohnsitz in der braunen Stube und schlafe in der Kammer dabei, die dadurch, daß sie mit blauem Vitriol geweißt ist und daß ich Borte oben herum gemacht, ein kleines allerliebstes wohnliches Zimmerchen geworden ist. Es ist dies wirklich eine leichte und nette Manier ein Zimmer blau zu malen, und wenn sie es vielleicht doch noch einmal nachahmen wollen, so müssen sie nur guten Zyprischen Vitriol anfordern.

594 Am 20. Juli.
595 Gemeint ist wohl der in Güstrow aufgewachsene Maler Georg Friedrich Kersting (1785 – 1847).

Ich glaube ich habe neulich unterlassen Dir zu schreiben, daß ich durch die Schröder die Bestätigung erhalten, daß das Stubenmädchen, das wir bekommen, Handarbeiten versteht, so hole ich es jetzt noch nach. Sie schreibt mir darüber, sie solle (nach Frau von Haeftens Aussage[596]) im Nähen, Waschen und Plätten nicht ungeschickt seyn. Das ist Dir doch wohl lieb. Auch das habe ich Dir, glaube ich, noch nicht geschrieben, daß wir Frau von Schröder wahrscheinlich wieder in die Nähe bekommen, nemlich nach Doberan. Sie hat vor einiger Zeit der Rathlev vertraut, daß die alte Madam Schröder[597], die sehr krank und deren Ende nahe seyn soll, ihr ihr Haus vermacht. Sie hat Aussicht noch mehr von ihr zu erben. Wie würde es mit der Wirthschaft solcher Unmündigen nicht manchmal aussehen, wenn der Himmel nicht übernähme, ihre Rechnung zu führen.

Von den Kornpreisen habe ich nichts erfahren als daß gesagt wird, daß Rocken in Wismar noch 1 Rthl. 32 ßl. gelten soll. Und nun lebe recht wohl und halte Dich munter, liebe Frau, herzlich Dein G.

Das Wetter scheint sich wieder zu bessern und überhaupt keine Gewitterluft zu seyn, es donnert aber. Die Ableiter sind in Ordnung.

22.07.1817, Klein Siemen. An Marianne Gildemeister, Bremen

Das Wetter scheint sich seit gestern gesetzt zu haben, es ist warm und köstlich und kommt uns zum Einfahren des Heus sehr erwünscht. Endlich wird es doch wohl mal ein Jahr mit warmen Hundstagen geben. Am Sonnabend, wo ich wegen verschiedener Besorgungen nach Rostock war, haben wir unsern Raps gemäht, der dies Jahr wirklich schöne Haufen bringt. Der breitwürfig gesäete etwas besser als der in Reihen gesäete, weil er in den Reihen zuviel Tücken wegen fehlerhaftem Drillapparats hatte und weil er nicht früh genug gesäet war. Ich hoffe, daß er gut scheffeln wird.

596 Welche Frau aus dem Adelsgeschlecht gemeint ist, konnte nicht ermittelt werden.
597 Henriette Maria Elisabeth Schröder, geb. von Boddin, starb 1817.

Am Sonntag waren wir in Doberan, wo wir uns mit Pavenstedt ein Rendezvous gegeben hatten. Wir haben uns, ungeachtet des Wetters, das nicht das freundlichste war, ziemlich gut divertirt.[598] Es war ziemlich voll, wenigstens waren im Speisesaal 6 Tische besetzt, daß wir eben noch die letzten Plätze erhaschten. Als wir hinausgingen ging der Großherzog[599] vor uns. Ich habe auch die Teutschen Jünglinge mit den rothen Mützen gesehn. (Studenten die bei Teutscher Tracht, die übrigens ziemlich en vogue ist, scharlachene Kappen tragen). Er rief einem Anderen zu: „Die Bengels sehen aus, als wenn sie doll sind!“ Wir haben die Rathlev auch da gesprochen. Sie, die mit der D[okto]rin S[schröder] dort das Bad gebraucht, scheint sich recht gut zu amüsiren. „Ach, wenn sie nicht müßte“, sagte sie mir, „um keinen Preis möchte sie dort verweilen.“ Doch war in ihrem Gesicht diese Ueberzeugung nicht ganz leserlich.

Ich habe dies Mal auch Roppes[600] besucht. Ihn traf ich nicht zu Hause, er war wegen Amtsgeschäfte nach Cröplin, aber sie. Sie hat mir an Dich sowie an Mama recht viele Grüße aufgetragen mit dem Wunsche einer baldigen Besserung. Sie sagte mir, daß er diesen Winter viel gekränkelt hätte, besonders weil jede Gemüthsbewegung nachhaltig auf seinen Körper wirkt und der Tod seines Vaters ihn sehr bewegt. Dazu käme, daß ihnen Beiden viel Geschäfte auf dem Halse lägen, ihr dadurch, daß sie jetzt 2 etablierte Häuser hätten und ihm, weil er die Besorgung der Erbschaft übernommen. Sie haben dies Jahr ihr Haus an den Juden Jacobsen[601] zu 700 Rthl. vermietet, der kürzlich 20 000 Thaler in Kiel verloren, was daselbst und in Rostock eine große wichtige Neuigkeit war.

Pav[enstedt], bei dem sich schon einige Gerste gelagert hat, was bei uns noch nicht hat geschehen können, weil unsere noch nicht so weit ist, hat an

598 divertiert = vergnügt.
599 Friedrich Franz I.
600 Womöglich Johann und Caroline Roppe in Doberan.
601 Nicht ermittelt.

seinem Wohnhause einen unglücklichen alten Schaden entdeckt, der ihm was zu reißen giebt. Er will aus dem Grunde die Fassade vorn nächstes Jahr massiv aufmauern lassen, wozu ich ihm sehr zugerathen. [...?][602] Zu antworten habe ich auf Deinen am Sonntag empfangenen Brief nicht viel, liebe Frau. Ich hoffe, bei diesem schönen Wetter soll Dir der Aufenthalt auf dem Lerchenrasen doch recht gutthun. Da [Gäste] jetzt kommen, so wird mir das umgekehrte Haus, das ganz in Unordnung ist, recht als Entschuldigung dienen, sie nicht zur Nacht einzuladen. Sie zu Mittag zu haben, soll uns aber nicht geniren, doch ist es mir lieb darauf präpariert zu seyn. In Hinsicht des Auftrags wegen Johannisbeersaft für Mamsell bin ich verlegen, da die eine Ziffer so geschrieben ist, daß sie dreierlei bedeuten kann: nemlich 3, 6, 8 und obendrein einen Kringel. Doch werde ich mich klüglich durch Mamsell Gleim ihr Kochbuch[603] zu helfen wissen. Brot lasse ich mir lieber von Cröplin mitkommen, da Mamsell ungleich einem guten Vater mir einen Stein für Brot reicht. Der Rumfordsche Bratofen[604] soll doch nun endlich auch gemacht werden, ich habe die Platten dazu schon liegen. Bei dieser Gelegenheit muß ich erzählen, daß wir einen neuen Müller zu Alten Karin bekommen, der sich gut anläßt.[605] Da ist unser Landbrot aber so weiß als das Mechelstorffer.

Der Maler ist jetzt tüchtig bei den Fenstern in Arbeit. Nun ich sie in Augenschein kriege, sehe ich, daß es die höchste Zeit ist, daß sie gemacht werden, vorzüglich äußerlich ihrer Konservation wegen. Er meint, sie könnten jetzt noch ziemlich halten. Allgemein rieth man mir, wenn ich neue machen

602 Fünf Sätze nicht angemessen entzifferbar.

603 Die Bremer Pädagogin, Schulgründerin und Schriftstellerin Betty Gleim (1781 – 1827) hatte nicht zuletzt ein sehr erfolgreiches Kochbuch verfasst: Bremisches Koch- und Wirthschaftsbuch enthaltend eine sehr deutliche Anweisung wie man Speisen und Backwerk für alle Stände Gut zubereiten [...] lernt. Die erste Auflage von vielen erschien 1808.

604 Im ausgehenden 18. Jahrhundert entwickelte Benjamin Thompson alias Graf Rumford, der sich im bayerischen Staatsdienst Gedanken über Ernährung (Rumford-Suppe), wärmespeichernde Kleidung und Heizanlagen für Soldaten machte, einen Herd und Ofen, bei dem die Feuerhitze so gezielt an notwendige Erhitzungsstellen geleitet wurde, dass keine Wärme verloren ging. Der Rumford-Herd kam um 1800 in begüterten Haushalten in Gebrauch.

605 Die Rede ist vom Müller Christian Huebst (*1782).

lasse, sie von Tannenholz machen zu lassen, weil dies dazu besser sei, als eichenes. Was mag man dort dafürhalten? Der Maler meint, wenn die Lampen und Türen grau sind, gehöre es sich, daß Fensterbord und der innere Fensterrahmen ebenso gemalt seyn müssen. Da ich aber nicht glaube, daß Du das leiden magst, habe ich gegen die Regel weiß bestellt. Er kann sich über unsere frühere Malerei nicht genug wundern. Die Farbe an den Türen ist noch nicht hart (wahrscheinlich dank dem Rathlev'schen Rat, Harz unter die Farbe zu thun) und läßt sich mit einem Messer in langen bandförmigen Streifen ablösen – ergötzlich anzuschauen. Ich lasse mir gar nicht anmerken, daß das unser Opus ist.

Wir sind jetzt recht tüchtig beim Cleeheu Einfahren, wozu uns das Wetter ganz herrlich paßt. Es bringt tüchtig was, wir werden doch, ungeachtet so viel Vieh auf dem Stall gefüttert ist, doch allein an Vorrat über 50 Fuder erwerben. Mit dem Futter werden wir jetzt nur ein wenig zu quälen kriegen, da uns durch Eduards mißratenes Viehfutter das Grünfutter sehr knapp wird und ich den zweiten Cleeschnitt, der jetzt im besten Wachsen ist, nicht gern schon angehen möchte. Wir müssen sehn uns durchzuhelfen. Zu meiner traurigen Angabe des Ausdrusches der Ernte muß ich noch hinzufügen, daß von Gerste ein Theil grün abgefüttert worden ist, so daß ich doch noch ans 8. Korn gehabt habe. Von Waizen hatte ich bestimmt auf 100 % mehr gerechnet. Der Rocken verfärbt sich schon sehr. Wenn dies schöne Wetter anhält, wird es die Ernte beschleunigen und es mögen Einige vielleicht schon Montag über 14 Tage anfangen können. Lebe wohl liebe Frau. Grüße an Alle Dein G.

29.07.1817, Klein Siemen. An Marianne Gildemeister, Bremen

Liebe Frau, aus Martin seinem letzten Briefe habe ich mit Vergnügen gesehn, daß Du schon in der freien Luft gewesen bist. Das schöne Wetter, was wir seitdem hatten, ist dazu sehr gelegen gekommen und hoffentlich wirst Du es noch recht oft haben benutzen können. Auch wir haben es hier vortrefflich benutzt und es kam uns ganz besonders zu statten, unser sämmtliches Heu vortrefflich einzubringen, worunter nicht weniger als 64 Fuder Cleeheu sind. Trefflich das sehr tüchtige Fuder, davon 49 in Mieten gefahren sind, deren 2 jetzt auf dem Felde paradieren und die wir jetzt decken. Seit ein paar Tagen ist das Wetter wieder unfreundlich, die Luft ist gewitterhaft und es giebt zuweilen tüchtige Schauer. Sie kommen uns jedoch nicht ungelegen, da sie nur die zu hart gewordene Koppel, die wir umbrechen mußten, erweichen, womit wir sonst wohl nicht gut zu Stande gekommen wären. Uebrigens steht hier alles recht gut mit uns. Wir sind mit der Arbeit ziemlich vor, daß wir schon daran denken können, bald etwas Rocken, wovon sich die Saat wohl gut gehalten und daher gut keimte, und auch Raps in die Erde zu bringen.

Der Dünger ist fast abgefahren. Eduard war im Anfang sehr bange, daß wir nicht zugedüngt kriegten, da im Frühjahr schon soviel abgefahren ist, und wollte meiner Versicherung, daß es uns ebenso gehen werde wie im vorigen Jahr, nicht ganz trauen. Indeß gab ich ihm soweit nach, daß ein Theil des Rockenlandes nicht stärker als mit 6 Fuder den Morgen (der Raps hat zum Theil 10 gekriegt) gedüngt wurde. Jetzt aber bereut er es, da wir mit Einschluß dessen, der diese Zeit über noch gemacht wird, noch welchen über behalten, obgleich wir die letzte Zeit schon keineswegs mehr gekarrt haben.

Wir sind jetzt noch beschäftigt, einige kleine Stellen, die bisher noch zurückgeblieben waren, nachzumergeln, womit wir auch bald fertig werden wollen. Zum Moddern haben wir leider wegen der zögernden Arbeit dieses Jahr und wegen der weiteren Düngerabfuhr nicht viel kommen können, ebenso wenig als zum Abfahren der Grabenborten, was wir als die weniger wichtigen Arbeiten den wichtigsten nachsetzen mußten. Wenn wir zum Moddern noch etwas Zeit erübrigen, so werden wir es wohl in dem künftig jährigen Schlag thun, um lieber immer so viel als möglich mit den Arbeiten voraus zu seyn, was ein ganz großer Nutzen ist.

Sobald das Wetter wieder besser ist, werden wir unsern Raps einfahren. Der zweite Schnitt des früh gemähten Clees ist schon so hoch, daß er sich gelagert hat und mir übers Knie reicht. Doch werden wir es sauer haben, uns nur bis zur Stoppel mit dem Futter hinzuhalten, denn da wir ohnehin die Absicht haben, das Vieh während der Ernte zu weiden, so kann während der Zeit das Futter wieder hinreichend nachwachsen, um es nachderselben gleich wieder auf den Stall zu nehmen. Die Luzerne ist vortrefflich gelaufen und steht unter dem Buchwaizen ganz herrlich. Ich hoffe diese Anlage wird uns gelingen und wir ein gutes Luzernefeld erlangen. Die Ernte ist besonders, wenn das kühle und bedeckte Wetter anhalten sollte, so nahe noch nicht. Der Rocken wird zwar ziemlich gelb, das Korn ist aber noch sehr weich. Der Hafer, der noch gar nicht so lange aus den Scheiden ist, ist grasgrün und die späte Gerste ist jetzt erst in Aehren getreten. Soweit meine landwirthschaftliche Kunst.

Ich bin einige Tage nicht ganz wohl gewesen. Wahrscheinlich ein kleines Erkältungsfieber, ich habe dabei Zahnweh gehabt, das sich auf einen beschädigten Zahn geworfen. Natürlich, daß auch der Magen dabei litt. Ich habe daher auf so lange bis der Magen wieder in Ordnung ist, den Brunnen ausgesetzt. Ich werde ihn wieder anfangen, wenn die Zunge wieder unbelegt ist. Nach Mama ihrer Theorie wird der Brunnen wohl was aufgeregt haben.

Ich schrieb Martin neulich, wenn er ein paar alte eiserne Heizöfen zu einem billigen Preise auffinden könnte, sie mir auf dieser Gelegenheit zu schicken. Ich muß durchaus darauf denken, der Feuerverschwendung bei den Leuten Einhalt zu thun. Während Vater in seiner Haushaltung ungefähr nur 30 000 Soden verbraucht[606], kommen die Leute hier in ihrer kleinen Haushaltung nicht mit 12 Faden Holz aus. Ich muß noch dazu Buschholz kaufen und doch ist immer Feuermangel, daß einem Zäune und was brennbar ist noch obendrein gestohlen und vernichtet wird. Der kleine Bothe braucht in seiner Wirthschaft nur 2 000 Soden und etwas Holz und der Maler, den ich darum befragte, heizt sehr gut mit viel kleineren Soden, ohne Holz. Die wah-

606 Gemeint ist die Jahresmenge.

ren Abgründe und Schlünde für das Feuermaterial sind die fatalen Oefen von Mauerstein, die es entsetzlich verschlucken und verschwenden. Pavenstedt hat deswegen in seiner Leutestube einen tönernen, den er dazu gekauft. Er rät ab, weil seine Miß ihm gesagt, daß er mehr Feuerung koste als der Feuerherd, was wohl wahr seyn kann. Aus derselben Ursache aber will ich den aus der blauen Stube in die Leutestube setzen lassen. Nun kann man aber den Leuten künstlich gebaute Oefen nicht geben und da denke ich, daß die dauerhaften eisernen am besten an ihrem Platze sind, die doch gewiß den unnützen Feuerverbrauch schon sehr beschränken. Lieb wäre es mir also, auf solche Weise davon zu kommen. Martin kann mir bei dieser Gelegenheit zugleich 3 Stück Halblaken schicken und Eduard wünscht, daß ihm damit was von seinen Sachen noch in Bremen ist, zugeschickt werden möchte.

Es fiel mir neulich die Anzeige einer Art Teutonia[607], die man zum Zweck einer Discontanstalt in Hamburg zu erreichen beabsichtigt, in die Hände und die mich sehr erregte, unsere Jungens hineinzukaufen. Sie ist für verschiedene Klassen nach dem verschiedenen Alter eingerichtet. In der untersten für den Jüngsten sollte der jährliche Beitrag, den sie während 36 Jahren zahlen sollten (als ich gerade umwenden wollte wurde ich im besten Schreiben gestört), 25 Rthl. seyn. Dabei ist zugleich eine Art Lotterie verbunden indem die ersten 4 Jahre fast soviel Leibrenten und einige Prämien, die nur für das eine Mal ausgezahlt werden, ausgelost werden als die Hälfte der Einnahme beträgt. Wird eine Leibrente, es sind einige bis zu 2 000 Rthl. darunter durch den Todt erledigt, so wird sie wieder verlost. Nach 36 Jahren erhält jeder Lebende von der Summe, die er allmählich eingeschossen (der daraus gebildete Fond wird als ein Eigenthum des Interessenten angesehen) jährlich Zinsen, die von 6 allmählich bis zu 30 Procent und darüber steigen. Es sammelt sich auf diese Art ein Fond der allmählich über eine Million steigt. Sobald er so groß und die Zahl der dann noch Lebenden so klein, daß jeder 100 000 krie-

607 1817 gegründete Burschenschaft.

gen kann, so wird er unter ihnen vertheilt und die Teutonia löst sich damit auf. Ich hatte eine rechte Lust die Kinder darin einzukaufen, als ich bemerkte daß die erste Klasse nur für Kinder von 6 bis 15 Jahren ist und es somit auf einmal zu Wasser wurde.[608]

Ich sah heute den jüngsten Neven[609] auf den Hof reiten, von dem ich gleich vermuthete, daß er wegen Sonntag käme, als ich ihn Eduard entgegen schickte, um ihn aufzufangen, da ich gern allein seyn wollte. Das half aber nichts, denn ich wurde bald darauf selbst von Hauk[610] überrumpelt. Nachdem ich bereits eine Tasse Caffe mit ihn getrunken, kam ein seltsames Fußvolk mit zwei Juden auf den Hof gefahren, die auf meine Wolle und den Raps handelten und die Gesellschaft vermehrten. Daß H[auk] blieb genirte mich ein wenig, da es sich nicht gut in Gegenwart eines Dritten jüdelt. Handelseins sind wir noch nicht geworden, doch haben sie mir für meine Wolle 7 ½ Rthl. für 11 Pfund und für den Raps 2 Rthl. 9 ßl. geboten. Für ihn habe ich viele Aussicht 2 Rthl. 16 ßl. zu machen und die Wolle habe ich ihnen zu 8 ½ gelassen. Sie werden wahrscheinlich noch wiederkommen, da sie beides gern haben wollen. Der eine Jude, ein Schwede, hatte ein so nettes Gesicht und dabei ein bescheidenes durchaus gar nicht jüdisches Wesen, wie ich noch nie einen Juden gesehn. Gerade als wenn der Wimmel alles nach Kl[ein] Siemen führen wollte, so waren diese kaum weg als noch Bartels von Altenhagen angestiegen kam[611], der noch etwas Rocken kaufen wollte. Und so ging der Abend ziemlich unruhig zu Ende.

Julius, den 31t

Der Himmel ist ganz bedeckt und der Regen fällt sachte herunter, der mir gar nicht passt, da ich gerne den Raps einführe und deswegen eine Liste, die

608 Vgl. Ernst Levy von Halle: Die Hamburger Giro-Bank und ihr Ausgang. Studien zur Hamburgischen Handelsgeschichte, Band 1, Berlin 1891.

609 Wohl der Sohn des Verwalters vom Gut Groß Siemen.

610 Wohl Johann Heinrich Hauk vom Gut Detershagen.

611 Wohl David Hellmuth Bartels, geb. 1783.

ich in Rostock zu thun hatte, nun zum unrechten Zeitpunkt darum aufgeschoben. Ungeachtet wir nun im Ganzen über die Witterung dieses Jahres nicht klagen dürfen, so ist es doch keineswegs unter die trockenen, sondern wohl mehr unter die nassen zu rechnen. Die Witterung wechselt gar zu sehr und ich fürchte daher, sie wird uns in der Ernte auch in Athem halten. Mit rechtem Aerger sehe ich jetzt immer das Steigen der Englischen Pounds, die sogar schon über 83 gewesen sind. Mag es immerhin wohl eine künstliche Steigerung seyn, so wäre es doch angenehm gewesen davon zu profitiren. Aber wer konnte das vorhersehen? Jedoch muß man sich damit zufrieden geben, daß 75 immer schon ein schöner Kurs ist.

Eine possierliche Scene muß ich noch zum Besten geben, die Kadow neulich erzählte. Dieser sieht nemlich aus der Ferne Esch[612] einmal ins Feld mit dem Füllen reiten. Nun konnte dieser junge Mann, so groß und steif er ist, doch so albern seyn wie ein Bock. Er kehrt sich daher gegen das Füllen um und tut, als wenn er gegen dasselbe hinten ausschlagen will. Das Füllen versteht das unrecht, kehrt sich gleichfalls herum und giebt ihm einen Schlag vor den Hintern, daß er kopfüber zur Erde fällt. Geschwind rafft er sich wieder auf und schleicht sich in der Meinung, daß es niemand gesehen, davon ohne ein Wort zu sagen, sich den schmerzhaften Theil haltend und reibend.

Wie Georg mir schreibt, gedenken Dr. Pav[enstedt] erst am 13. August hier einzutreffen. Gegen die Zeit können wir uns ja noch hinreichend in Positur setzen. Was würde Vater sagen, wenn ich ihm eine Abbildung des hochbelobten Luzerne Grases zeigen könnte? Ich wollte nur, daß er mir davon in Natura verschaffen könnte, um damit einen Versuch zu machen. Lebe wohl, liebe Frau, ein andermal mehr. Bis dahin Dein G.

Einliegend noch eine Probe unserer früheren Malerei, woran der Maler so seinen Skandal hat.

612 Der Kossat Johann M. C. Esch (*1802).

06.08.1817, Klein Siemen. An Marianne Gildemeister, Bremen

Liebe Marianne, als ich neulich in meinem Kleiderschrank war, fielen mir von ungefähr ein Paar wollene Socken in die Hände, die oben auf dem Bord lagen. Ich machte die unangenehme Entdeckung, daß der Wurm darin war und fand bald darauf in dem Schrank selbst eine Kleidermotte. Meine erste Sorge war meine schöne Wintermütze, die ich sorgfältig in ein reines Tuch geknotet, als ich von der Reise zurückkam und noch obendrein mit Terpentinöl versehen. Als ich sie öffnete flogen mir gleich einige Motten entgegen und leider fand ich den Wurm ebenfalls darin, der sie sehr beschädigt hat. Ich glaube fast, daß mir die Mütze gar an dem Unheil schuld ist, und daß vielleicht Motteneier darin gewesen, denn sie hatte schon vorigen Winter ein paar kahle Stellen wie vom Wurm, wo das Haar wegging. Zum Glück fand ich bei näherer Untersuchung, daß die Kleider noch unverletzt und unangesteckt geblieben sind. Ich habe sie also gleich sämmtlich aus dem Schranke herausgenommen, diesen geleert und gelüftet.

Da ich hier die Stelle einer lieben Hausfrau versehen muß, veranlasste mich dies zu einer Generaluntersuchung auf der Stelle, worüber ich hierdurch meinen Bericht abstatte. In dem ersten Schrank, dem oberen großen, besichtigte ich die beiden Fußschemel. Die Borte an dem einen ist ebenfalls etwas angenagt, aber da der baumwollene Faden hier zerschnitten ist, so zeigte es sich, daß es nicht der eigentliche Wurm ist, sondern der Kleister, womit sie dummerweise angeklebt ist, der hat dies Ungeziefer angelockt. Vorsichtshalber tränkte ich sie mit Terpentin. Einige wollene Strümpfe waren unversehrt. Ebenso fand ich in der zweiten Abtheilung einen Fußkorb und die gestickte wollene Decke, die ich beide mit Kampfer und Terpentinöl versehen und darauf in reine leinene Tücher eingewickelt. In dem Dritten lag etwas wollenes Garn, das der Wurm zerschnitten hat, die dabei liegenden Endchen Flanell waren unbeschädigt. In den übrigen Kleinigkeiten war nichts Schadhaftes zu finden.

Auf die Stube hatte Mamsell die eine grüne Tischdecke unter eine grüne Bettdecke gelegt. Ich fand einen kleinen Wurm darin, sie selbst aber zum Glück noch unbeschädigt. Der Bettdecke traue ich noch nicht ganz, obgleich mir so gleich nichts ins Auge fallen wollte. Vor der einen Abseite hingen einige alte Flanellhemden. In diesen hatte der Wurm tüchtig gehaust und alles, was sich waschen ließ, hat gewaschen werden müssen. Es fragt sich nun, was hat man weiter zu thun, um ihn ganz zu vertilgen. Geschehen muß etwas Radikales, da jetzt die Zeit ist, wo die Motten fliegen und ich in der Mütze auch schon Eier gefunden, die sie darin gelegt. Die Feuchtigkeit des Hauses mag dies wohl etwas befördert haben, umso mehr wird eine Radikalkur dafür nothwendig.

Ich möchte diesen Herbst wohl bevor der Underdrain aus dem Teich gemacht werden soll, nach Vater seinem Rat, womöglich es so machen, daß das Wasser ganz abgelassen würde, ich könnte dann allenfalls an der Stelle wo die Bleiche hin soll, ein kleines Bassin machen lassen, das dafür uns fürs Badehaus das Wasser lieferte. Da das Wasser dies Jahr im Teich so tief herausgeschwenkt ist, so hat das Haus sichtbar gewonnen. Es würde, um die Seiten zu schützen, nur noch eine Rinne daran entlang gepflastert werden müssen, um das Regenwasser der Dachrinnen abzuführen, das zu sehr in die Erde versackt und es daher in Mamsell ihrer Stube und in der äußeren Speisekammer feucht macht.

Wir haben diesen Morgen einen von den Püschowschen Ochsen schlachten müssen.[613] Der alte Knabe litt an Steinbeschwerden und es war die höchste Zeit, da die Blase schon gesprungen war. Einen Stein haben wir jedoch nicht gefunden. Pavenstedt hat vor einiger Zeit einen daran verloren und das witzigte uns, sonst war mir diese Krankheit als eine des Viehs ganz unbekannt. Der Schaden ist nun ebenso groß nicht, da wir ihn für das Erntefest brauchen und dafür das Meiste erstarren und verkaufen können, das vermuth-

613 Püschow ist heute Teil von Reinshagen. Der Ort wurde bereits 1244 bei der Festlegung der Grenzen von Satow urkundlich erwähnt.

lich jetzt theuer ist, worüber ich diesen Abend Bescheid erwarte. Ich habe Winkenwerdersche mit Butter, die bisher über 12 ßl. gegolten, heute nach Rostock geschickt. Mamsell hat mir auch gesagt, daß wir unsern Schinken über hätten. Wir haben dies Jahr ein Schwein mehr geschlachtet, da sich das Vieh aber allgemein nur schlecht mästete, so haben wir auch an Gewicht nur wenig mehr gehabt als das Jahr vorher. Das ist Dir doch recht? Sage mir doch, ob es Dir wohl recht ist, wenn ich Dir statt des Stiers, der ein sehr tüchtiger Hackochse geworden ist, einen anderen gleichfalls jungen Ochsen mäste, den ich Dir gerne eintauschte, weil er sich nicht nach Wunsch herauslegen will.

Donnerstag Morgens

Ich habe meinen Raps sämmtlich zu 2 Rthl. 16 ßl. ohne Aufmaß zu geben verkauft. Da ich demnach Eduard mit 3 Wagen nach Rostock habe, so habe ich diesen Morgen Muße für Dich, meine liebe Frau. Zu dem Raps waren dies Jahr viele Liebhaber. Kaum war der Jude neulich fort als mir der Bützowsche Müller[614] einen Boten schickte und mir sagen ließ, wir hätten doch sonst immer um den Raps gehandelt, wie es dies Jahr darum stände. Ich nahm die Gelegenheit wahr, ihm zu schreiben, ich habe mit dem Juden schon über den Raps gehandelt, über den Preis von 2 Rthl. 16 ßl. wäre ich wohl soweit mit ihm einig. Ich habe mich nur bei dem ungewissen Wetter auf keine feste Lieferungszeit einlassen können, doch sei durch seitdem eingetretene Witterung auch diese Schwierigkeit gehoben. Wenn ihm ein Gefallen dadurch geschehe, wolle ich ihm den Raps zu diesem Preise zusagen und es dem Juden aufschreiben.

Ich erhielt also gleich den anderen Tag einen Boten, er wolle ihn dazu behalten. Den Tag darauf aber kam der Bote schon wieder und sagte, er habe durch Mißverständnis eine falsche Bestellung gemacht. Der Müller habe ihm aufgetragen zu sagen, er will 2 Rthl. 8 ßl. geben, der höchste Preis, den er, wie

614 Entweder von der Kornmühle vor dem Wolkener Tor oder der vor dem Rühner Tor in Bützow.

er sich berechnet, einlegen könne. Er habe dem Boten geglaubt, der Jude habe 2 Rthl. 8 ßl. geboten und daher gesagt, was der Jude mir geboten, wolle der Müller auch geben. Dem Müller schrieb ich also darauf, das Mißverständnis sei mir leid, da ich mit dem Juden nun den Handel abgebrochen. Da aber viele Nachfrage danach gewesen, so möchte es vielleicht möglich seyn, daß ihn ein anderer übernähme. Um ihm gefällig zu seyn wolle ich mich darum bemühen, wenn es mir aber nicht gelänge, müßte ich ihn beim Wort halten. Ich war also nun auf jeden Fall gesichert. Vorgestern erhielt ich einen Boten von dem Juden der mir schrieb, er wolle mir den geforderten Preis geben, wenn ich ihm bis zum 11. August liefern könne. Er war schon sämmtlich in der Scheune, ich konnte also diese Gelegenheit benutzen, wobei ich zugleich dem Bützower Müller verpflichtet und auch ihm, der über den Lauf sehr erfreut ist, weil er eine Ladung zu complettiren hat.

Da der Bützower Müller vorher davon gesagt hatte, so ließ ich ihn, als der Handel geschlossen war sagen, er habe davon zu haben gewünscht, wenn ihm ein Dienst darunter geschähe, wollte ich es einrichten, daß ich ihm einen Theil davon ablassen könnte. Es war ihm aber zu theuer und er nahm es daher nicht an. Doch habe ich nun alle 3 Käufer zu Freunden erhalten, was mir für die Folge von Werth ist. Mit dem Preise bin ich dicke zufrieden, er ist höher als der Holsteiner. Ich glaube nicht, daß ein Anderer ihn machen wird, da die Müller schwerlich daran gehen.

Wieviel es werden wird, kann ich noch nicht bestimmen, da er noch nicht sämmtlich gemessen ist, an drittehalb Last werden wir wohl nicht ganz herankommen. Es wird sich dann auch das Verhältnis des Breitwürfigen zu dem Gedrillten zeigen. Bei diesem waren die Haufen kleiner aber schwerer und mehr Korn darin, die Körner sind größer und die Schoten viel länger. Dies hat E[duard] ein wenig stutzig gemacht, der, da er gern das Gemächlichere dem Ungemächlichen vorzieht, schon auf dem Wege war, zu wetten, daß gar kein Raps dieses Jahr gedrillt werde, ungeachtet daß ich von den Vorzügen so sehr überzeugt hin. Ich führte ihm zu Gemüthe, daß selbst beim nachtheiligen Ausfalle, es dies Jahr nichts gegen den gedrillten Raps beweisen würde, weil er zu spät gedrillt war und fast 3 Tage später unterkam als der Breitwürfige, es im Gegentheil doch eher noch dafür sprechen würde, daß er sich demungeachtet so weit herausgemacht. Was auch dies Frühjahr in meiner Meinung bestärkte war neugepflanzter Raps, den ich zu Flottbek sah und wo man mir versicherte, daß er immer $^1/_6$ mehr austrüge als bereits gesäeter.

Von dem guten Preise mag denn dies Jahr auch wohl wenigstens ein Rapslaken abfallen, und so will ich hierdurch Martin bitten, mal einen Versuch zu machen, ein altes Segel aufzutreiben, wo nicht mir stattdessen so viel starkes Halblaken anzukaufen als dazu gehört und es mir durch die bewusste Schiffsgelegenheit zuzusenden. Zu seiner Notiz füge ich bei, daß solche Laken in Holstein 24 Ellen lang und 13 breit zu seyn pflegen. Nächstes Jahr wird hier in der Gegend mehr Raps gebaut werden und sich die Conkurenz dadurch schon mehren. An von Kolzenberg[615] habe ich gestern eine Dezitonne zur Saat abgeliefert. Nun besät dieser ½ Last. Hauk[616], der neulich bei dem Handel war und dem der hohe Preis in die Nase stieg, will einen Versuch machen. Denn der Müller zu Poischendorf und Goldberg hat schon dies Jahr welchen gebaut. Mein Raps geht nach Schweden.

Die Wolle nimmt mir der Jude, der ein sehr ordentlicher netter Mann ist, wahrscheinlich auch noch ab. Ich stehe auf 8 ½ Rthl. und werde sie auch wohl kriegen. Und mehr als um die Differenz liegt mir deswegen daran, weil der soviel höhere Preis, den ich gegen Andere mache, meine Schäferei in Renommée bringt und mir dadurch für die Zukunft nützt. Die Wolle ist dies Jahr überhaupt nicht so angräpsch und sie liegt noch viel unverkauft, für die Geschorene soll dies Jahr nach eines Juden Aussage nur 7 Rthl. für 11 Pfund gekommen seyn. Bassewitz[617], dem aber schon 8 ½ Rthl. geboten sind, wofür er

615 Hauptmann G. A. von Kolzenberg, der gerade das Gut Klein Nienhagen in Besitz nahm.

616 Michael Joachim Hauk (*1753) auf Gut Detershagen.

617 Adolph Christian Ulrich Graf von Bassewitz (1787 – 1841) war Domherr zu Lübeck, Mecklenburg-Schwerinscher und Württembergischer Kammerherr. Auf seinen Gütern hatte er Merinoschäfereien eingerichtet.

sie nicht weggeben will, hat seine Wolle auch noch unverkauft liegen. 8 Rthl. hat mir gestern ein Bukower Jude geboten, der auch darauf handelt.

Diese Woche habe ich auch 30 Schafe gekriegt, fast lauter junges und schönes Vieh. Es verdrießt mich recht, daß ich es nicht gleich alles für mich behalten, denn Du weißt, daß ich sie mit Pav[enstedt] theile, dies noch umsomehr, da ich dies Jahr wahrscheinlich keine von Möglin bekomme. Kadow[618] sagt, man könne kaum glauben, was in der Gegend auf den gemergelten leichten Feldern für eine pompöse Gerste stehe. Diese scheinen dies Jahr dem Lehmboden den Rang abzulaufen, für sie ist aber auch das diesjährige Wetter mit abwechselndem Regen und Trockenheit recht gemäß, der Lehmboden dagegen ist im Frühjahr durch die starken Güsse, die jenem nicht schadeten, einigemal hässlich zugedickt. Gerste steht aber dies Jahr allenthalben unvergleichlich und es wird davon tüchtig geerntet werden. Mit dem Hafer dagegen ist man im Ganzen nicht recht zufrieden. Ich kann darüber nicht klagen, denn selbst mein Hafer in vierter Saat steht noch so schön als anderwärts oft nicht im Gerstschlage. Ueberhaupt gerade der Zeitpunkt wo mein Korn sich am besten zeigt, Du weißt, daß es sich gewöhnlich stärker entwickelt, aber dann auch das andere überholt. Ich wollte Du könntest jetzt meine schönen ebenen Schläge sehn, Du würdest recht Deine Freude daran haben.

Aergerlich nur, daß mir der Brand in dem schönen Waizen seyn muß, aber von nun an soll auf meinem Felde keiner weiter gesehn werden. Meine Nachbarn haben auch ein gleiches Schicksal. Neven[619], der ihn noch dazu gekalkt, und zu Altenhagen[620] haben sie sehr befallenen Waizen. Hauk[621] seiner dagegen ist ohne eine Aehre Brand, weil er ihn mit Blaustein gekriegt und obendrein die Sympathie gebraucht, neulich ihn mit einem Scheffel zu messen, woran kein Eisen ist. Rathlev ist so glücklich keinen zu haben, obgleich

618 Der Schäferknecht Johann Joachim Kadow (*1789).

619 Wohl der Verwalter vom Gut Groß Siemen.

620 Das Gut war im Besitz von Kammerherr Friedrich Leopold von Vieregg.

621 Michael Joachim Hauk auf Gut Detershagen.

er ihn ebenfalls nur gekalkt. Es scheint dieses Jahr eine ziemlich allgemeine Speculation der Landwirthe zu seyn, bald auszudreschen, was das erleichtern wird, daß die Ernte sicherlich ununterbrochen zustande gebracht werden wird, wenigstens also für den Rocken. Bei der Gerste wird es mir wohl weniger Eintrag thun. Dazumal die Einfuhr in England bestimmt bis zum 14ten November offen bleibt, so hoffe ich, werden sich die Preise davon und von Waizen bis dann so ziemlich halten. In Rostock ist Rußisch Korn angekommen und man verkauft den Rocken zu 1 Rthl. 33 ßl. und Waizen zu 8 Rthl.

Da die Vorräte sehr geräumt sind und die Ernte sich verspätet, so wird ziemlich rasch weggekauft. Rocken ist schon an einigen Stellen gemäht und Neben soll sogar schon welchen eingefahren haben, der gemergelt ist, aber in der Reife noch sehr zurück. Es kann beinahe noch 14 Tage vielleicht hin müssen, ehe wir daran kommen. Das Wetter scheint sich wieder zu gutem zu setzen. Warme Witterung könnte uns sehr passen und würde sehr erwünscht seyn.

Aus Martin seinem Briefe habe ich mit Vergnügen Wilhelm seine glückliche Ankunft gesehn und daß er so gute Geschäfte gemacht. Sage ihm in meinem Namen ein Willkommen und erzähle ihm, daß Herkules sehr wohl bei Leib ist und nun seine wilde Natur wieder angenommen hat, denn da er jetzt weidet, scheint ihm seyn altes Nomadenleben wieder in den Kopf gekommen zu seyn. Des Abends beim Tränken büchst er oft aus dem Stalle aus, um auf seine geliebte Weide zu kommen. Erzähle ihm doch den Triumpf, daß als E[duard] neulich Kadow[622] mit seinem Pferde zu Markte geschickt und Kadow darauf hingeritten ist, er noch viele Liebhaber daselbst gefunden und er meinte, wenn er Erlaubniß gehabt hätte, ihn zu verkaufen, er vielleicht 50 Thaler dafür gemacht hätte. Sellschopp meinte, wir hätten zuschlagen sollen, da später wohl schwerlich sich so eine Gelegenheit wieder zeigen möchte.

Deine Besorgnisse wegen der Kinder in Hinsicht vom eisernen Ofen ist

622 Der Tagelöhner Johann Diedrich Kadow.

wohl unbegründet, da ich ihn an solche geben kann, die keine haben als Johann Fick und Hamann, Wilckens usw.[623] Uebrigens meine ich solche Lotöfen von einer Etage, wie sie die Bauern haben und die wohl weniger theuer sind. Wenn sie nicht groß und schmal sind, so ist das umso besser. Was einen eisernen Ofen für meine Stube betrifft, so muß ich offenherzig gestehen, daß ein neuer dazu zu theuer ist und ein alter schwerlich passend zu finden. Sollte man gerade die beiden oberen Aufsätze allein finden, so möchte ich die wohl haben, um sie auf einen Untersatz von Kacheln zu setzen. Das wird aber schwerlich zutreffen. Es ist mir noch eingefallen, daß mit dem Schiffe auch noch recht gut die Matte zur hinteren Stube mitgeschickt werden kann, wie auch einige Fußmatten. Eduard liegt mir sehr an, ich sollte doch einige Scheffel Wintergerste zur Saat mitkommen lassen, die Martin vielleicht gleich unten sehr leicht besorgen könne, da sie sehr früh geerntet wird und schon zu haben seyn muß. Sollte es ihm gelingen, so müßte der Sack wohl versiegelt werden. Doch nun muß ich schließen. Zur Probe lege ich noch eine Pflanze von unserer dies Jahr gesetzten Luzerne bei.

Lebe recht wohl und lass bald wieder etwas von Dir hören. Dein G.

Die Jungen würden sich wohl über einen Storch freuen, der hier auf dem Hofe und im Felde herumstolzirt und von Kl[ein] Nienhagen herstammt, wo sie ihn aus dem Nest genommen. Unsere Störche haben dies Jahr stark zugezüchtet. Sie haben 5 Junge aufgebracht und, wie es scheint recht gut vor, da sie auf dem alten Viehhause angefangen haben, ein 2tes Nest zu bauen.

10.08.1817, Klein Siemen. An Marianne Gildemeister, Bremen

[…?][624] ich hoffe wir werden eine gute Ernte davon machen, wenigstens scheinen die Körner sehr vollkörnig zu werden. Für Liskal[625] ist auch Flachs

623 Der Hirte Fick und Tagelöhner.

624 Diesem Brief fehlen die ersten Zeilen.

625 Nicht ermittelt.

daselbst gesäet, der Saamen scheint aber schlecht gewesen zu seyn, denn es ist gerade der kürzeste und schlechteste Flachs. Meinen Vorsatz, in dem alten Viehause, um es zu einer bequemen Scheune einzurichten, eine Quer-Scheunendiele machen zu lassen, habe ich auch ins Werk gesetzt und Achim[626] ist jetzt noch beschäftigt, das letzte dazu, nemlich die Scheunentüre zu machen. Da ich doch dazu ein paar neue Hänge hätte müssen machen lassen, so habe ich die Gelegenheit benutzt, die klotzigen an unserer Haustür abnehmen zu lassen und dafür die beiden Glastüren wieder an die alte Stelle einsetzen zu lassen, was unser Haus nicht nur verschönert, sondern auch gegen das Eindringen von Regen sichert, wodurch es schon etwas gelitten hat. Becker ist diesen Augenblick damit beschäftigt. Einen Windfang, wie ich ihn anfangs beabsichtigte, würde das Haus verunziert haben. Es ist auch nicht mehr nöthig, da der Zug schon durch die neugemachte inwendige Tür von der Treppe abgeschnitten ist. Die jetzige Haustüre wird jetzt wieder die äussere Türe, die bei Tage in der guten Jahreszeit offensteht. Dadurch ist der Hausplatz sehr hell und freundlich geworden.

Den 13t August

Bisher hat mir des jungen K[apff] wegen Mama noch nicht geschrieben. Das Fördern-Sollen wird aber eine unangenehme Aufgabe seyn, denn wenn freilich 400 Rthl., da wir uns mancherley Last unterwerfen müssen, wohl in dieser Hinsicht nicht zu viel wären, so mag ich sie doch nicht fordern. In diesem Falle werde ich es dadurch zu umgehen suchen, daß ich die Bestimmung auf sie wieder zurückweisen werde, wo uns dann unsere Entschließung immer noch freistehen wird. Welches Zimmer wir ihm am besten geben, darüber hin ich noch sehr zweifelhaft. Die braune Stube halte ich selbst in dem Falle, daß sie Mama auch bezieht, nicht für ganz passend. Da die Vormünder es so sehr als möglich vermieden wünschen, daß er nicht den Herrn spielen

626 Einer der Handwerker.

solle. In der Hinsicht halte ich die jetzige Milchstube für passender, die leicht wieder in Stand gesetzt werden kann, in der dann der Maler wohl wieder ein wenig ausputzen müßte, so wie ich dort auch einen anderen Ofen würde müssen setzen lassen. Zur Milchstube wüsste ich dann kein passendes Lokal als dazu die jetzige Badstube im Badhause einrichten zu lassen. Indeß können wir den Vormündern die Wahl lassen und sie mögen dann selbst entscheiden.

Ich denke Wilhelms neues Bett wird sich recht gut durch die Schiffsgelegenheit mitschicken lassen und ich rathe in diesen Falle, es in ein dichtes Fell zu verpacken, wo es nicht leicht wird beschädigt werden können. Es wird doch gerathen seyn, die Sachen lieber versichern zu lassen, die Kosten sind unbedeutend und der Verlust würde hernach doch ärgerlich seyn. Wegen der Fournire schreibe ich an Martin das Nöthige, der zugleich für Becker einige mitbesorgen soll, um die er mich gebeten hat. Was die Kommode betrifft, so habe ich dies Jahr bei Mad[ame] Oelrichs Spiegelkommoden gesehen, die gerade einen halben Zirkel machten und Mad[ame] Rathlev hat auch so eine, aber größer. Was meinst Du, möchtest Du so eine wohl leiden? Bequem wäre sie an der Stelle sehr, weil man sich immer dabei vorbeidrängen muß um zu den Stühlen und den Fenstern zu kommen und sie die fatalen Ecken nicht hat. Becker könnte sich in dem Falle die Rathlev`sche zum Muster nehmen, nur fürchte ich, daß nicht so viel hineinpasst als in eine viereckige.

Ich möchte wohl wissen, was die Tischler doch davon halten, ob Tannen- oder Eichenholz besser zu Fenstern ist. Ich glaube, daß sie von Eichenholz sehr viel dicker seyn müssen, weil sich dies mehr zieht als jenes und daher die Scheiben leichter darin springen. Wilhelm seyn Rat mit Buchenholz ist wohl der schlechteste, da dieses bekanntlich nur im Trocknen gebraucht werden kann, da es im Feuchten gleich stockt.

Von Kolzenberg hat doch nur 1 Drömpt Raps gewonnen. Wegen des Geldes sei ausgesorgt, das ist schon in der Tasche. Wie es mit ihm steht, ebenso wie auch mit Wachenhusen[627], daraus kann niemand klug werden. Die Wirthschaft wird schlecht genug geführt, er ist das Gespött sämmtlicher Wirthe. Er legt seyn Gut in 10 Schlägen und düngt davon dies Jahr einen zu Raps und besät den Winterschlag mager. Was daraus werden wird, wird sich zeigen. Neven meinte neulich, von Raps alleine könnte man doch auch nicht leben. Als seyn Sohn neulich hier war sagte ich ihm, seyn Vater habe schon lange im Voraus von Eröffnung des Scheidegrabens (sowohl in meiner als seiner Braache) gesprochen und hernach, da die Zeit dazu da sei, nichts wieder davon hören lassen. Er möge es mir nicht als Schikane auslegen, wenn ich ihm hernach, wenn meine Braache bestellt sei, nicht darunter dienen könne. Diese, wie er wohl gemeint hat, gute Stimmung zu benutzen, hat er darauf E[duard] den Antrag gemacht, ich sollte meine Leute dazu hergeben, er wolle sie dann auch bezahlen. Darauf hat ihm dieser geantwortet, wir könnten unsere Leute besser brauchen. Nur wenn er welche dazu herschickte, wollten wir ihm auch welche schicken. Uns schadet es wenig, wenn der Graben auch unaufgemacht bleibt. Ihm aber sehr. So können wir es sehr gut mitansehen.

Für das Cleeheu sei ganz unbesorgt, die Mieten sind sorgfältig gedeckt. Es ließ sich nicht anders machen, als daß dieses in Mieten kam. Nach Deinem letzten Auftrage ist es ja sehr gut, daß die Schinken neulich nicht verkauft sind. Man hat Winkenmann`sche nur 7 geboten und da hat sie sie wieder mit zurückgebracht. Ueberhaupt hatte sie keinen guten Markt getroffen und für Enten, deren uns 50 Stück zum Verkauf über seyn sollen, hatte sie nur 10 gekriegt, da gerade so viele Bauern mit dergleichen zur Stadt gewesen waren, um zur Ernte Einkäufe zu machen. Mamsell habe ich neulich auch attackiert, daß sie durch eine Dirne vom Kornboden für das Federvieh Schrote bringen lassen, wofür ich sie gefinstert. Ich will noch etwas warten und dann die Würste wegschicken.

627 1816 war Wachenhusen nach Doberan verzogen, wo er mit seiner Ehefrau Doris Regina, geb. Hartwig, mit den „Trümmern seines Vermögens“ über die Runden zu kommen versuchte.

14t August

Mein Unwohlbefinden, liebe Marianne, war nur augenblicklich und ich war sehr bald wieder hergestellt. Ich brauche den Brunnen noch fort, obgleich ich bis jetzt auch keine große Wirkung davon verspüre. Mein Unwohlbefinden, liebe Marianne, war nur augenblicklich und ich war sehr bald wieder hergestellt. Ich brauche den Brunnen noch fort, obgleich ich bis jetzt auch keine große Wirkung davon verspüre. Ueberhaupt ist eine langwierige Kur unserer Art zu leben hier zu sehr entgegen, als daß man aus dieser Ursache schon ein besonderes Gelingen erwarten sollte, denn der Junker kann sich ganz der Kur widmen und das ist, was mir von Anfang an anstößig war. Hätte ich es aufzugeben gewußt, so hätte ich mir schon früher nach Unzer[628] Schwererde verordnet, das dort als das kräftigste Mittel bei eingemisteten verdorbnen Magen und daher rührender Schwäche des Unterleibs angegeben wird. Denn eine schnelle kräftige Kur ist meiner Constitution viel anpassender und hat gewiß gegen eine langwierige viel mehr Wahrscheinlichkeit des Gelingens für sich. Doch das ist nun zu spät und so halte ich mich nun zu Ungern seiner Kur, die mich wenn auch langsamer doch vielleicht zum Ziel bringt. Das Fäßchen Hering ist glücklich angekommen, wofür ich meinen Dank abstatte.

Das Wetter hat sich ein paar Tage sehr vergnügt, was uns zum Rapssäen ganz vortrefflich passt, hoffentlich wird es sich gegen die Zeit, daß wir anmähen – dieses in den ersten Tagen der nächsten Woche noch wohl nicht – wieder setzen. Heute wird Dr. P[avenstedt] mit Familie in Mechelstorff erwartet, wohin wir auf den Sonntag geladen sind. Mit Vergnügen sehe ich, daß der Englische Kurs sich wieder gehoben hat. Was wird aber meine Neuigkeit, daß Napoleon wieder entwischt ist, wovon wir hier die Nachricht haben, die in Wismar durch Stafetten angekommen ist, darauf für Einfluß haben?[629] Der Maler ist nun seit Montag ausgeblieben, was mir sehr unangenehm ist, da er

628 Johann August Unzer gab im späten 18. Jahrhundert heraus: Der Arzt: eine medicinische Wochenschrift.

629 Napoleon wurde von den Briten auf St. Helena gut bewacht – er floh nicht.

jetzt gerade bei dem Fußboden der Vorstube ist. Ich muß ihn dafür mit Auskitten und 3 Mal Malen 4 Rthl. geben, weshalb ich den Boden der Schlafstube mit der Farbe, die ich habe, selbst anstreichen will. Für den Ofen in der Vorstube und die Nische grünmarmor in Öl zu malen, hat er nur 2 Rthl. verlangt, was ich für äußerst niedrig halte.

Unsere beste Stute hatte neulich durch Entwöhnen eine Milchversetzung gekriegt, die sich durch angelaufene Beine äußert, ist aber fast wieder hergestellt. Voila les nouvelles du jour:[630] Mit dem Zeichnen der Schafe durch Tätowieren will es gar nicht recht gehen, besonders in Einsicht des Nummerntätowierens. E[duard] hat einen anderen Einfall gehabt, ihnen nach Art der Kuhhändler ein kleines Blei mit einem Stempel ans Ohr zu hängen. Es fragt sich daher: würde sich wohl an der einen Seite dieses Bleis der Stempel und zugleich an der verkehrten die Nummer aufdrücken lassen? Dann würde es ganz vortrefflich gehen und ich mir dazu eine Parthie von den kleinsten Bleien von dort kommen lassen müssen. Lebe recht wohl, liebe Frau, und grüße Alle insgesamt. Dein J. G.

Dem Siebwindgeräth von Vater sehe ich mit Vergnügen entgegen. Habe ich Dir schon erzählt, daß zu Eduard seiner Zeit zu Möglin ein dänischer Gelehrter gewesen, der es in seiner heimischen Gegend als Augenzeuge kennt und gewaltige Beschreibung davon gemacht.

20.08.1817, Klein Siemen. An Marianne Gildemeister, Bremen

Ich habe neulich einen guten Einfall gehabt, liebe Frau. Als die Wolle gepackt und der Sack schon zugenäht war, kam ich drauf, daß es leicht gewesen sei ein paar Mettwürste mit hineinzupacken und daß es schön gepasst hätte dafür diese Gelegenheit zu benutzen. Dann dachte ich, es hätte sich gut noch einiges hinzufügen lassen, allenfalls ein Schinken und zuletzt fiel es mir ein,

630 Voila les nouvelles du jour = Hier sind die Nachrichten des Tages.

daß ich ja sehr gut einen kleinen Korb damit anfüllen könnte und durch dieselbe Gelegenheit mitschicken. Da ich die Wolle heute auf Wismar schicken wollte, weil man mir Hoffnung machte, dafür eine Frachtgelegenheit nach Hamburg zu finden, wohin sie diesen Augenblick unterwegs ist, so machte ich mich gestern dabei, einen Korb zu packen, dessen Inhalt zum Theil schon mit darauf berechnet, zu Wilhelms Mundvorrat auf der Seereise[631] eine kleine Beisteuer zu liefern, folgender ist: 1 großer und 2 kleinere geräucherte Schinken – es ist gut, daß man Winkenwerdersche neulich nur niedrige Preise geboten und sie dadurch unverkauft und in unserem Besitz geblieben – 8 Mettwürste, wenn gleich zum Theil in ganz seltsamer Gestalt, so denke ich, wird man daran keinen Anstoß nehmen. Da Mamsell noch 16 in Vorrat hatte, so konnte sie wohl die Hälfte missen, 2 Pottkruken Honig und etwas Kartoffelmehl. Ich füge Dir dieses bei, wenn Ihr es vielleicht der Akzise wegen wissen müßt. Ich wünsche guten Empfang und daß es gut schmecken möge. Unter den Mettwürsten sind auch ein paar schickliche, womit Du Einen und den Anderen unsrer guten Freunde bedenken kannst.

Der Ertrag unserer diesjährigen Wollschur ist 340 Rthl. – womit wir umso mehr zufrieden seyn können, da die Schafe in einem nassen Jahr wie dem vorigen weniger scheren. Von diesen habe ich 10 Pfund ganz zarte zurückgelassen und die übrigen 330 Pfund an Martin verladen, der mir dafür gewiss noch einen ebenso guten Preis macht als ich hier von dem Juden kriege, dem ich nicht gern in die Kneife fallen möchte, zumal sie Anderwärts dies Jahr theurer ist. Dieser Einsendung an denselben füge ich noch einliegenden kleinen Wechsel von 500 Rthl. auf Westphalen und Rist[632] in Hamburg bei, den ich Dich bitte, an ihn abzugeben. Ich hatte mir das so schön ausgedacht, der Raps sollte 300 [Scheffel?] ausgetragen haben, ich mithin dafür voll 700

631 August Wilhelm Gildmeister ging in die Staaten, wo er in New Orleans mit Wolf Ries ein Handelsunternehmen betrieb.

632 Johann Ernst Friedrich Westphalen (1757 – 1833) hatte 1785 mit seinem Freund Martin Albert Rücker (1758 – 1824) die Handelsfirma Rücker und Westphalen gegründet. Von 1806 bis 1819 gehörte zu den Anteilseignern auch Johann Christoph Friedrich Rist (1780 – 1822).

Rthl. eingenommen; ferner wollte ich dann die Wolle verkauft und dafür 300 Rthl. gelöset haben, dann hätte ich diese 1 000 Louis d'or in einem Posten übermacht. Aber freilich war das erste nicht zu erwarten, und wäre es auch gewesen, so wäre es doch nicht einmal rathsam gewesen, mich so sehr zu entblößen, da es noch sehr auf die Preise ankommt, ob es gewachsen seyn wird, gleich zu verkaufen oder das Korn anzuhalten.

Die Bauern sollen schon frischen Rocken zu 1 Rthl. 12 ßl. zur Stadt bringen und Saatrocken wird schon zu 1 Rthl. 32 ßl. angeboten. Ich habe nun noch ungefähr 300 Rthl. in Kasse behalten. Wir behielten noch etwas Hafer, diesen, nemlich 30 Scheffel, habe ich mit dem Raps zur Stadt geschickt und dafür noch 44 Rthl. bekommen, so wie neulich in Doberan für 25 Scheffel Gerste, die ich noch entbehren konnte, 1 Rhtl. 4 ßl. Ein halb Scheffel Hinterwaizen, die wir aus dem Hinterkorn noch aussiebten, so wie der schlechtere Theil des Sommerwaizens, ungefähr 3 Drömpt, habe ich nicht anbringen können, den letzteren werde ich wohl verfüttern müssen.

Du wirst begierig seyn auf den Ausfall der Ernte, womit wir am Montag einen Anfang gemacht. Die Schwaden des Rockens fallen bei weitem nicht so dick als voriges Jahr und wie wir es sonst gewohnt sind, so wie ich es schon immer vermuthet. Doch sind die Bünde schwer und sehr kornreich und ich gebe deswegen die Hoffnung nicht auf, vielleicht noch eben so hoch heranzukommen mit dem Lohnen als dieses Jahr. Ueberhaupt ist das Korn dies Jahr im Ganzen nicht so hoch im Stroh, doch hört man, daß da, wo sie schon gedroschen haben, die Bünde schon tüchtig gelohnt haben. Das Wenige, was von Stauden vordem stehengeblieben ist, zeichnet sich jetzt bei der Ernte aus, es hat Stroh wie Rohr, so wie ich dies Jahr überhaupt sehr gutes Dachstroh kriege und der zu Grünfutter gesäete Rocken in der Koppel, den wir hernach stehen lassen, übertrifft meine früheren Erwartungen sehr.

Der Hafer dagegen giebt, was gemergelt ist, sehr gute Schwaden. Auf einer kleinen ungemergelten Stelle aber und auf Senken fallen sie dünn aus, deswegen zu Gr[oß] Siemen über alle Beschreibung dünn. Heute Nachmittag wird der Rocken der Käthner, den sie am Sonntag schon gemäht, eingefahren. Morgen soll es, wenn das Wetter es zuläßt, an unsern gehen. Der Raps ist größtentheils gesäet, der Acker aber sehr dürr, daß ich fürchte es wird ihn am Laufen hindern, wenn ihn nicht etwas Regen einmal wieder anfeuchtet, den wir seinetwegen wohl gebrauchen könnten, wenn es uns gleich sonst nicht sehr passt. Wir haben diese Nacht etwas Regen gehabt, der uns für den Raps außerordentlich willkommen ist und der den Acker ein wenig erfrischt hat. An dem Einfahren des Rockens hindert er uns aber, womit wir heute einen Anfang machen wollten.

Die Wolle wird mit den Korb, wie man mir Hoffnung macht, wahrscheinlich in einigen Tagen von Wismar abgehen. Der Sack hat an der Waage 331 Pfund gewogen. Ich habe hier die Wolle nach Rostocker Gewicht gewogen und danach waren es 330 ½ Pfund, der Sack 10 ½ Pfund, also zusammen 341 Pfund und demnach 10 Pfund mehr als in Wismar. Da nun voriges Jahr das Gewicht in Wismar, wobei ich selbst gegenwärtig war, etwas mehr ausbrachte als hier, so möchte ich glauben, es sei in Wismar beim Wiegen ein Versehen gemacht. Dies zu Martin seiner Notiz.

Am Sonntag war ich der Einladung zufolge in Mechelstorff, wo Dr. P[avenstedt] und Familie am Sonnabend angekommen waren. Sie reisen standesgemäß mit einem Bedienten in Livree. Es scheint mir doch, als wenn der Senator nicht ohne Werth ist, so wenig als in der ErzOppositionsfamilie, den Alberschen, denn es fiel mir sonderbar auf, daß ein Brief von Dr. A[lbers][633], den Dr. P[avenstedt] gerade kriegte, mit „Lieber Herr Senator" überschrieben war. Es fällt närrisch auf, wenn dieselben Leute, die so lange die Trauben sauer sind, etwas geringschätzend herabzusetzen sich die Miene geben, aber dann wenn sie es erlangt, Werth darauf legen. Obgleich Vetter P[avenstedt] bei Tisch vor Onkel saß, so mußte dieser durchaus immer zuerst nehmen, was man zwar nöthigend, aber doch wohlgefällig sich aufdrängen ließ. Ich

633 Anton Daniel Albers (1774 – 1841) war Kaufmann und Bremer Senator.

weiß nicht, mir fiel das nur unangenehm auf. Es kam mir vor als eine geflissentliche Achtungsbezeugung vor dem reichen Vater. Die Dehors[634] wurden genau beobachtet, aber ob zum Frommen des Gegentheils? Mir fiel dabei unwillkürlich die respectueuse demande[635] des Code Napoleon ein. Sie haben sich 14 Tage zu Asberg aufgehalten, wo sie Fanny Tarnow[636] haben kennen lernen.

Ich habe sie auf nächsten Sonntag geladen, da sie diesen lieber Doberan zu widmen schienen, so bat ich sie mir einen Tag zu bestimmen, was in der Ernte vielleicht sehr ungelegen kommen kann. Da sich Mamsell die letzten Male bei der Bewirthung sehr angegriffen gefühlt, so hoffe ich, wird sie auch diesmal ihr Bestes thun und das Ungewitter so glücklich bestanden werden. Prof. Karsten, den ich vorige Woche vergebens erwartet, meldete sich nun auf den Sonnabend an, wo ich ihm aber abschreiben muß. Ça ne va pas?[637] Ich habe nicht die Zeit an Wilhelm selbst zu schreiben. Deswegen sei so gut ihm vorläufig zu sagen, ich habe außer mit Dürningers[638] früher mit keinem Sächsischen oder Schlesischen Hause in wirklicher Geschäftsverbindung gestanden, ich wäre also auch nicht im Stande, ihn mit Empfehlungen dort an solche zu versehen. Dazu wäre aber ein Haupterfordernis, besonders wenn er sich ihnen nicht persönlich präsentirt, daß er sich doch auf einige erste Häuser berufen kann, auf die er sie verweist, um Erkundigungen über ihn einziehen zu können. Ich fürchtete, er werde hier schwerlich reüssiren, denn durch frühere unglückliche Erfolge und Erfahrungen, wären sie mißtrauisch und kopfscheu geworden und hätten an dergleichen Unternehmungen ein Haar gefunden. Nur wenn er mit ganz besonders guten Empfehlungen versehen wäre und sie durch Solidität einzunehmen wüsste, möchte es ihm vielleicht

634 Gemeint sind Äußerlichkeiten.
635 respectueuse demande = respektvolle Bitte.
636 Die Schriftstellerin Fanny Tarnow, eigentl. Franziska Christiane Johanna Friederike Tarnow (1779 – 1862), zog zwischen 1816 und 1820 viel um.
637 Geht das nicht gut?
638 Abraham Dürninger & Co. in Herrnhut exportierte ab 1751 Leinwand.

gelingen. Nur glaubte ich, würde es unumgänglich erforderlich seyn, daß er die Leute selbst kennenlerne und die Reise dahin machte, was er vielleicht bei der Gelegenheit, wenn er doch nach Leipzig reist, wahrnehmen könnte. Doch wie gesagt, müßte er ihnen ganz besonders empfohlen seyn, um von gewöhnlichen Abentheurern unterschieden zu seyn, von denen sie öfters heimgesucht werden. Auf jeden Fall will ich ihm einen Brief an Düringers schicken. Er habe aber vergessen mir über den Handel von Galmeyer[639] Bericht abzustatten.

Die Mottenkur, liebe Frau, muß ich doch wegen der Ernte noch wohl etwas verschieben. Meine Kleider möchte ich aber doch nicht gern dem Backofen anvertrauen, man könnte da aus Scilla nach Charybdis gerathen. Das ärgste Mottennest ist, wie ich gefunden, Dein Löschwisch[640], der bei der Berührung wie Zunder zerfällt und den ich daher eben den Flammen geopfert. So kleine Plagen ist doch wohl das Wenigste und darum brauchst Du mich aber nicht sehr zu bedauern. Wenn Du nur nicht der leidende Theil wärest!

Den Hafer mähen wir jetzt, der in 3ter Frucht giebt doch tüchtig Schwade und ich wollte doch, daß Du sie sähest. Du würdest Deine Freude daran haben, besonders da wo er nach Wicken gesäet ist, da steht er, obgleich nur ein sehr mittelmäßiges Stück Acker, ganz ausgezeichnet und sticht entsetzlich gegen den der Käthner ab. Von dem Landwege aus macht der Schlag rechte Parade. Ein Theil davon ist durch den Exstirpator und ein Theil durch Haaken untergebracht, es ist darunter aber kein Unterschied zu bemerken. Wenn aber einer besser ist, so ist es daher wohl der exstirpirte. Daß der Hafer so gut gerathen ist, ist für mich ein Vortheil. Denn es ist wohl zu erwarten, daß er sich im Preise halten wird, wenn uns die Dänen nicht in Rostock in die Quere kommen.

Bis auf den Ochsen haben wir das übrige Vieh vorige Woche schon ausgetrieben. Da der Boden so dürre ist, leidet an einigen Stellen der Nachwuchs

639 Der Bremer Kaufmann Johann Friedrich Galmeyer in der Hohenthorsstraße.
640 Löschwisch = Feuerpatsche.

des Clees darunter. Nach der Ernte sollen sie wieder in den Stall. Wir haben noch sehr reichlich Stroh wozu nun auch das Rapsstroh hinzugekommen ist. Vergiß nicht, mir über das, worüber ich der Schafe wegen Auskunft wünschte, Bericht abzustatten. Ich sollte doch denken, die Nummer wäre am Fuß darauf anzubringen. Sie könnte nur in dem Stempel angebracht werden, wo sie, wie ich meine, bei den Tuchhändlern auch eingeschlagen wird. Doch ich muß schließen. Lebe wohl und lasse keine melancholischen Gedanken aufkommen. Dein J. G.

31.08.1817, Klein Siemen. An Marianne Gildemeister, Bremen

Da ich eben Deinen Brief vom Donnerstag empfange, so laß mich, liebe Frau, die Ruhe des Sonntags benutzen auf einige Punkte darin zu antworten. Glaube mir, liebe Marianne, daß ich Deine Liebe wohl zu erkennen weiß, daß Du gerade in dem einzigen Punkte, wo mir meine früheren Verluste schmerzlicher sind, dem wenn ich fürchten muß meinen Geschwistern im Wege zu steten, daß Du gerade hier das schmerzliche Gefühl meiner Ohnmacht von mir zu heben suchst. Sehr lieb ist mir in dieser Hinsicht Dein Vorschlag gewesen, Martin und Wilhelm etwas Geld in die Handlung zu geben, umso mehr, da ich nach meiner Ueberzeugung keine Gefahr dabei sehe und es also auf freiem Gewissen annehmen kann, nur mußt auch Du keine Unannehmlichkeiten davon haben können. Wenn es sich irgend einrichten lässt würde es mir sehr lieb seyn, wenn Martin, wenn er gleich sagt, daß es nichts ausmache, nicht zurückzustehen brauchte. Will mir daher Betty das 7te Tausend (nicht das letzte, damals sind schon 8 000 so gut als geboten) in mein Haus geben, so nehme ich es mit Dank an und es wären dann alle Schwierigkeiten in dieser Hinsicht gehoben. Mit der Auszahlung der 1 000 Rthl. an Dr. Pavenstedt bin ich an keinen festen Zeitpunkt gebunden, da ich ihm damals gleich zugesagt, ich würde das „Wann“ nicht gut eher als kurz vorher bestimmen können. Da es ihm vielleicht ganz gut passt, so habe ich bei ihm angefragt, ob ich ihm wohl eine Bankobligation von 500 Rthl. würde in Zahlung geben dürfen. Hierauf erwarte ich noch Antwort. Das würde Euch dort in Eurem Arrangement wohl sehr gut passen und Du kämst nicht in die Verlegenheit, Dich augenblicklich zu sehr zu entblößen.

In Deinem letzten Briefe schreibst Du mir, Du habest es nun aufgegeben, vor Winter noch zurückzukehren.[641] Mit vollem Ernst, liebe Frau, habe ich das nie ansehn mögen, denn es hat mir immer sehr bedenklich geschienen, wenn Du gerade in dieser Jahreszeit, für Kranke der schlimmsten, Dich wieder auf dem Lande eingewöhnen wolltest, wo man fern von ärztlicher Hülfe ist. Zudem muß Deine Kur jetzt durchaus weiter fortgesetzt werden und nun auch was für die Augen geschehn, die bis jetzt fast ganz außer Acht gelassen werden mußten. Meinetwegen, liebe Marianne, darfst Du es so sehnlich nicht wünschen. Wie gern wollte ich darauf verzichten, wenn Du nur Deine Gesundheit ganz wieder erlangst und Du wirst doch nicht glauben, daß mir dies Opfer zu schwer seyn würde? Unterdessen hoffe ich eine geraume Zeit des Winters dort[642] zubringen zu können und wir also nicht einmal dadurch ganz getrennt seyn werden. Also, kleine Frau, laß es Dir nicht zu sehr zu Herzen gehn.

Ich habe heute auch einen Brief vom Vater wegen des jungen K[apff][643] erhalten. Der Brief enthält eigentlich nichts als Allgemeines und den Hauptpunkt übergeht er ganz. Er fragt weder, was ich für ihn haben wolle noch bestimmt er etwas in dieser Hinsicht. Es ist eigentlich sonderbar, daß die Menschen nicht näher damit herausrücken, doch möchte ich ihn aus dem Grunde auf keinen Fall wieder missen, da die Bekanntschaft vielleicht einmal für Eduard von Nutzen werden könnte.

641 Marianne hatte am 20. August 1817 mitgeteilt: „Daß wir nicht zurückkommen, kannst Du wohl als ausgemacht annehmen. Lieber Mann: Mit welchen Gefühlen ich dies schreibe, dafür habe ich keine Worte, und beinahe möchte ich sagen, die Last wäre zu schwer, aber wenn Du mir gesund bleibst, soll sie es nicht sein. Diese Bedingung wird der Himmel mir erfüllen, weil ich es sonst nicht ertrüge."

642 In Bremen.

643 Johann Carl Ludwig von Kapff (1798 – 1854).

Den 1t Sept.

Es lacht der schönste Morgen ins Fenster herein, es hat stark geschauert und es hat ganz den Anschein, als wolle es sich jetzt zu festem Wetter setzen. Das würde uns jetzt ganz vortrefflich passen, um bald alles in die Scheunen zu bringen, was wir in der Zwischenzeit zum Theil gemäht. So schlimm wie bei Euch muß hier das Wetter nicht gewesen seyn. Wir hatten zwar zuweilen kleine Regenschauer, doch selten starke, noch weniger anhaltende. Meine Nachbarn haben doch zwischendurch immer eingefahren. Mecklenburg scheint diesmal auf der Wetterscheide zu liegen, denn auch in Holstein haben sie diese Zeit das furchtbarste Regenwetter gehabt.

Wir haben die beiden letzten Tage unsern Waizen aufs Schwad[644] gemäht und sind nun also auch vor den Herbstwinden in Sicherheit. Der Waizen fällt doch ganz vortrefflich aus, es giebt schöne Schwade und wird gewiß lohnen. Wenigstens sagen die Leute, daß er ihnen so schwer auf die Sensen fällt. Heute gehen wir bei den Erbsen und Wicken zu mähen an, bei denen so ein Wetter sehr verdrießlich seyn würde. Wir haben doch die Zeit, im Besonderen diese Woche, recht gut benutzt. Der Torf ist beinahe eingefahren, wir haben noch eine kleine Stelle, die uns auf dem Wege lag nachgemergelt, schon 42 Fuder neuen Rocken gedroschen und 42 Stauden Rocken, der vortrefflich von Korn ist, in die Erde gebracht. Der erste sprießt heute schon hervor. Der Rocken, der so wie der Stauden Rocken vortrefflich im Korn ist, hat doch gut gelohnt.

Wir haben aus der Stiege 1⅔ Scheffel gedroschen. Auf diese Weise werden wir aus unsern 43 Fudern fast 600 Scheffel dreschen, aus denen wir voriges Jahr ungefähr nur 430 würden gedroschen haben. Hoffentlich wird es noch so weit abtrocknen, daß wir heute noch eine Parthie Hafer in die Scheune kriegen. Wegen der Milchstube möchte ich es gerne mit Dir überlegen, wie wir es da am besten einrichten, da ich dergleichen nicht gern mit Mamsell überstehe und weil doch bald etwas darin gethan werden muß.[645]

644 Als Schwad wurde das auf Reihen zusammengerechte Mähgut bei der Ernte bezeichnet.
645 Marianne hatte „viel“ gegen die Verlegung der Milchstube „einzuwenden“ (26.8.1817).

Die Butterstube würde in mancher Hinsicht sehr gut passen. Da Fußboden und alles dazu da ist, so würde sie sich leicht zur Milchkammer einrichten lassen. Nur sind 2 Schwierigkeiten: Erstens ist nur eine dünne Decke da, die die Wärme nicht halten wird, zweytens kann nicht gut ein anderer als ein Windofen gesetzt werden. Dieses würde in mancher Hinsicht nicht nachtheilig seyn und er besonders dazu beitragen, die Luft darin reiner zu halten. Nur fragt es sich, da Mamsell und Winkenwerdersche schwerlich immer selbst einheizen werden, ob es auch zu Veruntreuungen wird Veranlassung geben, oder ob man den Rahm allenfalls in der Tonne verschließen kann. Ich habe neulich bei Pavenstedt eine Einrichtung gesehn, die mir sehr gut gefallen hat. Da dort die Leutestube ebenfalls an die Speisekammer stößt, so bildet die Hinterwand des Ofens zugleich die Wand der Speisekammer, wovor eine Borte steht, auf die im Winter die Milch gesetzt wird. Da ich doch den Ofen in der Leutestube umsetzen will, so würde sich dies bei uns ebenfalls leicht einrichten lassen und für die Zeit der strengsten Kälte, und wenn es nur wenig Milch giebt, wohl sehr passend seyn. Was meinst Du davon? Und nun wünsche ich Dir einen guten Morgen. Dein G.

Um 02.09.1817, Klein Siemen. An Marianne Gildemeister, Bremen

[…?][646] Ob wir werden Mieten setzen müssen, soll mich sehr wundern. Nach Anderen zu schließen, sollte ich es beinahe nicht glauben, doch werden Waizen, der auch andernwärts gute Hocken giebt, und Gerste ein ziemliches Loch stopfen. Du fragst, wie das Getreide zu Miekenhagen und zu Gr[oß] Nienhagen gestanden? Zu M[iekenhagen], dem äußeren Anschein nach früher sehr schön, doch sagte uns Rathlev, daß sie von 2 Last Aussaat Rocken nur einige 80 Fuder eingefahren. Zu Gr[oß] N[ienhagen] habe ich es lange nicht gesehen, doch habe ich immer gehört, es solle ziemlich gut stehen.

646 Der Anfang des Briefes – ca. sechs Zeilen – fehlt.

Mit dem Maler hatte ich bei seiner Abreise noch einen kleinen Verdruß. Rathlev hatte mir vorher gesagt, man müsse sich mit ihm sehr in Acht nehmen und alles vorher genau *accodiren.* Das hatte ich gethan, doch nicht so genau, daß ich nicht einige Kleinigkeiten ihn hätte so machen lassen. Diese hat er nun in seiner Rechnung ganz unverschämt angesetzt. Ich habe es ihm nun zwar nicht so bezahlt, doch allerdings höher als ich es sonst gethan haben würde. Uebrigens sehe ich, daß auch seine Oelfarben, ungeachtet das beste Bleiweiß dazugethan ist, sich nicht ganz halten und wo es an Luft mangelt, gelb zu werden neigen, wenigstens nicht besser sind als die nach Vorschrift der Kammerräthin gestrichenen. Dann können wir Oelmalen nicht feiler haben, was zudem gar nicht seine Profession ist. Rathlevs haben an der Fassade ihres Wohnhauses eine starke Reparatur gehabt und ganz neue Fensterrahmen einsetzen lassen. Sie haben Alles durch ihren Glaser in Cröplin im Tagelohn malen lassen, was, obgleich nicht so gut gestrichen, ihnen doch außerordentlich wohlfeil kommt. Wie mögen es aber die Bremer Maler wohl anfangen, daß ihre Farben nicht gelb werden, so zum Beispiel die Fensterrahmen inwendig? Becker meint, sie würden das Bleiweiß mit Ölfirniss abreiben und dann mit Terpentinöl verdünnen. Es kann dies wohl seyn, ich wenigstens erinnere mich, daß die Oelfarben immer danach riechen. Sollte man nicht dahinter kommen? Pastor Crull[647] ist immer noch auf der Unterwelt und scheint noch keine Lust zu haben, die Himmelsleiter zu erklimmen.

Den 4t September

Eduard bringt gestern vom Doberaner Markt die Neuigkeit, daß vor einigen Tagen die Hochzeit der ältesten Crull[648] gewesen, die einen Prediger hinter Wismar haben soll. Kaden[649] hat von seiner Schwester vernommen, er

647 Pastor Heinrich Georg Friedrich Crull starb 1819.

648 Christine Sophie Agneta Crull (1788 – 1826) heiratete 1817 Ernst Carl Friedrich Schlüter (1769 – 1822).

649 Nicht ermittelt.

müsse sich sehr gut stehn, denn sie hätten hier zu sehr danach gefischt. Ist das aber nicht allerhand, daß einem das gar nicht nothifizirt wird. Mein Besuch verhindert mich noch mehr hinzuzusetzen als die Versicherung meiner alten Liebe. Dein G.

10.09.1817 (abends), Klein Siemen. An Marianne Gildemeister, Bremen

Liebe Marianne, es ist hohe Zeit, wenn noch einige Zeilen an Dich fertig werden sollen, und ohne sie möchte ich Dich doch nicht gern lassen. Es ist ein unwahrscheinlich schönes Wetter, so schön wie wir es seit Jahren nicht zur Ernte gehabt, das wir daher auch recht zum Einfahren benutzen und das uns zugleich viele Arbeit giebt. Es kommt das Getreide so kerntrocken ein, daß es nicht möglich ist, daß es trockener seyn könnte. Auch in Hinsicht dieses Wetters hat dieses Jahr außerordentliche Ähnlichkeit mit dem vor 7 Jahren, und sollte es ihm auch in der langen Dürre des Herbstes gleichen, wozu es allem Anschein gewinnt, so werden wir schon wissen, unser Korn besser in die Erde zu kriegen als damals und alles hinter dem Hacken säen. Auch vor 6 Jahren hatten wir ein ähnliches schönes Wetter, es war die Zeit als ich nach Bremen reiste. Eine schöne Zeit!

Aber ungern blicke ich zurück. Der Kontrast, der so mancherley bittere Erfahrungen der Erfüllung gegen die Hoffnung weckt, weckt zu schmerzliche Erinnerungen und Gefühle, als daß ich sie jetzt schon, da ich ihnen noch zu nahe bin, mit Ruhe ertragen könnte und die ich daher ungern aufrege. Warum mußte auch mir alles so schwer werden, da ich es doch nicht meinetwegen nur so sehnlich wünschte, und warum muß es Einigen so bis ins Kleinste glücken, die in ihrem Uebermuth obendrein wähnen, für sie müsse das einmal so seyn? Dies war eine Frage, die ich mir unwillkürlich neulich Sonntags bei Rathlevs, beim Anblick der vortrefflichen Getreidehorden und besonders der Gerste, die gerade eingefahren wurde, vorlegen mußte und worüber ich ins Sinnen gerieth. Zum fühlbaren Triumph von Mad[ame] Rathlev, die dies Verstummen wahrscheinlich für das Anerkennen des Neides hielt, so die Auserwählte zu seyn.

Es gelingt ihnen dies Jahr ganz vortrefflich, und alle, die dies Jahr besonders im Winterkorn dick gesäet haben, stehen sich sehr gut, daß sich vorzüglich Rocken so wenig bestaudet. Diesen Glücksfall werden sie natürlich sich noch obendrein als vorzugsweise Klugheit zuschreiben. Ob übrigens auch künftig das Gedeihen noch mit dem neuen Inspektor (es ist der: ick bin der Schriever) so fortwähren wird, ist wohl noch sehr die Frage. Dieser Mensch, mit den sie es gewaltig vorzuhaben scheinen – es heißt immer mein Biermann[650] hier und mein Biermann da – und von dem sie zu glauben scheinen, er sei schon lange unter andern früher zu Klein Nienhagen Inspektor gewesen, wo er aber nur Holzwärter war, soll seine neue Karriere, die Landwirthschaft, erst seit zwei Jahren ergriffen haben und noch dazu denselben Fehler haben, um den sie seinen Vorgänger geschasst, nemlich zu trinken.[651]

Aus dem Gesagten wirst Du hoffentlich keinen Fehlschluss zurück auf unsere Ernte machen und vielleicht gar glauben, sie stände der Miekenhagener nach? Obgleich wir nicht einmal ganz 70 Fuder Waizen eingefahren haben, indem noch 3 daran fehlen (diese aber beiläufig ganz vortrefflich trocken und schön) so ist das doch nicht der Fall. Wir hatten damals erst ein Unbedeutendes an Gerste gemäht, es fehlte mir daher der Maßstab zur Vergleichung und ich wagte nicht zu hoffen, daß die Ernte davon so außerordentlich schön ausfallen würde, als sie wirklich tut und die die Miekenhagener, die wirklich sehr schön stand, noch sehr hinter sich zurückläßt. An Fuderzahl ist die diesjährige Ernte überall nicht reich und man hat im Durchschnitt nur $^{2}/_{3}$ so viel als voriges Jahr geerntet, aber an Korn, meinen meine Leute, die nach dem Gewicht der Garben schließen, würde ich noch keine solche gesehen haben. Das ist nun freilich wohl ein wenig viel gesagt, doch bin ich sicher

---

650 Nicht ermittelt.

651 In der Tat blieb der Schreiber nicht lange auf Miekenhagen; 1818 wurde Friederich Rönseld (*1788) eingestellt.

aus den 67 Fuder Waizen ungleich mehr zu dreschen als voriges Jahr aus 150 Fudern, die ganz schlecht gelohnt haben. Daß das Korn lohnt, hört man allgemein. Rathlev sagte mir neulich, er habe es für eine Windbeutelei gehalten, als Hauk ihm versichert, er habe aus einem Fuder Rocken 16 Scheffel gedroschen und er habe hernach selbst noch ¼ mehr gehabt, nemlich aus 6 Fudern 97 ½ Scheffel. Mit meinem Ausdrusch kann ich das nicht vergleichen, da ich nicht nach Fudern gedroschen, aber 14 Scheffel ist das Höchste gewesen, was ich früher mal bei einzelnen Fudern, aber nicht im Großen gehabt, wo 12 das Höchste war. Voriges Jahr hatte ich nur 9 Scheffel.

Wir werden mit diesem Jahr zufrieden seyn können, wenn die Preise nicht wieder verderben. Doch scheint das wohl nicht zu befürchten zu seyn, obgleich sie jetzt in Rostock, wo noch kein Kaufmann kauft, niedrig notirt werden, nemlich: Waizen 1 Rthl. 32 bis 44 ßl., Rocken 1 Rthl. 12 bis 16 ßl., Erbsen 1 Rthl. 3 bis 8 ßl., Gerste 40 bis 42 ßl., Hafer 32 bis 36 ßl. Dies für Martin, der auch über die künftigen Aussichten des Getreidehandels, besonders Waizen und Gerste, sich unterrichtet halten wird.

Den 11t September

Prof. Karsten ist neulich nur sehr kurz bei mir gewesen, ich mußte ihn den andern Tag schon wieder wegfahren lassen. Der gute Mann hat sich in seinen Erwartungen ein wenig getäuscht gesehen. Da sich nemlich die landwirthschaftliche Gesellschaft in eine patriotische verwandelt und er mir das darauf Bezug habende mit dem Wunsch mittheilte, ihm mein Urtheil darüber zu sagen, so konnte ich nur denken, daß er meine wahre Meinung hören wollte. Zu spät aber merkte ich, daß er nur eine beifällige gewollt und erwartet, ich würde die Sache so brühwarm ergreifen, als es der Enthusiasmus bei ihm wohl mit Unterdrückung der gesunden Vernunft zu machen pflegt. Nun hatte ich mich früher schon gegen mehrere Punkte erklärt, ich konnte also nicht umhin, mich seiner Aufforderung gemäß bestimmt dagegen zu erklären, was aber jetzt, da die Sache schon beschlossen, sehr mal à propos war. Der gute

Mann hat das unglückliche Talent, alles, was er anfängt, bei dem unrechten Ende anzugreifen. Wenn einen der herzlich gute Wille, der zum Grunde liegt, wieder mit ihm versöhnt, so bringt einen, was seyn Mangel an gesunder Vernunft aber bei seinem unberufenen Eifer verdirbt, immer wieder gegen ihn auf. Da haben sie nun eine Patriotische Gesellschaft geschaffen, die sich einen großen Wirkungskreis versetzt, ohne, was doch wohl das erste Erfordernis ist, die geringsten Mittel dazu in Händen zu haben.[652] Ich sagte ihm, es müsse doch das Erste seyn, die Mittel nachweisen zu können, das aber übersieht seyn blinder Eifer, er sieht das als Nebensache an und behauptet, das werde schon von selbst kommen.

Doch kann vielleicht aus diesem Besuch etwas Gutes für mich hervorgehn. Als ich ihm nemlich von meinen Verhältnissen mit den Käthnern und der abschlägigen Antwort der Regierung erzählte, erbot er sich aus freien Stücken, er wolle das dem Regierungs-Fiskal Bouchholz[653], den er sehr gut zu kennen scheint, schon bedeuten. Ich werde diese Gelegenheit vielleicht benutzen, da ich es mit dem Schulze[654], dem ich wegen der Sache geschrieben, nicht gut getroffen. Dieser ist, wie Rathlev mir sagt, schon seit May in der Gegend von Boizenburg, wo er mehrere Dörfer auseinandersetzt und reguliert, und wird wohl erst in einigen Monaten zurückkehren.[655] Da ich nun theils vor meiner Reise nach dort gern in der Sache etwas gethan, wo nicht sie beendigt wünschte, um Gewissheit zu bekommen, theils es vielleicht nothwendig seyn möchte, mit dem Fiskal selbst zu sprechen, wodurch Rathlev so sehr gut reüssiert ist, und was ich auf dieser Reise vielleicht sehr gut wahr-

652 Die 1798 gegründete Mecklenburgische Landwirthschafts-Gesellschaft änderte 1813 ihren Namen in Mecklenburgischer Patriotischer Verein. Lorenz Karsten wirkte bis zu seinem Tod als Hauptsekretär der Einrichtung. Vgl. Christian Friedrich Michelsen: Der Mecklenburgische Patriotische Verein. Aus seinen Verhandlungen dargestellt, Güstrow 1837.

653 Friedrich Ludwig Bouchholz; es geht um die Kossaten bzw. Kätner Joch. Hen. W. Esch (*1763) und Kath. Marie Dor. Fick (*1760), die Gildemeister im Dezember 1816 legen wollte, um „ihr Land an mich zu ziehen, wodurch das Gut um ein paar Tausend Taler besser wird".

654 Hofrat Adolf Friedrich Schulze.

655 Den erhofften „Konsens der Regierung" erhielt Gildemeister nicht, die Kätner blieben.

nehmen könnte, so werde ich wohl seyn Erbieten annehmen. Ein Versuch damit kann auf keinen Fall schaden, und es kommt hauptsächlich darauf nur an, eine Gelegenheit zu bekommen, die Bekanntschaft mit dem Fiskal anzuknüpfen. Doch ich werde Dir wohl über den Stand unserer Ernte referiren sollen. Der Hafer ist sämmtlich gemäht, aber noch nicht alles rein. Wir sind jetzt mit voller Mannschaft dabei, den letzten aufzubinden. Von der Gerste ist schon ein Theil eingefahren. Wir sind noch beim Mähen derselben, da sie jetzt vortrefflich heranreift. Ueber die Hälfte ist schon herunter.

Ich wollte, daß Du die schönen Schwaden hinten auf dem Landwege hin, wo voriges Jahr der schöne Rocken und unter anderem der Stauden Rocken stand, sehen könntest.[656] Du würdest Dich darüber wundern, umsomehr, daß kein oder nur wenig Lagerkorn ist und das Stroh sich folglich schlecht übereinander legt. Die Gerste ist die Bewunderung unserer Leute und muß in diesem Jahr durchaus was bringen. Es ist doch ein treffliches Korn, bei dem ich auch noch jedes Jahr gut gestanden habe, so wie mir dagegen das das beste Zeugnis für meinen Boden ist, daß sie so sicher darauf gedeiht. Erbsen und Wicken sind auch schon in der Scheune, letztere nemlich so weit als sie gemäht sind, denn eine kleine niedrige Stelle, wo sie noch sehr grün sind, haben wir bei dem schönen Wetter noch zum Nachreifen stehn lassen. Diese sind so schön eingekommen daß sie vor Dürre stäubten und die Leute dabei wie die Mohren aussahen. Von 30 Zentner Aussaat sind 44 Fuder Erbsen eingefahren. Das ist nach Fudern nicht soviel als die letzten Jahre, wo wir von jedem Scheffel 2 Fuder hatten, aber lohnen werden sie ganz anders. Auch sie sind, besonders aber die Wicken, nach der Aussage der Leute ganz ungewöhnlich schwer, und wirklich saßen sie so voller Schoten, als ich seit lange nicht weiß.

Wenn wir dies Wetter behalten, so werden wir dies Jahr auch einmal etwas rothen Cleesaamen erwerben, wozu wir einen ziemlichen Theil stehen ge-

656 Mit Stauden Rocken ist wohl der Waldstaudenroggen gemeint – eine alte anspruchslose Roggenart, die meist zweijährig angebaut wird.

lassen haben und wofür die Ausgabe immer sehr verdrießlich war. Wo Kraft im Acker ist, wird dies Jahr gut geerntet, aber auf schlechtem Boden, und besonders auf ungemergeltem, scheint sie im Ganzen auch nicht schlecht auszufallen. Da ich am Sonntag ohne Nachricht von Dir geblieben, darf ich umso sicherer heute auf eine hoffen. Lebe recht wohl und vergnügt. Mit vielen Grüßen Dein G.

07.10.1817,
Klein Siemen und Mechelsdorf. An Marianne Gildemeister, Bremen

Liebe Frau. Ueber die Unschlüssigkeit wegen der Zeitbestimmung meines Kommens, in die mich Deine Bestellung durch Martin aufs Neue versetzt, habe ich mich gegen denselben schon am Montag ausgelassen. Ich weiß wirklich noch nicht, was ich tue und wie ich es einrichte. Ich werde mich also durch Umstände bestimmen lassen.

Nun, da die schwere Schuld abgetragen ist, will ich Dir aufrichtig gestehn, daß ich seit meiner Rückreise noch nicht wieder zum Pastor gewesen.[657] Endlich aber habe ich einen festen Vorsatz gefaßt und bin vor einigen Tagen, wie man sich hier auszudrücken pflegt, dahin gewankt. Ich traf ihn im Bette an, denn er hatte sich seit einigen Tagen wieder gelegt. Die Pastorin sagte, daß er melancholisch sei und ans Sterben denke. Das wollte er nicht wahrhaben. Oh, sagte sie, er habe gestern aus keiner anderen Ursache noch aufstehen wollen, um die Kinder wegfahren zu sehen, als weil er gemeint, es sei das letzte Mal und er sehe sie nicht wieder. Das übermannte ihn dann, es war ihm aus der Seele gesprochen und er fing an zu weinen.

Es hat etwas Ergreifendes, einen Mann, zumal wenn man ihn eher als hart kannte und der nichts weniger will blicken lassen als Schwäche, sie auf einmal preisgeben zu sehn, das sicherste Zeichen tiefsten Schmerzes. Er gestand

657 Bei Crull in Alt Karin, wo die Klein Siemer zur Kirche gingen.

mir, daß er fühle, daß es nicht mehr lange währen werde, so habe er sie gern zum letzten Male scheiden sehn wollen, aber er habe auch das nicht einmal können, da er nicht habe aushalten können, er habe daher früher wieder zu Bette gehen müssen.[658]

Es war überhaupt etwas Weiches in seinem Wesen, was man sonst an ihm nicht kannte, doch ohne dabei trübe oder nur wehmüthig zu seyn, sondern eher heiter. Es war ein Bedürfniß von überfließender Liebe gegen die Seinigen, von denen er nun scheiden sollte, mit einem Wesen, wie man`s ihm kaum zugetraut hätte, was sich bei kleinen Anlässen aussprach. Sichtbarlich wollte er nur darum an dem Auge seines jüngsten Sohnes etwas zu bemerken haben, um das seinige mit einem freundlichen Blicke darauf ruhen lassen zu dürfen. Höchst peinlich ist die Unterhaltung mit ihm, mit anzusehen wie er sich quält, sich verständlich zu machen und er doch nicht damit herauskommt, und man es doch ebenso wenig erraten kann. Dies ist auch die Hauptursache, die mich von dem gescheuten Besuche abgehalten hat, denn einige Zeit muß man dann doch einmal bleiben und aushalten. Lieb ist es mir, daß ich dagewesen bin.

Uebrigens ist der Stein des Anstoßes nicht berührt. Wir waren ganz gute Freunde und sind auch als solche geschieden. Daß unser Mitverhältnis in offenbare Feindschaft ausarten würde, hast Du übrigens nicht zu besorgen gehabt. Es sind unter der Zeit meine Dienste 2 Mal in Anspruch genommen: 1 Mal, daß ich eine Färse für sie auf die Weide genommen, und das andere Mal, daß ich eine Fuhre für sie gethan, doch lautete die Bestellung nicht von dem Herrn Pastor, sondern von der Frau Pastorin.

Um dahinter zu kommen wie Esch`s sich wohl in Hinsicht Leisch nehmen, fragte ich Winkenwerdersche neulich, ob sie nicht gehört habe, ob sie sich wegen eines Dienstes für sie bemüht und ob sie vielleicht einen für sie

658 Pastor Georg Heinrich Crull starb zwei Jahre später – 1819.

bekommen?[659] Bei der Gelegenheit erfuhr ich dann Folgendes: Als sie vor einiger Zeit mit Butter nach Rostock gewesen, habe sich auf der Rückreise Christoph Esch mit dessen Bruder, wie W[inkenwerder] sich auszudrücken beliebte, Leisch frei zu ihnen auf den Wagen gesetzt. Da sehen Se mal, habe er ihr erzählt (die Gelegenheit wird ihm W[inkenwerder] wohl fournirt haben), Leisch habe vor einiger Zeit geschrieben, sie wolle wieder zurückkommen, er möge ihr doch einen Dienst verschaffen, doch wolle sie wieder als Stubenmädchen in der Stadt oder auf dem Lande dienen. Darauf habe ihr der unmanirliche Liebhaber zurückgeschrieben, seinetwegen brauche sie gar nicht zu kommen und sie möge nur bleiben, wo sie wäre. In diesem mit der Post angekommenen Korbe liegt wahrscheinlich der Schlüssel zu dem Rätsel, daß sie vor einiger Zeit auf einmal wieder hat bleiben wollen.

Noch muß ich Dir erzählen: Fritz Hamann[660] bleibt. Ich hatte es mit ihn mit Fleiß auf die lange Bank geschoben und ihn in Ungewissheit gelassen, ihn aber durch den Vater, mit dem ich darüber sprach gewiesen, daß ich ihm vielleicht, da Wilhelm, der ohnehin die Pferde schlecht gehalten, abgeht, um für seinen Vater, dem sie über wird, die Arbeit zu übernehmen, ihm statt des Karrengespanns das braune Gespann geben würde. Ich ließ ihn am Sonntag Nachmittag heraufkommen und redete ihn klüglich so an: Er habe die Narrenpossen vorgehabt, Rademacher werden zu wollen, ich wollte daher gern wissen, was denn nun jetzt eigentlich seine Meinung sei? Ungeachtet ich mit den Narrenpossen wirklich einen Stecken vorgestreckt zu haben glaubte, fiel er mir gleich mit einem „Ja, wenn de Herr so god sien woll mir dat to erlauben!“ in die Rede und störte mich ganz in meinem Konzept. Ich fragte ihn also, was er sich denn eigentlich dabei gedacht, ob er gemeint, selbst Rademacher werden zu wollen oder vielleicht um sich zum Statthalter vorzubereiten? „Ja, so wie Peters mit der Zeit zu dienen,“ war seine Antwort, „denn

659 Die Rede ist von den Brüdern Christoph Esch (*1802) und Martin Esch (*1801) sowie dem Dienstmädchen Sophia Leisch (*1799).

660 Fritz Hamann war der Pferdeknecht.

als Handwerker, dazu habe er nicht genug Verstand und keine Aussicht, es zu etwas zu bringen." Beiläufig lauter Weisheit, die er von mir selbst indirekt durch seinen Vater hat. Da er in diesem Falle nur etwa ein Jahr zu lernen brauche, so habe er noch Zeit, entgegnete ich ihm, und so könne er vorher noch mehrere Jahre dienen. Das wäre auch seine Absicht, um sich auch noch etwas zu verdienen, antwortete er mir. Ich habe ihm also unter der Bedingung, daß er die Pferde gut halte, das braune Gespann versprochen und werde also nun nur noch einen anderen Jungen für Karrenpferde nöthig haben, den ich, da die Leute jetzt nicht rar sind, wohl im Bukower Markt finde.

Den 10t October

Wir sind jetzt noch bei der Kartoffelernte, die aber nicht zum Reichsten ausfällt. Man klagt dieses Jahr allgemein darüber und sie gelten daher auch 1½ Rthl. die Tonne. Das bißchen Buchwaizen haben wir gestern auf dem Felde auf einer hartgefrorenen Stelle im Freien ausgedroschen, weil viele Mäuse darunter waren und ich mir die nicht in die Scheune transportiren wollte, wo sie sich bis jetzt noch nicht sehr finden lassen. Auf dem Felde aber sind sie in großer Menge, ohne jedoch bisher der Wintersaat eben geschadet zu haben. Bei dem Schafstall sind wir jetzt auch dabei einen Anfang zu machen, ihm ein neues Dach zu geben, was ihm höchst nothtut, denn er sah zuletzt scandalös aus. Es ist doch ein wichtiger Gegenstand, da hier künftig auf Schafzucht wohl ein Hauptaugenmerk gerichtet werden muß.

Diese Tage habe ich auch die letzte Hand an die Tapeten in unserer Stube gelegt, um, da der Fußboden so schön ausgetrocknet ist, daß er nicht im Mindesten mehr klebt, bei der herannahenden Einheizzeit sie wieder beziehen zu können. Ich habe zu gleicher Zeit die Stelle des Schranks in der braunen Stube radical mir vorgenommen in der Hoffnung mir Deinen Beifall zu erwerben. In der Wohnstube bin ich mit den Leisten sehr zu kurz gekommen und so, daß es sich gerade sehr unglücklich paßt. Ich lege Dir eine Probe davon bei, um einmal gelegentlich zu sehen, ob nicht vielleicht eine dazu passende ähnliche aufzutreiben seyn möchte. Ich schließe den Brief hier in Mechelstorff, wo ich einen Gerichtstag mit abhalten muß. Da der Bote früh weg soll, der mir hoffentlich einen Brief von Dir bringt, so kann ich für diesmal nichts weiter hinzufügen als einen Gruß, den mir Pavenstedt eben an Dich aufträgt. Lebe wohl, liebe Frau. Dein G.

Um 15.10.1817, Klein Siemen. An Marianne Gildemeister, Bremen

[…?][661] Auch an Cleeheu werden wir doch keine 100 Fuder zusammenkriegen. Jetzt sind 71 ein. Von Poel bekomme ich recht schönen Saatwaizen zu dem billigen Preise von 2 Rthl. 20 ßl. Die Preise scheinen sich doch ziemlich halten zu wollen. Rocken, der neulich nach Rostock zum Markt gewesen ist, ist mit 1 Rthl. 22 ßl. bezahlt sowie Gerste mit 40 ßl.

Obst giebt es im Ganzen nicht viel. Pflaumen fast gar nicht, Birnen wenig, an Aepfeln haben wir noch einiges. Bei uns liegt es zum Theil auch daran, daß die Bäume einmal kunstmäßig ausgeschnitten werden müssen, denn dadurch haben sie in Mechelstorff viel mehr und der Gärtner scheint es ziemlich zu verstehn. Nächstes Frühjahr soll dies doch nicht versäumt werden. Es ist gut, daß sich das schlechte Obstjahr gerade hintrifft, wo die Jungen[662] nicht hier sind. Künftiges Jahr wird es hoffentlich wohl besser.

Von meinen Bienen werde ich doch einige Körbe abstoßen müssen, da sie weniger eingetragen als ich erwartete, da zuletzt die Honigtracht nicht sonderlich gewesen. Doch behalte ich genug über, um nächstes Jahr eine gute Bienenzucht mit ungefähr 20 Körben zu haben. Lebe recht wohl liebe Frau. Dein G.

---

661 Brieffragment.
662 Die bei der Mutter in Bremen aufwachsenden Söhne Johann Gustav und Martin Wilhelm Eduard.

Anhang

Ferdinand Trummer über das Gut Klein Siemen im Mai 1822

Klein Siemen, Herrn Gildemeister gehörend, war nun zuletzt mein Ziel. Es ist bekannt durch Stallfütterung und Wechselwirthschaft: die früheren 7 Schläge hat Herr G. in elf, jeden von 7 200 Quadrat-Ruthen gelegt, und bauet 1) Raps, auf 12 Quadrat-Ruthen 1 Fuder Mist, 2) Waizen, 3) Kartoffel und Wicken zu Heu auf 15 Quadrat-Ruthen 1 Fuder Mist, 4) Gerste mit Clee, 5) Mähclee, 6) Hafer, 7) Erbsen und Wicken zum Reifwerden, 8) Rocken mit weißem Clee zur Weide, 9) und 10) Cleeweide für die Schafe und 11) reine Braache. Letztere wird nöthig befunden, da der Acker leicht verqueckt, und mit Wicken zu Heu oder Grünfutter besäet, die Braache nicht rein zu machen ist.

(Derselbe Zweck würde, glaube ich, erreicht, wenn der Anger sorgfältig unterrapolt und die Bedüngung für Rapssaat im Winter aufgefahren, frühes Mengfutter im Frühjahr mit dem Dünger untergeschattelt und dessen Stoppel einfurchig mit Rapssaat bestellt würde. Es wäre Ein Jahr gewonnen und ein im Boden faulender, zugleich wärmender und feucht erhaltender Graswuchs, 3 bis 4 Fuder Dünger werth. Nur muß die Dreschnarbe so untergebracht werden, daß die Egge und der Grubber nichts zum unnützen Vertrocknen an das Tageslicht bringen: ferner kann das Mengfutter nicht zu dick gesäet werden. Auf dessen Gelingen kommt alles an, ist aber auch, da es in den Dünger gesäet wird, nicht zu bezweifeln.

Sollte es durch Dürre leiden, so pflüge man es um und säe Spörgel hinein: 36 Pfund auf die Tonne Landes; sorge aber ja dafür, das es in der Blüthe untergepflügt werde. Sollte es sich finden, daß im zweiten Jahre nach geerndteter Vorsaat einige Halme Queck sich zeigten, so hake man es in der Länge und Quer und egge tüchtig und wechsle mit Grubber und Egge ab. Dazu hat man Zeit. Ich rathe dazu nach vieljähriger Erfahrung jedem Landwirth, der auch nur 8 Zoll Ackerkrume hat. Er versuche es nur mit Einer Tonne Landes. Er wird es mir danken. Wer mit Einem Fuder Dünger auf 10 Quad. Ruthen düngen kann, darf ohne Scheu, wenn er das vorgeschriebene genau befolgt, Einen Zoll rohen Boden an die Luft bringen. Der im Winter ausgebreitete, sodann in der Oberfläche bleibende Dünger, wird die rohe Erde gut machen und die sorgfältig eingetretene Narbe wird diese Bedüngung auf 13, und die Dreschweide gut auf 14 und 15 Fuder erblühen. Der Besitzer wird sich Einen Zoll fruchtbarer Krume geschafft haben, und fährt er so fort, in der 4ten Rotation seinen Boden bedeutend verbessert haben.)

Das mit Rocken niedergelegte Land wird gleich im ersten Jahre schon gräsiger. In der Reihe ist das ganze Gut noch nicht, indeß hat Herr G. doch schon ein paar Jahre dem Acker jene Düngung geben können. Die Weide ward durch 500 Schafe benutzet und wird die bis auf 600 Stück zu vermehren beabsichtigte Heerde späterhin reichliche Nahrung finden, wenn die durchdüngten Schläge ankommen. Für 80 Haupt Hornvieh, Ochsen, Kühe und Jungvieh sind 9 000 Quadratruthen in drey Koppeln zu Grünfutter bestimmt in willkührlicher Saatenfolge. Blühender Raps, womit jetzt schon der Anfang gemacht war, ist das erste Futter, es wird auf einer mit einem Schwungrad mit Einem Messer versehenen Schneidemaschine mit Stroh zu Häckerling geschnitten. Diese Fütterung dauert ohngefähr drey Wochen, und hat nicht den nachtheiligen Einfluß auf die Milche, daß sie bitter vom Geschmack wird, wie ich nach Rapsblättern im Herbst gefüttert bemerkt habe. Dann folgt grüner Rocken, sobald er anfängt seine Aehre zu zeigen, und so wird im Juni und den folgenden Monaten mit Clee, Erbsen, Wicken und Nachmatclee fortgefahren; der eigentliche Kuhhirte, der Schweinehirte, dem das Schweinefüttern, so wie einem dritten, dem die Drangkühe zu füttern obliegt, besorgen alle Arbeit beim Mähen, Anholen und Schneiden des Futters, und zwey alte Stuten, die zum Füllenaufziehen bestimmt sind, stehen zu den Fuhren bereit und erhalten den Abfall als Kost. Obgleich der Stall nicht besonders mit Dampfzügen versehen, litt das Vieh im Sommer weder Nachts noch Tags von der Hitze, abgepflastert waren indeß alle Ställe, wenn auch ein Jauchenbehälter unnöthig gefunden ward. Die Butter hatte nicht allein keinen schlimmen Ruf, sondern es sollte sie selbst ein Rostocker Kaufmann besonders gelobt und im Kauf gesucht haben. Der Strohmangel war dies Jahr fühlbar, da Raps und Waizen im vorigen Jahre mißriethen.

Auffallend ist der Mangel an Tagelöhnern in dieser Gegend, was mehrere Landleute veranlaßt hatte, die in Schweden verfertigte Dreschmaschine aufzustellen. Sie ist bei Erdmann in Wismar von gegossenem Eisen zu haben, kostete früher 175, jetzt wohl nur 150 Rth. N ⅔. Herr G. benutzt sie schon lange. Das anfangs häufigere Uebel, des Brechens mancher Eisen und sonst beschwerliche Ankaufen des Stücks wird etwas gehoben, indem auch einzelne Theile von der Maschine in jener Handlung zu haben sind. Zwey dabei angestellte Tagelöhner erhalten den vierzigsten Scheffel, wofür sie reinigen und auftragen und wenn sie im Gange ist, einlegen und das Stroh nach dem Viehhause tragen müssen; außerdem werden ihnen vier Frauen und ein Treiber bei den zwey Pferden zur Hülfe gegeben. Der Ausdrusch ist circa 12 Sack Winterkorn, 15 Sack Gerste oder 20 Sack Hafer.

Rechnet man das, was die Maschine zu erhalten kostet und die Pferde hinzu *(folgende Seite)*, so möchte der Vortheil eben nicht besonders seyn, indessen machen die niedrigen Kornpreise einen großen Unterschied. Auch zeigt er sich erst am mehrsten, wenn auf einmal eine größere Quantität Korn heraus soll, und augenblicklich steigende Preise den Verkauf anrathen; das Stroh wird freylich zum Decken zu sehr zerschlagen, indeß kann es zum Häckerlingschneiden recht gut benutzt werden, Korn bleibt gar nicht darin sitzen. (Es wird den Lesern nicht unangenehm seyn, wenn ich hier dasjenige hersetze, was mein würdiger Freund, der Baron Selby auf Güldenstein mir lezthin über seine ganz eiserne Dreschmaschine schrieb, welche in dem Ka-

: : : in 3 Tagen	36 S. Waiß.,	45 S. Gerst. od.	60 S. Hafer
in Verdung {Dröschl. z. 18t. Korn}	2 : do.	$2\frac{1}{2}$: do. od.	$3\frac{1}{3}$ do.
{in Geld a resp. 9, 4 und 3 mß}	18 mß,	10 mß,	10 mß
mit der Maschine	{3 Tage, 4 Frauen und der Treiber, 15 Tage à 4 ß 3 mß 12 ß Dröschlohn zum 40sten Korn $\frac{9}{10}$ Sack Waitzen, $1\frac{1}{8}$ Sk. Gerste, $1\frac{1}{2}$ Sk. Hafer		
in Geld a resp. 9, 4 und 3 mß	8 mß 2 ß	4 mß 8 ß	4 mß 8 ß
Hiezu an Tagelohn . .	3 : 12 :	3 : 12 :	3 : 12 :
Summa	11 mß 14 ß.	8 mß 4 ß.	8 mß 4 ß.

talogus der Herren Lees, Cottam und Hallen mit 140 £ angeführt steht. „Ich gebrauche 4 Pferde, Sie gebrauchen 6 – die Pferde werden gewechselt – jedes Gespann arbeitet 4 ½ Stunden täglich. Die Pferde kriegen dabei kein feuchtes Haar – so ist es auch bei mir. In 62 Stunden habe ich 941 Stieg Hafer gedroschen, welche nebst dem mit der Hand gedroschenen loosen 458 Tonnen geliefert haben. […])

Herr G. braucht den Extirpator beim Unterbringen der Sommer-Saat: der Stand des so untergebrachten Hafers war freylich gleichmäßiger, als der untergehaakte, doch lag vieles Korn noch ungekeimt oben auf und war daher in der Aussaat gar nicht gespart worden. Selbst die aufgelaufenen Erbsen und Wicken werden ohne Nachtheil niedergewalzt. Beide sind von Würmern gefressen, besonders die früher gesäeten. Waizen und Rapssaat war im vorigen Jahr in diesem ganzen Strich fast allenthalben mißrathen, verspricht aber dieses Jahr eine desto bessere Erndte, da die anhaltende für das gesäete Sommerkorn schon nachtheilige und die Bearbeitung des Thonigteren Bodens erschwerende Dürre, den zu üppigen Wuchs des Winterkorns zurück hält. Hin und wieder sieht man schon regulirte Dorfschaften, was gewöhnlich eine Verkoppelung zur Folge hat, und werden sich so dem Reisenden nach zwanzig Jahren dichte Hecken zeigen, wo jetzt das Auge frey umherschauen kann.[1]

---

1 Reise-Notizen aus Mecklenburg-Schwerin, Strelitz und der Mark Brandenburg. Aus Briefen an den Herrn Baron von Voght von Ferdinand Trummer, in: Landwirthschaftliche Hefte. Herausgegeben von der Central-Administration der Schleswig-Holsteinischen patriotischen Gesellschaft. Siebentes Heft, Altona 1823, S. 64 – 133, hier S. 73 – 80.

Eduard Stern: Einige Worte über die Lage der Leibeigenen in Mecklenburg (Auszug)

Ich wähle ein auswärtiges Blatt zu diesem Behuf, weil man außerhalb Mecklenburg gewöhnlich eine ganz unrichtige Ansicht von der Lage und den Verhältnissen der so genannten Leibeigenen in hiesigen Landen hat. So viel ich weiß, ist unter allen deutschen Ländern Mecklenburg das einzige, wo man diese Art von Unterthänigkeit noch findet. Denn im Holsteinischen ist sie längstens schon aufgehoben und in dem ehemaligen Schwedischpommern geschah dieses vor einigen Jahren. [...]

Wenn von manchen behauptet wird, dass keine eigentliche Leibeigenschaft in Mecklenburg sich finde: so ist dies offenbar ein Irrthum, denn man muß bedenken, daß es mehrere Grade derselben gibt. Man versteht nämlich unter Leibeigenschaft: das Eigenthumsrecht, welches auf der Person eines Menschen haftet, wodurch er zu gewißen Diensten, Obliegenheiten und Zinsen, gegen seinen Gutsherrn, verpflichtet ist. Welches Eigenthumsrecht auch dann noch fortdauert, wenn der Gutsherr aufhöret, Herr des Guts zu seyn, sich aber bey dem Verkauf desselben einen oder den andern der Leibeigenen ausbedingt. Es sind also unsre Leibeigenen nicht bloß *glebae adscripti.* Zu dieser Leibeigenschaft gelangt ein Mensch 1. durch die Geburt; denn leibeigene Eltern können nur leibeigene Kinder zeugen. 2. Durch Heirath. Heirathet eine freye Person eine leibeigene, so wird sie dadurch leibeigen. 3. Wenn ein leibeigenes Mädchen von einem Freyen sich schwängern lässt, so wird das Kind leibeigen. — Dies sind die gewöhnlichen Fälle, wodurch Menschen unter die Leibeigenschaft geraten. — Leibeigenschaft, im strengsten Sinne dieses Wort genommen, findet, Dank sey dem Himmel, hier bei uns nicht mehr Statt. Denn es darf kein Herr seinen Leibeigenen zum Krüppel schlagen oder tödten: kein Herr eignet sich das erworbene Eigenthum seines Leibeigenen zu; das jus primae noctis hat hier nie Statt gefunden; es steht dem Leibeigenen frey, bey seinem herannahenden Tode, über seinen

Nachlaß Verfügungen zu treffen. Allein wenn auch alle diese Fälle bei unserem Leibeigenen nicht Statt finden: so darf derselbe doch

1. das Gut oder Dorf, wo er geboren ist, oder den ihm angewiesenen Dienst, ohne Erlaubnis seines Leibherrn nicht verlassen.
2. Es darf der Leibeigene ohne Erlaubniß keine andre Lebensart wählen, als worin er geboren ist.
3. Er darf ohne Erlaubniß seines Herrn nicht heirathen.
4. Er ist körperlichen Strafen unterworfen.
5. Er ist als Bauer, wenn ihn sein Herr nicht auf Pachtgeld gesetzt hat, zu bestimmten Hand- und Spanndiensten verpflichtet; als Tagelöhner aber muß er, gegen einen abzureichenden Lohn, der aber gewöhnlich nicht geringer ist als derjenige, welcher den freyen Leuten gereicht wird, zu Hofe dienen.

Allein wenn nun der Leibeigene auch verpflichtet ist, die Zeit seines Lebens zu bleiben und zu dienen da, wo er geboren ward: so hat dagegen sein Herr auch die Verpflichtung auf sich, ihm zu helfen, wenn er in Noth ist; den leibeigenen Bauer mit Saatkorn, Brodkorn und Vieh, in drangvollen, unglücklichen Jahren zu unterstützen; zur Zeit der Krankheit für Pflege und Arzney zu sorgen und im schwachen Alter ihn nothdürftig zu ernähren. Daher kommt es, daß die geringen Leute auf dem Lande hier in der Jugend freylich von der Leibeigenschaft frey zu sein wünschen; die Freyen aber im Alter es bedauern, dass sie nicht zu den Leibeigenen gehören.

Dies ist, in allgemeinen Zügen, ohngefähr das Verhältniß, worin die Leibeigenen in Mecklenburg leben, so wie dasselbe, nicht durch Landesgesetze, so viel ich weiß, sondern durch Herkommen und Gewohnheit, nach und nach, bestimmt worden ist." […][2]

2 Aus: Allgemeiner Anzeiger der Deutschen oder Allgemeines Intelligenz-Blatt zum Behuf der Justiz, der Polizei und der bürgerlichen Gewerbe in den deutschen Staaten, wie auch zur öffentlichen Unterhaltung der Leser über gemeinnützige Gegenstände aller Art. Jahrgang 1817. Erster Band. Nr. 75. Gotha. Montags, den 17. März 1817, S. 773 – 778, hier 773 – 776.

Erfasste Personen in Klein Siemen bei der Volkszählung 1819

Name	Geburtsjahr /-ort	Stand / Gewerbe	Jahre / Zeit v. Ort / Status
Johann Gildemeister	1784 Bremen	Eigenthümer	9 / verheiratet
Joh Gustav Gildemeister	1812 Klein Siemen	Dessen Sohn	4
Georg Eduard Gildemeister	1793 Bremen	Wirthschafter	3 / ledig
Joh Tidemann	1799 Bremen	Landlehrling	1 / ledig
Agn Soph Kath Bunk	1794 Güstrow	Wirthschafterin	5 / ledig
Chrl Joh Dew Hamann	1797 Güstrow	Pferdeknecht	5 / ledig
Georg Fr Wilh Hamann	1799 Güstrow	Pferdeknecht	4 / ledig
Ivan Kennick	1791 Podolsk	Pferdeknecht	9 / verheiratet
Fr Georg Wilh Fick	1798 Wismar	Ochsenknecht	4 / ledig
Hr Joh Fr Fick	1800 Wismar	Hakerjunge	lebensl. / ledig
Joh Mart Chris Esch	1802 Wismar	Junge	6 / ledig
Dan Fr Senssen	1805 Kägsdorf	Junge	¼ / ledig
Anne Soph Hr Chr Stabe	1799 Gerdshagen	Magd	1 / ledig
Soph Wilh Fick	1799 Satow	Magd	3 / ledig
Hel Mar Fr Hanne Schof	1799 Rederank	Magd	2 / ledig
Joch Hen W Esch	1763 Püschow	Käthner	36 / verheiratet
Anne Christ Gret Esch	1756 Püschow	Ehefrau	42 / verheiratet
Marg El Hors Esch	1793 Püschow	Tochter	lebensl. / verh.
Marg Elis Kar Langhoff	1811 Gerdshagen	Enkelin	lebensl. / ledig
Marg Mar Elis Rischran	1815 Gerdshagen	Enkelin	lebensl. / ledig
Kath Marie Dor Fick	1760 Alt Karin	Kätherin	26 / Witwe Wilh Mart Chr
Hinr Fick	1796 Alt Karin	Sohn	lebensl. / ledig
Kath Mar Fick	1804 Alt Karin	Tochter	lebensl. / ledig
Aug Henr Louis Boddin	1797 Wismar	O. Geschäft	kurz / ledig
Carl Aug Louis Evers	1818 Danneborth	Sohn	kurz / ledig
Joh Chr Hil Lincke	1800 Danneborth	Gänsejunge	kurz / ledig
Joh Chr Dan Fick	1766 Danneborth	Tagelöhner	lebensl. / verh.

Name	Geburtsjahr /-ort	Stand / Gewerbe	Jahre / Zeit v. Ort / Status
Mag Soph Fick geb. Möller	1762 Alt Karin	Ehefrau	20 / verheiratet
Chr Carl Gustav Fick	1807 Alt Karin	Sohn	lebensl. / ledig
Mar L Kadow geb. Erichson	1760 Kolwin	Schäferin	3 / Witwe
Joh Da Joach Kadow	1789 Tresdorf	Schäferknecht	5 / verheiratet
Chr K Kadow geb. Schmidt	1795 Kröplin	Ehefrau	5 / verheiratet
Joh Fr Chris Kadow	1815 Gr. Siemen	Kind	lebenslang
Kath Frid Dor Kadow	1818 Gr. Siemen	Kind	lebenslang
Gust Joach Möller	1804 Alt Karin	Junge	lebensl. / ledig
Fr Dan Chr Fick	1779 Alt Karin	Tagelöhner	lebensl. / verh.
Mar D Fick geb. Karstens	1776 Kägsdorf	Ehefrau	4 / verheiratet
Wilh Karl Hen Fick	1809 Kägsdorf	Sohn	lebenslang
An Mar Chris Fick	1813 Kägsdorf	Tochter	lebenslang
Mar Soph Dor Fick	1816	Kind	lebenslang
Doth Hinr Erichson	1772 Rederank	Tagelöhner	3 / verheiratet
Kath D Erichson geb. Schar	1772 Glückstadt	Ehefrau	7 / verheiratet
Mar Dor Fick geb. Wedem	1769 Gr. Siemen	Witwe	24 / verwitwet
Dor Soph Fick	1808 Gerdeshagen	Tochter	
Joh Hinr Peters	1784 Püschow	Statthalter	3 / verheiratet
Mar Dor Peters geb. Helms	1779 Retschow	Ehefrau	3 / verheiratet
Ann Mar Soph Peters	1811 Retschow	Kind	3
Joh Hinr Math Peters	1814 Retschow	Kind	3
Ann Soph Ilse Peters	1816 Retschow	Kind	3
Nev Erichson	1764 Rederank	Tagelöhner	4 / verheiratet

Name	Geburtsjahr /-ort	Stand / Gewerbe	Jahre / Zeit v. Ort / Status
Mar Soph Erichson geb. E.	1775 Rederank	Ehefrau	4 / verheiratet
Joh Joach Chr Fr Erichson	1809 Satow	Kind	10
Joh Hinr Chr Fr Erichson	1814 Satow	Kind	5
Mar Ann Dor Fr Erichson	1817 Satow	Kind	2
Joh Hin Dr Förster	1753 Goldberg	ehemals Weber	1 / verwitwet
Joh Hin Sim Jos Sass	1791 Demmin	Schulmeister / Schneider	1 / verheiratet
An Mar L Sass geb. Förster	1787 Mulsow	Ehefrau	1 / verheiratet
Joh Hin Lud Sass	1817 Kröplin	Kind	1
Mar Lous Chr Sass	1819 Kröplin	Kind	
Hinr Carl Peter Jacobs	1802 Einhusen	Junge	kurz
Joh Hin Chr Winkenwerder	1764 Westenbrügge	Tagelöhner	25 / verheiratet
Mag Soph F Winkenwerder, geb. Behrens	1770 Roggow	Ehefrau	25 / verheiratet
Peter Wilh Winkenwerder	1795 Roggow	Sohn	kurz
Hin Joh Wilh Carl Hamann	1764 Gr. Nienhagen	Kuhhirte	4 / verheiratet
Cath Hamann geb. Schar	1768 Glückstadt	Ehefrau	4 / verheiratet
Mag Fick geb. Hildebrand	1781 Retwisch	Tagelöhnerwitwe	7 / verwitwet
Hed Fick	1806 Retwisch	Stieftochter	lebenslang
Mar Kar Kath Fick	1813 Retwisch	Tochter	
Eduard Wilh Fr Fick	1817 Retwisch	Sohn	
Joh Detl Fr Fick	1777 Retwisch	Sauhirt	lebensl. / verh.
Carl Elise Fick geb. Eggers	1771 Arcona	Ehefrau	12 / verheiratet
Joh Chr Lud Fick	1810 Arcona	Sohn	lebenslang
Chr Horstman	1817 Wakendorf		
Joh Hinr Lücke	1748 unbekannt	altersschwach	1 / verwitwet
Kath Mar Soph Chr Lücke	1788 Laugen	Aless Tochter	1 / ledig

Name	Geburtsjahr /-ort	Stand / Gewerbe	Jahre / Zeit v. Ort / Status
Soph Hel Joh Lücke	1795 Rathemoor	Aless Tochter	1 / ledig
Hans Joach Lücke	1797 Gottin	Tagelöhner	1 / ledig
Mar Soph Elis Brüschben	1805 Altenhagen	Dirne	8 / ledig
Chr Fried Schmidt	1759 Kl. Bollhagen	Altschuster	3 / verheiratet
Christ Elis Schmidt	1772 Reinshagen	Ehefrau	3 / verheiratet
Soph Ilsa Schmidt	1811 Luckau	Kind	
Helene Schmidt	1815 Luckau	Kind	

Abwesende im Auslande

Maria Anna Catharina Gildemeister geb. Wienholt, 26 Jan 1784 Bremen, Ehegattin des Eigenthümers, krank in Bremen.

Martin Wilh Eduard Gildemeister 15 Oct 1814, Klein Siemen, Sohn.

Es sollen einige hiesige Unterthanen abwesend sein, deren Leben und Aufenthalt aber unbekannt ist, von denen sich daher nicht angeben läßt, ob sie sich im Auslande aufhalten oder nicht.[3]

3 LHAS 2.21-4/4, Bevölkerungs-, Geburts-, Konfirmations-, Heirats- und Sterbelisten.

Georg Meister [Johann Gildemeister]: Ueber die Mittel zur Aufhebung des Indults und Einführung eines bessern Kreditwesens in Mecklenburg, Rostock 1816

Zum Hintergrund der hier wiedergegebenen Schrift: Napoleons bis 1813 geltende Kontinentalsperre hatte für Mecklenburgs Landwirtschaft eine verheerende Wirkung. Deshalb verfügte die Regierung in Schwerin am 10. Januar 1812 den „Indult für die bereits vor dem Antonitermin 1812 schuldig gewordenen zinstragenden Capitalien", der Gutsbesitzern eine vorübergehende Zahlungseinstellung ermöglichte.[4] Im März 1814 folgte der Aufruf, dem Engeren Ausschuss der Ritterschaft Vorschläge für die Einführung eines Kreditsystems einzureichen. Denn aufgrund der allgemein hohen Verschuldung der mecklenburgischen Rittergüter war die Befürchtung groß, dass bei einer Aufhebung des Indults zahllose Betriebe zusammenbrechen könnten. Aus diesem Grund erstrebte die Ritterschaft eine Umschuldung mit dem Ziel, kurzfristige hypothekarische Privatschulden in langfristige und möglichst unkündbare Schulden umzuwandeln.

An Ideen, wie der Indult gefahrlos aufgelöst werden könnte, mangelte es nicht. Einen nicht zu unterschätzenden Einfluss auf den Lauf der Verhandlungen zur Etablierung eines Kreditvereins hatten die in landwirtschaftlichen Zeitschriften, Zeitungen und als einzelne Schriften veröffentlichen Vorschläge von kenntnisreichen Fachleuten und Gutsherren wie etwa Friedrich Wilhelm Sibeth – und eben auch Johann Gildemeister alias Georg Meister. Gildemeister plädierte, wie aus seiner hier wiedergegebenen Schrift hervorgeht, für die Errichtung eines Kreditvereins, dessen Pfandbriefe von Seiten der Gläubiger nicht gekündigt, stattdessen aber veräußert werden können. Großen Einfluss auf die Beratungen hatten die Vorschläge des Agrar- und Wirtschaftswissenschaftlers Johann Heinrich von Thünen (1783 – 1850). Auch er plädierte für die Gründung eines Kreditvereins

4 Gesetzsammlung für die Meklenburg-Schwerinschen Lande: Zweite Folge, 6. Band, Wismar / Ludwigslust 1839.

der Grundbesitzer, der Hypothekenkredite durch die Ausgabe von – allerdings nicht handelbaren – Pfandbriefen vermitteln würde.[5]

1818 gaben die Stände auf dem Sternberger Landtag ihre Zustimmung zur Gründung eines Kreditvereins sowie zur Einführung einer Hypothekenordnung für die ritterschaftlichen Güter. (Die Hypothekenordnung von 1819 schrieb für alle ritterschaftlichen Landgüter die Eröffnung von Hypothekenbüchern bis zum 1. Januar 1826 vor.) Der Indult von 1812 wurde mit Wirkung ab 1821 aufgehoben. Im Juli 1819 nahm der auch von Johann Gildemeister befürwortete Ritterschaftliche Kreditverein die Arbeit auf. Der Zeitgenosse Gerhard Körber erhellt:

„Der Kreditverein ist eine öffentlich-rechtliche Korporation, die der Oberaufsicht der Landesherren untersteht. Beleihungsfähig sind nur die zum ritterschaftlichen Kataster gehörigen und nicht im Besitz der Landesherrschaften befindlichen Hauptgüter, sofern die Gebäude bei einer der ritterschaftlichen Brandsozietäten versichert sind. Der Ein- und Austritt ist den Gutsbesitzern zu jeder Zeit freigestellt. Wie bei der preußischen Landschaft erfolgt die Kapitalbeschaffung mittels Ausgabe auf den Inhaber lautender Pfandbriefe, die auf eine an erster Stelle eingetragene Hypothekenforderung fundiert sind. Für die Sicherheit der Pfandbriefe haften die Kreditverbundenen gesamtschuldnerisch. Die Beleihungshöhe ist auf die Hälfte des taxierten Gutswerts festgesetzt. Der Zinsfuß der Pfandbriefe beträgt 4 %. Außer Zinsen und einmaligen Kosten bei Eintritt in den Verein bzw. Aufnahme eines Pfandbriefdarlehens hat der Schuldner halbjährlich je 1/4 % des Darlehnsbetrages für die Bildung eines Kassen- und eines Tilgungsfonds zu entrichten. […] Die Pfandbriefe sind nur seitens des Inhabers kündbar.“[6]

5 Johann Heinrich Thünen: Ueber die Einführung eines Kreditsystems in Mecklenburg und über die Bestimmung des Pfandwerths der Mecklenburgischen Landgüter, in: Neue Annalen der Mecklenburgischen Landwirthschafts-Gesellschaft., 4. Jg., 1817, S. 401 – 544.

6 Vgl. Gerhard Körber: Das Kreditwesen des ritterschaftlichen Grundbesitzes in Mecklenburg nach dem Siebenjährigen Kriege bis zur Gründung des Ritterschaftlichen Kreditvereins im Jahre 1819, a.a.O., S. 236 – 266.

Georg Meister

Ueber die Mittel
zur Aufhebung des Indults
und
Einführung eines bessern Kreditwesens
in Mecklenburg.

Rostock 1816

Den versammelten Ständen
der Mecklenburgischen Großherzogthümer
ehrerbietigst gewidmet.

(S. 5)

Ob der Indult in Mecklenburg nie hätte gelegt werden sollen, ob er gerecht oder ungerecht, nothwendig oder entbehrlich war, darüber ist es jetzt nicht mehr Zeit zu streiten. Genug daß er besteht. Aber da er nicht ewig bestehen kann, so kann jetzt nur noch in Frage kommen: Welche Wege haben wir zu seinem Aufhören einzuschlagen, und wie haben wir zu diesem Zwecke die Ursachen, die ihn veranlaßten, zu bekämpfen?

Es ist gar nicht zu leugnen, daß der Indult ein Eingriff in die Rechte der Gläubiger ist. Durch einen Machtspruch des Staats ist ein, durch beiderseitige Uebereinkunft geschlossener Vergleich aufgehoben worden, und es ist den Gläubigern die freie Verfügung über ihr Eigenthum genommen. Eben so unzweifelhaft ist es, daß sie ein Recht an den Staat haben, diese zurückzufordern, um so mehr, da mit der Rückkehr von Frieden und Ruhe und Ordnung, die Kalamitäten und mit ihnen viele der Ursachen, die ihn forderten, allmählig zu verschwinden anfangen.

(S. 6)

Preußen hat seit Kurzem den Indult aufgehoben. Eine kräftige Aufforderung mehr an uns, in einer Maaßregel nicht unthätig zu bleiben, die offenbar eine Verletzung der Rechte Vieler und obendrein höchst drückend ist.

Das Drückende des Indults liegt aber hauptsächlich darin, daß der Gläubiger seine Kapitale, die er zu seinem eigenen Gebrauche oft so schmerzlich entbehrt, nicht einziehen kann. Und wie viele leiden nicht unschuldigerweise unter dieser Stockung, wo ineinandergreifend Eins wieder das Andere hemmt. Wie schwer mag nicht mancher Familienvater in diesen verhängnisvollen Jahren darunter gelitten haben, daß er der Kapitale nicht Herr werden konnte, die ihm zur Erhaltung seiner Familie, zur gehörigen Erziehung seiner Kinder, vielleicht so unentbehrlich waren; daß er außer Stand gesetzt wurde, selbst Unternehmungen zu machen. Mancher junge Mann, dessen vielleicht ansehnliches Vermögen, während seiner Unmündigkeit, unter den Indult gerathen, ist, nachdem er ihr entwachsen, nicht im Stande, selbst etwas anzufangen. Und wie hart muß es nicht für den seyn, der seinen Gläubiger, den die Entbehrung vielleicht schmerzlich drückt, nicht gerecht werden kann, und dadurch zu seinem Unglücke beitragen muß, bloß weil der Indult Anleihen, selbst mit

(S. 7)

großen Aufopferungen, unmöglich macht, oder vielleicht gar, weil er Gelder, die er selbst ausstehn hat, nicht einziehen kann.

Gewiß der Indult ist eine harte Maaßregel. Ein Zustand, wie unser jetziger, darf nicht dauernd seyn, und doch, wenn man die Frage anstellt: soll man ihn daher je eher, je lieber aufheben? so kann man sie demungeachtet, nicht anders, als mit Nein beantworten.

Denn es kann hier nicht bloß rechtlich, die Sache muß zugleich auch aus einem staatswirthschaftlichen Gesichtspunkte, wo das Wohl Beider, des Schuldners sowohl, als des Gläubigers, mit in Frage kommt, entschieden werden. Unter den einmal bestehenden Verhältnissen und ehe die nicht von Grund aus geändert werden, würde die unbedingte Aufhebung des Indults, den Ruin des Landes zur unausbleiblichen Folge haben.

Um den Gegenstand richtig beurtheilen zu können, muß man die bestehenden Verhältnisse, die auf ihn einwirken, wohl ins Auge fassen.

Zuerst darf man nicht übersehen, daß in Mecklenburg, wo die Güter so viel Ausdehnung haben, wo das Grundeigenthum in so große Theile vertheilt ist, sie in der Regel nicht schuldenfrei besessen werden, ja, daß sie vielmehr in Folge der Einrichtungen, geboten durch einen mildern Geist

(S. 8)

einer neuern Zeit, fast nur mehr oder weniger verschuldet besessen werden können.

Ein Gut, wie es einmal besteht, ist ein Ganzes, das in der Regel nicht getheilt werden kann. Die Aufführung der Gebäude und die Kosten der Einrichtung einer Feldmark zu einem Gute, werden mit wenigen Ausnahmen, den Werth, den das Ganze nachher hat, übersteigen. Daher würden, wenn man ein Gut in mehrere theilen wollte, die Kosten der neuen Einrichtung und die Aufführung neuer Gebäude meistens den Werth des Gutes ganz verschlucken. Das einzige Mittel, daß uns übrig bleibt, ein Gut zu verkleinern, ist das, Andern – und das können wir, sogar mit so kleinen Summen, als womit es nicht möglich ist, sich nutzbar anzukaufen – Antheil daran zu geben, das heißt, durch Anleihen, oder wie man zu sagen pflegt, Schulden darauf zu kontrahiren. Nur auf diese Weise auch können sich Kinder in das nachgelassene Gut ihres Vaters theilen, dadurch nemlich, daß Eines von ihnen das Ganze mit den Schuldforderungen der Uebrigen zu ihrem Antheile daran, es also mit Schulden übernimmt. Ein Mittel, das so vorzüglich in mancher Hinsicht ist, doch in anderer sehr böse Seiten hat.

So lange in alten Zeiten das Lehnssystem in seiner vollen Kraft bestand, erbte von allen Kin-

(S. 9)

dern nur eines das Gut des Vaters. Daher wurden sie schuldenfrei besessen, und das hatte für die Grundstücke den großen Vortheil, daß sie Besitzern angehörten, die zugleich die Kräfte hatten, es gehörig bewirthschaften zu können. Aber, weniger als die Erhaltung des Grundstücks, muß dem Vater die seiner Kinder am Herzen liegen. So lange das Mittel der Verschuldbarkeit eines Grundstücks noch nicht gekannt war, mußte man das als ein nothwendiges Uebel ansehen, daß einem bevorzugten Kinde das Wohl aller übrigen geopfert werden mußte. Aber so wie man allmählig das Mittel kennen lernte, durch Uebernahme von Schulden ein Gut zu theilen; so bekamen Vaterliebe, die alle Kinder mit gleicher Liebe umfaßt, und das Gefühl der Billigkeit die Oberhand, und so mußte das Lehnssystem allmählig einem neuern humanern Zeitgeiste weichen.

Eine unausbleibliche Folge davon ist aber die, daß der Natur der Sache gemäß, die Güter allmählig in Schulden gerathen müssen. Gesetzt es habe ein reicher Mann so viele große Güter als Kinder, so kommen diese zwar zu einem unverschuldeten Besitz, von den Enkeln aber werden sie meist nur mit Schulden angenommen werden können und die Kinder dieser werden, um sie nicht verschuldeter, als rathsam ist, zu besitzen, sich zum

(S. 10)

Theil gezwungen sehn, den Besitz aufzugeben, und sie zu verkaufen. Auf diese Weise müssen die Güter allmählig in Schulden gerathen, geschweige daß, selbst wenn die Güter durch Kauf in andere Hände kommen, sie weil der Besitz eines größeren Guts bei gleichen Verhältnissen vortheilhafter ist, als der eines kleinern, meistens mit Schulden übernommen werden.

Das größte Uebel aber, das die Verschuldbarkeit der Grundstücke nach sich zieht, ist die Unsicherheit des Besitzes mit ihren Folgen.

Außer daß ein Mann, der voraussieht, seine Kinder werden sich nicht in dem Besitz seines Gutes erhalten können, sich scheuen muß, weit hinausgehende Verbesserungen vorzunehmen, sogar im Gegentheil Manches, daß sich späterhin sehr verinteressiren würde, zum Nachtheil des Guts zu unterlassen und es folglich schlechter bewirthschaften wird, als wie derjenige, der in der Aussicht arbeitet, sein Fleiß werde noch seinen spätesten Nachkommen zu Gute kommen; so schwächen die Schulden oft die zur Bewirtschaftung nöthigen Kräfte des Besitzers zum Schaden seines Grundstücks zu sehr. Wenn es aber irgend ein Gewerbe giebt, wo ein Mißverhältnis der Kräfte der Grund zum Verderben werden kann, so ist es vor allen Dingen das der Landwirthschaft.

(S. 11)

Aber außer der Verschlechterung des Grundstücks, die Folge einer schlechten Bewirthschaftung, kommt noch die Gefahr unglücklicher Zeitverhältnisse hinzu, die auf den verschuldeten Besitzer verhältnismäßig um so stärker einwirken, als dieser nicht auf seine Schuld, die in gleicher Größe unveränderlich dieselbe bleibt, sondern nur auf den Werth oder sogar nur auf den Preis seines Grundstücks vermindernd einwirkt. Dadurch muß mancher Besitzer dahin kommen, seinen Besitz aufzugeben und zu fallen, während ein Unverschuldeter, wenn gleich auf einem kleinern Grundstücke, sich aufrecht erhält.

Was aber die Verschuldbarkeit der Güter so gefährlich macht, ist das Recht der Gläubiger, die angeliehenen Kapitalien nach Willkühr zu kündigen, und dies ist der zweite wichtige Punkt, der wohl zu berücksichtigen ist.

In Zeiten der Ruhe und des ungestörten Verkehrs, wo es derer, die Kapitale sicher zu belegen wünschen, oft mehr giebt, als solcher, die sie suchen, wo die Kapitalisten glauben, ihre Kapitalien nicht sicherer, als – wohl bemerkt, unter der Voraussetzung eines guten Kreditwesens im Lande – auf Grundstücke anleihen zu können, wo es dem Grundbesitzer nicht schwer wird, ein gekündigtes Kapital nöthigenfalls wieder anzulei-

(S. 12)

hen; in solchen Zeiten merkt der Schuldner nicht, welch eine gefährliche Bedingung für ihn und seinen Wohlstand die Kündigbarkeit der Kapitalie ist. Desto eindringlicher lehren das Zeiten allgemeiner Kalamitäten, Zeiten, wie die vergangenen. Wenn bei eingerissenem Mißkredit ein gekündigtes Kapital nicht anzuschaffen ist, wenn der Schuldner, zum großen Nachtheil seines Gewerbes, sein Betriebskapital angreifen, oder sich dem guten oder bösen Willen seiner Gläubiger preis geben, oder unbarmherzig dem Wucher in die Hände fallen muß; dann erst fühlt er eindringend, welche gefährliche Verpflichtung er eingegangen ist.

Kommt nun drittens noch ein mangelhaftes Kreditwesen im Lande, und gar noch ein herrschender schlechter Geist, der es zum Schaden anwendet, mit dem Wucher *) hinzu; so wird die Lösbarkeit der Kapitale eine Klippe für den Wohlstand des ganzen Landes. Bei einem schlechten Kreditwesen führt die Verschuldbarkeit der Güter allmählig zum Ruin des Besitzers und der Besitzung.

---

*) Das ist der wesentliche Unterschied des Wuchers vom Handel, daß hier der freie Austausch beiden Theilen zum Vortheil gereicht, während bei jenem ein Theil die Noth des Andern zu dessen Nachtheile benutzt.

(S. 13)

Leider laboriert Mecklenburg an dem ersten, leider ungleich mehr noch an dem andern Uebel. Ist eine Landschaft des Deutschen Vaterlandes in dieser Hinsicht, und leider mit Recht, verrufen und berüchtigt, so ist es Mecklenburg.

Eine Rotte Menschen lebt vom Raube und der Schikane, zehrt wie Vampyre an dem innersten Lebensmarke des Landes und treibt ihr Unwesen ungestört und ohne Scheu und Schaam; verderblicher und ärgere Feinde desselben, als Franzosen und Juden nur seyn können.

Was würde ich hier dem Mecklenburger Neues sagen können. Die Sache selbst *) ist zu bekannt,

---

*) Aus Paschen H. Hanes Uebersicht der Mecklenburgischen Geschichte mag folgende Stelle hier an ihrem rechten Orte stehn.

„Zu der großen Stockung des Geldverkehrs und des Kredits, welche nach dem siebenjährigen Kriege mehrere Jahre fortdauerte und das Land an den Rand des Verderbens brachte, wirkten mehrere Ursachen, nähere und entferntere mit. Schon vor dem Kriege waren die Vermögensumstände vieler Landbegüterten nicht die Besten, durch den Krieg wurden sie noch mehr heruntergebracht. Die Viehseuche gab den letzten Stoß, dazu die Mißernten der Jahre 1770 – 71. Alle Augenblicke hörten Landbegüterte zu zahlen auf. Der Geldumlauf war völlig gehemmt. Das Uebel erreichte seinen höchsten Gipfel, als auch die wohlhabenden Landebegüterten Gefahr liefen in den Studel hineingezogen zu werden. Ein paar Tausend Thaler, die gezahlt werden sollten, brachten in unaussprechliche Verlegenheit."

„Ich mag kaum erzählen, was man im Publicum damahls laut sprach, daß es Leute gab, die die Gläubiger, auch zuverlässigsten Landbegüterten, unter allerley Vorspiegelungen nur immer, zu bereden suchten, ihnen die Kapitalien zu kündigen, um so auch sie zum Falle zu bringen oder, wie man das ziemlich trivial nannte, sie abzusatteln. Wie sollten sie da gleich Rath schaffen? Sie mussten fallen."

„Um nur ein paar Hundert Thaler zu negociiren, mußten oft die sichersten Leute, wer weiß wie weit reisen, schicken, bitten und wurden um eine ebenso kleine Summe oft bis zur Auspfändung erequirt. Familien, die damahls von ihren Zinsen lebten, geriethen in große Dürftigkeit. Wie viele Thränen flossen damahls nicht! Ich begriff schon damahls, daß ein jeder Staat, wo Kreditlosigkeit und Stockung des Geldumlaufs überhand genommen, der unglücklichste sey."[7]

„Dieser Unfug hatte dermahl eine solche Höhe erreicht, daß Gutsbesitzer, um die Bekanntwerdung ihrer auswärts wohnenden Gläubiger zu verhindern, persönlich an die Gränze reiseten, um da ihre auszuzahlenden Zinsen auf die Post zu tragen.

Seitdem ist eine Reihe von Jahren vergangen und es ist bis jetzt noch nichts geschehen, diesen Uebeln abzuhelfen. So wie damahls unterhält man sich noch jetzt laut im Publicum von ähnlichen Gäuelen und in dem Laufe der Zeit ist zu dem Absatteln, noch die Erfindung des Aufsattelns hinzugekommen."

(S. 14)

als daß ich mich näher darüber auszulassen brauchte. Nur die Bemerkung kann ich bey dieser Gelegenheit nicht unterdrücken, daß man sich billig wundern

(S. 15)

muß, das bisher noch Keiner aufgetreten ist, um ein Unwesen anzutasten und öffentlich zur Sprache zu bringen, welches wie Ungeziefer, daß den kranken Körper befällt, in der Verderbnis gedeiht und das ein Schandfleck für unsere National-Ehre ist; daß noch nicht auf das zweckmäßigste Mittel dagegen, auf Vorbeugung von Noth, durch Verhüthung von Ueberfüllung in einzelnen Erwerbszweigen angetragen ist, und das so manches ehrwürdige Mitglied, das die ungerechte Verdammnis einer ganzen Klasse theilen muß, nicht schon längst Mittel gesucht hat, diese von ihr abzuwältzen.

Nach sorgfältiger Erwägung und Berücksichtigung dieser Umstände, wird man nicht anders, als urtheilen können: daß unbedingte Aufhebung des Indults, ehe nicht ein gutes Kreditsystem eingerichtet ist, das allen diesen Mängeln abhilft, unbezweifelt den Ruin des Landes nachsichziehen würde.

7 Vgl. Paschen Heinrich Hane: Übersicht der Mecklenburgischen Geschichte, Gadebusch 1804, S. 559f.

(S. 16)

Wann aber die Lösbarkeit der Gutsschulden, eine Klippe für den Wohlstand von Mecklenburg ist, so sei es mir erlaubt, auf eine Einrichtung ganz verschiedener Art aufmerksam zu machen, die wo sie besteht ohne Zweifel einen segensreichen Einfluß auf das Wohl des ganzen Landes haben muß. Ich führe zu diesem Zweck, folgende Stelle aus einem interessanten Aufsatze über die Landwirthschaft der Schweiz*) von unserm Landsmanne, dem Domainenrath Harmes[8] an.

„Eine Sache, die auf das Gedeihen und den Flor der Landwirthschaft in der Schweiz einen sehr großen Einfluß hat, ist die Sicherheit, welche die Kreditgesetze dem Landeigenthümer gegen den Wucher geben. Die gewöhnlichen Zinsen sind vier von Hundert. So lange der Landeigenthümer, welcher Schulden hat, er sey wer er wolle, diese Zinsen richtig bezahlt, kann ihm das Kapital, welches er schuldig ist, nicht gekündigt werden. Erst wenn er in drei Terminen mit der Zinszahlung ausgeblieben ist, hat der Creditor das Recht, sein Kapital zurückzufordern und sich an die Hypothek zu halten.

Der Landeigenthümer hingegen kann, nach vorheriger Aufkündigung, die Kapitale abtragen, wann er will.“

---

*) Siehe Thaers Annalen des Ackerbaues Jahrgang 1810 Aprilstück, S. 393.[9]

S. 17)

„Es wäre sehr zu wünschen, daß diese Einrichtung in andern Ländern in Zeiten der Ruhe, des Friedens, des Wohlstandes und des Kredits Nachahmungen gefunden hätte. Sie ist dem Kapitalisten nicht so nachtheilig, als es vielleicht auf den ersten Blick scheint. Zwar kann er über sein Geld nicht mehr disponieren, sobald er es weggegeben hat. Allein die Obligationen

---

8 Domänenrat August Heinrich Ludwig Harms (1762 – 1839) aus Redefin.

9 Vgl. August Heinrich Ludwig Harms: Bemerkungen über die Landwirthschaft in der Schweiz, in: Thaers Annalen des Ackerbaues, 11. Bd., S. 377 – 420.

(Gültbriefe, Zinsbriefe), welche er dagegen in Händen hat, dienen ihm im Handel und Wandel statt des Geldes, und wem einmal die klingende Münze unumgänglich nöthig seyn sollte, der kann sie, ohne Verlust, oder mit einem sehr geringen Verlust umsetzen. Die Taxation der Grundstücke, welche den Anleihen vorhergehen, und die Register, welcher unter öffentlicher Autorität davon gehalten werden, geben dem Kreditor große Sicherheit. Für das Ganze haben die Gültbriefe den Nutzen, daß sie eine Art von Papiergeld ausmachen, welches die Zirkulation des Geldes außerordentlich vermehrt."

Die Unablöslichkeit der Gutsschulden muß dem Landmanne um so wünschenswerther erscheinen, als es ihm – der durch seine Lage vom Verkehre abgeschnitten ist und dem, von den Mittelpunkten desselben den Städten entfernt wohnend, die Verbindungen fehlen – schwer werden muß, für ein gekündigtes Kapital sogleich eine neue Anleihe zu ma-

(S. 18)

chen. Wird er daher schon in guten Zeiten dem Wucher in die Hände zu fallen in Gefahr stehn, wie vielmehr in schlechten. Daher ist der Wunsch, es möchten Gutsschulden in Mecklenburg künftig unablöslich gemacht werden, schon zur Sprache gekommen, ein Wunsch, der nun so viel mehr Grund für sich hat, als es nicht der Natur der Sache angemessen scheint, daß von einem unzertheilbaren Gegenstande, aus dem, seiner Unbeweglichkeit wegen, der Werth nicht herausgezogen werden kann, der nur Rente giebt und von dem daher nur die Rente oder ein Theil derselben veräußert werden kann, die Auszahlung des Kapitals selbst solle gefordert werden können.

Alle diejenigen Vortheile, die für das landwirthschaftliche Gewerbe, dessen besondere Eigenthümlichkeit es in jeder Hinsicht ist, daß zuerst gesäet und von der Zeit die spätere Reife erwartet werden muß – anerkannt die Erbpacht und durch sie mittelbar auch der Staat hat, und das durch die große Sicherheit eines dauernden Besitzes; alle diese Vortheile würden, zum Wohle des Landes, fast ganz durch die Unablöslichkeit der Gutsschulden erreicht werden. Aber so vortheilhaft diese Einrichtung auch ist, da wo sie einmal besteht, so große Schwierigkeiten setzen sich ihrer Einführung da entgegen, wo sie bis dahin nicht gebräuchlich war.

(S. 19)

In Gegenden, wo man durch die Länge der Zeit daran gewöhnt ist, Unablöslichkeit, als mit dem Wesen einer Hypothek unzertrennlich verbunden, zu betrachten, macht sie gar keine Hindernisse im freien Austausch, denn wenn man nicht kündigen kann, so kann man durch Verkauf wieder zu seinem Gelde kommen. Ganz anders aber verhält es sich da, wo man gewohnt ist, Kapitale nicht anders, als unter der Bedingung sie kündigen zu dürfen, zu verleihen. Hier würde der Besitzer bei dieser gebrauchswidrigen Bedingung schwerlich einen Käufer für seine Hypothek finden, und die Schwierigkeit, eine bestehende Gewohnheit zu ändern, ist es, was ihre Einführung, in gewöhnlichen Zeiten wenigstens, hindert.

Dazu kommt, daß eine solche Einrichtung nur da bestehen kann, wo das Kreditwesen eine gewisse Vollkommenheit erreicht hat. Haupterfordernisse davon sind, daß die Zinszahlung sicher gestellt werde, daß die Priorität im Voraus unwiderruflich feststeht, daß die gegebene Sicherheit öffentlich beurkundet werde, und daß das Unterpfand selbst und die Sicherheit, die es giebt, über jeden Zweifel erhaben sey.

Wie weit wir in Mecklenburg leider davon noch entfernt sind, ist nur zu bekannt, aber eben so gewiß ist es, daß die Einführung guter tadelfreier

(S. 20)

Kreditgesetze jeder neuen Einrichtung, die man etwa machen möchte, voraufgehen und das Erste seyn muss, wobei man anzufangen hat, so wie sie selbst eine der dringendsten Bedürfnisse des Landes sind.

Unsere jetzigen Geldverlegenheiten sind fast nur einem Mangel desselben zuzuschreiben; denn weniger ein wirklicher Mangel an Geldern, als das durch die vielfältigen Mängel unserer Kreditgesetze bewirkte Mißtrauen, sind die Ursache davon. Ein hoher Zinsfuß in einer Zeit, wo er in andern Gegenden Deutschlands, wegen gänzlicher Lähmung aller Gewerbe, gegen feste Sicherheit auf dem niedrigsten Standpunkte war, ist davon der sprechendste Beweis. In diesem Frühjahre standen im Preußischen, das durch den Krieg so entsetzlich gelitten hat, und wo man deshalb viel eher auf wirklichen Geldmangel schließen dürfte, die Pommerschen und Neumärkischen Pfandbriefe, die nur 4 Procent Zinsen tragen, schon 4 bis 6 Procent über Pari, während es noch jetzt bei uns fast unmöglich ist, auf erste Sicherheit Gelder zu 5 Procent anzuleihen. Diejenigen dagegen, die hier im Lande Gelder belegen wollen, befinden sich in nicht geringerer Verlegenheit, der ein festes Kreditwesen so leicht abzuhelfen vermögte. Dieses ist aber, wie wohl zu bemerken ist, nicht der Schuldner wegen ein drin-

(S. 21)

gendes Bedürfnis, es ist fast noch wichtiger für den Gläubiger. Man braucht, um das einzusehen, sich nur die Verlegenheiten, worin unmündige, Witwen, überhaupt alle, unserer verworrenen Gesetze Unkundige notwendig gerathen müssen, wenn sie ein Kapital sicher unterbringen wollen, wenn darin sogar die Klügsten fehlen; die Gefahren, denen sie ausgesetzt sind, einem vielleicht unrechtlichen Beirathe, gegen dessen raubsüchtige Klauen sie außer Stande sind, sich zu sichern, in die Hände zu fallen und ein Opfer der Gesetzlosigkeit zu werden, wie es davon der traurigen Beispiele manche giebt.

So wie aber ein möglichst vollkommenes Kreditwesen das dringendste Bedürfnis für Mecklenburg ist, so ist zu der Einführung wohl kein Zeitpunkt mehr gemacht, als der jetzige, wo es durch den Indult ganz verwirrt ist, und wo es zur Wiederherstellung der Ordnung einer gänzlichen Reform bedarf. Ein Zeitpunkt, wo die Unablöslichkeit der Hypotheken durch ihn gewissermaßen eingeleitet ist, und wo es daher so leicht seyn würde, sie einzuführen; vielleicht der einzige, in dem es je möglich werden möchte, den man daher festhalten und nicht ungenützt darf vorübergehn lassen.

(S. 22)

Nur hüte man sich in einer so wichtigen Sache leichtsinnig zu Werke zu gehen. So sehr zwar ein ganzes Kreditwesen dazu dienen würde, die Einführung der Unablösbarkeit der Gutsschulden vorzubereiten; so glaube man nicht, daß dieses allein dazu hinreichen werde, geschweige, daß ein bloßes Gebot das vermöchte. Nur in dem Falle wird die Ausführung gelingen, wenn man es wird dahin zu bringen wissen, daß die Papiere von selbst verkäuflich werden und Kurs gewinnen.

Eine unerschütterliche Sicherheit ist das einzige Mittel, wodurch man das erlangen kann und wird. Diese aber kann ein Privatmann nicht bieten, und schon darum und in der Art nicht geben, weil er selbst als solcher so manchen Zufälligkeiten unterworfen ist, die ihn und dadurch auch jene gefährden. Darum darf sie nicht bloße Privatsache bleiben, und es ist daher auch meine feste Ueberzeugung, daß man auf diesem Wege nicht durchdringen und daß man diesen Zweck nicht anders erreichen wird, als durch Hülfe des kräftigen Mittels einer allgemeinen Garantie.

Mein Vorschlag geht daher auf einen allgemeinen Kreditverband Mecklenburgischer Gutsbesitzer und ist kurz folgender.

Man errichtet, wie man es auch schon beabsichtigt hat, nach dem Muster der Kredit-Insti-

(S. 23)

tute in den Preußischen Staaten, einen Kreditverein, nur mit dem einzigen, aber wesentlichen Unterschiede, daß die Pfandbriefe von Seiten der Gläubiger nicht kündigbar, sondern statt dessen veräußerlich sind. Der größere Anstoß, den, in der Ausführung, die Erreichung einer solchen Anstalt in Mecklenburg fand, die Anschaffung eines angemessenen und hinlänglichen Realisations-Fonds – zu dessen Ansammlung, unter der seltsamen Benennung eines sinkenden Fonds, man einen Zeitraum von zehn Jahren bestimmte, während welchem der unglückliche Indult mit seinen nachtheiligen

Folgen fortwähren sollte – wird dadurch auf eine leichte Art umgangen.

Man hat bei größeren Vereinen, wie z. B. der Staat einer ist, es längst als eine ausgemachte Wahrheit angenommen und als Grundsatz festgestellt; daß der Kredit derselben durch die Ablösbarkeit der angeliehenen Kapitalien nicht gefährdet werden dürfe. Aus dieser Ursache nehmen die Staaten Kapitalien nicht anders auf, als unter der Bedingung, daß sie ihnen nicht gekündigt werden können. Was in einem Falle richtig ist, muß es auch in einem andern seyn; daher ist mit Recht zu verwundern, daß man diesen Grundsatz nicht längst schon auch auf Kreditvereine, wie die obengenannten, ausgedehnt hat, denn gerade einen

(S. 24)

Verein dieser Art, wenn er wirklich gehörige Sicherheit darbietet, sollte man noch weniger der Gefahr aussetzen, durch bloße Kündigungen in Verlegenheiten gesetzt zu werden. Man scheint aber gar nicht darauf verfallen zu seyn, ihn darauf anzuwenden, noch weniger dazu die vortreffliche Gelegenheit, die der Indult darbot, dies nachzuholen, zu benutzen, die man im Preußischen im Gegentheil ungenützt hat vorübergehen lassen.

Die Anstalt ertheilt auf zwei Drittel, aber nach Gutbefinden allenfalls auf drei Viertel des Werths eines Guts Pfandbriefe, die unter sich gleich rangiren und womit die ersten Gläubiger, die auf das Grundstück angeliehen, bis zu diesem Belaufe befriedigt werden. Sind nicht so viele Gläubiger da, so werden die übrigen Pfandbriefe dem Eigenthümer zu dessen freiem Gebrauche eingehändigt.

Da ein solidarischer Verband Anstoß finden würde, es dessen zu Sicherung der Gläubiger auch nicht bedarf, sondern dazu eine allgemeine gegenseitige Gewährleistung genügen wird; so haftet dem Besitzer eines Pfandbriefs, das Grundstück, worauf derselbe lautet, als Unterpfand unter der allgemeinen Garantie des Verbands, daß wenn im schlimmen Falle es dieses nicht decken

(S. 25)

sollte, der Verein für die Auslöse bis zur Erschöpfung dieser allgemeinen Garantie eintritt.

Um dieser Gewähr mehr Gewicht zu geben und zur Sicherung der Gläubiger, besonders in Hinsicht der prompten Zahlungen, wird auf folgende Weise ein baarer Fonds angelegt. Es leistet jedes Mitglied nach Verhältniß seines Antheils einen Einschuß in baarem Gelde, dessen Größe näher zu bestimmen ist und der allenfalls soviel als eines Jahres Zinse von der Antheilssumme betragen könnte. Jedes Mitglied verpflichtet sich außerdem noch beym Verband seiner Habe und Güter, für den unglücklichen jedoch nicht sehr gedenkbaren Fall, daß bis dahin Ausfälle zu decken wären, noch eben so viel nachzuschiessen. Bis weiter aber erstreckt sich die Garantie nicht.

Von dem Einschusse erhalten die Mitglieder keine Zinsen, sondern es werden die Zinsen des Fonds zum Theil dazu genutzt, die Kosten der Verwaltung des Vereins zu bestreiten. Was übrig bleibt, nachdem das zur Deckung etwaiger Ausfälle Verwandte noch abgezogen ist, wird, zur Vermehrung des Fonds, zu demselben geschlagen. Ein bedeutender Theil des Fonds jedoch, muß stets für unerwartete Unglücksfälle bereit stehn.

Ungeachtet der Verein sich nicht verpflichtet, Kündigungen anzuerkennen, so soll, gleich als

(S. 26)

hätte er die Verpflichtung übernommen, ein Theil des Fonds, besonders im Anfang und ehe die Papiere einen Kurs bekommen, dazu verwandt werden, um einzelnen Inhabern von Pfandbriefen – denen sehr an ihrer Versilberung liegen möchte und die sich deshalb an die Verwaltung gewandt – den Werth derselben baar auszuzahlen. Es ist zu erwarten, daß von der anderen Seite dagegen Manche, die Gelder gegen solche Sicherheit zu belegen wünschen, sich gleichfalls an die Verwaltung um Pfandbriefe wenden werden. Sie wird daher auf diese einfache Weise den Austausch zwischen den Geld

Suchenden und denen, die Gelder zu belegen haben, bewirken und auf die Art wird es allmählig gelingen, die Pfandbriefe verkäuflich zu machen und in Kurs zu setzen.

Die Zinsen der Pfandbriefe werden durch die Kreditanstalt gegen Einreichung von zu diesem Zwecke früher bey dem Pfandbriefe abgegebenen Zinscoupons, ausgezahlt, die nebenbei noch den Nutzen haben würden, daß sie im Lande, besonders bey Mangel von baarem Gelde, ein Erleichterungsmittel in den Zahlungen abgeben und wie Bankzettel von Zettelbanken Kurs gewinnen würden. Wenigstens würden die Theilnehmer des Instituts, die Zinsen, die sie an dasselbe einzuschicken haben wür-

(S. 27)

den, füglich statt baaren Geldes in Coupons einschicken können.

In Hinsicht, daß vier von Hundert ein hoher Zinsfuß für erste Sicherheit ist, insbesondere wenn man bedenkt, daß der Gläubiger, bei gesicherter Zinszahlung, in einen Konkurs verwickelt werden kann, sondern daß dieser mit den Unkosten allein die Anstalt trifft, so zahlt diese keine höhere Zinse. Dadurch aber soll den Gläubigern keineswegs Eintrag in ihrem Rechte geschehen, noch der Debitor seinen angegangenen Verpflichtungen zur Zahlung einer höhern versprochenen Zinse entfreiet werden. Durch die Hand des Instituts erhebt der Gläubiger nun vier Procent, das mehr Versprochene muß er vom Schuldner direkt erwarten. Freilich ist es billig, daß unser Zinsfuß, der nur darum so hoch ist, weil unsere Kreditgesetze nicht gehörige Sicherheit geben, unter den veränderten Umständen, wo dem Gläubiger so volle Sicherheit gewährt wird, nicht derselbe bleibt, aber ihn zu erniedrigen sind Zwangsmittel unanwendlich, im Gegentheil zweckwidrig. Sie sind unnöthig ohnehin, denn er wird sich allmählig von selbst in ein gerechtes Verhältniß zu der Sicherheit setzen, wenn dem Schuldner, wie billig, das Recht, kündigen zu dürfen, vorbehalten bleibt.

(S. 28)

So wie es vor allen Dingen im Allgemeinen das erste und Hauptaugenmerk seyn und das eifrigste Streben dahin gerichtet werden muß : dem Institute Zutrauen zu erwecken : so auch insbesondere in dem Punkte der Sicherstellung der Zinszahlung unwandelbar auf die festgesetzte Zeit *), der Art, daß sie durch keine Zufälligkeiten, sie seyen welche sie wollen, verrückt werden darf. Die Gewähr für diese Sicherheit leistet augenblicklich zwar der Fonds: hauptsächlich aber muß sie in der Strenge der Gesetze, gegen die in der Zinszahlung säumigen Theilnehmer der Anstalt, begründet seyn. Strenge der Gesetze ist in Fällen, wie dieser, die größte Wohlthat – wovon das Wechselrecht ein überzeugendes Beispiel aufstellt – während Milde zur größten Härte wird. Auf Säumniß in Abtragung der Zinsen erfolge daher unmittelbar Sequestration von Seiten des Kreditinstituts, und dies um so mehr aus dem Grunde, weil ein Gut in so kurzer Zeit schlechter

*) Es möchte zur Beförderung des Umlaufs und um dazu beizutragen, durch keine zu starke Aufhäufung desselben, einem möglichen Mangel an baarem Gelde, zuvorzukommen, dann vielleicht gerathen werden, die Zinsen statt in zwei, durch die Anstalt in vier Terminen jährlich auszahlen zu lassen.

(S. 29)

Verwaltung so sehr deteriorirt werden kann. Das Konkursverfahren wird auf diese Weise, zum Besten des Grundstücks, eine gänzliche Veränderung erleiden. Auf einen ausgebrochenen Konkurs wird augenblicklich und ehe es zu Grunde gerichtet ist, der Verkauf erfolgen können. Werden keine zwei Drittel geboten, so bleibt die Anstalt Käufer, die es so lange, bis sie einen Abnehmer findet, verpachten mag.

Was die Form der Pfandbriefe und die Sicherungsmittel gegen Verfälschung durch Bezeichnung der Dokumente, durch Stempel, Wasserstempel im Papier, Ausschnitte u.s.w. betrifft, so glaube ich, wird man darin die Französischen Einrichtungen um so mehr zum Muster nehmen können, als bekanntlich das Französische Gesetzbuch von dem Gesichtspunkte ausgeht, alle Menschen im unausgemachten Falle für Schurken zu halten.

Nicht nur aus dem Grunde ist es gerathen, die Pfandbriefe, jeden auf ein besonderes Gut zu verhypotheciren, weil es die Möglichkeit von Mißbräuchen von Seiten der Anstalt, oder von Unterschleifen erschwert, zu welchem Zwecke ihnen auch noch die Anerkennung des Schuldners hinzuzufügen ist; sondern darum hauptsächlich, weil, wenn Unablöslichkeit der Hypotheken in Meck-

(S. 30)

lenburg einmal eingeführt ist, der Kreditverband vielleicht unnöthig würde und sich demzufolge die Anstalt auflösete, auf diese Weise ein Hypothekenwesen völlig vorbereitet und eingerichtet wäre, ohne daß es neuer Einrichtungen oder wesentlicher Aenderungen bedürfen würde.

Die Verwaltung des Instituts hält ein allgemeines Pfandprotokoll, indem jedes einzelne Gut sein Folio bekommt. Dies könnte zugleich für spätere Forderungen als Hypothekenbuch dienen, deren allgemeine Einführung, so nützlich sie auch gewesen wäre, bisher an den bedeutenden Kosten ihrer Errichtung scheiterte.[10]

Die Pfandbriefe und die Zinscoupons desgleichen müssen, meiner Meinung nach, nicht auf den Inhaber (au porteur) lauten, es würde diesen der Gefahr eines Verlustes aussetzen; sondern der Name des Gläubigers werde darin ausgedrückt, und dieser habe das Recht, sie durch ein Indossement wie bei Wechseln, auf einen Andern zu übertragen. Da dem D e b i t o r das Recht der Kündigung, die durch die Verwaltung geschieht, vorbehalten ist, so muß diese die Gläubiger kennen. Es wird daher nothwendig, daß der jedesmalige neue Besitzer eines Pfandbriefs ihn dem Institute vorzeige, damit ihn dieses als Gläubiger, jedoch unentgeldlich, agnoscire. Ein

10 Die Einführung erfolgte 1819. Vgl.: Landesherrliche Verordnung wegen allgemeiner Einführung öffentlicher Hypotheken-Bücher der ritterschaftlichen Güter in Mecklenburg. Schwerin, den 12. November 1819.

(S. 31)

Pfandbrief muß aber auch an den Schuldner selbst, auf den er lautet, indossiert werden können, ohne daß er dadurch erlischt oder zur weitern freien Verfügung seine Gültigkeit verliert. Auch würde es gut seyn, wenn alle Pfandbriefe von gleicher Größe wären, z. B. alle von fünfhundert Thalern, dies würde jede Verfälschung in den ausgedrückten Zahlen unmöglich machen. Auf jeden Fall aber würde festzusetzen seyn, daß die Pfandbriefe nur auf Summen, die durch hundert Thaler aufgehen, ausgestellt werden können.

Eine Werthschätzung der Güter ist nach dem Wesen der vorgeschlagenen Einrichtung dieser Anstalt unvermeidlich, denn wo für einen bestimmten Werth Gewähr geleistet werden soll, muß dieser auch ausgemittelt werden. Wer aber weiß, wie schwer es ist, den Werth eines Gutes, das stets nur einen relativen Werth hat, fest zu bestimmen, wird dieses immer für ein Uebel erkennen müssen. Dazu kommt, daß ihres Mißbrauchs wegen Taxen hier im Lande so außer Kredit und verrufen sind, daß es scheint, als würde es allein schon aus dieser Ursache gerathen seyn, sie ganz zu vermeiden. Und freilich in einem Lande, wo der Willkühr ein so freier Spielraum gelassen ist, daß, um nur das Beispiel der Schorssower Güter anzuführen,

(S. 32)

die Taxation eines und desselben Gutes zu zwei verschiedenen Malen, so von einander abweichen kann, daß die um einige Jahre frühere, die bei Errichtung eines Hypothekenbuchs zur Grundlage dienen sollte, die spätere, dem gerichtlichen Verkaufe untergelegte, weit um das Doppelte ja fast Dreifache übersteigt*), kann ein Taxationswesen von solcher Art kein Zutrauen gewinnen.

---

*) Der Oberjägermeister von Moltke giebt in seiner Darstellung seiner Schicksale[11] S. 95. an: seine Güter, zusammen 22 Hufen groß, seyen im Jahre 1805 durch eine landesherrlich angeordnete Kommission zu 733 000 Rthl., ohne die Inventarien, abgeschätzt worden.[12]
Dagegen beträgt, zufolge Jargows Beantwortung u.s.f. S. 45., die Gutstaxe von Strietfeld, 2 ¼ Hufe groß, 33 776 Rthl. 32 ßl. Die 15 Schorssower Hufen sind beinahe auf 180 000 Rthl. taxirt und zu ungefähr 165 000 Rthl. verkauft worden. Von den 5 Hufen von Kummin und Mühlenberg ist die Taxe noch nicht bekannt, im obigen Verhältnisse wird sie sich auf höchstens 60 000 Rthl. belaufen können. Die neuere Taxe der sämmtlichen Güter beträgt also nur etwas über 270 000 Rthl., also fast fünfmal hunderttausend Thaler weniger!!!

Zwar ist nicht von einer jeden Art von Hypothekenwesen die Taxation des Grundstücks wesentlich und eine unerlässliche Bedingung. Bei einer Einrichtung, wie sie zum Beispiel in Hol-

(S. 33)

stein, wo jeder Gläubiger für sich allein steht, die Pfandbücher haben, ist sie überflüssig, und es genügt, wenn die Data, wonach es jedermann überlassen wird, selbst den Werth des Unterpfandes zu beurtheilen, gehörig beurkundet sind. Aber hier, wo ein allgemeiner Verband statt findet, genügt das nicht und wenn die Werthsbestimmung wirklich ein Uebel ist, so ist sie ein nothwendiges Uebel.

Das Uebel liegt aber nicht in der Taxation an und für sich selbst, sondern in dem Mißbrauche, der davon gemacht werden kann, wozu insonderheit schwankende Principien Veranlassung geben können. Ich habe gesagt, weil ein Gut nur einen relativen Werth habe, so lasse sich der Werth nicht selbst bestimmen. Allerdings lässt sich kein absoluter Werth festsetzen, aber sehr

11 Carl von Moltke: Kurzer Umriß und wahrhafte Darstellung seiner Verhältnisse und Schicksale. Lassen Sie die Gesetzte ausführen, üben Sie Gerechtigkeit aus: sie ist das erste Bedürfniß der Völker. Gedruckt im December, Strietfeld (1814).

12 Ab 1781 besaß Carl von Moltke (1754 – 1838) das Rittergut Schorssow. Er führte den Rotklee- und Rapsanbau ein und intensivierte die Pferde- und Schafzucht. Später erwarb er die Güter Bülow und Ziddorf. 1801 wurde er von Karl II., Landesfürst von Mecklenburg-Strelitz, zum Oberjägermeister ernannt. 1808 – nach dem Beitritt des Herzogtums Mecklenburg-Schwerin zum Rheinbund – verlor er einen Großteil seines Vermögens, hinzu kam die Kündigung eines Kredites. 1816 musste er seine Güter verlassen.

wohl, unter Berücksichtigung aller einwirkenden Verhältnisse, der relative, und mehr kann man auch nicht beabsichtigen wollen, als den Preis des Grund und Bodens zu bestimmen, der ohnehin doch der Veränderung unterworfen bleibt, weswegen auf den möglichen Fall nachtheiliger Werthsveränderungen schon dadurch gerechnet ist, daß nur bis zu einem gewissen Belaufe, und nicht auf den ganzen Werth des Grundstücks, Pfandbriefe ertheilt werden.

(S. 34)

Es kommt bei den Taxationen hauptsächlich darauf an, daß die Prinzipien selbst, die ihnen zum Grunde liegen sollen, so fest bestimmt sind, daß dem Taxator alle Willkühr abgeschnitten ist. Gesetzt auch, die Principien, die aber allgemein bekannt seyn müssen, wären hin und wieder nicht durchaus richtig, so wird das weniger schaden, als wenn statt dessen der Willkühr Raum gelassen wird, zumal hier, wo der Schaden, wenn im einzelnen Falle die Taxe einmal nicht zutreffen sollte, nicht den Gläubiger, sondern sämmtliche Interessenten trifft, die dabei also ein gemeinschaftliches Interesse haben, daß dergleichen Fälle nicht statt finden.

Allerdings müssen aber die Principien ein wenig fester bestimmt werden, als sie es bisher waren.

Die Methode, den Werth eines Gutes nach dem Ertragsanschlage, der nach dem gewöhnlichen allgemein eingeführten Wirthschaftssysteme ausgemittelt ist, zu berechnen, wird beizubehalten seyn. Die allerhöchste Verordnung vom 27sten Februar 1813 scheint mir die Grundzüge zu einer solchen Werthschätzung im Allgemeinen ziemlich richtig zu entwerfen, sie bedarf aber unstreitig noch einer weitern Ausführung. So bedarf es z.B. in dem so höchst wichtigen Punkte der Ausmittelung

(S. 35)

des – nach der ursprünglichen Kraft des Bodens und dem Zuschusse, den er von Außen her, z.B. durch Wiesen erhält – zu erwartenden Kornertrags, bestimmter Principien, und es darf, gerade hierin, nichts der Willkühr der Taxanten überlassen werden. Sind zwar in diesem Punkte unsere Kenntnisse noch sehr beschränkt, und ist gerade dieser Theil der Landwirhtschafts-Wissenschaft noch am wenigsten aufgeklärt, sind wir daher noch außer Stande, darin durchaus richtige Grundsätze aufzustellen, so wird es vorläufig an einigermaaßen zu treffenden genügen. Wenigstens darf eine so gänzliche Unberücksichtigung der äußern Düngerzuschüsse, daß man bei gleicher Schlägeeintheilung der gewöhnlichen Wirthschaft, ein Gut mit vielen Wiesen mit einem andern, das einen Mangel daran hat, im Kornertrag gleichstellt, künftig nicht mehr statt finden. Wie denn, um davon ein Beispiel anzuführen, die ehemals Gräflich Hahnschen Güter Klenz und Jehmkendorf, die bei einer Ackerfläche von ungefähr 80 Last Aussaat, zu 6 000 Quadratruthen gerechnet, eine Heuwerbung von fast 700 Fudern haben sollen, im Kornertrag zum 6ten Korn im Winterkorn, bei einem Ausfall von 60 Quadratruhen auf einen Rostocker Scheffel, in der siebenschlägigen Wirtschaft veranschlagt sind. Ein

(S. 36)

Ertrag, den dieselben Taxanten auch auf Gütern angenommen haben, die bei einem schlechtern Boden Mangel an Wiesewachs haben; so wie ich denn speciell ein solches Gut nennen könnte, das bei einer Größe von fast 50 Last kaum 100 Fuder Heuwerbung hat, und wo nichts desto weniger derselbe Ertrag bei 7 Schlägen angenommen ist.

Eins der besten Mittel, den Taxen selbst Zutrauen zu verschaffen, das ist einer der Punkte, worauf man sein Hauptaugenmerk wird zu richten haben, liegt in der Wahl der Taxanten. Es müssen erfahrne unbescholtne Männer seyn, die in gutem Rufe stehen, und die wegen ihrer landwirthschaftlichen Kenntnisse selbst Zutrauen genießen. Wenn man zu einem so wichtigen Posten Leute nur aus der Ursache wählt, um ihnen eine Versorgung zu geben, Leute, deren Charakter vielleicht zweifelhaft ist, oder von denen man weiß, daß sie keine wirthschaftlichen Kenntnisse besitzen, noch sie ihrer frühern

Verhältnisse wegen haben erlangen können, welches Zutrauen können dann ihre Schätzungen fordern? Ueberhaupt ist bei einem so wichtigen Posten der Eid allein kein hinlängliches Bindungsmittel, der für Leichtsinnige und Gewissenlose keine Schranken setzt. Es bedarf dazu unumgänglich eines kräftigern Mit-

(S. 37)

tels, das der persönlichen Verantwortlichkeit, kräftig geschärft durch eine zu stellende bedeutende Bürgschaft.

Eine andere Klippe, woran das Bemühen, den Taxen das allgemeine Zutrauen zu erwerben, scheitern könnte, würde die seyn, wenn man sie zu hoch stellte und das vielleicht zu dem Zweck, um verschuldete Gutsbesitzer durchzuhelfen und sie auf diese Weise mißbrauchte.

Kürzlich haben zwar einige Schriftsteller den Grundsatz aufstellen wollen: es gelte dem Staate gleich, wer der Eigenthümer eines Grundstücks sey, ob Peter oder Paul, und er habe kein anderes Interesse daran, als daß derjenige, der es besitze, auch die nöthigen Kräfte habe, es gehörig zu bewirthschaften, daher sey es besser, die verschuldeten Gutsbesitzer fallen zu lassen, damit sie Andern, die es mit verjüngten Kräften anträten, Platz machten. Dieser Grundsatz ist aber in mehrerer Hinsicht unrichtig. Denn da viele Grundbesitzer zum Theil nur dadurch in Schulden gerathen und an Kräften geschwächt sind, daß der Druck der letzten verhängnisvollen Jahre hauptsächlich und unverhältnismäßig auf ihnen gelegen, so haben sie eben darum, weil sie für das Ganze gelitten, wohl ein Recht an den Staat dafür zum Ersatz ihre Erhaltung zu fordern. Freilich verhält es

(S. 38)

sich hierin ganz anders mit denjenigen Gutsbesitzern, die in der frühern Schwindelzeit, in Hofnung eines noch größern Schwindels, Güter weit über ihren damaligen wirklichen Werth kauften. Ist eine unrichtige Spekulation fehlgeschlagen, so müssen sie selbst die Folgen davon büßen, aber nichts giebt ihnen Ansprüche an den Staat zu ihrer Erhaltung. Aber selbst diese fallen zu sehn, hat er kein Interesse: denn hat er zwar an ihnen selbst kein unmittelbares Interesse, so hat er doch ein mittelbares durch ihre Gläubiger, deren Verlust er nie gleichgültig betrachten darf.

Wird der Staat zu ihrer Erhaltung, insbesondere dieser letzten, unmittelbar nichts thun dürfen, um so weniger, wenn es vielleicht nur durch eine Verletzung entgegenstehender Rechte würde geschehen können, so hat er, um so mehr die Verpflichtung dazu, es unmittelbar da zu thun, wo er es kann und das komme hier durch die Maaßregel zur Wiederherstellung und Sicherung des öffentlichen Kredits. Darauf also richte man, aber beschränke man auch, die ganze Wirksamkeit zum Besten des verschuldeten Landbesitzers.

(S. 39)

Die Wiederherstellung der Verkäuflichkeit*) unserer Güter wird die erste ersprießliche Folge davon seyn.

Wer an die unseligen Zeiten der Schwindelei des Güterhandels zurückdenkt, wird zwar dies keineswegs als ein Glück betrachten, aber mit Recht darf man hoffen, daß nach einer so derben Lehre, als uns die Erfahrung gegeben, Gebrauch sich nicht so leicht wieder in Mißbrauch verkehren werde, und daher ist eine Rückkehr jener Zeiten nicht wahrscheinlich. Den eigentlichen Handel mit Gütern aber, das Wandern derselben aus einer Hand in die andere und die daraus entstehenden nachtheiligen Folgen abzuwehren **); ohne

---

*) Zu welchem Ende es gerathen und sehr zu wünschen wäre, daß auch der letzte Schatten des Lehnwesens, das nur zum Schein noch existirt und das nur in der Beerbung beschränkend und daher besonders fremden Käufern anstößig ist, aufgehoben würde. Man findet ein Hinderniß in den Landemialgeldern und übrigen Verkaufssporteln, aber die könnten ja unverändert bleiben, ohne daß darum der Lehnnexus zu bestehen braucht.[13]

---

13 Beim Verkauf eines Lehnguts war eine landesherrschaftliche Bewilligung erforderlich, die mit Landemialgeldern zu bezahlen war.

**) Natürlicher und richtiger wäre es, wenn statt seiner Diener der Herr ein glebae adscriptus wäre. Bei uns aber ist es umgekehrt, die Besitzer sind die wandernden und nur die Tagelöhner die bleibenden Bewohner des Grundstücks und des Landes.[14]

(S. 40)

seine Ungerechtigkeit dasselbe zu erreichen, was in dem veralteten Lehnssystem so wohlthätig war: der erbliche Besitz; dazu giebt es auch noch Mittel, worüber ich mich einmal bei einer andern Gelegenheit erklären werde.

Verkäuflichkeit ist aber die natürliche Folge davon: erstens dadurch, daß eine Menge Kapitale hier im Lande wieder disponibel werden, die bisher lahm stecken. Unter den jetzigen Verhältnissen darf es Keiner wagen, ein Gut zu kaufen, wenn er es nicht ganz auszahlen kann. Einheimische können nicht kaufen, weil ihre Kapitale durch den Indult fest stecken, unsere schönsten Güter werden dadurch nur Ausländern zu Theil. Zweitens wird die Zahl der Käufer dadurch vermehrt, daß es, bei einem so gesicherten Kreditwesen, zum Kaufen eines ungleich kleinern eignen Vermögens bedarf.

Wohlthätig wird sie dadurch, daß der zu sehr verschuldete Gutsbesitzer Gelegenheit bekommt, sich seines Guts und mit demselben sich einer drückenden Schuldenlast zu entäußern, und seine ihm bleibenden Kräfte vortheilhafter auf eine andere ihnen angemessene Unternehmung, wie z.B. eine Pachtung anzulegen. Denn gerade darin liegt das Gefährliche einer zu großen Verschuldung bei den bisherigen Verhältnissen, daß die Abbezahlung eines gekündigten, im Gute stehenden

(S. 41)

Kapitals, oft nur auf Kosten des im Gewerbe steckenden, so nothwendigen Betriebskapitals geschehen kann, und gerade nur aus dieser Ursache wäre es überhaupt zu wünschen, daß Unablösbarkeit gesetzmäßig zu einem wesentlichen Erforderniß einer jeden Hypothek auf ländliches Grundeigenthum er-

14 = an die Scholle gebunden, leibeigen.

hoben werden könnte, für die sie nur die Rechte einer chirographarischen[15] Verschreibung hätte. Dann, eine Schwächung der zum Betrieb des Gewerbes nothwendigen Kräfte ist darum für den verschuldeten Gutsbesitzer um so verderblicher, weil es ihm ganz besonders noth thut, sein Gut doppelt energisch zu bewirthschaften, wozu er statt weniger im Gegentheil vermehrter Kräfte bedarf. Er muß daher auf diesem Wege sich immer tiefer hineinarbeiten und seinem Verderben mit beschleunigten Schritten entgegengehn.

Dabei darf man nicht aus dem Auge verlieren, daß man der Gläubiger wegen die Erhaltung des verschuldeten, noch nicht überschuldeten Gutsbesitzers, wünschen muß, um so manche Kapitale der Vernichtung zu entreißen, der sie nicht entgehen würde. Anders verhält es sich freilich bei dem überschuldeten, denn hier existiren viele Kapitale längst nicht mehr, die nur dem Schein nach noch da sind. Aber selbst zu der Regeneration dieser gäbe die beabsichtigte Kreditanstalt

(S. 42)

Gelegenheit, wenn man bei solchen Gütern das Mittel von Ausspielung durch eine Lotterie anwenden wollte, die um so leichter zu Stande kommen würde, als die herbeizuschaffende Summe durch die zum größten Theile mit zu übernehmende Schuld verkleinert wird.

Ich habe mich ausdrücklich über diesen Punkt so weitläufig ausgelassen, weil ich fürchtete, ein falsches Mitleiden könne leicht dazu verleiten, Nebenzweiten Einfluß zu gestatten, wo es so sehr darauf ankommt, nur der Wahrheit und dem Rechte Gehör zu geben. Man nehme also doch ja keine Rücksicht auf den verschuldeten Gutsbesitzer, und hüte sich überhaupt bei Entwerfung der Taxprincipien davor, darauf dem Wunsche nach hohen Taxen einen Einfluß zuzugestehn. Ich bin der Meinung, daß aus diesem Grunde auch der Rentwerth der Güter nach unserm jetzigen Zinsfuße von fünf vom Hundert

15 Eine Forderung wird als chirographarisch bezeichnet, wenn ihr Inhaber, also der Gläubiger, keine besonderen Rechte am Vermögen seines Schuldners hat.

zu Kapital zu schlagen ist, obgleich dieser nur unter der Voraussetzung eines mangelhaften Kreditwesens besteht, dem durch die neue Einrichtung abgeholfen werden soll, und obgleich diese die Erniedrigung des Zinsfußes und daher der Werthsteigerung unserer Güter zur Folge haben muss.

In wie weit einer Reformation der Taxen, bei im Voraus festzustellenden Sicherungs-Maaß-

(S. 43)

regeln gegen Mißbrauch, den dies zur Folge haben könnte, möglich bleiben muß, wird gleich im Voraus zu bestimmen und in die ernstere Ueberlegung zu nehmen seyn. Es kann hier nur von einer allgemeinen Reformation bei veränderten Verhältnissen, die auf den Werth des Grund und Bodens Einfluß haben, die Rede seyn; denn das versteht sich von selbst, daß im einzelnen Falle, wo einer dokumentirt beweisen kann, daß ihm Unrecht geschehen ist, sie ihm zustehn muß.

Dies sind meine Vorschläge zu einem Uebergange aus dem gesetzlosen Zustande des Indults in den eines möglichst vollkommenen Kreditwesens, die ich hiedurch zur strengsten und sorgfältigsten Prüfung vorlege, und zu deren Mittheilung ich meine Berechtigung, theils in der Aufforderung an jeden Mecklenburger über diesen Gegenstand seine Meinung zu sagen, theils in dem Bewußtseyn der guten Absicht, die meine Feder leitet, finde.

Es hängt von einer guten oder fehlerhaften Entscheidung der aufgestellten Frage, so sehr das Wohl unseres Landes ab, daß sie wohl des ernsteren Nachdenkens und der sorgfältigsten Prüfung werth ist; denn so sehr wir durch eine schlechte Lösung des Knotens dem Wohle desselben zu gefährden wagen, eben so sehr sind wir im Ge-

(S. 44)

gentheile im Stande, durch weise Benutzung der einmal beschriebenen Umstände – um Einrichtungen das Entstehen zu geben, die den Bedürfnissen des Landes und seinen besondern Verhältnissen entsprechen – seine Wohlfahrt zu befestigen, und vielleicht einen Flor desselben zu gründen, wie es ihn bisher noch nicht gekannt.

Dies aber wird man, nach meiner Meinung, nur auf die vorgeschlagene Weise erreichen. Möchte man daher die ganze Wichtigkeit des gegenwärtigen Zeitpunkts erwägen und die Gelegenheit ergreifen, die, wenn wir sie ungenützt vorüber lassen, vielleicht ewig verloren ist, denn nicht leicht möchte ein Zusammentreffen von Umständen, mit einem Wort, ein Zeitpunkt, wie der jetzige wiederkehren!

Auch das darf uns nicht irren, daß Preußen den Indult aufgehoben hat, zu glauben, nun gedrängt zu seyn, auch bald etwas zu thun. Preußen hat den günstigen Zeitpunkt, Unablöslichkeit der Hypotheken einzuführen, verloren. Laßt uns das im Gegentheil Warnung seyn, nichts zu übereilen. Es bedarf hier reifer Ueberlegungen und langer Vorbereitungen. Beides erfordert Zeit. Die Sache ist wichtig genug, sie daran zu wenden, damit nicht voreilig ein unreifes Produkt zur Welt gefördert werde; sondern

(S. 45)

ein Werk hervorgehe, das alle Zeichen der Reife an sich trägt.

Noch muß ich einem Einwande begegnen, den man in Betreff des Indults machen könnte. Es möchte nemlich Manchem scheinen, daß der Gläuber, in dessen Rechte der Staat hart eingegriffen, ein Recht an diesen habe, das der Kündigung zurückzufordern. Aber der Gläubiger ist nicht dadurch in seinen Rechten verletzt, daß er nicht kündigen darf, sondern darin, daß ihm die freie Verfügung über sein Eigenthum genommen ist, und er hat allerdings ein großes Recht an den Staat, diese zurückzufordern. Ueber die Mittel aber und die Art und Weise, wie dies bewerkstelligt wird, darüber kommt ihm keine Stimme zu, und es muß ihm genügen, wenn der Zweck wirklich erreicht wird. Also auch von dieser Seite steht meinen Vorschlägen nichts im Wege.

Wenn sie aber wirklich ausgeführt werden, so wird Alles davon abhängen, wie sie es werden. Die Art der Ausführung wird ganz über den glücklichen Erfolg und das Gelingen entscheiden.

Ueber Alles muß es das erste Augenmerk seyn und bleiben: der Anstalt auf jede Art und Weise Zutraun zu erwecken. Dazu wird für den Anfang nichts kräftiger beizutragen vermögen, als das Zutrauen, das die Männer, denen die Aus-

(S. 46)

führung und diejenigen, denen später die Verwaltung anvertraut wird, im Publikum genießen. Es müssen daher Männer von allgemein anerkannter Rechtschaffenheit seyn, die durch kein der Sache fremdes Interesse bestochen sind, und die zugleich nicht zu sehr verschuldet seyn dürfen. Einer schon bestehenden Behörde dies anzuvertrauen, ist aus dem Grunde nicht rathsam, weil eine solche bei weitem nicht das Zutraun einflößen würde, die ein Verein aus freier, von jedem fremden Einflusse freier, Wahl ernannter Männer giebt; weswegen auch darauf noch besondere Aufmerksamkeit zu richten, wie diese zu beschaffen seyn würde, um einem Jeden diese Ueberzeugung zu geben.

Ein solcher Posten wird allerdings ein Ehrenposten werden. Es wäre in mancher Hinsicht gut, wenn es bei uns mehr im Gebrauch wäre, daß solche Stellen unentgeldlich verwaltet würden. Da aber von der andern Seite dadurch von solchen Aemtern, die manchmal viel Zeit kosten, die Unvermögenden, oft zugleich die Fähigern und Passendern ausgeschlossen würden, dies also aus dieser Ursache nicht thunlich ist; so möchte es mindestens rathsam seyn, die etwanige Besoldung so einzuschränken, daß sie nur eine sehr knappe Entschädigung für die aufgewandte Zeit giebt;

(S. 47)

damit solche Stellen, auf deren gute Besetzung so viel ankommt, in den Händen solcher Männer bleiben, als sie das Amt erfordert. Damit sie künftig nicht des Gewinns wegen gesucht werden und dann eine Versorgung für gute Vettern abgeben, wo dann zum großen Nachtheil der Sache selbst, was Zweck bleiben sollte, zum Mittel eines Nebenzwecks entwürdigt wird. Die Gehülfen und Unterbedienten dagegen würden, der Natur der Sache gemäß, gut und richtig bezahlt werden müssen.

Was aber den Punkt betrifft, sich das erworbene Zutrauen zu erhalten, so wird man nicht leicht ein zweckmäßigeres Mittel auffinden können, als das der größten Oeffentlichkeit in jeder Hinsicht, die besser als kein anderes dazu dient, Mißbräuche und Unterschleife, die so gerne im Dunkel der Heimlichkeit nisten, schon im Keime zu ersticken. Die Verwaltung lege daher öffentlich Rechnung ab, die einer besonderen Revision von Seiten des Landes oder der Gläubiger zu unterwerfen wäre, um ihrer Richtigkeit dadurch gleichsam das Siegel aufzudrücken. Nichts aber würde den Besitzern der Pfandbriefe besser die Ueberzeugung verschaffen, daß nichts ihrem Interesse Nachtheiliges vorgenommen werde, als wenn es ihnen zustände, einen Ausschuß aus ihrer Mitte

(S. 48)

zu erwählen, unter dessen Augen Alles verhandelt werden müßte, und der so die Gelegenheit hätte, für die Rechte derselben zu wachen.

Hiermit schließe ich diese Abhandlung und füge nur noch den Wunsch hinzu: Möge uns aus der Saat vergangener trüber Jahre der Keim einer schönen Zukunft entsprießen, und unter dem Schutze der mildern Sonne des Friedens wachsen und gedeihen.

Ortsregister

Personenregister

Literaturhinweise

Wilhelm Abel: Geschichte der deutschen Landwirtschaft vom frühen Mittelalter bis zum 19. Jahrhundert, Stuttgart 1962.

Henrich Nicolaus Achelis (Hrsg.): Arnold Wienholts Bildungsgeschichte als Mensch, Arzt und Christ, Bremen 1805.

Ulrich Bentzien: Landbevölkerung und technischer Fortschritt in Mecklenburg. Vom Ende des 18. bis zum Anfang des 20. Jahrhunderts, Berlin 1985.

Ders.: Haken und Pflug. Eine volkskundliche Untersuchung zur Geschichte der Produktionsinstrumente im Gebiet zwischen unterer Elbe und Oder, Berlin 1969.

Christian Graf von Bernstorff: Die Gipsdüngung in Mecklenburg. Maschinenschrift im Thünen-Archiv, 1949.

Sabina G. Cournoyer (Hrsg.): Gildemeister-Chronik, Deutsch-Englisch, Amherst (Selbstverlag) 1991.

Heinrich Dade: Die Entstehung der Mecklenburgischen Schlagwirthschaft, Göttingen 1891.

Leopold Donath: Geschichte der Juden in Mecklenburg: von den ältesten Zeiten (1266) bis auf die Gegenwart (1874), Leipzig 1874.

Rudolf Franke, Wolfgang Löbert, Hartmut Rust: Heiligenrode 1182 – 1982. Festschrift zur 800-Jahr-Feier. Hrsg.: Gemeinde Stuhr, Bremen 1982.

Martin Frielinghaus, Claus Dalchow (Hrsg.): Albrecht Daniel Thaer. Ein Leben für die Landwirtschaft, Frankfurt 2006.

Kathleen Jandausch: Adelsarchive im Landeshauptarchiv Schwerin und die Rückkehr der Familien. In: Silke Marburg/Sophia von Kuenheim (Hrsg.): Projektionsflächen von Adel, Berlin/Boston 2016, S. 209 – 228.

Alfred M. H. Gildemeister: Die Familie Gildemeister. Auszug aus der Familiengeschichte 1675 – 1875. In: Der Club zu Bremen (Hrsg.): 150 Jahre Bremer Clubleben, Bremen 1933, S. 243 – 299.

Eduard Gildemeister: Dr. med. A. Wienholt. Ein Lebensbild von seinem Urenkel. In: Der Club zu Bremen (Hrsg.): 150 Jahre Bremer Clubleben, Bremen 1933, S. 173 – 204.

Hermann Gildemeister: Johann Gildemeister, Besitzer von Klein Siemen und Verfasser des ersten Teils der Familienchronik. In: Sabina Cournoyer: Gildemeister Chronik, Amherst (Selbstverlag) 1991, S. 134 – 143.

Gothaisches genealogisches Taschenbuch der adeligen Häuser. Der in Deutschland eingeborene Adel (Uradel), 4. Jahrg., Gotha 1903.

Grete Grewolls: Wer war wer in Mecklenburg und Vorpommern: Das Personenlexikon, Bremen 1995; erw. Neuauflage Rostock 2011.

Klaus Herrmann: Pflügen, Säen, Ernten. Landarbeit und Landtechnik in der Geschichte, Hamburg 1985.

Michaela Hoffmann-Ruf (Hrsg.): Johann Gustav Gildemeister: Briefe 1831 – 1888, 4 Bde., Berlin 2016.

Wolfgang Karge / Hartmut Schmied / Ernst Münch: Die Geschichte Mecklenburgs, 5. aktualisierte Auflage, Rostock 2011.

Johann-Günther König: Klein Siemen. Eine slawische Siedlung macht Geschichte. Mit erhellenden Berichten des Bremer Gutsherrn Johann Gildemeister, Bremen 2022.

Michael Kunzel: Das Münzwesen Mecklenburgs von 1492 bis 1872, Berlin 1994.

Landwirthschaftliche Annalen des Mecklenburgischen Patriotischen Vereins. (Neue Folge). Erster (1.) Band. Gegründet und zuerst herausgegeben von F. C. L. Karsten, jetzt fortgesetzt von dessem Sohne H. L. J. Karsten, Rostock 1846.

Gustav v. Lehsten: Der Adel Mecklenburgs seit dem landesgrundgesetzlichen Erbvergleiche (1755), Rostock 1864.

Alexander von Lengerke: Darstellung der Landwirthschaft in den Großherzogthümern Mecklenburg. Nach eigener Anschauung und Praxis, den besten ältern und neuern Quellen und Hülfsmitteln entworfen, 2 Bde., Königsberg 1831.

Friedrich Mager: Geschichte des Bauerntums und der Bodenkultur im Lande Mecklenburg, Berlin 1955.

Matthias Manke: Zwischen Tradition und Moderne – das Steuersystem in Mecklenburg-Schwerin im Zeitraum von 1755 bis 1870. In: Mecklenburgische Jahrbücher, 114. Jahrgang 1999, S. 117 – 146.

Mathias Manke / Ernst Münch (Hrsg.): Unter Napoleons Adler. Mecklenburg in der Franzosenzeit, Lübeck 2009.

Georg Meister [d. i. Johann Gildemeister]: Ueber die Mittel zur Aufhebung des Indults und Einführung eines bessern Kreditwesens in Mecklenburg, Rostock 1816.

Neue Annalen der Mecklenburgischen Landwirthschafts-Gesellschaft (siehe: Landwirthschaftliche Annalen).

Johannes Nichtweiss: Das Bauernlegen in Mecklenburg. Eine Untersuchung zur Geschichte der Bauernschaft und der zweiten Leibeigenschaft in Mecklenburg bis zum Beginn des 19. Jahrhunderts, Berlin 1954.

Martin Pistorius: Geschichte des ritter- und landschaftlichen Landschulwesens in Mecklenburg-Schwerin 1650 – 1879, Langensalza 1911.

Wilhelm Raabe: Meklenburgische Vaterlandskunde, Zweiter Theil: Specielle Landes- und Volkskunde beider Großherzogthümer, Rostock 1863.

Ludwig Spengler: Beiträge zur Geschichte der Medicin in Mecklenburg, Wiesbaden 1851.
Steinmann, Paul: Bauer und Ritter in Mecklenburg. Wandlungen der gutsherrlich-bäuerlichen Verhältnisse im Westen und Osten Mecklenburgs vom 12./13. Jahrhundert bis zur Bodenreform 1945, Schwerin 1960.

Reno Stutz (Hrsg.): Erinnerungen der Louise Pogge 1799 - 1882 (= Veröffentlichungen der Historischen Kommission für Mecklenburg. Reihe C: Quellen zur mecklenburgischen Geschichte; Bd. 11), Rostock 2013.

Albrecht Daniel Thaer: Einleitung zur Kenntniss der englischen Landwirthschaft und ihrer neueren practischen und theoretischen Fortschritte in Rücksicht auf Vervollkommnung deutscher Landwirthschaft für denkende Landwirthe und Cameralisten, 3 Bde., Hannover 1798 bis 1804.

Ders.: Grundsätze der rationellen Landwirthschaft. 4 Bde., Berlin 1809 - 1812.

Otto Vitense: Mecklenburg und die Mecklenburger. In der großen Zeit der deutschen Befreiungskriege 1813 - 1815, Neubrandenburg 1913.

Ingeborg Weber-Kellermann: Landleben im 19. Jahrhundert, 2. unv. Aufl., München 1987.

Lutz Werner: Die Entwicklung des Thünenschen Mustergutes Teltow (Mecklenburg) in den Jahren 1810 bis 1850. Ein herausragendes Beispiel der kapitalistischen Intensivierung der deutschen Landwirtschaft in der ersten Hälfte des 19. Jahrhunderts. In: Jahrbuch für Wirtschaftsgeschichte 1983, Bd. 24, H. 1, S. 71 - 98.

Moritz Wiggers: Der Vernichtungskampf. Wider die Bauern in Mecklenburg, Leipzig 1864.

Nicola Wurthmann: Senatoren, Freunde und Familien. Herrschaftsstrukturen und Selbstverständnis der Bremer Elite zwischen Tradition und Moderne (1813 - 1848), Bremen 2009.

Impressum

Bildnachweis
Cover: Das Gutshaus von Klein Siemen (Privatbesitz)
Frontispiz: Johann Gildemeister als junger Gutsherr (Privatbesitz);
S. 4: Marianne Gildemeister (Privatbesitz);
S. 30: Auszug aus dem Versteigerungsprotokoll vom 2.5.1810;
S. 394: Aus dem Bericht von Ferdinand Brummer vom Mai 1822.

Die Arbeit der Stiftung Mecklenburg wird gefördert durch das Ministerium für Wissenschaft, Kultur, Bundes- und Europaangelegenheiten Mecklenburg-Vorpommern.

MV
Mecklenburg-Vorpommern
Ministerium für Wissenschaft,
Kultur, Bundes- und
Europaangelegenheiten

Die Stiftung Mecklenburg und der Herausgeber danken der Atermann König & Pavenstedt GmbH & Co. KG, Bremen, für eine großzügige Spende, die zum Gelingen dieser Publikation beigetragen hat.

akp
ATERMANN
KÖNIG &
PAVENSTEDT
VERSICHERUNGSMAKLER
SEIT 1837

Der Herausgeber dankt Friederike Waehneldt, Dr. Maria Hermes-Wladarsch, Dr. Reno Stutz und Dr. Florian Ostrop sehr herzlich für die engagierte Unterstützung.

1. Auflage 2024

Stiftung Mecklenburg
Schliemannstraße 2
19055 Schwerin
Tel. 0385/77883820
www.stiftung-mecklenburg.de
www.landesmuseum-mv.de

Verlag:
cw Nordwest Media Verlagsgesellschaft mbH
Am Lustgarten 1
23936 Grevesmühlen
Tel.: 03881-2339
www.nwm-verlag.de

ISBN: 978-3-946324-83-6